AVISO FINAL

El colapso económico y el
Gobierno Mundial venidero

Grant R. Jeffrey

Publicado por
Editorial **Unilit**
Miami, Fl. 33172
Derechos reservados

Primera edición 1998

© 1995 por Grant R. Jeffrey
Ninguna parte de esta publicación podrá ser reproducida, procesada en algún sistema que la pueda reproducir, o transmitida en alguna forma o por algún medio —electrónico, mecánico, fotocopia, cinta magnetófonica u otro— excepto para breves citas en reseñas, sin el permiso previo de los editores.

Originalmente publicado en inglés con el título:
Final Warning por Frontier Research Publications, Inc.
Toronto, Ontario, Canada

Traducido al español por: Héctor Aguilar

Citas bíblicas tomadas de la Santa Biblia, revisión 1960
© Sociedades Bíblicas Unidas
Usada con permiso.

Producto 497290
ISBN 0-7899-0223-0
Impreso en Colombia
Printed in Colombia

COMENTARIOS SOBRE LOS CINCO PREVIOS ÉXITOS DE LIBRERÍA DE GRANT R. JEFFREY

ARMAGEDÓN; CIELO; MESÍAS; APOCALIPSIS; PRÍNCIPE DE LA OSCURIDAD

"El libro MESÍAS de Grant es uno de los mejores libros de profecía, repleto de hechos, que jamás yo haya leído, lleno de revelaciones de cómo es que los eventos actuales y los recientes descubrimientos encajan en lo que la Biblia ha predicho. MESÍAS es un libro bien escrito, sólidamente espiritual, completamente documentado y extremadamente fácil de leer y comprender... este sorprendente libro te iluminará e inspirará, a ti y a tus amistades"
Jack Van Impe, Jack Van Impe Ministries International

"Grant Jeffrey... ahora es uno de los autores que más vende a través de Norteamérica... Su primer libro con éxito fue, Armagedón—Una cita con el destino. Bantam Books lo tomó más tarde, y resultó ser su libro religioso Nº 1 en 1990".
Philip Marchand, Editor de Revisión de Libros
Toronto Star Newspaper- 1 de agosto de 1992.

"Necesitamos tener una visión bíblica de la profecía de la Biblia. Por ello es que tenemos a Grant Jeffrey en nuestra revista. Su libro "Armagedón — Una cita con el destino" explora el sorprendente y exacto cumplimiento de las antiguas profecías, y examina las profecías que se relacionan a este período de tiempo que nos lleva hasta la segunda venida de Cristo"
Jerry Rose: Presidente de National Religious Broadcasters.

"Armagedón — Una cita con el destino, ha sido el mejor título religioso. Lo tomamos con un tremendo entusiasmo ya que había algo muy emocionante en la forma que escribe Grant, y fue algo por lo que pensamos que podría ir más allá de la audiencia religiosa tradicional".
Lou Arnonica, Vice Presidente de Bantam Books —división de mercado a masas del New York Times — octubre 22 de 1990 Toronto Star Newspaper — 1 de agosto de 1992.

"Es el libro más intrigante, con el cual me haya cruzado en mucho tiempo, que abre los ojos a los eventos de los tiempos finales. ¡Es increíble!".
Dan Betzer: Host, Revivaltime Media Ministries

"Estamos emocionados con el nuevo libro de Grant Jeffrey. A principios de los años setenta, el libro que se convirtió en un éxito de venta fue "El final del gran planeta Tierra". Ahora, el libro con la información más actualizada sobre el cumplimiento profético, el libro para los años noventa, es "Armagedón: Una cita con el destino". Demuestra que Dios está en control y, lo más importante, es que también probará ser una poderosa herramienta de testimonio para aquellos que necesitan a Cristo".
David Mainse: Presidente, 100 Huntley Street

RECONOCIMIENTOS

AVISO FINAL está dedicado a mi amada esposa Kaye, quien es mi compañera en el ministerio y la alegría de mi vida. Ella me acompaña en mis viajes de investigación alrededor del mundo y comparte mi amor por las verdades proféticas de las Escrituras.

Muchos grandes eruditos bíblicos han explorado las Escrituras proféticas en los siglos pasados. He adquirido muchos libros antiguos y raros a través de mis innumerables viajes y de mi correspondencia que va alrededor del mundo. Estos volúmenes contienen muchos pensamientos profundos que han ayudado inmensurablemente a mi compresión de las profundas verdades de las antiguas profecías. Si hemos visto más allá que algunos de los escritores de profecía de los siglos pasados, es porque nos hemos puesto de pie sobre sus hombros, construido nuestros pensamientos sobre los suyos, para capacitarnos en la comprensión de los fascinantes eventos proféticos de nuestra generación.

La Biblia misma es nuestra fuente para comprender las profecías sobre el regreso de Jesucristo para implantar Su Reino Mesiánico. Nuestra meta principal como estudiantes de las Escrituras es comprender claramente lo que el Señor le está diciendo a los cristianos de esta generación. La aplicación de las verdades de la Biblia a nuestro corazón, mente y espíritu y nuestra obediencia a esa revelación debería ser el enfoque de nuestros estudios sobre la profecía.

Nota de la casa publicadora sobre Aviso final

Aviso final sólo ofrece una observación general sobre inversiones basándose en la experiencia del autor, y no hace ninguna recomendación específica.

Nuestra intención con este libro es el proveer de la opinión de Grant Jeffrey en lo que se refiere a las tendencias económicas a la luz de las profecías bíblicas. Esta editorial ni Grant Jeffrey pueden proveer de un consejo sobre inversiones en forma individual. Esta editorial y el autor del libro no están relacionados con dar consejos legales, de contabilidad, ni ningún otro tipo de consejo profesional. El lector debería de buscar los servicios de un contador profesional, un abogado o planeador financiero para tal consejo individual.

El autor y la casa de publicación no pueden ser acusados de responsabilidad por ninguna pérdida incurrida como resultado de las aplicaciones de la información de este libro. Nos hemos esforzado por asegurar una exactitud en las estadísticas que aparecen en todo el libro. Por favor recuerde que *AVISO FINAL* no es una guía, ni una fuente definitiva de información financiera. Cuando tenga una pregunta específica sobre su situación individual, pregunte a su contador, corredor de bolsa, banquero o consultor financiero.

CONTENIDO

Introducción 7
Los cuatro imperios destinados a gobernar el mundo
1. Daniel: el profeta que vio a través del tiempo **15**
2. La profecía de un imperio mundial **33**
3. El Imperio Romano resurgirá nuevamente **55**
4. La visión de Daniel de las setenta semanas **67**
Estableciendo la base para el Imperio mundial final
5. El Nuevo Orden Mundial **79**
6. Preparativos para el gobierno mundial **103**
7. El papel de Rusia en los últimos días **121**
8. El papel de Israel en el futuro gobierno mundial **139**
9. La iglesia ecuménica mundial y la apostasía final **165**
La carrera final hacia el juicio
10. Viviendo en tiempos peligrosos **189**
11. Los ataques de los medios de información al cristianismo **207**
12. El ataque a la privacidad y a la propiedad privada **221**
Tres crisis económicas que se avecinan:
La gran depresión que viene
13. La agenda económica del Nuevo Orden Mundial **245**
14. El futuro colapso económico **257**
Escape del caos económico que se vislumbra
15. Principios financieros **281**
16. Estrategias financieras para los últimos días **293**
17. Preservando sus bienes en los tiempos peligrosos **321**
Tres descubrimientos fascinantes
18. El Rapto y el comienzo del reino de Dios **345**
    Bibliografía **371**

INTRODUCCIÓN

La economía del mundo ya está empezando a sentir los primeros movimientos del colapso económico que está por venir, el cual colocará la plataforma para el surgimiento del anticristo. Este tirano gobernará la tierra durante los últimos siete años que nos llevarán a la batalla del Armagedón. Como cristianos la Biblia ya nos ha ordenado vivir en santidad y que testifiquemos a nuestro alrededor como si el Señor pudiese volver en cualquier momento. Al mismo tiempo también debemos planear de una forma práctica y trabajar como si Él no fuera a volver en los próximos cien años. Si el Señor retrasa su regreso por varios años, entonces tal vez tengamos que vivir a través del mayor colapso económico de la historia. Conforme muchos cristianos consideran estos peligrosos tiempos económicos en los cuales vivimos, quieren obtener información y consejo con respecto a las estrategias financieras con bases bíblicas para proteger los bienes de su familia y los negocios a la luz del rápido movimiento hacia el Nuevo Orden Mundial Económico.

Aviso final explorará la agenda económica de los grupos elitistas del globo que están conspirando para forzar a los Estados Unidos y a Canadá a que se unan al único gobierno mundial que se aproxima. Examinaremos las estrategias financieras que nos permitirán sobrevivir la "montaña rusa" económica que nos espera en los próximos años. *Aviso final* revela las fascinantes profecías bíblicas que nos advierten sobre una serie de crisis políticas, económicas y militares que se desarrollarán conforme nos apresuramos al nuevo Milenio.

Los intereses financieros de la élite que está planeando un gobierno mundial para reemplazar las naciones del pasado están muy conscientes de que un colapso económico es la mejor manera para forzar a las naciones a que se rindan a su soberanía y que abdiquen su poder a la élite de líderes del Nuevo Orden Mundial. Existen varios libros excelentes que bosquejan la agenda económica del Nuevo Orden Mundial y el peligro de un colapso económico que se avecina. Sin embargo, aún existe muy poco en lo que se refiere a una información financiera con bases bíblicas que nos dé una estrategia financiera práctica para que los cristianos sobrevivan a los tiempos difíciles que están por delante.

Antes de publicar mi primer libro, ARMAGEDÓN en 1988, me pasé dieciocho años como planeador financiero profesional en el campo de las pensiones, planificación de impuestos, seguros, preparación de testamentos y planificación de propiedades. Como una constitución de seguros y como planificador financiero trabajé con miles de profesionales y propietarios de negocios desarrollando planes para alcanzar sus metas de independencia financiera, planificación de impuestos, y para preservar sus propiedades conforme le transferían los negocios a sus hijos. Durante esos años dirigí muchos seminarios de planeación financiera para audiencias seculares y cristianas. En 1988, el Señor nos dirigió a mí y a mi esposa Kaye para que entrásemos en el ministerio a tiempo completo centrándonos en las emocionantes profecías que señalan la cercanía de la segunda venida de Jesucristo. AVISO FINAL representa más de 30 años de investigación económica y profética al mismo tiempo que trata con los problemas económicos prácticos que enfrentarán los cristianos en los años 90. En este libro compartiré mis últimas investigaciones sobre los excitantes eventos que culminarán en el regreso de nuestro Señor y Salvador Jesucristo. Por ejemplo, han habido algunos recientes descubrimientos arqueológicos en Israel, tal como el descubrimiento de las tumbas de cristianos del primer siglo y que se mencionan en el Nuevo Testamento, incluyendo Safira (Hechos 5), y el hijo de Simón de Cirene, quien llevó la cruz de Cristo. Lo más sorprendente de todo, leerá un largo informe que se había extraviado, de un diario de 1872 que detallaba el descubrimiento, por un arqueólogo del siglo diecinueve, de los féretros de piedra de María, Marta y Lázaro en una cueva-cementerio bajo la antigua ciudad de Betania.

Cualquiera que estudie con cuidado las verdades de las Escrituras estará confrontando el hecho de que una cuarta parte de todos los versículos de la Biblia están interesados en la profecía. El Señor nos ordena que enseñemos "todo el consejo de Dios" y no que simplemente escojamos y elijamos las partes de Su Revelación divina con la que nos sintamos cómodos. La cuarta parte de "todo el consejo" de Dios y de la revelación a la humanidad consiste en pasajes proféticos. Por lo tanto, debemos examinar estos pasajes con cuidado para determinar su significado. Estoy convencido de que el mensaje de la profecía bíblica es absolutamente vital para la iglesia de los años 1990, conforme nos acercamos a los eventos climáticos que nos llevarán al Reino Mesiánico de nuestro Señor y Salvador Jesucristo.

Existen cuatro razones principales por las cuales la profecía es vital para la iglesia de nuestra generación. (1) La profecía autentifica la Biblia como la inspirada Palabra de Dios a una generación incrédula. (2) El mensaje de los profetas llama a la iglesia a vivir en pureza y santidad en los últimos días a la luz del inminente regreso de Cristo. (3) El mensaje profético de la pronta venida de Jesús nos motiva a testificar a aquellos que jamás han aceptado a Cristo como su Salvador personal. (4) El mensaje de la profecía es la mejor herramienta de evangelismo que tenemos para alcanzar a los perdidos con las afirmaciones de Cristo.

La profecía autentifica la Biblia como la inspirada Palabra de Dios.

La profecía bíblica cumplida es una poderosa prueba para un mundo que no cree en que la Biblia es la inspirada Palabra de Dios. Por lo tanto, se puede confiar en ella cuando las Escrituras dicen que Jesucristo dijo: "Yo soy el camino, y la verdad, y la vida; nadie viene al Padre, sino por mí" (Juan 14:6). Un examen cuidadoso de las antiguas profecías sobre la destrucción de Tiro y Babilonia, las increíbles predicciones detalladas sobre la vida, muerte y resurrección de Jesús de Nazaret, y cientos de otras profecías cumplidas proveen de una prueba incontrovertible de que la Biblia fue inspirada por Dios y, que por lo tanto, se puede confiar en ella en lo que se refiere a su enseñanza sobre el destino de nuestra alma eterna. Sir Isaac Newton, el más grande científico de la historia, escribió sobre las fascinantes profecías de la Biblia. Como cristiano, Newton creía que la comparación de la profecía cumplida con la profecía original proveía una poderosa prueba sobre la inspiración de las

Escrituras. Él escribió: "Con los resultados de las cosas predichas hace muchas eras, se tendrá un argumento convincente de que el mundo es gobernado por la providencia". En este libro, al igual que en los anteriores, incluyendo *Armagedón — Una cita con el destino,* doy amplias pruebas de que las predicciones hechas por las Escrituras, cientos de años antes de su cumplimiento, proveen una abrumadora prueba de que la Biblia es la confiable e inspirada Palabra de Dios.

La profecía llama a la Iglesia a vivir una vida santa

El profeta Juan reveló que la esperanza del regreso de Cristo era la motivación para que los cristianos vivieran en santidad y expectación. "Amados, ahora somos hijos de Dios, y aún no se ha manifestado lo que hemos de ser; pero sabemos que cuando él se manifieste, seremos semejantes a él, porque le veremos tal como él es. Y todo aquel que tiene esta esperanza en él, se purifica a sí mismo, así como él es puro" (1 Juan 3:2,3). En una época, cuando las normas morales caen por todos lados, el inmutable mensaje de la profecía bíblica es que nosotros como cristianos debemos resistir al diablo y andar en santidad. Algún día, cada creyente dará cuentas a Dios de cada hecho y palabra en el Gran Juicio en el cielo. Obviamente, vivir con expectación a la luz del pronto regreso de Cristo tendrá un profundo efecto en nuestro compromiso con la santidad personal y la santificación delante de nuestro Señor.

La profecía nos motiva a testificar

La pronta venida de Jesucristo nos motiva a testificar a aquellos que jamás han aceptado a Cristo como su Salvador. Cada uno de nosotros ha sido colocado por Dios en una familia singular, ambiente de trabajo, o en escuelas donde podemos ser los únicos cristianos que le testifiquen a esas personas. Nuestro Señor nos ordena que compartamos las buenas nuevas de la salvación con todos aquellos que conocemos. Jesús advirtió que: "A cualquiera, pues, que me confiese delante de los hombres, yo también le confesaré delante de mi Padre que está en los cielos. Y a cualquiera que me niegue delante de los hombres, yo también le negaré delante de mi Padre que está en los cielos" (Mateo 10:32,33).

Testificar no es sólo una opción para los cristianos, compartir nuestra fe con los demás es una orden de nuestro Señor y Salvador. Cada cristiano algún día tendrá que rendir cuentas sobre su fidelidad o infidelidad a este mandamiento cuando veamos a Jesús cara a cara en el cielo. El mensaje profético sobre la proximidad del regreso de Cristo nos recuerda que necesitamos testificar mientras aún tengamos la oportunidad de hacerlo. "Me es necesario hacer las obras del que me envió, entre tanto que el día dura; la noche viene, cuando nadie puede trabajar" (Juan 9:4).

La profecía es una herramienta para alcanzar a los perdidos

Como creyentes que vivimos en Norteamérica y en Europa, vivimos en una generación de una horrible complacencia espiritual. Los incrédulos que nos rodean sencillamente no están interesados en la teología, la iglesia, o en la historia de la fe. De hecho, el único tema que he encontrado que les fascina consistentemente a los incrédulos es el tema de la profecía bíblica. El más escéptico de los cínicos todavía posee una profunda curiosidad por el futuro. Si introducimos en una conversación amistosa los eventos actuales, el hecho de que las antiguas profecías bíblicas predijeron los principales eventos geopolíticos de los últimos tiempos, con frecuencia nos vemos involucrados en una discusión abierta de la Biblia y de nuestra fe. Existe una curiosidad innata en el corazón del hombre y de la mujer sobre el futuro, la cual les incita a discutir la profecía. Durante los últimos dos años tanto la CBS y la NBC han tenido documentales que tratan con la profecía y la Biblia. Para sorpresa de ambas cadenas de televisión, ambos programas recibieron el premio Neilson de audiencia. NBC recibió más de cuarenta mil llamadas después de presentar el programa.

Como lo saben muchos de mis lectores, cada uno de mis libros contiene el plan de salvación y una invitación para que los lectores acepten a Cristo como su Salvador personal. Animo a los cristianos a que compren cualquiera de mis seis libros de profecía y que se lo regalen a incrédulos. Cada semana recibimos cartas de aquellos que han llevado a un amigo o a un miembro de la familia a la fe en Cristo a través del uso de estos libros. Además, incluso cientos de prisioneros han leído mis libros de profecía por curiosidad y han hallado la fe en Jesucristo. Recientemente, un hombre que había aceptado a Cristo mientras se encontraba en prisión me escribió para decirme que mis libros habían sido el instrumento para ganar a un asesino para la fe en Cristo. Aunque este otro prisionero era un peligroso asesino cuando empezó a compartir una celda con el prisionero cristiano, con los meses su curiosidad le llevó a leer mis libros y finalmente a encontrar la fe en el Señor. Cuando los doctores de la prisión descubrieron que el recién cristiano reformado había desarrollado un cáncer que lo mataría en unos cuantos meses, el gobernador y los guardias estaban tan impresionados por su transformación espiritual que estuvieron de acuerdo en liberarlo para que regresara a su casa a morir. El nuevo creyente, transformado de un asesino peligroso a un seguidor reformado de nuestro Señor, dejó la prisión para volver a casa con la meta de llevar a su hija a la fe en Jesucristo antes de morir. Muchos de aquellos que trabajan con prisioneros, incluyendo al Capellán Ray de International Prison Ministries, han compartido conmigo que los libros de profecía son de las pocas cosas que llegan al corazón de los prisioneros endurecidos por los años de crimen y encarcelamiento.

En la literatura de la humanidad la Biblia ha estado sola durante miles de años con su abrumadora influencia sobre el pensamiento y el comportamiento de billones de almas. Mientras que todos los demás libros están escritos para darnos información, la Biblia fue singularmente escrita para transformarnos a través de su divino mensaje. Conforme examinamos con cuidado el mensaje de la Biblia nos transformará mientras somos tocados por el Espíritu Santo de Dios que ha inspirado a sus autores humanos para comunicar Su mensaje a Su creación. Nuestra actitud siempre debería de ser, como estudiantes, investigar siempre con cuidado la santa Palabra de Dios para aprender sus verdades. Todos deberíamos permanecer como grandes estudiantes de la Biblia durante toda la vida, procurando aprender más hasta el día final de la graduación, cuando cada uno de nosotros verá al Autor cara a cara. Como David Livingston, el gran misionero y explorador de África, escribió: "Todo lo que soy se lo debo a Jesucristo, se me reveló en Su Libro Divino". Las mentes más grandes de los últimos dos mil años han estudiado la Biblia y han declarado la abrumadora importancia de las Escrituras y su significado en la vida de la humanidad. El gran escritor cristiano San Agustín exploró los escritos de los autores clásicos en su búsqueda de la verdad antes de encontrar la fe en Jesucristo. Agustín escribió estas palabras indicando la profunda diferencia entre la Palabra de Dios y los escritos de los hombres: "He leído los dichos de Platón y Cicerón, los cuales son muy hermosos y tienen mucha sabiduría, pero jamás he leído en ninguno de ellos: 'Venid a mí todos lo que estáis cargados y cansados'" Similarmente, el escritor Charles Lamb escribió la enorme diferencia entre Jesucristo y Shakespeare, de la manera siguiente: "Si Shakespeare entrara en esta habitación, todos nos pondríamos de pie; pero si Jesucristo entrara, todos nos arrodillaríamos".

CAPÍTULO UNO

Daniel: el profeta que vio a través del tiempo

Daniel es el más grande de los profetas de Israel, tanto por su carácter sin mancha como hombre de Dios y por su habilidad sin paralelo para ver a través del velo del tiempo para describir el futuro. Es imposible exagerar la importancia del profeta Daniel en lo que se refiere a su influencia sobre los conceptos proféticos tanto judíos como cristianos durante los últimos dos mil años. Sir Isaac Newton, el gran físico, estaba tan fascinado con las profecías de Daniel que escribió un libro que se llama *Observations on Daniel and the Revelation* [Observaciones sobre Daniel y la Revelación]. Newton escribió: "Rechazar a Daniel es rechazar la religión cristiana", indicando así el papel fundamental de las profecías de Daniel en el pensamiento cristiano. Joseph Poule, un teólogo alemán que vivió de 1852 a 1920, mencionó la importancia vital de la profecía en la teología: "La escatología es la corona y piedra principal de la teología dogmática". Los principales temas de la escatología fueron desarrollados por los grandes profetas del Antiguo Testamento, particularmente las profecías de Daniel, y las varias profecías neotestamentarias que edificaron sobre él los temas proféticos que se encuentran en Daniel. Es significativo que los rollos del Mar Muerto revelan que aquellos de Qumrán le dieron a las profecías de Daniel el mayor lugar de honor en su teología y expectativa mesiánica.

Ataques al libro de Daniel.

Probablemente no exista otro libro de la Biblia que haya sostenido más ataques continuos a través de los siglos que el libro de Daniel. La razón es simple. Este libro de Daniel es la fuerte evidencia que uno podría pedir para probar la inspiración de las Escrituras, la identificación de Jesús como el Mesías, y la promesa del regreso de Cristo para establecer Su reino sobre la tierra. El autor de Daniel declara que recibió esas visiones proféticas de Dios mientras era consejero del rey de Babilonia (606-536 a.C.). Las profecías son tan precisas y asombrosamente inspiradoras que sólo enfrentamos dos alternativas posibles. La primera es que Daniel haya sido escrito, como lo afirma, antes del año 536 a.C. y por lo tanto es verdaderamente una profecía inspirada por Dios y digna de un estudio minucioso. La segunda alternativa es que las profecías de Daniel fueran creadas por un brillante impostor que fraudulentamente escribió esas "profecías" alrededor del año 168 a.C., después que los eventos ya habían ocurrido. Es vital que determinemos qué alternativa es la verdadera, ya que el mensaje profético es central al mensaje del Evangelio de la próxima redención de la tierra. La evidencia histórica y textual es abrumante con respecto a que el libro de Daniel es una profecía genuina e inspirada por Dios y que éste fue creado en el quinto siglo antes de Cristo.

La escuela de criticismo superior del siglo pasado, detestaba los milagros sobrenaturales y las profecías divinas que se encontraban a través de la Palabra de Dios. Estos críticos negativos e incrédulos se vanagloriaban en que su mayor logro fue su decisión de negar categóricamente la autenticidad de las profecías de Daniel. Un crítico incrédulo, el doctor David Williams, un teólogo del siglo diecinueve, escribió en sus Ensayos sobre el rechazo de los críticos en lo que se refiere a la autoridad de los escritos de Daniel: "Es uno de los mayores triunfos y de los hechos que más salvan del más reciente criticismo, el haber probado que el libro de Daniel pertenece al tiempo de Antioco Epifanes (168 a.C.)".

Trágicamente, muchos comentarios bíblicos actuales aceptan sin ningún criticismo el argumento de los críticos superiores y a las escuelas incrédulas de eruditos que rechazan la autenticidad de las profecías de Daniel sin considerar siquiera las evidencias. Este rechazo de la autoridad de Daniel, por muchos seminarios y pastores, ha debilitado inevitablemente la creencia de muchas personas en la inspiración de las Escrituras. También ha erosionado la creencia en la profecía de la Biblia como un mensaje genuino de Dios para la iglesia actual. En su excelente defensa sobre la autenticidad de las profecías de Daniel, *The Prophet Daniel* [El profeta Daniel], E.B. Pusey escribió lo siguiente en 1863: "La fe no puede recibir una verdadera herida excepto por parte de sus defensores... Si la fe ha de ser destruida en Inglaterra (¡Dios no lo permita!), no será por parte de aquellos que la atacan violentamente, sino por aquellos que piensan que la están defendiendo, mientras ellos mismos la han perdido". El profesor Pusey sabía que el peligro más grande para la fe de los cristianos no provenía de los ataques externos por parte de los enemigos abiertos de la iglesia. El peligro real en la actualidad proviene de confiables pastores y teólogos que en privado han abandonado su confianza en las profecías de la Biblia como resultado de sus profesores incrédulos y de su entrenamiento en el seminario. En las últimas generaciones, los líderes de muchas de las iglesias principales progresivamente abandonaron la "fe una vez entregada a nuestros padres" hasta que la diferencia entre aquellos críticos que atacan la fe y los teólogos que la defienden se hizo casi indistinta. La "sal" definitivamente había perdido su sabor. "Buena es la sal; mas si la sal se hiciere insípida, ¿con qué se sazonará?" (Lucas 14:34).

Sin embargo, un examen cuidadoso de la evidencia histórica, arqueológica, lingüista y bíblica probará categóricamente que el libro de Daniel fue una profecía genuina compuesta antes del año 356 a.C. como se afirma. No nos atrevamos a ignorar las profecías de Daniel, que son parte integral del consejo de Dios para Su iglesia en estos últimos días. En los siglos pasados, los judíos sabios y la iglesia cristiana de forma unánime estuvieron de acuerdo en que las profecías de Daniel eran legítimas y genuinas. El pagano escritor griego Porfirio, en el siglo tercero después de Cristo, fue el primero que rechazó las profecías de Daniel. Porfirio despreció las profecías bíblicas porque su odio hacia lo sobrenatural lo obligó a llegar a la conclusión de que la predicción de los eventos futuros eran sencillamente imposibles. Señaló que la increíble exactitud del cumplimiento de las profecías de Daniel eran una prueba, para su forma de pensar, de que estas visiones deberían haber sido escritas por un impostor en algún momento posterior a que se hubieran llevado a cabo los acontecimientos. E.B. Pusey menciona la clara elección que enfrentamos: "El libro de Daniel o es divino... o un impostor". El profesor Pusey comprendió los motivos secretos de la mayoría de personas que declaran que las profecías de Daniel debieron haber sido escritas por un impostor en el año 168 a.C. después que los acontecimientos predichos ya habían ocurrido. Estos críticos han decidido en su propia mente, antes de considerar las evidencias, que es imposible que las profecías de Daniel puedan ser genuinas. El profesor Pusey describe la forma de pensar de tales críticos de la siguiente manera: "Es manifiesto por los escritores mismos, que su argumento central es el siguiente: 'El Dios Todopoderoso no puede hacer ni hace milagros, ni revela el futuro a Sus criaturas. Por lo tanto, puesto que los milagros y la profecía son imposibles, un libro que contenga los relatos de milagros debió ser escrito mucho tiempo después de que se realizaron y relataron los alegados milagros; un libro que contiene predicciones que van más allá de la sabiduría humana debió de haber sido escrito después de sucedidos los eventos predichos".

Muchos modernos e incrédulos comentarios bíblicos contienen declaraciones sobre los libros proféticos de la siguiente forma: "Además, si Isaías hubiese escrito esto, implicaría un conocimiento del futuro". Tales incrédulos en lo sobrenatural generalmente no están dispuestos a examinar con veracidad las evidencias. El profesor Pusey señaló correctamente el origen de tal criticismo: "Pasan por alto el punto histórico de que la incredulidad ha sido un antecedente [previo] del criticismo. La incredulidad es la madre, y no la descendencia del criticismo; es su punto de inicio, y no el punto de victoria en su carrera". Ya han tomado la postura de que la profecía predictiva y lo sobrenatural es algo imposible. Sin embargo, para aquellos que examinan el caso objetivamente, la evidencia es abrumadora en que el histórico Daniel escribió las profecías en su libro entre los años 606 a.C. y 536 a.C. siglos antes de que los eventos profetizados ocurrieran.

La autenticidad del libro de Daniel

Hace un siglo, los escépticos rechazaron la fecha bíblica declarada de 606 a 538 a.C. en lo que se refiere a la escritura del libro de

Daniel, tomando como base las tres palabras griegas de los instrumentos musicales que aparecen en los manuscritos. Estos críticos creyeron que la presencia de estas palabras griegas, eran inconsistentes en un libro escrito en Babilonia, siglos antes de que el griego Alejandro el Grande conquistara el Medio Oriente. Sin embargo, recientes evidencias históricas y arqueológicas han probado que los griegos viajaron extensamente a través del área de Babilonia siglos antes del tiempo de Daniel, y, por ello, en el relato Daniel conocía los nombres griegos de dichos instrumentos musicales. A pesar del hecho de que los argumentos básicos fueron demolidos hace décadas, muchos comentarios bíblicos modernos siguen repitiendo las antiguas suposiciones de los críticos superiores, de que el libro de Daniel "debió de haber sido escrito alrededor del año 168 a.C." para animar a los judíos durante las persecuciones dirigidas por Antiochus Epiphanes. Sin embargo, el argumento de los críticos, en contra de una fecha anterior para los escritos y la genuinidad de la profecía de Daniel, no se puede defender a la luz de las evidencias históricas y de los manuscritos.

Numerosas referencias a las profecías de Daniel, aparecen en documentos que fueron escritos mucho antes de la revuelta macabea en contra de Antiochus Epiphanes en el año 168 a.C. Por ejemplo, la traducción griega del Antiguo Testamento hebreo, la Septuaginta, traducida por setenta eruditos judíos durante el reinado del Faraón Ptolemy Philadelphus (283-247 a.C.), incluían las profecías de Daniel como uno de los libros inspirados de la Biblia.

El profeta Ezequiel, un contemporáneo de Daniel y cautivo en Babilonia, mientras Daniel gobernaba como primer ministro, indica que el profeta era bien conocido por los judíos cautivos. Ezequiel escribió su libro alrededor del año 550 a.C. y hace referencia a Daniel en dos pasajes. En el primer pasaje, Ezequiel registra que Dios declaró que una tierra que pecaba persistentemente en contra de Él sería castigada "y estuviesen en medio de ella Noé, Daniel y Job" (14:14,20). E incluso en el capítulo 28, Ezequiel, al informar como Dios describía a Satanás antes de caer en pecado, escribió: "He aquí que tú [Satanás] eres más sabio que Daniel; no hay secreto que te sea oculto" (v.3). A la luz de estas referencias a Daniel casi cuatro siglos antes del año 168 a.C., desafía al entendimiento de cómo un crítico serio puede creer honestamente que Daniel fue compuesto por un impostor cuatrocientos años más tarde.

En el *Primer libro de Macabeos*, escrito alrededor del año 168 a.C., se registra que el moribundo general Matías le recordó a sus hijos los grandes héroes de la fe en la historia de Israel. Matías se refirió a los tres compañeros de Daniel "Ananías; Azarías y Misael habiendo creído, fueron salvados del fuego". Matías también le recordó a sus hijos de la gran fe del profeta Daniel en su hora de crisis, Daniel, en su inocencia, fue libertado de la boca de los leones" (1 Macabeos 2:59,60). Estas declaraciones proveen una fuerte prueba de que el escritor de I Macabeos, en el año 168 a.C., estaba familiarizado con los escritos de Daniel en la Biblia, y creía que los relatos de Daniel eran históricamente exactos. Estas declaraciones serían imposibles si el libro de Daniel hubiese sido compuesto, como entienden los críticos, en el mismo período, alrededor del año 168 a.C.

Las referencias inspiradas sobre Daniel por Jesucristo

La profecía de Daniel fue referida por Jesucristo por su nombre y catalogada como una obra de un profeta inspirado por Dios. En Su sermón sobre las señales del fin de las edades registrado en Mateo 24:15,16 Cristo declaró: "Por tanto, cuando veáis en el lugar santo la abominación desoladora de que habló el profeta Daniel (el que lee, entienda), entonces los que estén en Judea, huyan a los montes". En esta declaración inusual Jesús afirmó que Daniel era un verdadero profeta de Dios y confirmó la autoridad de las profecías de Daniel para siempre y a todos aquellos que aceptan la deidad de Cristo y la inspiración de las Escrituras. Además, nuestro Señor manda a los creyentes que lean y comprendan las palabras de las profecías de Daniel. El apóstol Pablo y el profeta Juan, en su libro de Apocalipsis, ambos extrajeron en repetidas ocasiones los temas proféticos primeramente mencionados por Daniel, seis siglos antes. Los apóstoles creían que el plan redentor de Dios sería cumplido proféticamente en dos principales eventos redentores: primero, la vida, muerte y resurrección de Cristo; segundo, Su regreso a la tierra como el Rey Mesías para redimir a la humanidad y a la tierra de la maldición del pecado. Los escritores del Nuevo Testamento vieron estos dos hechos redentores como dos partes del gran plan redentor de Dios para la humanidad.

La historia de Daniel

El nombre judío del profeta Daniel significa: "Dios es mi juez". Uno de los pasajes más importantes en su libro, aparece en el capítulo siete cuando Daniel describió su asombrosa visión de Dios como el Anciano de Días, sentado y celebrando un juicio sobre toda la humanidad. El tema profético de Daniel es la absoluta certeza que a pesar de la apariencia de que el mal está triunfando, Dios finalmente juzgará tanto a los pecadores por individual así como a las naciones malvadas. El pueblo de Dios entonces será reivindicado; los santos de Dios resucitarán para gozar del gobierno justo del Reino eterno de Dios. El libro de Daniel empieza con el juicio de Dios contra el Israel apóstata, cuando los ejércitos de Babilonia capturaron a Jerusalén. Significativamente, el libro concluye con el juicio final de Dios contra las naciones malvadas y su poderoso líder, el anticristo, en la batalla del Armagedón.

Daniel fue llevado cautivo siendo joven y durante la conquista de Jerusalén en el año 606 a.C. por el general babilonio, el príncipe Nabucodonosor, actuando bajo las órdenes de su padre, el rey Nabopolasar. Varios años más tarde, después de la muerte de su padre, Nabucodonosor se convirtió en rey de Babilonia. Daniel, junto con el rey judío Joacim, fue parte del primer grupo de cautivos llevados a Babilonia. Daniel descendía del principado de Israel como se indica en Daniel 1:3,5. El historiador judío Josefo declara que descendía de la familia de Sedequías; Saadiah Gaon en su comentario de Daniel 1:5 afirma que el profeta descendía de la simiente del Rey Ezequías en cumplimiento con 2 Reyes 20:18. El Haggadah judío y el Syriacum crónico 27 también declara que Daniel era descendiente del los reyes de Judá.

La carrera de Daniel

Cuando los cautivos príncipes y nobles judíos fueron llevados en cadenas hasta Babilonia por los ejércitos de Nabucodonosor, sus nombres, siguiendo la costumbre oriental, fueron cambiados para demostrar el poder absoluto de su conquistador. El nombre original hebreo de Daniel que significaba: "Dios es mi juez" ahora había cambiado a Beltsasar: "el tesorero de Bel", en honor a Bel, el dios pagano de Babilonia. El nombre original de Ananías, que significaba: "Dios dirige su gracia hacia mí", fue cambiado a Sadrac que significa: "Mensajero del sol". El nombre de Azarías que significaba: "el Señor ayudó" fue cambiado a Abed-nego que significa: "siervo de Nego", otro de los dioses paganos de Babilonia. Era la costumbre de los babilonios tomar cautivos de las familias más nobles de las naciones conquistadas y entrenarlos como futuros consejeros de la corte real.

Los arqueólogos recientemente descubrieron, cerca de las ruinas del palacio de Babilonia, las elaboradas ruinas de las escuelas especiales para el entrenamiento de los "hombres sabios". En estas escuelas especiales, a los mejores nobles, y los más inteligentes, se les enseñaba las artes del idioma y el conocimiento que necesitarían para aconsejar a un futuro gobernante. Bibliotecas gigantes de Babilonia contenían cientos de miles de documentos inscritos en tablas de barro, las cuales eran la fuente de aprendizaje para estos estudiantes especiales. Considerando el hecho de que se convertían en los oficiales principales del reino pagano varios años después de su cautividad, Daniel y sus amigos probablemente tenían dieciséis años de edad cuando entraron al palacio. Estos cautivos eran "muchachos en quienes no hubiese tacha alguna, de buen parecer, enseñados en toda sabiduría, sabios en ciencia y de buen entendimiento, e idóneos para estar en el palacio del rey; y que les enseñase las letras y la lengua de los caldeos" (Daniel 1:4).

Cuando Daniel y sus compañeros nobles fueron capturados, es posible que hayan sido convertidos en eunucos. Los babilonios hacían esto a menudo con los cautivos reales que querían entrenar como futuros consejeros de la corte babilónica. Daniel 1:3 nos dice que los prisioneros, incluyendo a Daniel y a sus tres amigos, estaban bajo el control del jefe de los eunucos. El profeta Isaías predijo esto siglos antes al rey Ezequías de Israel: "He aquí vienen días en que será llevado a Babilonia todo lo que hay en tu casa, y lo que tus padres han atesorado hasta hoy; ninguna cosa quedará, dice Jehová. De tus hijos que saldrán de ti, y que habrás engendrado, tomarán, y serán eunucos en el palacio del rey de Babilonia" (Isaías 39:6,7). Josefo, el historiador judío, registró esto en su libro

Antigüedades de los judíos [X.10.1]: "Él también volvió eunucos a algunos de ellos.... Entre estos jóvenes había cuatro miembros de la casa de Sedequías, cuyos nombres eran Daniel, Ananías, Misael, y Azarías, pero Nabucodonosor cambió sus nombres".

La Biblia nos dice que Daniel y sus amigos rehusaron comer la comida real espiritualmente contaminada que se les ofrecía. Los babilonios, como rutina, dedicaban su comida a los ídolos paganos [Éxodo 34:15]. Además, servían los animales con la sangre aun en el cuerpo [Levítico 19:26]. La situación en la cual millones de judíos cautivos eran obligados a comer este alimento pagano y contaminado fue un cumplimiento de la profecía de Oseas: "No quedarán en la tierra de Jehová, sino que volverá Efraín a Egipto y a Asiria, donde comerán vianda inmunda" (Oseas 9:3). Sin embargo, como resultado de su fidelidad no comprometida, al rechazar los alimentos espiritualmente contaminados, Dios hizo que estos cuatro hijos justos de Israel florecieran y parecieran más robustos que aquellos cautivos que comieron la rica comida de la mesa del rey. La Biblia enfatiza la importancia de edificar durante toda la vida nuestro carácter para que podamos soportar cuando vengan los verdaderos desafíos de la vida. "Si fueres flojo en el día de trabajo, tu fuerza será reducida" (Proverbios 24:10).

La promoción de los consejeros judíos para el rey Nabucodonosor levantó celos de varios oficiales de la corte babilónica, quienes desarrollaron un plan para destruirlos. Nabucodonosor había decretado que sólo se podía orar a una enorme imagen de oro (60 pies cúbicos por 90 pies de altura) que el orgulloso rey había erigido en el valle de Dura. El profesor Rawlinson informa en el *Smith's Bible Dictionary*, que, hace un siglo un explorador arqueológico, de nombre M. Oppert, descubrió los restos de un enorme "pedestal de una estatua colosal" en el valle de Dura, al suroeste de las ruinas de Babilonia. Cuando Sadrac, Mesac y Abednego fueron encontrados orando a su Dios, los consejeros paganos los acusaron con el rey. En su ira, Nabucodonosor ordenó que los tres ministros hebreos se arrodillaran delante del ídolo o serían quemados en el horno de fuego. Los tres consejeros judíos rechazaron la orden del rey para unirse a la adoración pagana. En su admirable y valiente respuesta al rey, encomendaron sus vidas en las manos de su Dios al decir: "Sadrac, Mesac y Abed-nego respondieron al rey Nabucodonosor, diciendo: No es necesario que te respondamos sobre este asunto. He aquí nuestro Dios a quien servimos puede librarnos del horno de fuego ardiendo; y de tu mano, oh rey, nos librará. Y si no, sepas, oh rey, que no serviremos a tus dioses, ni tampoco adoraremos la estatua que has levantado" (Daniel 3:16:18). Cuando los tres israelitas fueron echados en el horno, el rey quedó atónito al ver al Hijo de Dios caminando en el fuego con ellos, protegiéndolos del peligro. A menudo es cierto en la vida de un cristiano que Dios no aparece hasta que somos echados al fuego de la experiencia de la vida. Entonces, cuando más necesitamos de Dios, Él despliega Su poder para ayudarnos en nuestra necesidad. Alguien dijo sabiamente: "La necesidad del hombre es la oportunidad de Dios".

Algunos se han preguntado por qué los tres amigos de Daniel fueron acusados mientras no se menciona que Daniel haya sido acusado. En esta clase de inquisición religiosa es normal que sólo aquellos que fueron específicamente acusados son llevados al castigo. Daniel pudo haber estado seguro al viajar por Babilonia en los negocios del rey. Sin embargo, una razón más probable yace en la naturaleza de la política de las cortes. Es común en esta clase de intrigas de las cortes orientales que el enemigo lance un ataque a los amigos menos poderosos del blanco principal, en este caso, Daniel. Si hubiesen tenido éxito, entonces se hubieran atrevido a correr el riesgo de atacar a Daniel, el amigo cercano y consejero del rey Nabucodonosor. En el último siglo, un arqueólogo descubrió un pequeño sello intrigante en las ruinas de Babilonia que contenía una escena que es un sorprendente registro y corrobora el registro de las Escrituras. Se trata de tres figuras encerradas, en lo que parece representar un horno; no muy lejano se encuentra la gigantesca figura de un ídolo; los devotos o adoradores se ven en primer plano; mientras que otras representaciones pequeñas aparecen entre éstos. Ya sea que esto se refiera de hecho a "los tres hebreos" o a otro orden similar, es seguro que la escena bíblica difícilmente podría ser representada de una forma tan inequívoca y completa en un espacio tan pequeño" *Truth of Revelation Demonstrated* [La verdad de la revelación demostrada], Murray, p. 24).

Aunque Daniel siempre fue atrevido en la causa de Dios, reveló un espíritu muy humilde y tierno cuando Nabucodonosor lo llamó a interpretar su sueño profético concerniente a la destrucción del gran árbol (Daniel 4). La visión predecía que una terrible locura afligiría al rey de Babilonia durante siete años. Con el respeto más amable y con una preocupación leal por su monarca, Daniel registra su reacción emocional: "Entonces Daniel... quedó atónito casi una hora, y sus pensamientos lo turbaban..." (Daniel 4:19). Cuando el rey animó a Daniel para que tuviese confianza y procediera con su explicación, el profeta le habló de la siguiente manera: "...Señor mío, el sueño sea para tus enemigos, y su interpretación para los que mal te quieren" (Daniel 4:19). A Daniel le dolía que el rey fuera a ser humillado y que perdiera su reino ante sus enemigos. Después de revelar fielmente el significado de la profecía, Daniel habló con el rey para que se arrepintiera de su pecaminoso orgullo con la esperanza de que el juicio amenazador aún pudiera ser revertido: "Por tanto, oh rey, acepta mi consejo: tus pecados redime con justicia, y tus iniquidades haciendo misericordias para con los oprimidos, pues tal vez será eso una prolongación de tu tranquilidad" (Daniel 4:27). Aunque Daniel y sus amigos habían sido llevados cautivos violentamente a una tierra extranjera y pagana, no había albergado amargura u odio hacia sus opresores.

El relato bíblico nos dice que el rey de Babilonia rehusó arrepentirse de su orgullo. Doce meses más tarde, olvidando la advertencia de Dios, el rey iba "caminando por el palacio real de Babilonia", admirando con orgullo los hermosos y grandes edificios que había construido en la ciudad más grande del mundo antiguo. Nabucodonosor habló vanagloriándose con un pecaminoso orgullo: "...¿No es ésta la gran Babilonia que yo edifiqué para casa real con la fuerza de mi poder, y para gloria de mi majestad?" (Daniel 4:30). El profeta Daniel fielmente registró el juicio inmediato de Dios que cayó sobre la arrogante afirmación del rey, que la gloria de su reino era el resultado de su propio poder en vez de ser un regalo y un legado que Dios le había dado. "Aún estaba la palabra en la boca del rey, cuando vino una voz del cielo: A ti se te dice, rey Nabucodonosor: El reino ha sido quitado de ti; y de entre los hombres te arrojarán, y con las bestias del campo será tu habitación, y como a los bueyes te apacentarán; y siete tiempos pasarán sobre ti, hasta que reconozcas que el Altísimo tiene el dominio en el reino de los hombres, y lo da a quien él quiere" (Daniel 4:31,32). Desde su poderosa posición como el monarca más grande que el mundo jamás haya conocido, Nabucodonosor cayó en una hora a la baja posición de un loco reducido a comer césped en el jardín del palacio. Muchas veces a través de la historia, individuos poderosos han ignorado las bendiciones y los regalos de Dios, creyendo que esos logros vinieron únicamente a través de sus propios esfuerzos. Sin embargo, conforme se vanagloriaban orgullosamente de sus logros, todo se convirtió en polvo en su misma boca. La historia nos debería recordar a cada uno que todas nuestras posesiones, nuestros dones y logros son simplemente legados que se deben administrar fielmente para nuestro Señor. Algún día rendiremos cuentas de cómo hemos utilizado los talentos y posesiones que el Señor colocó en nuestras manos durante nuestra vida terrenal.

El carácter de Daniel

Daniel mostró el mayor carácter espiritual de los personajes humanos que aparecen en la narración bíblica. El carácter de Daniel no cambió o cedió a través de toda su vida, a pesar de los constantes desafíos, pruebas, aflicciones y grandes honores que le otorgaron los dos imperios más poderosos de su época. A pesar de la increíble elevación de esclavo hasta convertirse en primer ministro de dos imperios paganos, Daniel jamás perdió su humildad y su inconmovible fe en la misericordia de Dios. Él registró los acontecimientos de su extraordinaria vida sin embellecimientos ni exageraciones. Incluso las visiones divinas y las profecías que Dios le dio fueron sencillamente registradas sin embellecerlas. Daniel le dio toda la gloria a Dios. Cuando le ofrecieron los mayores honores que un monarca podía darle, Daniel respondió dirigiendo al rey a adorar y darle gracias a Dios. Fue Dios quien recibió la gloria, jamás la recibió Daniel. Esta es una lección importante para cada uno de nosotros en la actualidad. Vivimos en una época espiritualmente engañosa en la que Satanás intenta desviar la atención de los creyentes para que se centren en maestros individuales, en vez de centrarse en la Palabra de Dios y en Jesucristo. El profeta Isaías advirtió que Dios no compartiría Su gloria con Sus siervos. "Por mí, por amor de mí mismo lo haré, para que no sea amancillado mi nombre, y mi honra no la daré a otro" (Isaías 48:11).

Daniel fue entrenado en toda la sabiduría de la grandiosa y poderosa cultura pagana de Babilonia, como Moisés había sido entrenado anteriormente en el máximo conocimiento obtenido por los magos del antiguo Egipto. Y al igual que Moisés y José, Daniel empezó como un esclavo con menos derechos que un prisionero de nuestras cárceles actuales. Sin embargo, bajo la sobrenatural guía de la mano de Dios, Daniel rápidamente se levantó para convertirse en un poderoso primer ministro del imperio más grande del mundo antiguo. A través de su obediencia a la voluntad revelada de Dios, Daniel recibió la interpretación de los sueños proféticos del emperador y por tanto avergonzó a los famosos magos paganos y a los sabios de Babilonia. En tres ocasiones, el ángel Gabriel declaró que Daniel era un hombre "grandemente amado" por Dios (Daniel 9:23; 10:11,19). Cualquiera que pueda soportar las pruebas y la adversidad con fortaleza y honor normalmente podrá soportar el desafío de la prosperidad con igual grandeza. El alma no puede ser derrotada por una enfermedad, los ataques y las pruebas generalmente no sucumbirán las tentaciones de las riquezas. Las adversidades que afligieron a Daniel y a sus amigos no los volvieron fuertes, más bien, los desafíos que enfrentaron revelaron la gran fuerza de carácter que poseía cada uno como resultado de la fe que habían tenido en Dios durante toda su vida.

Incluso la reina de Babilonia testifica de la pureza de carácter, sabiduría, y excelencia de espíritu de Daniel. Cuando nadie más podía interpretar las escrituras en los muros del palacio, la reina madre sugirió que llamaran a Daniel. "Por cuanto fue hallado en él mayor espíritu y ciencia y entendimiento, para interpretar sueños y descifrar enigmas y resolver dudas; esto es, en Daniel, al cual el rey puso por nombre Beltsasar. Llámese, pues, ahora a Daniel, y él te dará la interpretación" (Daniel 5:12). Como resultado de sus increíbles habilidades, Daniel se convirtió en el líder consejero de los grandes eruditos paganos y de los consejeros reales de Babilonia (Daniel 2:48). A pesar de trabajar durante décadas con compañeros paganos y con la obvia tentación de utilizar la magia, Daniel jamás se unió a los ritos supersticiosos de los caldeos. No comprometería su fe en Dios.

Hacia el final de su vida, después que el surgido imperio Medo-Persa hubiera conquistado a Babilonia en el año 538 a.C., los oficiales del nuevo imperio empezaron a odiar a Daniel porque gozaba de la confianza y del respeto del conquistador, el rey Darío. A través de toda su vida, Daniel se apegó a unos principios tan altos que incluso sus enemigos reconocían su valor y su grandeza espiritual (Daniel 6:22-28). A pesar de gobernar dos imperios paganos durante más de seis décadas, como el extranjero y primer ministro judío en medio de las incesantes intrigas de las cortes orientales, sus enemigos no podían hallar nada en lo que lo pudieran acusar. "Entonces los gobernadores y sátrapas buscaban ocasión para acusar a Daniel en lo relacionado al reino; mas no podían hallar ocasión alguna o falta, porque él era fiel, y ningún vicio ni falta fue hallado en él" (Daniel 6:4). "Porque fue fiel". ¡Qué hermoso testimonio del carácter y carrera sin mancha de Daniel! A pesar de las continuas tentaciones y de las intrigas que duraron sesenta años el profeta de Dios jamás se corrompió (Daniel 5:17).

El siguiente complot para destruir a Daniel se basó en el conocimiento de los oficiales persas con respecto a la fidelidad inmutable que Daniel tenía hacia su Dios. Los celosos administradores con engaño se acercaron al rey con una propuesta: Pasad una ley que le prohíba a cualquiera, bajo pena de muerte, orar a cualquier otra cosa que no sea el rey durante los próximos treinta días. Es obvio por la aflicción experimentada por el rey Darío que no previó que su nueva ley amenazaría la vida de su mejor consejero. A pesar de la amenaza sobre la vida de Daniel, el profeta continuó su devoción en la oración a su Señor. Conforme Daniel se aproxima al final de su increíble carrera, su libro registra: "Cuando Daniel supo que el edicto había sido firmado, entró en su casa, y abiertas las ventanas de su recámara que daban hacia Jerusalén, se arrodillaba tres veces al día, y oraba y daba gracias delante de su Dios, como lo solía hacer antes" (Daniel 6:10). Estas sencillas frases "hacia Jerusalén" y "como era su costumbre" habla mucho sobre el carácter de Daniel y su amor de toda la vida por Jerusalén, la santa ciudad de sus padres.

Siglos antes, cuando Jerusalén e Israel florecieron durante la era de oro del rey Salomón, el rey había profetizado que aquellos que oraran hacia los muros del Templo sus oraciones serían escuchadas por el Dios Todopoderoso: "Y ellos volvieren en sí en la tierra donde fueren cautivos; si se convirtieren... y oraren a ti con el rostro hacia su tierra que tú diste a sus padres, y hacia la ciudad que tú elegiste y la casa que yo he edificado a tu nombre, tú oirás en los cielos, en el lugar de tu morada, su oración y su súplica, y les harás justicia" (1 Reyes 8:47-49). La obediencia a este mandamiento de Dios sobre orar hacia el Templo, el lugar de habitación de la Gloria Shekinah de Dios, demostró la fe de Daniel y de los otros cautivos de que el Señor no había abandonado a Su pueblo elegido en su largo exilio de Babilonia. Incluso hoy, miles de judíos vienen a orar al Muro occidental del Templo en Jerusalén sabiendo que el mandamiento de Dios de orar hacia Su santuario jamás ha sido rescindido.

El relato de Daniel sobre esta crisis también atestigua de su hábito de orar tres veces al día, lo cual destaca cada aspecto de su carácter y su extraordinaria vida de servicio a su Dios, su rey, y su amado pueblo judío. Cuando los malvados oficiales descubrieron al profeta orando a Dios le llevaron al foso de los leones para ejecutarlo. Es fascinante mencionar que monumentos descubiertos en las ruinas de Babilonia por el Capitán Mignan, hace un siglo, revelan figuras de prisioneros comidos por leones salvajes. Otra inscripción, y grabados en piedras, de leones matando a prisioneros fueron descubiertas cerca de la tumba de Daniel en Susa, Iraq. Daniel confió en que el Señor lo protegería de los leones hambrientos que habían sido entrenados por los babilonios para matar y comerse a sus prisioneros. Para ilustrar esta fe inconmovible, después de encomendar su vida al cuidado de Dios, Daniel se acostó para dormir en uno de los asientos de la prisión. La conclusión de la crisis ocurrió cuando el rey ansiosamente visitó los calabozos la mañana siguiente. Descubrió que su fiel siervo seguía con vida y testificaba de la gloria de Dios: "Mi Dios envió su ángel, el cual cerró la boca de los leones, para que no me hiciesen daño, porque ante él fui hallado inocente; y aun delante de ti, oh rey, yo no he hecho nada malo. Entonces se alegró el rey en gran manera a causa de él, y mandó sacar a Daniel del foso; y fue Daniel sacado del foso, y ninguna lesión se halló en él, porque había confiado en su Dios" (Daniel 6:22,23). Esta simple declaración "no se encontró ninguna herida en él, porque creyó en Dios", contiene el secreto de la verdadera confianza que puede tener cada cristiano al colocar su fe completa en las manos de Dios. Ninguna herida real ni permanente puede afligirnos cuando colocamos nuestra vida en las manos de nuestro Padre celestial. Aunque nuestros cuerpos pueden ser destruidos, nuestro verdadero destino eterno está en el cielo, así que no deberíamos temer lo que el hombre o las pruebas de la vida puedan hacernos.

Nabucodonosor, el rey de Babilonia, reconoció la sabiduría de Daniel como erudito (Daniel 1:18-20). Aunque en lo personal fue un hombre justo su conciencia con respecto a la rebelión de Israel motivaba a Daniel a confesar los pecados de toda su nación (Daniel 9:3,17-18). Las profecías de Daniel influenciaron tremendamente los conceptos y el lenguaje de los profetas posteriores, incluyendo a Zacarías y Hageo, al igual que al apóstol Pablo y a Juan. Aunque algunos dicen que Daniel fue sepultado en Babilonia, tanto Bufelda como el judío errante, Benjamín de Tudela *(Intinerary,* p. 86), nos dicen que Daniel fue sepultado en Susa, al lado del río Tigris.

El artículo sobre Daniel en el *Smith's Bible Dictionary* declara: "No hay ninguna duda de que éste [el libro de Daniel] ejerció una mayor influencia sobre la iglesia cristiana primitiva que cualquier otra escritura del Antiguo Testamento". Cualquier estudio objetivo de la cultura occidental y sus actitudes llegará a la conclusión de que las ideas apocalípticas del cristianismo y del judaísmo han permeado los pensamientos y expectativas de todos los occidentales educados. Las expectativas proféticas, tanto de judíos como cristianos, han sido moldeadas en gran manera por la comprensión de las profecías de Daniel. La esperanza y el temor profético de millones de personas también son moldeadas por las predicciones de este antiguo profeta de Israel, Daniel mismo predijo que surgirían en los últimos días hombres sabios que comprenderían las Escrituras proféticas y que "volverían a muchos a la justicia". En Daniel 12:3, El profeta escribió: "Los entendidos resplandecerán como el resplandor del firmamento; y los que enseñan la justicia a la multitud, como las estrellas a perpetua eternidad". Las profecías de Daniel son de vital importancia para cualquiera que desee comprender los eventos proféticos de los últimos días. El apóstol Pedro declaró que estas profecías son "cosas que los ángeles desearían ver". Pedro escribió: "Los profetas que profetizaron de la gracia destinada a vosotros, inquirieron y diligentemente indagaron acerca de esta salvación, escudriñando qué persona y qué tiempo indicaba el Espíritu de Cristo que estaba en ellos, el cual anunciaba de antemano los sufrimientos de Cristo, y las glorias que vendrían tras ellos. A éstos se les reveló que no para sí mismos, sino para nosotros, administraban las cosas que ahora os son anunciadas por los que os han predicado el evangelio por el Espíritu Santo enviado del cielo; cosas en las cuales anhelan mirar los ángeles" (1 Pedro 1:10-12).

En las últimas palabras de las profecías de Daniel el ángel le mandó al profeta que "sellara el libro hasta el tiempo del fin". El ángel dijo: "Pero tú, Daniel, cierra las palabras y sella el libro hasta el tiempo del fin. Muchos correrán de aquí para allá, y la ciencia se aumentará" (Daniel 12:4). Dios jamás quiso que las profecías de Daniel estuvieran selladas para siempre. Más bien, el ángel le explicó a Daniel que estas profecías deberían estar selladas "hasta el tiempo del fin". Cuando llegue "el tiempo del fin", las profecías de Daniel serán finalmente liberadas para permitirle a los estudiantes de las Escrituras comprender por completo las misteriosas predicciones sobre los increíbles acontecimientos que terminarán en los años finales que nos llevarán a la llegada del anticristo y del Mesías. Creo que las profecías de Daniel indican claramente que nos estamos acercando al "tiempo del fin". La apertura de las profecías de Daniel en nuestra época sugieren el regreso de Jesucristo como el Rey Mesías.

CAPÍTULO DOS

La profecía de un imperio mundial

El plan original de Dios fue que Israel fuese la primera entre las naciones y que bendijese a todos los pueblos de la tierra. Después de cuatrocientos años de cautiverio en Egipto y de cuarenta años de andar por el desierto, Josué y el pueblo escogido cruzaron el río Jordán para establecer la nación en la Tierra Prometida de Canaán. Durante los primeros cuatrocientos cincuenta años, Israel fue gobernado por el gobierno directo de los jueces que Dios señaló. Sin embargo, Israel rechazó el sistema de gobierno de Dios y demandaron un rey, tal y como lo tenían las naciones de sus alrededores, "para que nos juzgue como a todas las naciones". El Señor permitió que Israel tuviera una monarquía, pero les advirtió que esto los conduciría al desastre nacional.

Después del reinado justo del rey David, Israel empezó a hundirse en la idolatría bajo su hijo, el rey Salomón, y sus pocos piadosos descendientes reales. La primera crisis principal ocurrió cuando las diez tribus del norte se rebelaron en contra de las pesadas demandas del rey Roboam, el hijo de Salomón. Esta trágica rebelión dividió a la nación en dos reinos: Israel y Judá. Durante los próximos siglos tanto el reino del norte de Israel, con diez tribus, como las dos tribus del reino del sur, el de Judá, abandonaron progresivamente el gobierno justo y la adoración a Dios, lo cual había llevado a la grandeza de Israel bajo el rey David y Salomón.

Durante los siguientes cuatro siglos, Israel y Judá se hundieron cada vez más en la adoración pagana, en el compromiso y en la idolatría. A pesar de las continuas advertencias extremas por parte de los profetas de Dios, tanto los líderes y el pueblo generalmente ignoraban los mandamientos de Dios y cedían ante una permisiva conducta sexual y adoración pagana. Después de siglos de depravación, la paciencia de Dios para con Israel finalmente llegó al límite. En cumplimiento de la profecía de Jeremías, el Señor levantó al nuevo imperio de Babilonia para que conquistara a Asiria. Los triunfantes ejércitos del rey Nabucodonosor conquistaron a todas las naciones del Medio Oriente, incluyendo a la desobediente nación de Israel.

El profeta Jeremías, en obediencia a uno de los mandamientos de Dios, realizó una reunión en Jerusalén con todos los embajadores de las naciones vecinas, quienes utilizaban un yugo simbólico alrededor de su cuello. Él le anunció a esta poderosa asamblea de hombres que representaban a las grandes naciones del mundo conocido: "Y ahora yo he puesto todas estas tierras en mano de Nabucodonosor rey de Babilonia, mi siervo, y aun las bestias del campo le he dado para que le sirvan. Y todas las naciones le servirán a él, a su hijo, y al hijo de su hijo, hasta que venga también el tiempo de su misma tierra, y la reduzcan a servidumbre muchas naciones y grandes reyes. Y a la nación y al reino que no sirviere a Nabucodonosor rey de Babilonia, y que no pusiere su cuello debajo del yugo del rey de Babilonia, castigaré a tal nación con espada y con hambre y con pestilencia, dice Jehová, hasta que la acabe yo por su mano" (Jeremías 27:6-8). Dios puso a todas las naciones bajo el yugo del imperio Babilónico como el primero de cuatro imperios gentiles destinados a gobernar la tierra hasta que el Mesías venga a establecer Su reino eterno. En ese momento (en el año 606 a.C.) el Señor transfirió la soberanía del mundo de Israel a los gentiles, dando inicio al período que Lucas llamó, "el tiempo de los gentiles" (Lucas 21:24), el cual continuaría hasta el regreso de Jesús. Esta profecía de Jeremías se cumplió conforme el joven imperio de Babilonia conquistaba al imperio Asirio, se aprovechó del débil liderazgo del último rey de Asiria para lanzar un brillante ataque que finalmente conquistó la capital de Asiria en el año 610 a.C. exactamente tal y como lo habían predicho los profetas. El joven general babilonio, el príncipe Nabucodonosor, conquistó una nación tras otra hasta que en el año 606 a.c., sus ejércitos sitiaron y conquistaron a Jerusalén y a Judea. Daniel se encontraba entre los miles de judíos nobles cautivos que fueron llevados a la capital babilónica para servir al victorioso rey.

La visión del rey de un imperio mundial

Después de concluir su entrenamiento en las cortes de Babilonia, Daniel, el joven profeta judío, se convirtió en el consejero del rey Nabucodonosor. Un día, el rey se encontraba meditando en su cama sobre lo que le sucedería a su reino cuando muriera. Mientras soñaba, el monarca recibió una increíble visión profética del Señor. Cuando despertó el rey estaba muy turbado debido a que no podía recordar los detalles de su increíble sueño. Demandó que sus hombres sabios y consejeros no sólo recordaran su sueño sino que también lo interpretaran o los ejecutaría a todos. En respuesta a la oración de Daniel, Dios le reveló al profeta los detalles del sueño del rey y su interpretación. La visión del rey bosquejaba con increíble detalle el futuro destino político-militar durante los siguientes dos mil quinientos años (Ver Daniel 2.).

Daniel le dijo al rey que su sueño era una gran imagen de metal, que representaba a los grandes imperios gentiles del mundo, que surgirían después de la muerte del rey Nabucodonosor. Siglos de profunda apostasía habían hecho que finalmente Dios, le quitara a Israel la soberanía prometida sobre las naciones del mundo. En el momento de su sueño sobrenatural, Nabucodonosor era el emperador del dinámico y nuevo Imperio babilónico, el cual rápidamente estaba conquistando a todos los demás reinos que se cruzaban en su camino para el dominio del mundo.

La visión de Nabucodonosor era la de una tremenda figura humana compuesta de cuatro metales diferentes: una cabeza de oro; el pecho y los brazos de plata, sus muslos y el dorso de bronce, y sus piernas y pies de hierro. Finalmente, los diez dedos de los pies estaban compuestos parte de hierro y parte de barro. Los metales simbolizaban el curso del gobierno gentil mundial durante los siguientes dos mil quinientos años. La progresión de oro a plata, a bronce, y después a hierro indicaban que cada uno de los siguientes imperios sería progresivamente más fuerte en poderío militar pero de menos valor conforme degeneraban de una monarquía a un gobierno militar y finalmente terminaba con una democracia y dictadura.

La conclusión del sueño de Nabucodonosor reveló una "piedra" que fue "cortada, no con mano, e hirió a la imagen en sus pies de hierro y de barro cocido, y los desmenuzó" (Daniel 2:34). Esta grandiosa figura de pronto fue destruida cuando la sobrenatural piedra pulverizó los pies de hierro y barro. La "piedra" luego se expandió para convertirse en una gran montaña que llenaba toda la tierra, representando el próximo Reino Mesiánico eterno de Cristo, el cual reemplazará a los imperios gentiles paganos con el Reino de Dios. Esta imagen inusual en un sueño, fue interpretada por Daniel como una clara representación profética del futuro de los reinos gentiles que gobernarán la tierra del año 606 a.C. hasta que venga el Mesías para establecer Su Reino eterno al final de esta era.

Increíblemente, el profeta Daniel profetizó de forma exacta que los únicos cuatro imperios gobernarían el mundo conocido durante los dos mil quinientos años que hay entre el rey Nabucodonosor y el regreso de Cristo. Los cuatro imperios aparecen en el escenario de la historia mundial en el orden exacto predicho por Daniel durante los primeros quinientos años después de su visión profética. Sin embargo, desde la época del surgimiento del imperio romano, el cuarto reino; hasta ahora, han pasado más de dos mil años. A pesar de los repetidos esfuerzos por parte de varios conquistadores en los últimos mil doscientos años, nadie ha tenido éxito en establecer un quinto imperio mundial que reemplace el cuarto imperio mundial de Roma.

Daniel reveló que esta sorprendente visión predecía la historia futura de los imperios gentiles que gobernarían al mundo. El profeta interpretó la visión profética de Nabucodonosor de la manera siguiente (Daniel 2:38-44):

Empezando en el año 608 a.C., el imperio babilónico, dirigido por el rey Nabucodonosor; se convirtió en la cabeza de oro con un extremo poder y riqueza. Setenta años más tarde el confiado pero perverso reino de Babilonia cayó ante el nuevo imperio de los Medos y Persas. Una noche, mientras los ejércitos Medopersas rodeaban los grandes muros de la ciudad, el rey Belsasar de Babilonia tuvo una fiesta profana y de borrachera, permitiendo que sus invitados usaran las vasijas de oro y de plata que habían sido tomadas del Templo en Jerusalén. De pronto, aparecieron los dedos de una mano y escribieron sobre la pared del salón del banquete: MENE, MENE, TEKEL, UPHARSIN.

Elemento profético	Imperio	Detalles de la profecía
Cabeza de oro	Babilonia	"Tú eres aquella cabeza de oro"
Pecho de plata	Medo-Persia	"Y después de ti se levantará otro reino inferior al tuyo"
Vientre de bronce	Grecia	"Un tercer reino de bronce el cual dominará sobre toda la tierra"
Piernas de acero	Roma	"El cuarto reino será fuerte como hierro...; rompe todas las cosas"
Dedos de acero y barro	Diez naciones que surgirán del Imperio Romano	"Será un reino dividido en parte fuerte y en parte frágil"
Piedra cortada sin manos	El Reino Mesiánico	"Y en los días de estos reyes el Dios del cielo levantará un reino que no será jamás destruido"

Los invitados a la cena empezaron a sentir pánico, y ninguno de los sabios del rey podía interpretar el mensaje. Daniel, quien ya era un oficial anciano y retirado, había sido olvidado después de morir el rey Nabucodonosor, pero la anciana reina madre recordó sus grandes habilidades y le llamaron a interpretar la escritura. Daniel le dijo al rey Belsasar el significado de las palabras sobrenaturales: "Contó Dios tu reino, y le ha puesto fin... Pesado has sido en balanza, y fuiste hallado falto... Tu reino ha sido roto, y dado a los medos y a los persas" (Daniel 5:26-28). Esa misma noche de octubre del año 538 a.C. el ejército rebelde Medopersa de Darío conquistó a Babilonia. Precisamente como lo había predicho el profeta Jeremías, el brillante, aunque breve, imperio babilónico sólo duro setenta años. "Y cuando sean cumplidos los setenta años, castigaré al rey de Babilonia y a aquella nación por su maldad, ha dicho Jehová, y a la tierra de los caldeos; y la convertiré en desiertos para siempre" (Jeremías 25:12).

Pecho de plata — el Imperio Medopersa

El segundo Imperio Mundial, representado por el pecho de plata, sería más fuerte que el imperio babilónico de oro, al igual que la plata es más fuerte que el oro, pero sería de un valor menor. La historia registra que el Imperio Medopersa creó grandes ejércitos, incluyendo a aquel que movilizó el rey Artajerjes para su exitoso ataque contra Grecia. Los historiadores griegos informan que al ejército Persa de más de un millón de personas le tomó un día completo pasar ante el trono del rey Artajerjes, el cual se encontraba en lo alto de una colina. Sin embargo, este gran imperio carecía de la nobleza y del impacto de Babilonia. Después de 207 años el Imperio Medopersa fue destruido por Grecia en la climática batalla de Arbela en el año 331 a.C., Alejandro el Grande ejecutó su venganza contra los persas por el antiguo ataque de Artajerjes a Grecia, utilizando unas nuevas tácticas revolucionarias de ataque rápido, tropas bien entrenadas, y brillantes estrategas militares. En otra visión, registrada en Daniel 8:20-21, el profeta describió un macho cabrío de movimientos rápidos, el cual representaba al imperio griego, el cual destruiría al cordero más lento de dos cuernos que representaba al Imperio Medopersa.

Estómago de bronce — el Imperio Griego

El tercer imperio mundial, el reino griego de bronce, era más fuerte que el Medopersa, tal y como el bronce es más fuerte que la plata. En tan sólo unos años el joven rey Alejandro, conquistó todo el mundo conocido desde el mar Mediterráneo hasta la India, y únicamente con treinta y dos mil hombres.

Josefo, el historiador judío, contemporáneo del apóstol Pablo, escribió en su historia, Antigüedades de los judíos, que las profecías de Daniel de hecho salvaron a la Ciudad Santa de la destrucción por parte de los ejércitos de Alejandro el Grande. Después que Alejandro conquistara la antigua ciudad portuaria de Tiro en el año 332 a.C. se movió hacia el sur con la intención de destruir a Jerusalén al enterarse que los judíos neciamente se habían resistido a sus demandas de entregarle la ciudad. Milagrosamente, conforme Alejandro se aproximaba a la ciudad con su ejército, al intentar ejecutar su venganza, el sumo sacerdote judío salió de la ciudad vistiendo sus hermosas túnicas blancas del Templo para entrevistarse con el joven conquistador. Alejandro se sorprendió cuando el sumo sacerdote procedió a decirle que las Escrituras judías habían predicho la invasión y el éxito militar. El sumo sacerdote le dijo a Alejandro que Dios se lo había revelado al profeta Daniel unos trescientos años antes, que un gran rey se levantaría de entre los griegos y que subyugaría a todo el mundo. Cuando le mostró al rey griego estas exactas profecías, en lo que se refiere a su carrera militar, en las antiguas Escrituras, Alejandro se conmovió tanto que adoró en el Templo y dio órdenes para que no destruyesen a Jerusalén ni a la nación. A pesar de las grandes habilidades de Alejandro, el Imperio griego no fue capaz de permanecer unido después de la muerte de Alejandro. Daniel profetizó que en la cumbre del poder de Alejandro: "Y el macho cabrío se engrandeció sobremanera; pero estando en su mayor fuerza, aquel gran cuerno fue quebrado, y en su lugar salieron otros cuatro cuernos notables hacia los cuatro vientos del cielo" (Daniel 8.8). Cuando Alejandro murió repentinamente a una edad joven, no tenía un heredero legal que le sucediera. Su gran imperio griego, basado en el gobierno democrático de ciudades estados, fue dividido entre sus cuatro generales principales, tal y como Daniel lo había predicho trescientos años antes.

El Imperio Griego hizo grandes avanzadas para moldear el mundo a su forma de civilización. En el año 285 a.C., el rey egipcio, Ptolomeo Filadelfo, quien tenía un gran amor por el conocimiento, quiso una copia de las Escrituras hebreas en su propio idioma griego. Previamente, sólo unos pocos sacerdotes y escribas educados podían leer las Escrituras que se encontraban en hebreo. El rey hizo arreglos para que un grupo de setenta eruditos judíos, que se encontraban en Egipto, tradujeran los antiguos textos hebreos a la lengua griega. La traducción resultante es llamada la LXX, o Septuaginta, que proviene de la palabra Setenta. Esta es la traducción del Antiguo Testamento que Jesús y los apóstoles citaron, como se registra en el Nuevo Testamento. Además, todo el Nuevo Testamento fue escrito en la lengua griega. Como resultado del éxito de Alejandro el Grande, el griego se convirtió en el lenguaje universal a través del mundo conocido. Este idioma en común facilitó grandemente la rápida expansión del cristianismo.

Los dos más fuertes, de los cuatro reinos, fueron Siria y Egipto. El general griego de nombre Seleuco Nicátor controlaba el área al norte de la Tierra Prometida, mientras que el general Ptolomeo I Soter controlaba el reino egipcio hacia el sur. Estos dos reinos peleaban entre sí por la supremacía en la Tierra Prometida. Después de varios siglos de batallas entre estos dos reinos griegos, Israel estableció su independencia a través de una exitosa rebelión judía dirigida por Judas Macabeo, "el martillo de Dios", en contra del rey sirio Antiochus IV, conocido como Epiphanes. Antioco IV había atacado el Templo judío y asesinado a decenas de miles de creyentes judíos. A través de una serie de victorias milagrosas, las fuerzas judías tuvieron éxito al derrotar a los ejércitos sirios. Después de su victoria en el año 165 a.C., Israel recobró una gran parte de su independencia. Los descendientes de Judas, conocidos como los macabeos, fueron llamados la dinastía hasmoneana. Gobernaron a Israel pacíficamente durante cien años utilizando una variedad de alianzas hasta que las legiones del creciente y joven imperio romano invadieron el Medio Oriente.

El reinado cuadripartito del tercer Imperio Griego continuó gobernando desde el año 331 a.C. hasta el año 63 a.C. El nuevo y poderoso imperio de Roma, dirigido por el general Pompeyo, conquistó al independiente reino judío y capturó el Templo. Imprudentemente entró en el lugar santísimo y esparció a las tropas romanas a través de Palestina. Los romanos tomaron la fortaleza al norte del Templo para mantener el control sobre Jerusalén. Herodes el Grande, más tarde la llamaría la Torre de Antonia, en honor de su amigo y patrón Marco Antonio.

Piernas de hierro — el Imperio Romano

El cuarto imperio mundial, Roma fue representado en el sueño de Nabucodonosor como un reino compuesto de dos fuertes piernas de hierro que rompían todo aquello que se interponía en su camino. Roma consolidó a las diferentes naciones del gran imperio en una enorme maquinaria militar, la cual era virtualmente invencible. Una de las características singulares del imperio romano fue el increíble poderío militar que, combinado con el eficiente sistema policiaco y judicial, suplantó por completo a los reinos precedentes. Aún en la actualidad, después de dos mil años, muchas de nuestras instituciones gubernamentales, nuestros códigos burocráticos de justicia e idiomas están basados en aquellos del imperio romano. Exactamente tal y como lo había predicho el sueño profético, el imperio romano se dividió en dos reinos después del reinado del emperador Constantino. El imperio occidental estaba basado en

Roma y el imperio oriental colocó su capital en Constantinopla [Estambul, Turquía] El reino de hierro, el de Roma, gobernó el mundo conocido mucho más tiempo que cualquier otro. El imperio occidental finalmente dejó de existir como una fuerza principal cuando los bárbaros derrotaron a Roma en el año 476 d.C. Sin embargo, el imperio oriental, conocido como el imperio bizantino, continuó durante otros mil años hasta ser derrotado por los turcos en el año 1453 d.C.

Dedos de hierro y barro — diez naciones

La última parte del sueño de Nabucodonosor tenía que ver con la etapa final del último imperio mundial, cuando Roma resucitaría como una confederación de diez estados, representada en su visión por los diez dedos de los pies compuestos en parte de hierro y en parte de barro. Durante los últimos mil quinientos años muchos reyes y conquistadores han intentado y fracasado en revivir las glorias de Roma. Sin embargo, Dios claramente predijo que, en los días inmediatos que preceden el regreso de Jesucristo para establecer su reino mesiánico "el reino de piedra" (ver Daniel 2:34)", habría un final resurgimiento del imperio romano, el cual consistiría en diez naciones basadas en el antiguo imperio y unidas en una confederación.

Uno de los aspectos más sorprendentes de la política mundial desde el renacimiento de Israel, en 1948, es el rápido resurgimiento del imperio romano en una Europa unida. En 1957 el Tratado de Roma aceleró el movimiento para unir a las naciones de Europa para formar un superestado multinacional. La Unión Europea actualmente alberga a quince estados miembros, con muchas naciones adicionales esperando poder unirse a ella. El coloso más poderoso y con el mayor poder económico, político y militar en la historia se está creando en Europa. Estas naciones han acordado crear un ejército de defensa europeo con una política europea exterior en común. El profeta Daniel predijo que un futuro líder de un resurgido imperio romano haría un tratado de siete años con Israel. Por primera vez en dos mil años una Europa unida será capaz de cumplir la profecía de Daniel.

El tiempo de los gentiles

En el evangelio de Lucas, Jesucristo profetizó: "Y caerán a filo de espada, y serán llevados cautivos a todas las naciones; y Jerusalén será hollada por los gentiles, hasta que los tiempos de los gentiles se cumplan" (Lucas 21:24). El Nuevo Testamento utiliza dos palabras griegas que son traducidas como "tiempos". Una palabra es *chronoi* que significa "tiempos" y la otra es *kairoi* que significa "estaciones". La palabra *chronoi* significa duración o cantidad de tiempo. Sin embargo, *kairoi* denota una estación de tiempo que involucra ciertos eventos tal como lo que implicamos con la palabra "época". La frase "tiempo de los gentiles" utiliza la palabra *kairoi*, indicando que debemos entender la frase de Cristo como "la estación de los gentiles" implicando que este período terminará cuando se cumplan ciertos acontecimientos proféticos. El "tiempo de los gentiles" empezó con la conquista de Jerusalén e Israel por parte del rey babilonio Nabucodonosor en el año 606 a.C. "Y quemaron la casa de Dios, y rompieron el muro de Jerusalén, y consumieron a fuego todos sus palacios, destruyeron todos sus objetos deseables. Los que escaparon de la espada fueron llevados cautivos a Babilonia, y fueron siervos de él y de sus hijos, hasta que vino el reino de los persas; para que se cumpliese la palabra de Jehová por boca de Jeremías, hasta que la tierra hubo gozado de reposo; porque todo el tiempo de su asolamiento reposó, hasta que los setenta años fueron cumplidos" (2 Crónicas 36:19-21).

El período conocido como el "Tiempo de los Gentiles" se extiende sobre la mayor parte de la historia humana, desde el tiempo de la gloria de Babilonia hasta la victoria final del Mesías sobre el anticristo, al final de esta era. La conclusión del "tiempo de los gentiles" terminará para siempre con el dominio del mundo por parte de los reinos malignos de los gentiles. El Mesías descenderá gloriosamente sobre el monte de los Olivos para derrotar, en el ataque final sobre Jerusalén, al remanente de los ejércitos del anticristo, entonces Jesucristo terminará con el "derrumbamiento" (Isaías 22:5) de Jerusalén, la opresión de los gentiles que la Ciudad Santa ha soportado durante dos mil años. Cuando Cristo derrote a los ejércitos del anticristo, entrará en Jerusalén a través de la Puerta Oriental que permanece sellada hasta entonces y dirigirá la entrada

La profecía de un imperio mundial

de Su reino mesiánico como lo profetizó Ezequiel. "Y la gloria de Jehová entró en la casa por la vía de la puerta que daba al oriente" (Ezequiel 43:4).

El "tiempo de los gentiles" que empezó hace miles de años bajo el rey Nabucodonosor fue simbolizado por su demanda pagana de que todos los hombres adoraran su imagen de oro o enfrentar a la muerte. Esta imagen de oro de Nabucodonosor fue una "probadita" de la "abominación de la desolación" final. Esta "abominación" será un ídolo satánico del anticristo que el Falso Profeta creará durante los tres años y medio de la Gran Tribulación. Demandará que todos los hombres de la tierra adoren al anticristo y a su imagen. Es significativo que los años finales del "tiempo de los gentiles" serán testigos de un avivamiento de la idolatría pagana y de la adoración de imágenes durante los últimos días que llevarán a la batalla del Armagedón. Un componente preeminente de casi cada uno de los imperios gentiles a través de la historia ha sido convertir a un hombre en dios, normalmente en la forma de adoración de un emperador. Empezó con la adoración babilónica del rey Nabucodonosor, luego la demanda de que nadie orase a otro dios sino al rey medo-persa Darío. Continuó con la demanda de que todos los hombres adoraran al enloquecido rey Antioco Epifanes y finalmente se desarrolló en una adoración al emperador bajo el gobierno de los césares romanos.

Existe una diferencia en el significado entre la expresión de las Escrituras "el tiempo de los gentiles" (Lucas 21:24) y la frase "la plenitud de los gentiles" que se encuentra en Romanos 11:25. "Porque no quiero, hermanos, que ignoréis este misterio, para que no seáis arrogantes en cuanto a vosotros mismos: que ha acontecido a Israel endurecimiento en parte, hasta que haya entrado la plenitud de los gentiles" (Romanos 11:25). La expresión "la plenitud de los gentiles" se refiere a completar el número de personas que Dios sacará de las naciones gentiles para que sean parte de Su "linaje real" y de Su "pueblo" de 1 Pedro 2:9. En Hechos 15:14-15, encontramos una alusión al hecho de que el Señor sabe con anticipación cuántos se unirán finalmente a la Esposa de Cristo. "Simón ha contado cómo Dios visitó por primera vez a los gentiles, para tomar de ellos pueblo para su nombre. Y con esto concuerdan las palabras de los profetas, como está escrito". Tal y como un pastor conoce a su rebaño, el Señor conoce el número de aquellos que le siguen. El Evangelio de Juan registra que Jesús le instruyó a sus discípulos que echaran sus redes al otro lado del barco y que atraparon precisamente ciento cincuenta y tres pescados. "Subió Simón Pedro, y sacó la red a tierra, llena de grandes peces, ciento cincuenta y tres" (Juan 21:11). Es fascinante mencionar que un análisis cuidadoso de los milagros y sanidades realizados por Jesús y que se registran en los evangelios revelan que precisamente ciento cincuenta y tres individuos fueron sanados sobrenaturalmente por nuestro Señor en Su ministerio terrenal.

Este período, "la plenitud de los gentiles", terminará en el Rapto de los santos cristianos cuando el Señor llame nuevamente a Israel para convertirse en "luz de la naciones", durante los siete años del período de Tribulación predicho por Daniel, como "la semana setenta". Siete años después, al terminar el período de Tribulación, el "tiempo de los gentiles" terminará finalmente el dominio gentil de Jerusalén y del mundo. Las profecías bíblicas describen a los imperios gentiles del mundo bajo el símbolo de "bestias" salvajes, ilustrando su gran violencia y pasión por el poder y la avaricia. En este aspecto, es significativo que las naciones del mundo han escogido normalmente las imágenes de bestias salvajes como símbolos nacionales: Gran Bretaña —el león; Grecia —el leopardo; Rusia —el oso; América —el águila; Austria —el águila de doble cabeza; Italia —el lobo.

Babilonia la Grande

El nombre Babilonia evoca una poderosa imagen de la ciudad más grande del mundo antiguo. El nombre se deriva de *Babil*, que significa "la puerta de Dios". Se localiza aproximadamente a 90 kilómetros al sur de Bagdad, en el Iraq moderno, creció en poder hasta convertirse en la ciudad más importante del Medio Oriente. Babilonia originalmente fue conocida por el nombre de "Verano", el campo fértil que yace entre los ríos Tigris y Eufrates. La primera mención de Babilonia en Génesis revela que Babilonia fue fundada por Nimrod, el "poderoso cazador", el hijo de Cus. "Y Cus engendró a Nimrod, quien llegó a ser el primer poderoso en la tierra. Este fue vigoroso cazador delante de Jehová ...Y fue el comienzo de su reino Babel..." (Génesis 10:8-10).

La Torre de Babel

Después del diluvio, la siguiente gran rebelión en contra de Dios se llevó a cabo en Babel. Los orgullosos hombres de la antigua ciudad construyeron una increíble torre "cuyo pico estaba en los cielos" en un pecaminoso y arrogante intento por hacerse famosos. La Biblia registra sus acciones y motivos: "Y dijeron: Vamos, edifiquémonos una ciudad y una torre, cuya cúspide llegue al cielo; y hagámonos un nombre, por si fuéremos esparcidos sobre la faz de toda la tierra" (Génesis 11:4). La respuesta de Dios a su rebelión fue "confundir su lengua para que no pudiesen comprender entre si lo que hablaban". En la confusión total que resultó por la inhabilidad de comprenderse mutuamente "el Señor los esparció sobre la faz de toda la tierra, y dejaron de edificar la ciudad". Siglos más tarde, alrededor del año 1.760 a.C., el gran rey Hammurabi hizo de Babilonia la capital política y religiosa de su imperio inmensamente poderoso. Hammurabi combinó la astuta diplomacia con el grandioso liderazgo militar para derrotar a los demás reinos de Mesopotamia. Se convirtió en el gobernante del primer imperio babilónico unido que se extendió desde el Golfo Pérsico hasta el río Habur.

El Imperio Asirio

En los siguientes siglos el primer imperio babilónico decayó en poder hasta ser sucedido por otra potencia naciente. Los asirios fueron el ejército más brutal que el mundo haya visto. Sus prácticas normales incluía desollar vivos a los cautivos y cortar la nariz de sus prisioneros de guerra. Nínive, en la parte más al norte del reino, se convirtió en la capital asiria. Asiria conquistó la mayor parte del Medio Oriente bajo el liderazgo de una serie de reyes poderosos. Salmanassar II peleó contra el rey judío Acab mientras que Tiglath-Pilesar III llevó cautivo al pueblo del Norte de Israel. Los reyes asirios Salmanassar IV y Sargón II completaron la destrucción de Israel y su cautividad durante el gobierno del rey judío Oshee, destruyendo a Samaria, capital de Israel. Los ejércitos asirios de Senaquerib destruyeron la ciudad de Babilonia. Asaradón y Asurbanipal dominaron Babilonia a pesar de la continua rebelión. Durante dos siglos, del siglo VIII hasta el VI a.C., Babilonia gradualmente declinó en poder, convirtiéndose meramente en un centro administrativo regional. Muchos de estos reyes nombrados anteriormente están registrados en la historia de la Biblia, la cual describe los cientos de invasiones asirias continuas de la Tierra Santa.

A pesar del gran poder de Asiria, los profetas de Dios advirtieron que el maligno imperio pagano estaba condenado a cierta destrucción. El reluctante profeta Jonás advirtió sobre la destrucción venidera a menos que los asirios se arrepintieran de su gran maldad e idolatría. "De aquí a cuarenta días, Nínive será destruida" (Jonás 3:4). En el milagro más maravilloso registrado en la Biblia, toda la ciudad de Nínive se arrepintió y confesó sus pecados. Como resultado de su arrepentimiento Dios retuvo el juicio amenazado. Sin embargo, un siglo más tarde, después de que Nínive se había olvidado de Dios y nuevamente se había entregado a la adoración pagana, el juicio de Dios cayó sobre la malvada ciudad. Alrededor del año 630 a.C., el profeta Sofonías se levantó para prevenir del juicio venidero de Dios sobre el reino asirio que había oprimido a los hijos de Dios durante tanto tiempo: "Y extenderá su mano sobre el norte, y destruirá a Asiria, y convertirá a Nínive en asolamiento y en sequedal como un desierto" (Sofonías 2:13).

El Imperio Babilónico

Finalmente, en el año 626 a.C., Asiria cayó en el desorden político y militar. Un poderoso gobernante caldeo llamado Nabopolasar se proclamó a sí mismo rey de la provincia asiria de Babilonia y derrotó a los desmoralizados ejércitos asirios. Luego destruyó a la capital asiria, Nínive, en el año 612 a.C. Hacia el final de su reinado, el rey Nabopolasar dejó su ejército en las manos de su capaz hijo, el príncipe Nabucodonosor, para que derrotara al remanente del ejército asirio y para que sacara a sus aliados egipcios fuera de Siria. En cuanto Nabucodonosor empezó su invasión de Egipto, se enteró de la muerte de su padre y de la posible amenaza de que rivales le quisieran arrebatar el trono. En una atrevida y peligrosa marcha a través del desolado desierto árabe, la cual nadie creía posible, Nabucodonosor rápidamente volvió a Babilonia para asegurar su trono.

Cuando el faraón egipcio Necao I se enteró que Asiria ya no era una amenaza militar, movió los ejércitos egipcios a Palestina y a Siria. Judá había pasado por un importante avivamiento espiritual bajo el liderazgo del rey Josías culminando en la gloriosa Pascua en el año dieciocho de su reinado (2 Crónicas 35:1-19). Sin embargo, la Biblia registra la trágica muerte de Josías, el rey de Judá, al intentar derrotar a los ejércitos egipcios conforme marchaban a través del valle de Megido, en el norte de Israel.

Aunque el faraón Necao advirtió a Josías que no luchara contra él, las Escrituras registran que el rey judío rechazó "y no atendió a las palabras de Necao, que eran de boca de Dios; y vino a darle batalla en el campo de Meguido" (2 Crónicas 35:22). "Murió; y lo sepultaron en los sepulcros de sus padres. Y todo Judá y Jerusalén hicieron duelo por Josías. Y Jeremías endechó en memoria de Josías" (2 Crónicas 35:24-25). El príncipe Nabucodonosor y sus ejércitos babilónicos atacaron a las fuerzas egipcias y las derrotaron de manera decisiva en la histórica batalla de Carquemis, en el año 605 a.C. Esta victoria estableció el Imperio babilónico como el supremo poder mundial.

Durante esta campaña, Nabucodonosor también conquistó a Jerusalén y a Judá en el año 606 a.C., llevando a Babilonia a un grupo de cautivos de la nobleza, incluyendo a Daniel y a sus compañeros. Esta derrota de Judá inició la profetizada cautividad babilónica que iba a durar setenta años (Jeremías 25:11). Cuando Judá se rebeló una segunda vez en el año 598 a.C., el ejército de Nabucodonosor llevó a diez mil cautivos adicionales a Babilonia, incluyendo al profeta Ezequiel. El rey judío Sedequías se rebeló por tercera y última vez contra el rey de Babilonia violando el mandamiento de Dios revelado a través de las palabras del profeta Jeremías. Finalmente, después de estar sitiados amargamente durante varios años, los ejércitos de Nabucodonosor conquistaron y quemaron la ciudad de Jerusalén y el Templo de Salomón en el noveno día del mes judío de Av, 587 a.C.

La ciudad de Babilonia

El rey Nabucodonosor, un general brillante, expandió su vibrante y nuevo imperio hasta que sus ejércitos conquistaron todo el Medio Oriente. Reconstruyó la antigua ciudad imperial de

Babilonia para convertirla en la ciudad más grande del mundo, conocida con unos templos y palacios imponentes. Edificó impresionantes calzadas procesionales en honor a sus dioses paganos, Marduk, Asshur, e Ishtar. Daniel, Ezequiel y cientos de miles de judíos cautivos marcharon encadenados a lo largo de estas calzadas a través de la puerta de Ishtar. Esta puerta histórica fue descubierta en el último siglo y llevada a Alemania en donde fue reconstruida en el Museo de Berlín. Babilonia estaba estratégicamente localizada sobre las rutas comerciales más importantes del Medio Oriente, el río Tigris y el Eufrates fluían de Asiria hacia el sur hasta el Golfo Pérsico. Bajo el rey Nabucodonosor se convirtió en la mayor y más populosa ciudad del mundo antiguo, con grandes muros y torres, puertas y templos, y sus legendarios jardines colgantes. Babilonia, en medio de una gran planicie, estaba dividida por el río Eufrates, el cual fluía del norte hacia el sur a través del centro de la ciudad y acarreando la rica tierra aluvial de las montañas del lejano norte, creando un valle fértil de tierra profunda y rica. La antigua ciudad en la ribera oriental tenía palacios y templos; la nueva ciudad alcanzó su esplendor en la ribera occidental del río. El templo de Marduk, la principal deidad babilónica, fue construida cerca del centro de la capital. Al norte de la ciudad los ingenieros construyeron una torre, un edificio de siete pisos, que algunos eruditos creen que está relacionado con la antigua Torre de Babel.

El historiador griego Herodoto describió las dimensiones de la ciudad de la siguiente manera. Los cuatro costados de la ciudad eran defendidos por enormes muros dobles, cada uno de ellos con 22.4 kilómetros de longitud. Estos muros medían una sorprendente circunferencia de 78.4 kilómetros encerrando así a una ciudad que cubría 313 kilómetros cuadrados de tierra. Los muros defensores de Babilonia era de una extraordinaria fortaleza. Los muros exteriores tenían más de 30 pisos de altura (unos 93 metros de altura) y eran lo suficientemente anchos para permitir que ocho carruajes rodaran sobre sus muros (26 metros). Los constructores utilizaron ladrillos que eran pegados con bitumen, una especie de asfalto que salía a la tierra de un inmenso lago subterráneo de petróleo y bitumen que yacía debajo de Babilonia. Este bitumen se volvía duro como la roca una vez que era expuesto al aire. Estos muros defensivos estaban rodeados por una trinchera de 90 metros de ancho.

La profecía de un imperio mundial

Una vez que la trinchera era llenada con agua que provenía del Eufrates, los defensores de la ciudad podían atacar con facilidad a un ejército invasor con una continua y mortífera lluvia de flechas lanzadas desde los altos muros de Babilonia. Los centinelas babilónicos podían ver a un ejército acercarse desde más de 40 kilómetros de distancia desde su punto de ventaja, en torres de observación situadas a 120 metros de altura. La ciudad estaba resguardada por 120 puertas macizas compuestas de bronce sólido.

Babilonia estaba dividida en secciones por 50 calzadas principales, cada una de ellas con 24 kilómetros de longitud, y cuarenta metros de ancho. La mitad de estas calles iban de norte a sur y las otras veinticinco corrían de este a oeste. Estas grandes calles, con magníficas casas y edificios de gobierno, empezaban en las veinticinco puertas de cada muralla y tenían intersecciones unas con otras en ángulos rectos. La ciudad estaba dividida por estas cincuenta calzadas en 676 cuadros, creando vecindades individuales y diferentes. Las secciones internas de estos cuadros eran utilizados como jardines y áreas comunes de recreación.

Por el río Eufrates se traían las mercancías a la ciudad. Las riquezas de Babilonia estaban alternadas con oro y plata, los cuales eran tan comunes como los materiales básicos de otras ciudades. Nabucodonosor se enamoró de una hermosa princesa del área montañosa de Media, al norte. Cuando se desposó con él y se mudó a Babilonia se deprimió por la tierra tan plana y sin montañas naturales a la vista. Ensimismado por el amor hacia su esposa, Nabucodonosor construyó una montaña artificial con jardines colgantes en medio de su ciudad capital para proveerle a su esposa de una vista hermosa. A principios de este siglo, arqueólogos alemanes descubrieron las ruinas de un grupo de palacios y fortificaciones en la esquina noroeste de la antigua ciudad, los cuales tal vez fueron los cimientos de los jardines colgantes de Babilonia, una de las siete maravillas del mundo antiguo.

El río tenía a cada lado un alto y grueso muro similar a aquellos que rodeaban la ciudad. Inmensas puertas de bronce fueron colocadas en estos muros al final de cada una de las principales calles que iban de este a oeste. Los individuos que pasaban a través de estas puertas caminaban escaleras abajo hasta plataformas que les permitían cruzar fácilmente en botes de un lado de la ciudad al otro.

En el centro de Babilonia un enorme puente, de noventa metros de ancho y edificado con enormes piedras atadas con cadenas de hierro, cruzaba el río. Un magnífico palacio se encontraba a cada lado del puente. Muchas de las escenas descritas por Daniel ocurrieron dentro de estos dos palacios. Los ingenieros babilonios construyeron un túnel subterráneo para conectar a estos dos palacios. Un elaborado sistema de canales aseguraba que el exceso de agua fuera desviado para proteger a la ciudad de las inundaciones. Durante la construcción de estos canales crearon una gran presa artificial, de unos 65 kilómetros cuadrados y nueve metros de profundidad, al oeste de la ciudad para aguantar el cauce del río mientras construían los muros interiores a lo largo de las márgenes del río. Una vez que los muros fueron terminados, el Eufrates fue restaurado a su curso original.

Durante el reinado de Nabucodonosor por espacio de cuarenta y tres años, éste, extendió el control fuera de Babilonia hasta el Medio Oriente. Sin embargo, a pesar de su inmenso poderío militar, el nuevo imperio babilónico de Nabucodonosor y de sus sucesores fue corto. Después de la muerte de Nabucodonosor en el año 562 a.C., su imperio empezó a declinar en poder. Nabonid, uno de los gobernantes del imperio, se levantó para convertirse en rey de Babilonia en el año 556 a.C. Después de algunos años, el rey Nabonid dejó la capital de Babilonia y se mudó a la ciudad de Harán. Dejó a su hijo, el rey Belsasar, para que gobernara en su lugar como "segundo gobernante" del imperio. Esta situación anormal explica el porqué Belsasar sólo pudo nombrar a Daniel el "tercer gobernante" en el reino cuando quiso ofrecerle honores por leer los escritos en el muro del palacio.

La destrucción de Babilonia

La Biblia advirtió que Babilonia, el imperio más imponente que el mundo jamás haya visto, sólo duraría setenta años debido a su crueldad en contra de Israel y por su adoración pagana. Jeremías profetizó que la gloria de Babilonia sería totalmente destruida después de tan sólo setenta años (Jeremías 25:12). Al mismo tiempo, Jeremías también le advirtió a los judíos sobre su próximos setenta años de cautividad en Babilonia, debido a su rebelión pecaminosa en contra de los mandamientos de Dios (Jeremías

25:11). El profeta Daniel reveló en sus escritos que estaba completamente consciente de la profecía de Jeremías y sabía que los setenta años del triunfo de Babilonia sobre las naciones estaban por concluir (Daniel 9:2).

Ciro el Grande, el rey de Persia, fundó el imperio pérsico y gobernó del año 549 al 530 a.C. después de conquistar a los iraníes, los lidios (Turquía), y las ciudades-estados griegas de la costa Egea, Ciro trajo su ejército a las puertas de Babilonia. Como lo había profetizado Daniel, bajo el liderazgo de Ciro el Grande, los ejércitos Medopersa capturaron Babilonia en el año 539 a.C. e incorporaron los territorios de Babilonia al nuevo imperio persa, el segundo imperio mundial de los gentiles, el "reino de plata".

El 13 de octubre del año 539 a.C., la misma noche que aquellos dedos de forma sobrenatural escribieron la condena de Babilonia sobre los muros del palacio del rey Belsasar, el ejército persa capturó Babilonia. El rey de Babilonia y sus aliados ignoraron el estado de sitio por los ejércitos persas por confiar erróneamente en las grandes defensas de la ciudad y en los muros de treinta pisos de altura. Ciento cincuenta años antes de que naciera el rey persa, el profeta Isaías, inspirado por Dios, profetizó que un rey de nombre Ciro sería dirigido por Dios para vencer a las naciones, incluyendo a Babilonia (Isaías 45:1-3). Además, Isaías predijo la manera exacta de que la brillante estrategia militar del rey Ciro conquistaría la inexpugnable ciudad de Babilonia. Después de cavar un canal artificial para secar el cauce del río, Ciro entró a la ciudad haciendo que sus tropas marcharan a lo largo del cauce del río. Los soldados pudieron forzar las enormes puertas de bronce por la parte inferior al nivel normal de agua y entraron a la ciudad cerca del palacio, conquistando todo lo que se encontraba al frente.

El antiguo y pagano historiador Herodoto confirmó la exactitud de la profecía de Isaías. "Ciro... colocó parte de su ejército en el lugar donde el río entra a la ciudad, y otra en la parte posterior del palacio, con la orden de entrar a la ciudad caminando por el cauce del río, tan pronto como el agua estuviese lo suficientemente baja; luego él mismo, con la porción de sus huestes que no luchaba, fue hacia el lugar donde Nitocris cavó la parte inferior del río, donde hizo exactamente lo que se había hecho antes: cambió el curso del Eufrates con un canal, el cual entonces era una tierra suave; en la cual, el río fue absorbido, a tal extremo que el cauce natural del río se hizo transitable. Aquí fue cuando los persas que habían sido dejados con tal propósito en Babilonia cerca del río, entraron por su cauce, el cual había bajado ahora tanto que sólo alcanzaba hasta la mitad del muslo de un hombre, y de esa forma entraron en la ciudad (esto ocurrió al anochecer.) Si los babilonios se hubiesen dado cuenta de lo que Ciro intentaba, o si hubiesen percibido el peligro, no habrían permitido la entrada de los persas a la ciudad, lo cual fue lo que los arruinó por completo, podrían haber asegurado las puertas de las calles que daban al río y subirse a los muros que estaban a lo largo del río, y así hubieran capturado al enemigo como si fuera una trampa. Pero, como sucedió, los persas vinieron sobre ellos por sorpresa, y así tomaron la ciudad" (Herodoto, lib.i.,c.190, 191).

El historiador griego Jenofonte también conformó la exactitud de la profecía de Isaías con respecto a los "tesoros escondidos". "Al tomar Babilonia, Ciro se convirtió por el momento en el poseedor de sus inmensas riquezas... Habiendo juntado a sus oficiales principales, aplaudió públicamente su valor y prudencia, su celo y apego a su persona, y distribuyó recompensas a todo su ejército".

El Imperio Persa

Después del colapso de sus ejércitos, Babilonia se convirtió en parte del Imperio Persa y perdió para siempre su independencia. La conquista de Babilonia en el año 539 a.C. hizo de Ciro el indisputable gobernante de una vasta región que cubría todo el mundo conocido. Ciro de inmediato liberó a los judíos cautivos en Babilonia, como lo habían profetizado las Escrituras que lo haría y les permitió volver a Israel (Esdras 1:1,3).

Dos siglos más tarde, en el año 330 a.C., el tercer imperio mundial, "el reino de bronce" profetizado por Daniel, se levantó bajo el liderazgo de Alejandro el Grande para capturar la ciudad de Babilonia. Mientras que Alejandro el Grande planeaba reconstruir la ciudad de Babilonia y convertirla en la capital central de su nuevo y vasto imperio, su muerte prematura hizo que sus planes no se llevaran a cabo. Como Daniel lo había predicho, que el tercer imperio griego sería dividido entre "los cuatro cuernos", los cuatro generales de Alejandro se lo dividieron después de la muerte de su brillante líder.

Babilonia se convirtió en la capital de la dinastía Seleucid, uno de los "cuatro cuernos" durante un período después del año 312 a.c., pero posteriormente la mayoría de la población de Babilonia se mudó a la nueva capital, Seleucia. Los enormes bloques de construcción y los materiales de Babilonia fueron removidos para ser utilizados en proyectos de construcción en sus ciudades circunvecinas. Aunque algunos de los templos permanecieron como testimonio de su antigua grandeza, Babilonia cayó en la insignificancia hasta que desapareció virtualmente bajo las tierras del desierto en la época de la conquista del Islam en el séptimo siglo antes de Cristo. La herencia y logros culturales de Babilonia causaron una profunda impresión en el mundo antiguo, especialmente en Israel y Grecia. La influencia babilónica ha dejado su marca permanente en nuestra cultura en los campos de la geometría y astronomía.

Después de mil años de silencio, las ruinas de Babilonia fueron descubiertas bajo las arenas del desierto Irakí a principios del siglo XIX. Las excavaciones en el último siglo confirmaron muchos de los detalles históricos registrados en el libro de Daniel. Miles de inscripciones en ladrillos fueron encontrados conteniendo los nombres del rey Nabucodonosor y otros grandes monarcas del antiguo pasado bíblico. Sin embargo, la sorprendente historia de Babilonia aún no se ha terminado. Las profecías de Isaías y Apocalipsis revelan que Babilonia será reconstruida en los últimos días y que se convertirá en una de las principales potencias económicas. Como lo he documentado con fotografías en mis libros anteriores *MESÍAS* y *PRÍNCIPE DE LA OSCURIDAD*, el departamento iraquí de Antigüedades ha llevado a cabo un gran trabajo de restauración bajo las instrucciones de Saddam Hussein durante la última década para reconstruir la ciudad con un costo de más de 900 millones de dólares hasta la fecha. La reconstruida ciudad de Babilonia se convertirá en una de las capitales del futuro anticristo como lo indica uno de sus títulos proféticos, el "rey de Babilonia" (Isaías 14:4). Las profecías revelan que esta antigua y perversa ciudad una vez más se convertirá en una cueva de brujería satánica y será destruida con un fuego sobrenatural del cielo. El profeta Isaías predijo la destrucción final de esta ciudad que ha sido el centro de la oposición satánica en contra de Dios desde las primeras páginas del Génesis con la Torre de Babel hasta la destrucción final en el futuro por parte de Dios durante el Gran Día del Señor (Isaías 13:19). Como ya se mencionó antes, muy por debajo de los cimientos de la ahora reconstruida ciudad de Babilonia yace un enorme lago de bitumen y petróleo que sale a flor de tierra durante los meses de verano. Dios ya ha colocado el combustible en su lugar para cumplir Su profecía sobre el juicio y destrucción final de Babilonia.

CAPÍTULO TRES

El Imperio Romano resurgirá nuevamente

"Y el cuarto reino será fuerte como hierro; y como el hierro desmenuza y rompe todas las cosas, desmenuzará y quebrantará todo" (Daniel 2:40). La interpretación profética de Daniel del sueño del rey Nabucodonosor fue seguida más tarde de una visión propia: "Después de esto miraba yo en las visiones de la noche, y he aquí la cuarta bestia, espantosa y terrible y en gran manera fuerte, la cual tenía unos dientes grandes de hierro; devoraba y desmenuzaba, y las sobras hollaba con sus pies" (Daniel 7:7).

El reavivamiento y destino del Imperio Romano

Las dos visiones del libro de Daniel sobre la gran imagen de metal (Daniel 2) y las cuatro bestias salvajes (Daniel 7) son diferentes puntos de vista proféticos de la misma serie sucesiva de cuatro imperios mundiales que gobernarán al mundo hasta la venida de Jesucristo como Rey y Mesías.

Roma, el cuarto imperio mundial, empezó como una ciudad-estado insignificante pero rápidamente se levantó para enseñorearse de Italia en el siglo tercero antes de Cristo. En su continua rivalidad con Cártago, en el norte de África, los romanos conquistaron la mayor parte de África del norte y del imperio griego durante el siglo segundo antes de Cristo. Conforme una nación tras otra cayeron ante las disciplinadas y brutales legiones de Roma, los césares finalmente gobernaron virtualmente todo el mundo conocido en el tiempo de Cristo. En el año 65 a.C., las legiones de Pompeya conquistaron primero Siria. Luego dirigió a sus ejércitos a la conquista de Judea y de la Ciudad Santa. Durante el tiempo que Pompeya sitió a Jerusalén el ejército romano, mató a doce mil soldados judíos en el asalto final de la fortaleza del Templo. La sangre corría hasta la altura de los tobillos en la corte de los israelitas conforme los defensores judíos pelearon hasta sacrificar al último hombre al luchar en contra de las tropas romanas que intentaban entrar al Lugar Santo. Bajo Augusto César, quien gobernó Roma durante la vida de Cristo, los romanos expandieron su imperio hasta incluir lo que actualmente es Rumania, Bulgaria, Hungría y Yugoslavia. En el año 58 d.C., las insignias romanas fueron sobre las naciones del norte de Europa, incluyendo los territorios de Inglaterra, Suiza, Francia y Bélgica. A través de la historia ningún otro imperio gobernó un territorio tan vasto durante tanto tiempo como lo hizo el reino de hierro de Roma, a diferencia de otros imperios que a menudo absorbían la cultura y tradiciones de los pueblos conquistados, Roma oprimió toda nación bajo la planta de los pies de sus mortales legiones, destruyendo así las culturas existentes y reemplazándolas con las leyes y la cultura de Roma. Han pasado más de mil años desde los días de gloria del imperio romano. Sin embargo, aún en la actualidad, las naciones de Europa, el Mediterráneo, e incluso América del Norte tienen formas de gobierno, idioma, cultura, y leyes que claramente se derivan de la antigua Roma.

La imagen metálica de Daniel 2 tenía "... los pies y los dedos, en parte de barro cocido de alfarero y en parte de hierro, será un reino dividido; mas habrá en él algo de la fuerza del hierro, así como viste hierro mezclado con barro cocido" (Daniel 2:41). La visión de Daniel descrita en el capítulo 7 reveló una cuarta bestia terrible que tenía "diez cuernos" que representaban las diez naciones que surgirían del territorio del antiguo imperio romano (Daniel 7:7). Ambas visiones proféticas revelan que el cuarto imperio gentil y mundial de Roma reviviría en los últimos días tomando la forma de diez naciones que ocupan su antiguo territorio histórico. Esta división entre diez del imperio romano describe la fase embriónica del poder del gobierno mundial del anticristo al finalizar "el tiempo de los gentiles", e inmediatamente anterior a la segunda venida de Cristo.

"Estabas mirando, hasta que una piedra fue cortada, no con mano, e hirió a la imagen en sus pies de hierro y de barro cocido, y los desmenuzó... desmenuzará y consumirá a todos estos reinos, pero él permanecerá para siempre, de la manera que viste que del monte fue cortada una piedra, no con mano, la cual desmenuzó el hierro, el bronce, el barro, la plata y el oro. El gran Dios ha mostrado al rey lo que ha de acontecer en lo por venir; y el sueño es verdadero, y fiel su interpretación" (Daniel 2:34-35, 44-45).

Los antiguos escritores judíos y el destino del resurgido Imperio Romano

Los antiguos sabios judíos creían que la "roca... cortada sin manos" era un emblema del Mesías venidero. Los antiguos escritos del rabino Simeón Ben Jochai y Saadiah Gaon declararon que la "roca" de Daniel 2:34-45 representaba al Mesías que se menciona en Génesis 49:24, quien es llamado "el Pastor y la Roca de Israel" el antiguo Midrash judío *Bemidbar Rabba* (secc. 13. Fol. 209.4) también declaró que la piedra era un símbolo del Mesías venidero. El antiguo comentario judío del Génesis, *Zohar* (fol. 85.4) declara: "En el tiempo del Rey Mesías, Israel será una nación en la tierra, y un pueblo para el santo y bendito Dios; como está escrito, en la época de estos reyes el Dios de los cielos establecerá su reino". En otro escrito, *Pirke Eliezer* (c. 30. fol. 31.2.), encontramos la siguiente declaración interesante. "Los ismaelitas harán quince cosas diferentes en los últimos días; la última que se menciona es, erigirán un edificio en el Templo; con el tiempo dos hermanos se levantarán en su contra, y en sus días surgirá un renuevo del hijo de David". El "renuevo" es un título del Mesías encontrado en Zacarías. "Y le hablarás, diciendo: Así ha hablado Jehová de los ejércitos, diciendo: He aquí el varón cuyo nombre es el Renuevo, el cual brotará de sus raíces, y edificará el templo de Jehová" (Zacarías 6:12). Tanto Jarchi como Aben Ezra, antiguos sabios judíos, afirmaban que el reino de piedra representaba el reino del Mesías que gobernaría para siempre. El gran rabí Rashi escribió que los diez cuernos eran identificados como los diez reyes que gobernarían el territorio del imperio romano antes de la destrucción del Santo Templo. Otro sabio, Malbim, declaró que estos diez cuernos son diez reinos que desarrollarán un gran poder en los últimos días dentro de las fronteras del antiguo imperio romano.

El antiguo libro de Zohar declaró: "En el tiempo del Mesías, Israel será un pueblo para el Señor, y los convertirá en una sola nación sobre la tierra, y gobernarán arriba y abajo; como está escrito, y en los días de estos reyes, el Dios del cielo establecerá su reino, el cual jamás será destruido". El sabio judío Saadiah, en su comentario sobre Daniel 7:27, escribió: "El reino del Rey Mesías es un reino eterno, y su gobierno por generaciones y generaciones, y todos los reinos le servirán y le obedecerán". Este reino eterno del Mesías que empezará con el milenio, en la tierra que existe ahora, continuará para siempre en la nueva tierra después de ser renovada por el fuego del cielo.

En las obras de Joseph Made (página 903) él registró que uno de los antiguos sabios judíos, el rabí Abraham Sebah, describió el papel de Roma y el templo de los últimos días en su comentario de Génesis 1. Comentó: "El rabí Sebah declara: 'En el transcurso del sexto milenio del mundo, Roma será destruida y los judíos restaurados'".

Los antiguos escritores cristianos de la iglesia primitiva y el resurgido Imperio Romano

Los escritores cristianos de los primeros siglos y seguidores de Jesús creían que la Biblia enseñaba que el Imperio Romano sería dividido en diez reinos cuando reapareciera en su forma final al final de esta era. Algunos escritores actuales desafían el hecho de que la Biblia enseñe un resurgimiento del Imperio Romano durante los últimos días de esta era. Sin embargo, la evidencia es tan abrumadora que las Escrituras, al igual que los escritores de la iglesia postapostólica, enseñan esta doctrina como la correcta enseñanza bíblica.

La *Epístola de Barnabás* (110 d.C.), citó del libro de Daniel en lo que se refiere al surgimiento de los diez reinos del imperio romano. Él reveló que estas diez naciones confederadas unirían sus fuerzas al final de la era presente. Irineo, quien vivió entre los años 120-212 d.C., fue discípulo de Policarpo, el compañero del apóstol Juan. Siguiendo la misma interpretación de los sabios judíos, el escritor cristiano Irineo escribió: "El gran Dios había señalado por medio de Daniel las cosas por venir, y las había conformado por Su Hijo, y Cristo es la roca cortada sin manos, la cual destruirá a los reinos temporales, y traerá un reino eterno, el cual es la resurrección del justo; porque él ha dicho, el Dios del cielo levantará un reino, el cual jamás será destruido". *(Against Heresies* 1.5.c.26). Irineo también mencionó, "los diez dedos de los pies son diez reyes, entre los cuales será dividido el reino". Tertuliano, otro contemporáneo de Irineo, escribió que, "la desintegración y dispersión del estado romano entre los diez reyes produciría al anticristo, y entonces será revelado el Maligno, a quien el Señor Jesús azotará con el aliento de Su boca y lo destruirá con la brillantez de Su manifestación".

Hipólito, uno de los escritores cristianos antiguos más brillantes y seguidor de Irineo, escribió sobre la división del Imperio Romano en diez naciones al final de la era en su *Tratado de Cristo y el anticristo* (alrededor del año 250 d.C.): Las piernas de hierro y la temida y terrible bestia; los dedos de los pies que eran parte de barro y parte de hierro, y los diez cuernos, eran emblemas de los diez reinos que aún están por surgir; el pequeño cuerno que crece entre ellos significa el anticristo en medio de ellos". Otro teólogo clave, Lactantius (310 d.C) escribió: "El imperio será subdividido, y el poder del gobierno, después de ser dispersado y compartido por muchos, será dañado. Seguirán los desacuerdos civiles, no habrá descanso de guerras destructivas, hasta que los diez reyes se levanten a la vez, y dividirán el mundo entre ellos para consumirlo en vez de gobernarlo". El obispo Cyril, la cabeza de Jerusalén en el año 350 d.C., citó de la visión de Daniel con respecto al futuro del imperio romano y su división en diez partes, implicando que esta enseñanza estaba esparcida a través de las iglesias. Jerónimo (400 d.C) declaró que "al final del mundo, cuando el reino de los romanos sea destruido, existirán diez reyes que se dividirán el mundo romano entre sí mismos". Teodoro y otros durante el siglo quinto hicieron referencias al resurgido imperio romano. Estos escritores fueron unánimes en lo que se refiere al hecho de que en el futuro el imperio romano reviviría como diez naciones contemporáneas y confederadas.

Irineo interpretó al "pequeño cuerno" de Daniel 7:8 como el futuro anticristo. Él escribió: "Daniel, teniendo respeto por el último reino, es decir, los últimos diez reyes, entre los cuales sería dividido su reino, a quien les vendrá el hijo de perdición; dice, que los diez cuernos serán sobre la bestia, y otro pequeño cuerno surgirá en medio de ellos, y tres cuernos de los primeros serán quitados delante de él". En otro pasaje, Irineo declaró: "Juan, el discípulo del Señor, en el Apocalipsis ha mostrado de una forma más manifiesta los últimos tiempos, y el de los diez reyes en estos mismos tiempos finales, entre los cuales será dividido el reino que ahora gobierna [el imperio romano]; declarando lo que serán los diez cuernos, los cuales fueron vistos por Daniel". El cristiano teólogo del siglo cuarto, Jerónimo, escribió: "Cuando el imperio romano sea destruido, habrá diez reyes que se dividirán el reino entre ellos; y se levantará un onceavo, un rey pequeño, que conquistará a tres de los diez reyes; y ejecutándolos, los otros siete se someterán al conquistador" (Observaciones sobre Daniel, p. 75-89).

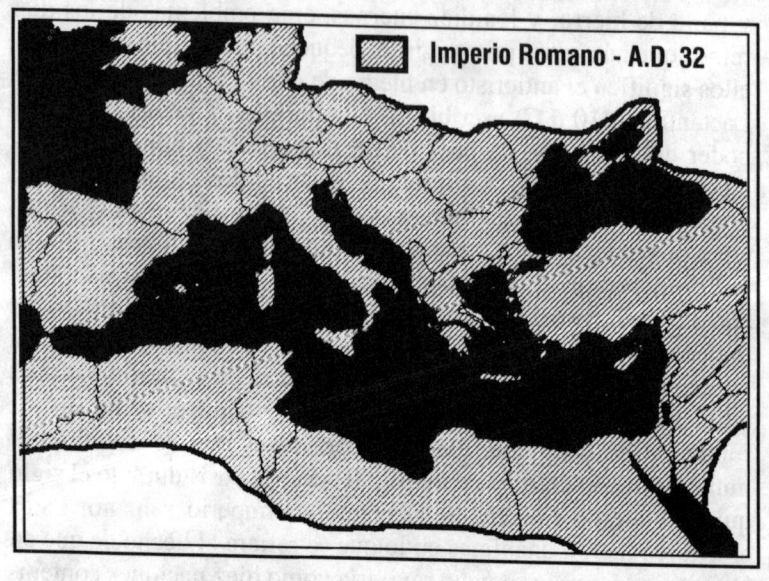

El resurgido Imperio Romano

En los últimos dos mil años muchos han intentado, pero han fracasado, establecer un resurgimiento del glorioso Imperio Romano. En el año 800 d.C., Carlomagno, también conocido como Carlos el Grande, intentó reunir a las naciones de Europa bajo su liderazgo en un Santo Imperio Romano. Sin embargo, a pesar de sus grandes esfuerzos, estaba condenado al fracaso. Como lo han dicho irónicamente los historiadores, sus naciones conquistadas no eran "Santas", "Romanas", ni era un verdadero "Imperio". Mil años más tarde, en el año 1800 d.C., el brillante general Napoleón conquistó la mitad de Europa pero fracasó en unir a estas naciones en un imperio coherente que durara más que su propia vida. Este recurrente deseo por un resurgimiento de las glorias de Roma también fue mencionado por el novelista francés Victor Hugo quien escribió: "Tengamos los Estados Unidos de Europa. Tengamos una confederación continental". En nuestro siglo tanto Adolfo Hitler como Mussolini intentaron y fracasaron en recrear el imperio romano. Aunque Montesque, el filósofo francés, fue uno de los que propusieron la reunificación de Europa, él también mencionó: "Cuando en el pasado Europa ha sido unida por la fuerza, la unidad no duró más que el tiempo de un solo reino".

Los fascistas y el resurgido Imperio Romano

En los años 1920 y 1930, el partido fascista de Mussolini llegó al poder en Italia bajo un programa que prometía revivir el antiguo Imperio Romano. Este éxito inicial por Mussolini, inspiró a Adolfo Hitler a tomar el poder en Alemania e intentar la creación de su Tercer Reich, como otro intento de reavivar al imperio romano. Si alguien duda que estos dictadores hayan intentado conscientemente revivir el imperio romano deberían considerar las palabras del Credo fascista de Mussolini. La revista religiosa Dawn (Amanecer) informó en 1926 que el obispo de Brescia, como alguien autorizado por el consentimiento del Vaticano, leyó el Credo fascista a su congregación. Este sorprendente catecismo era enseñado en la Balilla de Mussolini, el centro de entrenamiento de jóvenes fascistas, los cuales habían sido organizados a través de todas las ciudades de Italia. El credo fascista consiste de los doce artículos siguientes:

1. Creo en la Roma eterna. La madre de mi tierra natal.
2. Y en Italia, su primogénito;
3. Quien nació de su vientre virginal por la gracia de Dios;
4. Que sufrió bajo el invasor bárbaro, fue crucificada, azotada y enterrada;
5. Que descendió al sepulcro, y resucitó de los muertos en el siglo diecinueve;
6. Que ascendió al Cielo en su gloria en 1928 y 1922 (por la marcha fascista en Roma),
7. Quien está sentada a la diestra de su madre Roma;
8. Quien vendrá a juzgar a los vivos y a los muertos;
9. Creo en el genio Mussolini;
10. En nuestro Padre Santo el Fascismo y en la Comunión de sus mártires;
11. En la conversión de los italianos; y
12. En la resurrección del Imperio. Amén.

Se dice que el dictador italiano Mussolini dijo: "En cinco años Roma se debe convertir en la ciudad más maravillosa del mundo ante los ojos de todos los pueblos del globo... Vasta, bien ordenada, poderosa como en los días del primer imperio de Augusto, Roma se debe convertir nuevamente en la maravilla del mundo". Después del desastre de dos guerras mundiales que despedazó a las naciones de Europa, matando a dos generaciones de los mejores jóvenes, el gran estadista británico, Winston Churchill escribió una carta profética a su gabinete en los días más oscuros de la guerra en octubre de 1942: "Es difícil decirlo ahora, confío en que la familia europea pueda actuar unida como una sola bajo un Concilio de Europa. Veo con entusiasmo unos Estados Unidos de Europa". Después de la guerra Churchill y tres líderes claves ayudaron a formar varios comités en Europa y en los Estados Unidos para avanzar en los planes de unir a Europa. Significativamente, el liderazgo de muchos de estos comités provino de la comunidad de inteligencia. El Comité Americano sobre la Europa Unida fue creado en 1949. Notablemente, William Donovan, el antiguo director de la Oficina de Servicios Estratégicos (OSS por sus siglas en inglés), la predecesora de la CIA, era su presidente y Allen Dulles, el director de la CIA, era el vicepresidente. Una investigación detallada revela que las agencias de investigación occidentales ayudaron en la creación y apoyo de muchos de los grupos elitistas que planean el próximo gobierno mundial.

Pasos iniciales hacia la recreación del imperio romano

Empezando con el Tratado de Roma en 1957 las seis primeras naciones de la actual Unión Europea empezaron a moverse hacia su meta final de la unidad europea y del final gobierno mundial. Las primeras seis naciones que se unieron fueron Italia, Alemania, Francia, Bélgica, Holanda y Luxemburgo. El Reino Unido, Dinamarca e Irlanda se unieron en los años 1970. Finalmente, Grecia pidió entrar a la Comunidad Europea en mayo de 1979, convirtiéndola en una confederación de diez naciones. En 1986 España y Portugal fueron añadidas al grupo elevando el número a doce naciones que actualmente representan la más grande alianza de poder económico y, potencialmente, la fuerza militar más poderosa sobre la tierra. Necesitamos mantener en mente que el antiguo imperio romano también contenía los territorios que se localizan al sureste de Europa, incluyendo las naciones de Rumania, Bulgaria, Yugoslavia, al igual que Turquía, el Medio Oriente, y la costa norte de África. Las dos piernas de hierro de la gran imagen profética de Daniel 2 predijo la histórica división del original imperio romano en una mitad oriental y otra occidental, la cual ocurrió en el año 376 d.C. la imagen profética del resurgido imperio romano representado por los diez dedos de los pies, en parte de hierro y en parte de barro, sugiere que el final imperio resurgido puede incluir a naciones que provengan tanto de las porciones orientales, como de las occidentales del imperio. Esto involucraría a las naciones de Turquía, Siria, Egipto, Libia, Argelia, etcétera. Obviamente, la profecía no requiere que cada pulgada de territorio del antiguo imperio romano vuelva a reincorporarse al recién resurgido imperio romano de los últimos días. Sin embargo, es más que probable que el final imperio romano involucre a diez países tanto a los imperios orientales y occidentales del pasado distante.

En la actualidad, la Unión Europea la forman quince naciones incluyendo a Suecia; Austria y Finlandia que recientemente pidieron su ingreso a la comunidad. Es posible que la Unión Europea crezca para incluir a más de veinticinco naciones. Sin embargo, ya podemos ver una tendencia hacia la creación de un sistema tripartito. Edouard Balladur, el primer ministro de Francia, anunció la visión de una Europa Tripartita en una charla dada el 30 de agosto de 1994. El centro de esta nueva Unión Europea será el de naciones "comprometidas a una completa convergencia monetaria, militar y social". Los alemanes han pedido abiertamente la creación de tal estructura de superestado en su documento llamado *Reflexiones de la política europea*. Alemania y Francia ahora apoyan abiertamente la creación de un fuerte núcleo europeo de estados miembros que quieran formar un círculo interno de naciones completamente integradas. Este núcleo de estados ahora están decididos en ir hacia adelante con la integración europea, estén de acuerdo o no los otros socios. Alemania, Francia, Bélgica, Holanda y Luxemburgo ahora forman un círculo interno de cinco naciones clave, que están comprometidas a renunciar a su soberanía. Gran Bretaña, Italia y España forman un segundo grupo, un círculo externo de naciones menos comprometidas, que desean beneficiarse económicamente, pero retener en alguna medida su soberanía. El tercer grupo, el último círculo de países en la periferia del compromiso, incluiría a Dinamarca, Grecia, Portugal, Irlanda y las naciones de Europa oriental, las cuales ahora están negociando el ingresar a la Unión, las cuales quieren los beneficios económicos sin entrar en su soberanía. El círculo interno de cinco naciones, quienes inicialmente firmaron el Tratado de Roma, ahora quieren unir rápidamente a sus países en un superestado transnacional con una moneda, un ejército, un parlamento, y una política exterior. El periódico *European* informó el 8 de septiembre de 1994, una importante declaración de Balladur, el primer ministro francés: "Un número menor de estados miembros de la UE debe construir una organización mejor estructurada, monetaria y militarmente, más tarde necesitaremos trabajar para convertir estos tres círculos en dos, tal vez, más tarde en uno solo".

El anticristo

Cuando el círculo interno de cinco naciones europeas se expanda para incluir a diez estados, el caballo blanco del Apocalipsis (como lo profetizó Juan en el libro del mismo nombre) surgirá para quitar poder a esta alianza. Este jinete, el anticristo, hará un tratado de siete años con Israel, como parte de su estrategia para "...y destruirá a los fuertes y al pueblo de los santos" (Daniel 8:24). La profecía de Daniel "...y el pueblo de un príncipe que ha de venir destruirá la ciudad y el santuario..." (Daniel 9:26) habló de los diferentes destrucciones de Jerusalén dentro de la misma profecía. La primera destrucción ocurrió en el año 70 d.C., cuando el imperio romano y sus ejércitos quemaron a Jerusalén y destruyeron el Templo. Una frase profética dentro de la profecía de Daniel también predijo un ataque final sobre Jerusalén al final del tratado de siete años en los últimos días. La declaración de Daniel "el pueblo del príncipe que ha de venir" revela que el futuro "príncipe que ha de venir" saldrá del *resurgido* imperio romano. Este futuro emperador romano gobernará las diez naciones de la confederación europea en los últimos días.

En Daniel 8:23-24 el profeta además describe al anticristo: "Y al fin del reinado de éstos, cuando los transgresores lleguen al colmo, se levantará un rey altivo de rostro y entendido en enigmas. Y su poder se fortalecerá, mas no con fuerza propia..." En otras palabras, este anticristo "altivo de rostro y entendido en enigmas" recibirá un poder sobrenatural de Satanás que le capacitará para lograr resultados espectaculares en la política, economía y la guerra. Durante esta terrible rebelión de los últimos días, el tirano satánicamente poseído "...y prosperará, y hará arbitrariamente, y destruirá a los fuertes y al pueblo de los santos" (Daniel 8:24). Inicialmente, este próximo líder mundial producirá una prosperidad económica para ganarse el favor en su rápido ascenso al poder. Sus brillantes políticas económicas producirán una riqueza masiva que, "con su sagacidad hará prosperar el engaño en su mano" (versículo 25). Cuando las naciones estén gozando de paz y prosperidad, el anticristo romano "destruirá a muchos en su prosperidad (o 'paz' según la versión autorizada en inglés de King James).

El éxito inicial del anticristo le motivará a "enorgullecerse en su corazón" e "incluso se levantará contra el Príncipe de príncipes". Como lo advierte Juan en el libro de Apocalipsis, el caballo blanco del Apocalipsis, el anticristo, inicialmente conquistará muchas naciones mediante tratados de una falsa paz. Luego Juan predice sus conquistas militares de la tierra utilizando el símbolo del segundo jinete del Apocalipsis, el jinete rojo de la guerra. Después de expandir su dominio a través de engañosos tratados de paz, empleará sus brillantes y satánicamente inspiradas habilidades militares para conquistar a las naciones restantes de la tierra. Como lo han hecho previos anticristos a través de la historia, este último anticristo odiará al pueblo judío por llevar el nombre santo de Dios y por permanecer siendo Su pueblo escogido. Sin embargo, a pesar de los poderes satánicos, enfrentará su perdición cuando se ponga en guerra contra los ejércitos del cielo, cuando Jesucristo regrese en la batalla del Armagedón. El Señor echará al anticristo y al Falso Profeta al lago de fuego para siempre. Mi anterior libro *Príncipe de la Oscuridad* exploró las profecías bíblicas sobre la fascinante carrera y la destrucción final del anticristo en los años finales de esta era.

CAPÍTULO CUATRO

La visión de Daniel de las setenta semanas

Josefo, el historiador judío, declaró que Daniel fue uno de los mayores profetas, ya que no sólo predijo los acontecimientos futuros sino que también determinó el tiempo cuando estas profecías ocurrirían. Los sabios judíos creen que sólo a dos de los grandes hombres de la Biblia, se les dio una información precisa sobre el tiempo del fin, a Daniel y a Jacob. Ellos afirman que "hay dos hombres a quienes el fin fue revelado, y después les fue escondido" (*Bereshit Rabba*, secc. 93. Fol. 84.4). Es fascinante mencionar que el rabí Mehumiah, quien vivió unos cincuenta años antes de Cristo, concluyó, basándose en las profecías de Daniel, que el Mesías venidero no se podía posponer más de cincuenta años (apud Grotium, *de Ver. Relig. Christ.* 1.5. secc. 14).

Los últimos siete años del gobierno del anticristo

La profecía de Daniel 9:27 nos habla sobre el final de los siete años del gobierno del anticristo. "Y por otra semana confirmará el pacto con muchos; a la mitad de la semana hará cesar el sacrificio y la ofrenda. Después con la muchedumbre de las abominaciones vendrá el desolador, hasta que venga la consumación, y lo que está determinado se derrame sobre el desolador". El versículo anterior, Daniel 9:26, describe la identidad de aquel que hará un "pacto" de siete años con "muchos", los judíos que han vuelto del exilio para establecer el estado de Israel. Daniel 9:26 describe al anticristo y su origen de la siguiente manera: "Después de las sesenta y dos semanas, el Mesías será quitado y no tendrá nada; y el pueblo de un gobernante que ha de venir destruirá la ciudad y el santuario. Con cataclismo será su fin, y hasta el fin de la guerra está decretada la desolación". La curiosa expresión de Daniel "y el pueblo de un gobernante que ha de venir", indica claramente que el anticristo, "el gobernante que ha de venir" saldrá y guiará al "pueblo....[y es quien] destruirá la ciudad y el santuario". La historia revela que fueron las legiones del imperio romano las que destruyeron "la ciudad", Jerusalén, y el "santuario", el Templo, en el año 70 d.C. Por lo tanto, el anticristo, "el gobernante", debe levantar los territorios y naciones del antiguo imperio romano para dirigir a sus ejércitos en una campaña persistente para conquistar todas las naciones de la tierra en los últimos días.

El gran comentarista judío Shlomo ben Yitzchk, conocido como "Rashi", comentó sobre la frase "con cataclismo será su fin" en estas palabras: "El final de los romanos que destruyeron a Jerusalén será una destrucción total a través del prometido Rey Mesiánico". Y comentó sobre la frase "el pueblo de un gobernante que ha de venir" de la siguiente manera: "Estas son las legiones de Vespaciano y Tito". En un comentario alrededor del año 1100 d.C., sobre las profecías de la continua invasión y el incendio de Jerusalén, Rashi escribió que la frase "hasta el fin de la guerra está decretada la desolación" significa: "Hasta después de las guerras finales libradas por el Rey Mesiánico y la guerra de Gog y Magog, la desolación está decretada sobre la ciudad". Él interpretó el pasaje de Daniel 9:27, "Por una semana él confirmará un pacto con muchos" de la siguiente manera: "El emperador romano hará un pacto firme con la nación judía durante siete años. Los "grandes" [muchos] significa los gobernantes judíos, en vez de su uso más común como 'muchos'". El comentario sobre Daniel 9:24-27 declara: "Según la interpretación de Ibn Ezra sobre las setenta semanas, esta última semana de las setenta no está incluida en las sesenta y dos semanas mencionadas anteriormente... Esta semana está separada".

Es fascinante mencionar que los modernos comentarios judíos sobre las profecías de Daniel, el *Art Scroll Tanach Series* sobre Daniel, producido por Mesorah Publications Ltd., interpreta estas

La visión de Daniel de las setenta semanas 69

profecías de Daniel para enseñar que un falso mesías detendría el "sacrificio diario" en el Templo, comentando sobre las enseñanzas del rabino judío Rashi y Metzudos sobre Daniel 8:12-13, declara: "El sacrificio diario está destinado a ser quitado por un período de tiempo específico". Rashi también dijo: "Un ídolo, el cual es mudo como una roca, reemplazará el sacrificio diario en el Templo". Esta es una fascinante interpretación judía cuando la comparamos con la profecía que se encuentra en el libro de Apocalipsis de que el falso profeta creará un ídolo o estatua del anticristo y demandará que todos los hombres adoren al ídolo o de lo contrario morirán.

Los comentaristas judíos, incluyendo al Seder Olam (cap. 28) y el *Comentario sobre Daniel, Perush HaKatzer*, de Ibn Ezra (1150 d.C.) interpreta las palabras "setenta semanas" como que significan 490 años, un período de setenta y siete [semanas], de años. En una sorprendente admisión, el comentario sobre las profecías de Daniel 9:24-27 en el *Art Scroll Tanach Series* revela que los escritos judíos *Mayenei HaYeshua* declaran que "si los judíos se hubieran arrepentido en este período [los 490 años] el rey Mesiánico habría venido al término de este período". También, el gran sabio judío Moisés Maimonides está de acuerdo en su comentario de Levítico 26:16: "Si los judíos no hubiesen pecado otra vez durante este período, hubiera ocurrido la redención completa al terminar este tiempo". Estos importantes comentarios sobre las profecías de Daniel revelan la comprensión de que el profeta había predicho que el Mesías se revelaría en la misma época que Jesucristo nació en Belén.

El comentario judío también señala que "el Arca Santa, los altares y las vasijas santas serán reveladas a través del rey Mesiánico". Estos sabios reconocen que "el Arca no estaba presente en el segundo Templo" y la profecía de que el Mesías "ungirá el Lugar Santísimo" (Daniel 9:24) se refiere a que el Tercer Templo, la cual es una distinción contrastada con el Segundo Templo, será ungido. Los sabios (*Yoma* 21b) nos dicen que "al Segundo Templo, el cual no fue ungido (*Tosefta Sotan* 13:2), le hacían falta cinco cosas, entre ellas la Gloria Shechinah, la evidente Presencia del Dios Vivo. Pero el Tercer Templo estará ungido".

La visión de Daniel de las setenta semanas

La visión de Daniel de las setenta semanas contiene un breve bosquejo de la futura historia del mundo. "Setenta semanas [490 años] están determinadas sobre tu pueblo y sobre tu santa ciudad, para terminar con la transgresión, para acabar con el pecado, para expiar la iniquidad, para traer la justicia eterna, para sellar la visión y la profecía, y para ungir el lugar santísimo. Conoce, pues, y entiende que desde la salida de la palabra para restaurar y edificar Jerusalén hasta el Mesías Príncipe, habrá siete semanas, y sesenta y dos semanas; y volverá a ser edificada con plaza y muro, pero en tiempos angustiosos. Después de las sesenta y dos semanas, el Mesías será quitado y no tendrá nada; y el pueblo de un gobernante que ha de venir destruirá la ciudad y el santuario. Con cataclismo será su fin, y hasta el fin de la guerra está decretada la desolación. Por una semana él confirmará un pacto con muchos, y en la mitad de la semana hará cesar el sacrificio y la ofrenda. Sobre alas de abominaciones vendrá el desolador, hasta que el aniquilamiento que está decidido venga sobre el desolador" (Daniel 9:24-27).

Mientras el pueblo judío vivió bajo la ocupación del ejército de Babilonia en Jerusalén, empezando en el año 606 a.C., el profeta Jeremías declaró después de la invasión que: "Toda esta tierra será puesta en ruinas y en espanto; y servirán estas naciones al rey de Babilonia setenta años" (Jeremías 25:11). Daniel estaba leyendo las predicciones de Jeremías en el año 538 a.C. y sabía que los setenta años de cautividad, en Babilonia, terminarían dos años más tarde, en el año 536 a.C. Daniel empezó a orar y a pedirle a Dios que le mostrara el futuro de su pueblo judío. Mientras intercedía en oración por su pueblo y por la Ciudad Santa, Dios envió a Su ángel Gabriel para darle a Daniel "habilidad y entendimiento" sobre el curso futuro de la historia mundial. Como resultado de su oración, Daniel recibió una de las mayores visiones que alguna vez se le haya dado a un hombre. Esta visión de las setenta semanas predijo hasta con la precisión del día, y siglos más tarde, cuando Israel rechazaría y "cortaría" a su prometido Mesías. Su visión también profetizó sobre la aparición del anticristo romano el final de la era, quien haría un tratado de siete años con Israel. La visión de Daniel es una profecía bíblica inusual debido a que el elemento del tiempo le fue dado de una manera precisa.

La visión de Daniel de las setenta semanas

Un factor importante, pero a menudo ignorado, en la cronología de la profecía es la cantidad de tiempo correcta en un año profético. El año judío durante los tiempos bíblicos era lunar-solar y sólo tenía 360 días. El años solar, el que utilizamos actualmente, de 365.25 días, era desconocido para las naciones el Antiguo Testamento. Según los artículos sobre cronología encontrados en la *Enciclopedia Británica* y en el *Smith's Bible Dictionary*, Abraham continuó el uso del año de 360 días de su tierra Caldea cuando emigró a Canaán. El relato bíblico del diluvio de Noé, en el Génesis, confirmó que el mes de treinta días estaba en uso. El relato del Génesis registra que el intervalo entre el día diecisiete del segundo mes al día diecisiete del séptimo mes era precisamente de 150 días, indicando que los cinco meses contenían exactamente treinta días cada uno de ellos. Por lo tanto, el año judío en los tiempos bíblicos contenía doce meses de treinta días dando un total de 360 días. Según la *Enciclopedia Británica*, Sir Isaac Newton mencionó que "todas las naciones, antes de que conociera la cantidad del año solar, reconocía los meses por el curso de la luna, y los años por el regreso del invierno, verano, primavera y otoño; y al hacer un calendario para sus festivales, reconocían treinta días para un mes lunar, y doce meses lunares para un año, tomando los números redondos más cercanos, de lo cual surgió la división de la eclíptica de 360 grados".

Por lo tanto, si deseamos comprender los tiempos precisos involucrados en el cumplimiento de la profecía, necesitamos calcularlo utilizando los años lunares-solares bíblicos correctos de 360 días que los profetas mismos utilizaron. En el libro de Apocalipsis, la visión de Juan de la Gran Tribulación describía los últimos tres años y medio como que eran exactamente 1260 días (Apocalipsis 12:6): "Y la mujer huyó al desierto, donde tiene lugar preparado por Dios, para que allí la sustenten por mil doscientos sesenta días" (un tiempo=un año de 360 días; versículo 14), y "cuarenta y dos meses" de treinta días cada uno (13:5). Estas referencias confirman que el año bíblico para los cálculos históricos y proféticos contenían precisamente 360 días.

La profecía de Daniel de las setenta semanas comenzó con estas palabras: "Desde la salida de la palabra para restaurar y edificar Jerusalén hasta el Mesías Príncipe, habrá siete semanas [sietes], y sesenta y dos semanas [sietes]. La profecía fue exactamente cumplida hasta en el día preciso 483 de los años bíblicos después de comenzar. Esta "orden de restaurar y reedificar los muros de Jerusalén" fue decretada por el rey persa Artajerjes Longimanus "en el mes de Nisan, en el año veinte" de su reino (Nehemías 2:1). Según el Talmud (una colección de antiguos escritos religiosos y leyes judías), "El primer día del mes de Nisan en el Año Nuevo para la computación de reinado de reyes y para los festivales". En otras palabras, cuando no se cita otra fecha, asumimos que el acontecimiento ocurrió el primer día de Nisan. El Observatorio Real en Greenwich, R.U., ha calculado que el primero de Nisan del año veinte del reinado del rey Artajerjes ocurrió el 14 de marzo del año 445 a.C.

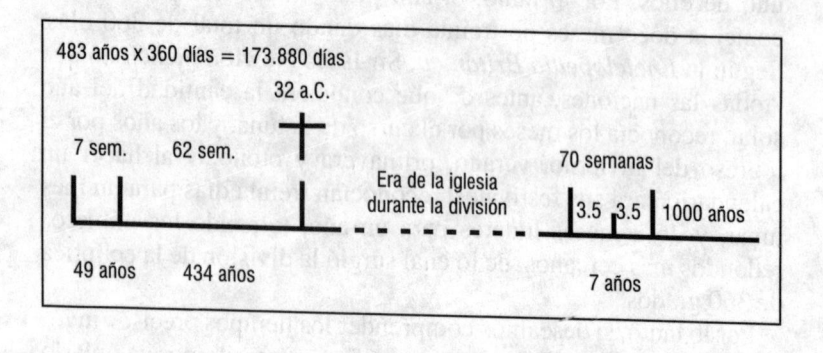

```
483 años x 360 días = 173.880 días
                    32 a.C.
7 sem.   62 sem.                           70 semanas
                        Era de la iglesia
                        durante la división   3.5  3.5  1000 años
49 años  434 años                          7 años
```

La profecía de Daniel indicaba que el período "desde la orden de restaurar y reconstruir Jerusalén", al 14 de marzo del año 445 a.C. un período de siete semanas (7 X 7 = 49 años) y un período adicional de sesenta y dos semanas (62 X 7 = 434 años), daban un total de sesenta y nueve semanas de años, los cuales son 483 años bíblicos (69 X 7 = 483 años bíblicos). Este período de 69 semanas, (o 483 años bíblicos, contienen precisamente 173.880 días (483 X 360 = 173,880 días) según la profecía de Daniel, al final de las sesenta y nueve semanas (483 años o 173.880 días), el "Mesías sería cortado". Unos cálculos cuidadosos revelan un período preciso de 173.880 días o 483 años bíblicos desde el punto de inicio el 14 de marzo del año 445 a.C. terminó precisamente el día del Domingo

La visión de Daniel de las setenta semanas

de Palmas, el décimo día del mes judío de Nisan, o el 6 de abril del año 32 d.C., en cumplimiento de la profecía de Daniel. En el día exacto predicho siglos antes, Jesucristo entró en Jerusalén a través de la Puerta Oriental y se presentó ante Israel como su Mesías prometido. (Para más información en lo que se refiere a los cálculos ver "Las fechas del ministerio de Cristo y Su crucifixión" en el Apéndice de mi libro anterior *ARMAGEDÓN*).

Para resumir estos cálculos, la visión de Daniel habló de un total de setenta "sietes" o setenta "semanas" de años, dando un total de 490 años. Este período de tiempo, empezando con la orden de reconstruir los muros de Jerusalén (14 de marzo del año 445 a.c., el diez de Nisan) hasta que el Mesías fuera "cortado" (6 abril del año 32 a.c.), el diez de Nisan) es siete "sietes" más sesenta y dos "sietes", dando un total de sesenta y nueve "semanas de años" (173.880 días). Esta profecía fue cumplida en el día exacto. (Nota: al calcular la duración de los años entre cualquier fecha en la época antes de Cristo, a cualquier fecha a.D Anno Domini, "en el año de nuestro Señor", un año siempre se debe omitir. El tiempo que pasó entre la Pascua del año 1 a.C. y la siguiente Pascua del año 1 d.C. sólo fue de un año, no dos. No existió un año Cero a.C.). Para simplificar esto aún más, todo el período entre el 14 de marzo del año 445 a.C. hasta el 14 de marzo del año 32 d.C. es de 476 años de 365 días cada uno de ellos —173.740 días. Sume los 24 días del mes de marzo del año 32 d.C. hasta el 6 de abril del año 32 d.C. Luego sume los 116 días bisiestos que ocurrieron durante el período de los 476 años. Al sumarlos todos ellos (173.740 + 24 + 116 = 173.880) y obtendrá el mismo total de 173.880 días. Las primeras sesenta y nueve "semanas" de la visión de Daniel de las setenta semanas terminó "cortando al Mesías" y fueron cumplidas hasta el día preciso. Sin embargo, la "semana" setenta de la profecía de Daniel, los últimos siete años de esta era, esperan cumplirse en nuestra generación. A la luz de la increíble exactitud de la primera parte de las profecías de Daniel, podemos tener confianza en que la "semana" restante de siete años. El período de Tribulación que ocupa la semana setenta de años, se cumplirá con la misma precisión.

La semana setenta de siete años: el período de la Tribulación

La "semana" final de siete años de Daniel 9:27, culminará con el terror de la tiranía del anticristo y el período de Tribulación con la marca del sistema de la bestia. Cuando Israel rechazó a Jesucristo como el Mesías prometido el Domingo de Palmas, el 6 de abril del año 32 d.C., finalizando así la semana sesenta y nueve de Daniel, el reloj profético de Dios dejó de "caminar". Como consecuencia del rechazo del Mesías por parte de Israel, el Señor pospuso el profetizado reino de Israel durante casi dos mil años. Durante este intervalo entre la semana sesenta y nueve de Daniel y la última semana setenta al final de esta era, el Señor creó una iglesia compuesta tanto de judíos como de gentiles de todas las naciones para dar testimonio al mundo sobre su ofrecimiento de salvación para todo aquel que acepte a Jesucristo como su Salvador y Señor personal. Igualmente, durante este paréntesis, la profecía predijo que la "guerra y la desolación" continuaría hasta el final de esta era.

La profecía de Daniel declaró que las "setenta semanas" fueron decretadas para "su pueblo", los judíos (Daniel 9:24). Las primeras sesenta y nueve semanas de años se centran exclusivamente en Dios tratando con "Su pueblo" el pueblo judío. El enfoque central de esta final semana regresará a ser el de Dios tratando con Israel. el Señor jamás dejará este mundo sin un testimonio. Después del Rapto de la iglesia, Dios una vez más se centrará en Su pueblo escogido, que ahora se encuentra en la Tierra Santa. Antes de Su muerte, Cristo prometió que: "Y será predicado este evangelio del reino en todo el mundo, para testimonio a todas las naciones; y entonces vendrá el fin" (Mateo 24:14). Este "evangelio del reino" recordará el mensaje que Juan el Bautista y Jesús predicaron durante sus años de ministerio en la tierra. Juan el Bautista predicó el mensaje 22 (Mateo 3:2-3). Jesús también enseñó el mismo mensaje: "Desde entonces comenzó Jesús a predicar, y a decir: Arrepentíos, porque el reino de los cielos se ha acercado" (Mateo 4:17).

La abominación de la desolación

Esta extraña expresión bíblica "la abominación de la desolación", la cual apareció en la profecía de Daniel y fue referida por Jesús, concierne los eventos que transcurrirán durante la última mitad de los siete años de la cuenta final para la batalla del Armagedón. En Mateo 24:15-16 Jesús advirtió: "Por tanto, cuando veáis en el lugar santo la abominación desoladora de que habló el profeta Daniel (el que lee, entienda), entonces los que estén en Judea, huyan a los montes". En esta profecía Cristo confirmó la predicción del profeta Daniel de que el anticristo contaminará el Templo reconstruido durante los últimos días cometiendo un acto de desafío espiritual supremo contra los cielos que el Señor llamó la "abominación desoladora". En algún acto extraño el anticristo contaminará espiritualmente el Lugar Santísimo del futuro Templo reconstruido en Jerusalén cometiendo algún acto de contaminación, el cual expresará su desobediencia y blasfemia contra el Dios Todopoderoso. La arrogancia suprema del anticristo será expresada en su acto de contaminación, cuando contamine el lugar más santo sobre la tierra, el Lugar Santísimo del Templo de Dios. Jesús declaró que estará "de pie en el lugar santo". El apóstol Pablo, en 2 Tesalonicenses 2:3-4 dijo que "...se manifieste el hombre de pecado, el hijo de perdición, el cual se opone y se levanta contra todo lo que se llama Dios o es objeto de culto; tanto que se sienta en el templo de Dios, haciéndose pasar por Dios". Desde ese momento, en el tiempo pasado, cuando Satanás se rebeló primero contra Dios, ha continuado en su orgullo pecaminoso intentando usurpar la posición de Dios en los cielos. El profeta Ezequiel describió la primera aparición de pecado en el universo en su descripción de la rebelión original de Satanás. Dirigiéndose a Satanás bajo el título profético de "príncipe de Tiro" el Señor declaró "Hijo de hombre, di al príncipe de Tiro: Así ha dicho Jehová el Señor: Por cuanto se enalteció tu corazón, y dijiste: Yo soy un dios, en el trono de Dios estoy sentado en medio de los mares (siendo tú hombre y no Dios), y has puesto tu corazón como corazón de Dios" (Ezequiel 28:2). Luego, en los versículos 8 al 10, Dios describe el terrible castigo que le espera a Satanás en el juicio final.

El año equivocado en el calendario judío

A través de los años algunos lectores han escrito pidiendo una respuesta a la interrogante del porqué el calendario judío dice que estamos a 5751 años de la creación de Adán mientras que parece que en el calendario cristiano nos acercamos al año 6000 desde Adán. La diferencia entre ambos yace en dos errores principales que han ocurrido en los cálculos de los sabios judíos en el pasado distante. Parte de la diferencia se puede decir que fue por el error de un copista antiguo de la lista de las edades de los patriarcas que se encuentran en el texto griego de la septuaginta de Génesis 5. La otra parte de la respuesta se encuentra en la interpretación, de los sabios judíos, de la visión de Daniel de las setenta semanas.

Una de las cuestiones curiosas de la cronología judía es que involucra la interpretación tradicional de los sabios judíos sobre las setenta semanas, la cual llega a la conclusión de que sólo hubo 490 años entre el tiempo de la destrucción del primer Templo del rey Salomón, por parte de Babilonia, y la quemazón del segundo Templo por los ejércitos romanos del general Tito. Un análisis de la historia revela que los babilonios quemaron el Templo en el noveno día de Ab (agosto) en el año 587 a.C., mientras que los ejércitos romanos destruyeron el Templo el mismo día, el nueve de Ab, el año 70 d.C., exactamente 656 hasta el día de esta última destrucción. Recuerde: sólo existe un año entre el nueve de Ab del año 1 a.C., y el nueve de Ab del año 1 d.C. puesto que no existe el año Cero. Sin embargo, según la cronología basada en la confusión de los 490 años de Daniel 9:24-27, por parte de los sabios judío, de que sólo hubo 490 años entre estos dos acontecimientos, el calendario judío perdió 166 años de su cronología. Otro de los principales errores ocurrió cuando los sabios no se dieron cuenta del error textual de un copista de la traducción griega septuaginta de la Biblia, en el pasaje del Génesis que registraba las edades de los descendientes de Adán. El texto de la septuaginta, el cual fue aceptado casi universalmente por los antiguos sabios judíos, difiere en los años de duración de la vida de varios de los descendientes de Adán, como se registra en el Génesis, de la duración que se da en el texto hebreo (éste apoya la versión inglesa de *King James*, etcétera). Cuando combinamos el error de los años introducidos en la cronología septuaginta con el error de 166 años por la mala interpretación por parte de los sabios judíos, de Daniel 9:24-27) podemos ver cual fue la equivocación del calendario judío y ver que (en 1995) debería de ser el año judío de 5751.

Antiguos escritos de la iglesia sobre la semana setenta de Daniel

Algunos eruditos modernos han atacado nuestra interpretación futurista de la profecía, declarando que nadie jamás ha interpretado la profecía de Daniel como nosotros lo hacemos, en lo que se refiere al anticristo y al período de los siete años de Tribulación, sino hasta los últimos siglos. Han afirmado que nadie ha mencionado jamás sobre este "paréntesis" de tiempo que acompaña a la Era de la Gracia entre las semanas sesenta y nueve y setenta de Daniel 9:24-27 hasta muy recientemente. Sin embargo, estos eruditos están equivocados. Los escritores de la iglesia primitiva, a menudo escribieron sobre las porciones proféticas de las Escrituras. Aunque la exploración más grande de las profecías ha ocurrido durante los dos últimos siglos, muchos de los comentarios de la iglesia primitiva claramente revelan que, comprendían que la visión de Daniel sobre la semana setenta no se cumpliría hasta los últimos siete años de esta era que lleva a la batalla del Armagedón. En la *Epístola de Barnabás,* escrita dentro de los primeros cien años después de la resurrección de Cristo, encontramos una declaración clara de que la semana setenta de Daniel sólo se cumpliría cuando los judíos volvieran a reconstruir su Templo, el cual yacía en ruinas cuando Barnabás escribió su carta. El pasaje decía: "Y sucederá, que cuando la semana se esté cumpliendo, el templo de Dios será construido gloriosamente en el nombre del Señor" (*La Epístola de Barnabás* 16:24).

Efraín el Sirio fue uno de los teólogos y escritores de poesía durante el siglo cuarto de esta era. Fue un importante escritor de la iglesia primitiva cuyas obras siguen siendo leídas en la actualidad en la Iglesia Griega Ortodoxa en un capítulo posterior de este libro, que trata sobre el Rapto antes de la tribulación, examinaremos mi descubrimiento sobre las claras enseñanzas de Efraín sobre el Rapto antes de la tribulación. Sin embargo, el libro de Efraín titulado *La cueva de los tesoros*, escrito en el año 370 d.C., incluye una sección sobre la genealogía de Cristo. Efraín enseñó que la semana sesenta y nueve de Daniel 9:24-27 terminó con el rechazo y la crucifixión de Jesús el Mesías. Escribió: "Los judíos ya no tienen a un rey entre ellos, ni un sacerdote, o profeta, o una Pascua, tal y como Daniel había profetizado sobre ellos diciendo: 'Después de las sesenta y dos semanas, el Mesías será quitado y no tendrá nada; y el pueblo de un gobernante que ha de venir destruirá la ciudad y el santuario. Con cataclismo será su fin, y hasta el fin de la guerra está decretada la desolación' (Daniel 9:26). Esto quiere decir, por siempre" (página 235 —*La cueva de los tesoros*).

Sin embargo, en una sección posterior de su libro que trata con la guerra futura de Gog y Magog, escribió sobre la restante semana (setenta) de Daniel de la manera siguiente. "Al final del mundo y en la consumación final... De pronto las puertas del norte se abrirán... Destruirán la tierra, y no habrá nadie que se les interponga. Después de una semana de esa fuerte aflicción (Tribulación), todos serán destruidos en la planicie de Jope... Entonces aparecerá el hijo de perdición, de la simiente de la tribu de Dan... entrará en el Templo y se sentará sobre un trono en el Templo diciendo: 'Yo soy el Cristo', y será acompañado por legiones de demonios como un rey, proclamándose a sí mismo dios... el tiempo de la equivocación del anticristo será de dos años y medio, aunque otros dicen tres años y medio". En este pasaje Efraín revela que los comentaristas del cuarto siglo de la era cristiana comprendían que el final de la semana setenta de Daniel se cumpliría cuando el anticristo judío contaminara el reconstruido Templo durante los últimos siete años de esta era. Aunque existen unos elementos confusos en la descripción fragmentada de Efraín de los eventos proféticos de los últimos días, queda claro que él creía que la semana setenta restante de las semanas de Daniel sería cumplida en los días finales de esta era, cuando aparecerá el anticristo. Además, es fascinante mencionar que Efraín también enseñó que la profecía de Ezequiel, sobre la guerra de Gog y Magog, ocurriría antes del período de los siete años de Tribulación. Ésta también es la posición a la que he llegado después de muchos años de estudio. En el capítulo siguiente, exploraremos los increíbles desarrollos que nos llevan inexorablemente hacia el gobierno mundial que se aproxima para que gobierne al mundo durante los últimos días.

CAPÍTULO CINCO

El Nuevo Orden Mundial

Nos estamos acercando al punto en el cual la única balanza eficaz de operaciones que tenga importancia será la escala mundial. Los estados locales deben ser arrebatados de su soberanía y estar subordinados a la soberanía del gobierno global mundial. Creo que el estado mundial aún necesitará de una policía armada (y el) gobierno mundial tendrá que tener a su mando suficientes fuerzas para poder imponer la paz... los pueblos de cada estado local soberano tendrán que renunciar a la soberanía de su país y subordinarse ante la gran soberanía de un gobierno mundial literal... Yo quiero ver establecido un gobierno mundial (Historiador Arnold Toynbee, *Surviving the Future*).

Estas palabras por Arnold Toynbee ya no son revolucionarias. Su rechazo hacia el estado como nación es ahora compartida por las élites financieras y políticas que planean crear un nuevo gobierno mundial. En el pasado lejano, todos los pueblos de la tierra vivían como una comunidad. Sin embargo, los hombres malvados de esa época, en su orgullo pecaminoso y rebelión en contra de su Creador, se unieron para crear una sorprendente obra de ingeniería —la Torre de Babel en la antigua Mesopotamia. El Señor intervino y milagrosamente confundió su lengua evitando que se comunicaran o que se comprendieran los unos con los otros. Dios destruyó su proyecto creando, de una forma sobrenatural, una multitud de nuevos idiomas y obligando a la población a separarse en diferentes grupos de idiomas que han continuado por miles de años. A través de la intervención directa de Dios en la Torre de Babel, los grupos étnicos y los estados-naciones se crearon desde los inicios de la historia humana. El estado como nación es parte del plan a largo plazo de Dios para preservar la diversidad étnica, de idioma y cultural de la humanidad para siempre. La profecía del Apocalipsis nos dice que las naciones continuarán existiendo en la nueva Tierra después de que se termine el milenio. "Las naciones andarán a la luz de ella, y los reyes de la tierra llevan a ella su gloria" (Apocalipsis 21:24).

Ahora, después de miles de años de independencia nacional, los grupos de la élite del poder están planeando un Nuevo Orden Mundial que unirá a todas las naciones de la tierra en un solo gobierno mundial. Esto destruirá con eficacia la soberanía individual de los países. Los horrores de la Primera Guerra Mundial y la muerte de las decenas de millones de ciudadanos y soldados conmovió a los líderes políticos de Europa y de América. Después de que las armas fueron acalladas, líderes claves de negocios, finanzas, intelectuales y políticos formaron varias organizaciones semisecretas para colocar los cimientos de un futuro gobierno mundial que previera otra guerra mundial tan devastante. Estos líderes de élite también vieron esto como una tremenda oportunidad para asegurarse de un gran poder y riquezas para ellos y sus asociados.

Las organizaciones que planean el gobierno mundial que ha de venir

Empezando a principios de siglo, los poderes secretos que realmente controlan los acontecimientos mundiales detrás de las mamparas empezaron a crear organizaciones que les aseguraran su habilidad para dominar los futuros eventos mundiales y finalmente producir el gobierno mundial que ellos desean. Sus encuestas secretas y profundos estudios revelaron que muy pocos ciudadanos estaban dispuestos a rendir la soberanía de su país y de su constitución al dominio extranjero que es inherente en un gobierno mundial. Estos hombres decidieron formar una fundación secreta legal y las instituciones necesarias para un futuro gobierno mundial. Saben que la única manera en que pueden alcanzar sus metas era organizando e imponiendo su gobierno mundial totalitario sobre el mundo durante un futuro momento de crisis. Aunque ya eran inmensamente ricos y poderosos la insaciable avaricia, y el deseo de éstos por dominar a otros hombres, los ha motivado a unir sus fuerzas para crear un gobierno mundial socialista que les permita gobernar para siempre. La evidencia documentada de sus acciones en concreto en las últimas décadas proveen de una abrumadora prueba, para cualquiera que quiera examinarla, de que estamos involucrados en una espiritual, económica y política a vida o muerte por el control de la tierra y del destino del alma de los hombres. Los profetas de antaño advirtieron que, en los últimos días, las naciones se unirían en una federación para crear un gobierno mundial que finalmente sería dominado por el dictador más terrible que el mundo haya conocido. Sin embargo, la Biblia también promete que aquellos que confían en el Señor serán victoriosos. Además, las profecías declaran que este tirano, el anticristo, sólo gobernará por un período de siete terribles años que culminarán con su derrota total y destrucción a manos del Mesías que viene, Jesucristo.

Norteamérica, con su poderosa economía y fuerzas militares, ha sido un blanco clave de aquellos que planean el futuro gobierno mundial. Los planes no pueden tener éxito, a menos que Norteamérica sea debilitada hasta el grado que pueda ser forzada a entregar su libertad y soberanía, el primer paso se tomó en 1913 con la creación de la Reserva Federal del Sistema Bancario, la cual creó un banco central en Norteamérica por primera vez. Un banco central, un ingrediente bien conocido por la estructura del poder europeo durante siglos, era algo repugnante para los fundadores y estadistas de Norteamérica. La élite financiera sabía que contaban con muy poco apoyo. Por lo tanto, su plan para crear un banco central que controlara la moneda de los Estados Unidos fue implementado secretamente mientras el Congreso estaba de descanso por Navidad en 1913. En una sola movida, el control de la economía y del sistema monetario de los Estados Unidos le fue quitado al Congreso, al cual le había sido conferido este poder por medio de la Constitución. A partir de ese momento, la economía estaba controlada por banqueros secretos, y gente de finanzas, que eran accionistas que "poseían" el sistema de la banca privada, el Sistema de Reserva Federal. Sorprendentemente, esta increíble y poderosa institución privada jamás ha tenido una auditoría en sus ochenta y dos años de historia.

El siguiente paso, en 1920 después de terminar la Primera Guerra Mundial, fue la creación de la Liga de las Naciones. Este fue el primer intento serio por crear una institución de un futuro gobierno mundial. Aunque el coronel Edward House, consejero político de Woodrow Wilson, hizo todo lo posible por convencer a Norteamérica a que se uniera a la Liga de las Naciones con base en Génova, el Senado de los Estados Unidos reconoció el peligro de los lazos y dominio extranjero. El Senado se rehusó a ratificar la membresía de Norteamérica y mantuvo a los Estados Unidos fuera del sistema internacional hasta finales de la Segunda Guerra Mundial. Este rechazo a sus planes pospuso la agenda globalista durante varias décadas.

El Concilio de Relaciones Exteriores

El 30 de mayo de 1919 varios delegados de la Conferencia de Paz de París se reunieron en el Hotel Majestic de París para planear los pasos que finalmente llevarían al gobierno mundial. Oficialmente su propósito era crear un grupo privado e internacional de líderes de negocios y de finanzas que sirvieran como consejeros a sus respectivos gobiernos sobre las políticas económicas y las relaciones internacionales. Los Estados Unidos estuvieron representados por el coronel House, quien reunió un grupo de los principales intereses financieros y multinacionales en 1921 para crear el Consejo de Relaciones Exteriores (CFR, por sus siglas en inglés). Además, se establecieron organizaciones paralelas en otros países para poner a esas naciones en línea con los crecientes planes de un gobierno mundial. En Londres, Inglaterra, una élite similar formó el Instituto Real de Asuntos Internacionales (Chatam House Group), mientras que los representantes franceses crearon el Centre d'Etudes de Politicque Etrangere en París. El grupo alemán en Hamburgo creó el Institut fur Auswartige Politik para coordinar los intereses europeos con la CFR norteamericana.

Empezando con sólo 273 miembros en 1921, la "antigua red" de la CFR consolidó su influencia en áreas clave de la política directa del gobierno. Durante la Gran Depresión de los años 1930, miembros del concilio formaron la columna vertebral de la administración Roosevelt y crearon una nueva legislación que socializó aspectos principales de la economía norteamericana durante la Se-

El Nuevo Orden Mundial

gunda Guerra Mundial, poderosos miembros del consejo se colocaron en posiciones prominentes de poder durante la administración Roosevelt hasta que alcanzaron el control total de la agenda del gobierno. Las Naciones Unidas fueron creadas virtualmente por el Consejo de Relaciones Exteriores. Dentro de los catorce miembros del comité americano de planeación de las Naciones Unidas, diez eran miembros de la CFR, incluyendo a Alger Hiss, quien posteriormente se reveló que era un espía soviético. Alger Hiss se convirtió en el secretario general de las Naciones Unidas, cincuenta y siete de los delegados de los Estados Unidos a la conferencia, que fundó las Naciones Unidas, eran miembros de las CFR. Es interesante que Rockefeller, otro miembro clave de la CFR, le dio a las Naciones Unidas un trozo de tierra valorado en más de $8.5 millones de dólares para sus oficinas en Nueva York.

El actual director del concilio es Peter Peterson y el presidente es Leslie Gelb. El grupo CFR, con sus oficinas centrales en Nueva York, ahora ha crecido para incluir a 2700 miembros que "aconsejan" al Presidente de los Estados Unidos, y a su administración, en lo que respecta a la política de gobierno. La CFR admite que una de sus metas es reemplazar la Constitución de los Estados Unidos con una nueva constitución "modelo". Su propuesta permitiría que el presidente deshiciera el Congreso en cualquier momento y que gobernara como dictador por una orden ejecutiva. La constitución propuesta por la CFR no tiene carta de derechos, no existe el derecho para que los ciudadanos porten armas, no existe la libertad de religión ni la libertad de reunión. Otra meta declarada de la CFR es unir los Estados Unidos de Norteamérica con otras naciones en un gobierno mundial.

No es una exageración declarar que la membresía de este grupo de élite ha formado el verdadero gobierno secreto de los Estados Unidos desde 1945. Su membresía incluye a la alta élite de negocios, finanzas, intelectual, militar y política del país incluyendo al liderazgo de los partidos republicano y demócrata. Durante la elección presidencial de 1992, a los norteamericanos se les permitió elegir cualquier presidente que les presentó la CFR. En el *Council of Foreign Relations Annual Report* (Reporte Anual del Consejo de Relaciones Exteriores) de 1993, el director Peter Peterson señaló con orgullo que los tres candidatos presidenciales, George Bush,

Bill Clinton y Ross Perot, son miembros del Consejo de Relaciones Exteriores. El director Peterson también felicitó la membresía por el hecho de que cada miembro del gabinete del Presidente Clinton y la mayoría de los miembros del sub-gabinete también pertenecían al grupo de élite. Con frecuencia los miembros de la CFR renuncian al consejo durante los años que trabajan en una posición de gabinete. Sin embargo, continúan asistiendo a las reuniones del consejo y renuevan su membresía oficial cuando vuelven a la vida privada. Durante la presidencia Bush, virtualmente todos los miembros de su gabinete también salieron de los rangos de la CFR.

No estoy sugiriendo que no exista diferencia entre las dos administraciones. En cualquier grupo de casi tres mil miembros, tal como sucede en la CFR, habrá un amplio espectro de opiniones políticas que incluirán a personas del ala derecha y de la conservadora. Sin embargo, sin importar si son los demócratas o los republicanos los que controlan la Casa Blanca o el Congreso, los miembros del Consejo de Relaciones Exteriores forman el verdadero gobierno de los Estados Unidos. Como un desafortunado ejemplo de esta situación, considere la reciente legislación pasada sobre el GATT en la sesión de diciembre por un debilitado Congreso después de que muchos demócratas habían perdido su escaño en las elecciones de 1994. Esta legislación del GATT fue diseñada y apoyada por completo por la CFR. A pesar del repudio de los votantes en lo que se refiere a toda la filosofía de esta legislación del Nuevo Orden Mundial, el liderazgo del Congreso respondió a los deseos de sus verdaderos jefes, la élite secreta financiera que proveerá grandes beneficios financieros y sociales a los miembros que den su palabra, una vez que salgan del Congreso. El nuevo vocero republicano, Newt Gingrich, cumplió con su deber y se unió a Bob Dole y a los demócratas derrotados para pasar esta legislación que nos lleva un paso más cerca al gobierno mundial que ha de venir.

Para colocar esta situación en la perspectiva correcta, considere la situación hipotética: Muchas de las grandes iglesias de Norteamérica tienen de dos a tres mil miembros, imagínese por un momento que la prensa descubre que el presidente y cada miembro de su gabinete eran miembros secretos de una iglesia específica.

Además, imagínese que los investigadores descubren que virtualmente todos los presidentes y miembros de los gabinetes, tanto de las administraciones republicanas como demócratas, durante los últimos cuarenta años eran miembros secretos de esta gran iglesia. Además, imagínese que casi cada militar, académico, hombre de negocios y líder de los medios de información con una posición clave en Norteamérica durante este período también pertenecían a la misma iglesia. ¿Puede imaginarse la respuesta de los medios de información y de los ciudadanos normales? Se enojarían al descubrir que un pequeño y cerrado grupo de ciudadanos tenían un control total sobre el gobierno y su llamada democracia. Pues esta es la situación precisa que prevalece en los Estados Unidos y en la mayoría de los demás países principales de la Europa Occidental actual. Por supuesto, la membresía de la CFR no pertenece a una iglesia. Son individuos motivados por su deseo de poder y dinero, que están dedicados a continuar hacia adelante con su agenda secreta para llevar a Norteamérica a un gobierno mundial, a pesar del hecho de que saben que sus conciudadanos no tienen tal deseo. Según la lista oficial de membresía publicada por el consejo en su informe anual, los siguientes líderes clave durante las cuatro últimas décadas fueron miembros de la CFR: Arthur Burns, Henry Cabot Lodge, Henry Kissinger, W. Averell Harriman, Dean Rusk, Robert McNamara (presidente del Banco Mundial), Anthony M. Solomon (Tesoro de los Estados Unidos), James Baker (Secretario de Estado), Paul Volcker (Reserva Federal), George Shultz, Casper Weinberger; William Casey (CIA), Alan Greenspan (director de la Reserva Federal), Michael Blumenthal (Tesoro de los Estados Unidos), John D. Rockefeller IV, General Walter Bedell Smith, Alexander Haig, William Simon, Cyrus Vance, Andrew Young, William D. Ruckeshaus, Brent Scowcroft y Rodman Rockefeller: Además, los siguientes presidentes de los Estados Unidos también eran miembros de la CFR: Richard Nixon, Jimmy Carter, George Bush y Bill Clinton. Tanto Newt Gingrich, el nuevo vocero de los republicanos, y el general Colin Powell, un posible candidato presidencial, son miembros del Consejo.

La demanda de un secreto total por el Consejo de Relaciones Exteriores

La CFR demanda que sus miembros mantengan un secreto total en lo que se refiere a los conceptos y opiniones expresadas en las reuniones privadas del consejo y en las conferencias. Según el Artículo II de las leyes de la CFR: "Es una condición expresa de la membresía del Consejo, a la cual accede todo miembro por virtud de su membresía, que los miembros observen tales reglas y regulaciones que puedan ser prescritas de vez en cuando por la Mesa Directiva en lo que se refiere a la conducta de las reuniones del Consejo o la atribución de declaraciones efectuadas en su interior, y que cualquier revelación, publicación, u otra acción por parte de un miembro que sea contradictoria puede ser considerada por la Mesa Directiva, a su propia discreción, como base para la terminación o suspensión de la membresía poniéndose en efecto el Artículo 1 de los estatutos". En la página 182 del informe anual de 1990 de la CFR, además declara que: "no será en cumplimiento con la regla de la organización sobre la no-atribución que un participante de la reunión (i) publique la declaración de un conferencista de una forma atribuida en un periódico; (ii) que la repita en la radio o televisión, o en la plataforma de un conferencista, o en un salón de clases; o (iii) que vaya más allá de un memorándum de circulación limitada, distribuyendo la declaración atribuida dentro de una compañía o en una carta de información de una agencia gubernamental... A un participante de las reuniones se les prohíbe que con conocimiento transmita una declaración atribuida a un reportero de algún periódico o a cualquier otra persona que probablemente lo publique en el medio público... La esencia de la regla... es muy sencilla: los participantes de las reuniones del Consejo no deberán comunicar ninguna declaración atribuida bajo circunstancias donde exista un riesgo substancial de que circule ampliamente o sea publicado". En otras palabras: "¡Jamás digan nada!" En más de setenta años sólo una persona ha dejado la CFR y hablado públicamente sobre la agenda secreta. Obviamente, las sanciones en contra de hablar, como el rechazo total, social, político y en los negocios de cualquier persona que se atreva a romper el código de silencio, ha sido muy eficaz para evitar que los secretos se conviertan en algo público.

En su testimonio ante el Senado del Subcomité de Relaciones Exteriores de los Estados Unidos, el banquero internacional James P. Warburg (CFR) advirtió: "Tendremos un gobierno mundial, nos guste o no. La única interrogante es si el gobierno mundial se logrará a través del consentimiento o de la conquista". En un artículo de abril de 1974 de *Foreign Affairs*, un periodista Richard Gardner escribió sobre la creación de un Nuevo Orden Mundial: "... un final a la soberanía nacional, erocionándola pieza por pieza, logrará mucho más que el anticuado asalto frontal". Dan Smoot, un agente del FBI e investigador que se pasó varios años examinando el Consejo escribió: "La meta final del Consejo de Relaciones Exteriores ... es ... crear un sistema socialista mundial y hacer de los Estados Unidos una parte oficial del mismo".

La Comisión Trilateral

En 1973, Zbigniew Brzezinski, el consejero para la Seguridad Nacional del presidente Jimmy Carter, y David Rockefeller, ambos miembros de la CFR, crearon un nuevo grupo de coordinación, la Comisión Trilateral (TC, por sus siglas en inglés). Su propósito era coordinar sus planes "para el gobierno mundial entre los tres grupos de élite que ahora lo controla, U.S.A, Japón y Europa Occidental. Inicialmente su membresía consistía de tres grandes regiones que dominan al planeta. *La Comisión Trilateral: Preguntas y respuestas* (1980) describió al grupo con estas palabras: "Los fundadores de la Comisión creyeron importante que la cooperación entre Europa Occidental, Norteamérica (incluyendo a Canadá) y Japón sea sostenida y fortalecida —no sólo sobre cuestiones de estas regiones sino también en un marco global". El propósito de la TC es una "cercana cooperación trilateral para mantener la paz, manejar la economía mundial, promover el desarrollo económico y aliviar la pobreza del mundo, lo cual mejorará las probabilidades de una suave y pacífica evolución del sistema global". El plan es que cada uno de los tres grupos geopolíticos creen una alianza política, militar y económica en sus hemisferios respectivos. Una vez que consoliden el control en su propio hemisferio, el paso final será unir los tres hemisferios en un único gobierno mundial. David Rockefeller, cabeza del Chase Manhattan Bank y de la fortuna Rockefeller es el director de Norteamérica y un jugador clave en la Comisión Trilateral. Directores representantes incluyen a canadienses tales como Mitchell Sharp, el antiguo ministro canadiense para asuntos exteriores, y Jack Warren, antiguo director del Banco de Montreal y embajador del Canadá en los Estados Unidos de 1975 a 1977.

La Comisión Trilateral se hizo notar públicamente por primera vez durante la administración del presidente Jimmy Carter. Los medios de información mencionaron que veinte de los oficiales más altos y miembros del gabinete pertenecían a la Comisión Trilateral incluyendo al presidente y vicepresidente Mondale más el director de la CIA. En un artículo revelador en el *Atlantic Monthly*, el autor escribió: "Aunque la primera preocupación de la Comisión es económica, los trilateralistas señalaron un objetivo político vital: obtener el control de la presidencia de Norteamérica". Otro autor, Craig Karpel, escribió un libro sobre los trabajos internos de la presidencia Carter llamado *Cartergate: The death of democracy* (Cartergate: La muerte de la democracia). En este fascinante libro él escribió: "La Presidencia de los Estados Unidos y los departamentos clave del gabinete, han sido tomados por una organización privada que se dedica a la subordinación de los intereses domésticos de los Estados Unidos, los intereses internacionales de los bancos y corporaciones multinacionales. Sería injusto decir que la Comisión Trilateral dominaba la administración Carter. La Comisión Trilateral es la Administración Carter". En las últimas dos décadas, desde los años setenta, miembros de la Comisión Trilateral y del Consejo de Relaciones Exteriores han consolidado su control sobre los catalizadores de poder a través de los gobiernos de América, Canadá, Europa y Asia.

Otros miembros clave de la Comisión Trilateral incluyen a Baron Edmund de Rothschild, Henry Kissinger, Zbigniew Brzezinski, Casper Weinberger, Robert McNamara, Paul Volcker, Michael Blumenthal, Alan Cranston, Jimmy Carter, Senador John Glenn, Thomas Foley, Walter Mondale, Alan Greenspan y George Bush. El grupo fundador incluía a setenta y cuatro miembros japoneses de la élite que representaban la más alta esfera de los negocios, intelectual y política. Tres de los ministros de asuntos exteriores del Japón fueron miembros de ella. En una rara crítica de la Comisión Trilateral, el *Manchester Union Leader* desplegó una editorial durante las primarias presidenciales de 1979 que advertía: "Está suficiente claro que este grupo de hombres bastante poderosos quiere controlar el mundo". A pesar de la posición conservadora y genuina de Ronald Reagan en muchas cuestiones, es innegable que su administración estaba rodeada al menos de 225 miembros de la CFR y de la TC. La administración Bush también estaba representada abrumadoramente por miembros de la CFR y de la Comisión Trilateral, incluyendo a cada miembro del gabinete con la excepción de Jim Baker. Cuando el presidente Bill Clinton tomó el poder, todos los oficiales de su nuevo gabinete y subgabinete fueron tomados exclusivamente de los miembros de la CFR y de la TC.

Los Bilderbergers/La Alianza

El más secreto de los concilios privados internacionales que planea el gobierno del mundo son los Bilderbergers quienes tienen sesiones cerradas y evitan todo el escrutinio de los medios de comunicación. Aunque la mayoría de los comentaristas llaman al grupo los Bilderbergers, los miembros del mismo llaman al grupo "La Alianza". Imponen unas reglas muy estrictas de censura en los miembros que discuten los planes y las políticas. Posiblemente esto esté relacionado con el hecho de que los Bilderbergers fueron financiados desde el principio por la Agencia Central de Inteligencia. En mayo de 1952, el liderazgo político y financiero de Europa se reunieron en un hotel que se llama el Hotel de Bilderberger en Oosterbeek, Holanda, para planear los pasos necesarios que se requieren para unificar a sus naciones. Estos hombres, dirigidos por Su Alteza Real el Príncipe Bernhard de Holanda (antiguamente un oficial de la SS Nazi durante los años 1930) y por el General Walter Bedell Smith (director de la CIA) se hicieron conocidos como el Grupo Bilderberger. Otros de los miembros fundadores clave incluyen a Colin Gubbins, director de la inteligencia británica, Stansfield Turner, director de la CIA, Henry Kissinger, Lord Tothschild y Lawrence Rockefeller. Se reúnen dos veces al año para coordinar los esfuerzos de sus miembros europeos y norteamericanos para crear los "Estados Unidos de Europa". Aunque sus oficinas centrales se encuentran en La Haya, Holanda, sus oficinas centrales en Norteamérica se encuentran en el 345 East 46th Street, Nueva York.

Es interesante que si alguien duda de la alianza entre estos grupos, este edificio también es la oficina central de la Comisión Trilateral y el *Carnegie Endowment for International Peace* (Fundación Carnegie para la Paz Internacional). Existen informes persistentes de que invitados de la antigua U.R.S.S : (ahora Rusia) también son invitados a asistir a las sesiones de planeación de vez en cuando.

Significativamente, el antiguo embajador de Norteamérica a Alemania Occidental, George McGhee, escribió: "El Tratado de Roma que trajo al Mercado Común a la existencia fue creciendo en las reuniones de Bilderberg". Sus miembros incluyen al: Barón Edmund de Rothschild, David Rockefeller, Robert McNamara y a Pierce Paul Schweitzer del Fondo Monetario Internacional. Los grupos asociados incluyen a la Mesa Redonda, al Instituto Real de Asuntos Exteriores y a la Sociedad de los Peregrinos. Aunque es principalmente europeo, el grupo incluye a muchos miembros clave, tanto norteamericanos como canadienses, pero no hay miembros japoneses. La mayoría de los novecientos miembros, durante las últimas cuatro décadas, provinieron de la Unión Europea. Sin embargo, también han existido miembros de Suiza, Turquía, Australia e Islandia. Empezando con el central Tratado de Roma, en 1957, el Mercado Común Europeo gradualmente se convirtió en la Unión Europea, la potencia económica y política más poderosa de la tierra. Muchos de los miembros clave de La Alianza también son miembros del Consejo de Relaciones Exteriores y de la Comisión Trilateral.

Una exposición en el *Manchester Union Leader* sacó un artículo en 1971 el cual alegaba que a los miembros de Bilderberger se les entregaban noticias anticipadas sobre la Nueva Política Económica de Richard Nixon. Este artículo alegaba que estos individuos recibían información interna que capacitaba a sus miembros para ganar más de $20 billones de dólares en ganancias ilegales al comercializar con este conocimiento especial antes de que el público en general y los mercados de bolsa supieran de los masivos cambios monetarios que introdujo Nixon. John Foster Dulles, quien posteriormente se convirtió en el director de la CIA, fue una de las personas clave, detrás de las mamparas, en el movimiento hacia la creación del Grupo Bilderberger y su consolidación con el Consejo de Relaciones Exteriores. El 28 de octubre de 1939, dio un discurso en el cual indicaba que apoyaba a que un gobierno mundial reemplazara la soberanía nacional. "El hecho fundamental es que el sistema nacionalista de estados soberanos ha terminado su ciclo de utilidad. En la actualidad, más que nunca antes, han aumentado los defectos del sistema de soberanía, hasta ahora no son consonantes con la paz o con la justicia. Es imperativo que exista una transición hacia un nuevo orden. Verdaderamente, esto se ha convertido en algo inevitable porque el sistema actual se dirige rápidamente hacia su propia destrucción. El verdadero problema no es si existirá o no una transición, sino cómo se puede efectuar una transición, y hacia qué". Considere las implicaciones de estas declaraciones y la membresía a estos grupos secretos globales por parte de hombres a los cuales se les ha confiado la información de seguridad nacional más sensible para proteger el mejor interés de sus naciones. En sus propias palabras, estos hombres proclaman que ya no son leales a los Estados Unidos o a Canadá como naciones soberanas. En vez de ello, estos oficiales individuales están trabajando secretamente para la eliminación de los países que los han colocado en una posición de confianza en su deseo por unir a nuestras naciones en el que será el próximo gobierno mundial.

El Concilio de Europa

El Concilio de Europa es una de las instituciones clave involucrada en la consolidación y unificación del resurgido Imperio Romano. Las metas oficiales del concilio es fortalecer las instituciones democráticas, promover los derechos humanos y desarrollar una sola y unificadora identidad cultural europea para los nuevos "Estados Unidos de Europa". En 1949 el Concilio de Europa fue fundado originalmente con diez naciones que incluían a las provincias clave del antiguo imperio romano. En la actualidad el Concilio de Europa ha crecido hasta tener treinta y dos estados miembros con la adición de nueve estados miembros más de la Europa Oriental comunista, incluyendo a las antiguas repúblicas soviéticas de Lituania y Estonia. En 1997 esperan añadir a Rusia a este concilio, trayendo así al surgiente imperio ruso a la unión europea. El periódico *European* del 29 de septiembre de 1994, citó a Daniel Tarschys, el nuevo secretario general del concilio, el cual declaraba: "Estoy seguro de que Rusia cumplirá con los requisitos para unirse a nuestra familia de naciones". Esta acción representa el sello de Europa en lo que se refiere a la aceptación de las 'reformas democráticas' de Rusia. Los líderes del concilio se reunieron recientemente para negociar la entrada de Bulgaria, Rumania, Polonia, Hungría, Eslovaquia, Latvia, Estonia, Lituania y la República Checa. Las antiguas repúblicas soviéticas de Moldavia, Belarus, y Ucrania también han hecho su solicitud para entrar a este grupo. La Biblia indica que el anticristo se levantará al poder dentro de una confederación de diez naciones en un resurgido imperio romano. Luego, habiendo asegurado su poder, expandirá su dominio para incluir a muchas más naciones a través de tratados de paz y, finalmente, a través de la acción militar. La Unión Europea y el Concilio de Europa pueden muy bien jugar un papel importante en el desarrollo de los acontecimientos proféticos de los últimos días.

El Club de Roma

El Club de Roma (COR, por sus siglas en inglés) fue fundado por Aurelio Peccei en 1968 como un instituto para avanzar en la agenda globalista. El propósito del Club de Roma era el ser un recipiente de pensamientos que se centrará en los problemas y que desarrollará propuestas para un gobierno mundial. Es una de las más exitosas operaciones de propaganda de este siglo. Significativamente, el COR ha sugerido la necesidad de una revolución económica masiva, transfiriendo las riquezas de aquellos que las tienen a aquellos que las necesitan. "Sólo una revolución, la sustitución de un nuevo orden económico mundial puede salvarnos". El club ha convencido a millones de que nuestra única esperanza para la supervivencia humana es entregar nuestros derechos, libertad, y soberanía para alcanzar un gobierno mundial. Aurelio Peccei, el presidente del COR, ha pedido un dictador mundial: "Un líder carismático científico, político, o religioso sería la única salvación del mundo de los violentos cambios sociales y económicos que amenazan con destruir las civilizaciones. Tal líder tendría que pasar sobre los intereses nacionales e internacionales al igual que sobre las estructuras políticas y económicas para poder dirigir a la humanidad y que ésta se aleje de los males que la afligen... Sólo una revolución, la sustitución de un nuevo orden económico puede salvarnos". En su fascinante libro *Mankind at the Turning Point*, Peccei describe "su modelo mundial, basado en los nuevos desarrollos de la teoría de un sistema jerárquico de multiniveles, divide al mundo en diez regiones independientes que interactúan mutua y coherentemente en lo político, económico y ambiental". Es significativo que Peccei ha propuesto una meta en la cual estas diez regiones del mundo se consoliden en un gobierno mundial para el año 2000.

Los diez reinos del nuevo gobierno mundial

Región 1	Canadá y los Estados Unidos de Norteamérica
Región 2	La Unión Europea—Europa Occidental
Región 3	Japón
Región 4	Australia, Nueva Zelandia, Sudafrica, Israel, y las Islas del Pacífico.
Región 5	Europa Oriental
Región 6	Latinoamérica: México, Centro y Sur América
Región 7	África del Norte y el Medio Oriente (musulmanes)
Región 8	África Central
Región 9	Asia del Sur y del Sudeste
Región 10	Asia Central

Algunos escritores han sugerido que estas diez regiones propuestas o "reinos" pueden ser las diez naciones referidas por la profecía de Daniel sobre los "diez dedos" o los "diez cuernos" del cuarto imperio mundial, el resurgido imperio romano. Sin embargo, un examen cuidadoso de las profecías de Daniel revela que estos "diez dedos" y "diez cuernos" se refieren a las diez naciones que ocuparán el territorio que antiguamente era parte del histórico imperio romano. Las Escrituras indican claramente que la antigua Roma se levantará en los últimos días como una confederación de diez naciones en el área de la Europa mediterránea. Es interesante que, el profeta describe esta unión como algo débil en el inicio, Ésta estará compuesta de varias naciones fuertes representadas por los "dedos de hierro" y varios estados débiles representados por los "dedos de barro". Sin embargo, en la visión de Daniel, de la bestia con los diez cuernos, el "cuerno once", el anticristo, surgirá en algún momento después que las diez naciones se unan. Luego, el anticristo violentamente "arrancará a tres" de "los cuernos" representando a tres de las naciones e impondrá su voluntad satánica, sobre la confederación de las diez naciones a partir de ese momento, el profeta reveló que el resurgido imperio romano se convertirá en el imperio más destructivo de la historia, destruyendo a cualquiera que se interponga en su camino.

Movimiento Federalista del Mundo

El actor Peter Ustinov es presidente del Movimiento Federalista del Mundo un grupo internacional que apoya la transformación de las Naciones Unidas en una poderosa federación mundial con el mandato de proteger el medio ambiente y que ponga un fin a la guerra y al terrorismo. Ustinov declara que un gobierno mundial es "inevitable". Él afirma que: "es un fin lógico para un largo camino de intolerancia y de batallas de todas clases por cuestiones torcidas en el pasado". John Anderson, el antiguo candidato presidencial independiente de los Estados Unidos, es el director de la organización hermana en los Estados Unidos. Dice que la meta de la organización no está tan lejana: "Sólo pensamos que la única manera para alcanzar la paz mundial es a través de un gobierno mundial". Ambos grupos fueron formados en 1947. La organización de los Estados Unidos, tiene más de diez mil miembros y tiene grupos en más de ochenta ciudades. El grupo internacional, con su central en Amsterdam, incluye grupos en más de veinte naciones. Estos dos grupos son parte de una campaña de propaganda bien planeada y fundada que tiene como meta eliminar el estado como nación y crear el gobierno mundial que los profetas antiguos predijeron hace miles de años.

La Unión Europea ahora está pasando por grandes cambios. Jaques Santer recientemente fue elegido como el nuevo presidente de la poderosa Comisión Ejecutiva, no electa, de la Unión Europea para reemplazar a Jaques Delors, su voluntario predecesor que ha dirigido a Europa durante los últimos diez años. Conforme Europa transforma sus leyes, regulaciones, y costumbres para implementar el Tratado de Maastricht, Klaus Hansch fue elegido como el nuevo presidente del parlamento Europeo elegido directamente. Más de sesenta por ciento de los nuevos miembros elegidos del parlamento europeo están en ese puesto por primera vez. Muchos de ellos quieren ejercer los nuevos poderes engrandecidos que ha delegado el Tratado de Maastricht. Quieren derrumbar los niveles opresivos del secreto burocrático que fueron construidos en las últimas dos décadas. El parlamento ahora está removiendo sesenta y dos existentes barreras legales para liberar el movimiento de bienes y de personas que fueron identificados por el último estudio. La cuestión más importante tanto en la agenda del nuevo presidente, Jaques Santer, como de los miembros del parlamento europeo es dar la bienvenida a muchos nuevos miembros de la Europa Oriental. Además a cuatro nuevas naciones-miembro que se unieron en enero de 1995; a Polonia, Eslovaquia, Hungría, y a la República Checa también se les ofrecía una completa membresía. Negociaciones sobre membresías continúan llevándose a cabo con Ucrania, Belarus y varios de los estados bálticos: Estonia, Latvia y Lituania.

La Comunidad Económica Asio-Pacífica

Las Naciones del Anillo del Pacífico están expandiendo sus economías y capacidades industriales en una tasa asombrosa. Corea del Sur ha desarrollado una base industrial que sólo es sobrepasada por Japón. La economía de Taiwán ha crecido en una tasa sostenida de más de seis por ciento por año durante los últimos veinte años. Dos de las razones claves para su asombroso crecimiento son sus poblaciones industriosas y su increíble tasa de ahorro. En Singapur, como ejemplo, el ciudadano promedio ahorra cuarenta y seis por ciento de cada $100 dólares que gana. Esta sorprendente tasa de ahorro personal ha producido un gran capital base para alimentar a la maquinaria de la economía del Anillo del Pacífico. En los últimos diez años la capitalización del mercado de bolsa del Anillo del Pacífico ha crecido seiscientos por ciento, de $600 millones de dólares a $3.8 billones de dólares.

La Comunidad Económica Asio-Pacífica (APEC) fue fundada recientemente para crear una verdadera Comunidad Económica Asio-Pacífica en cooperación con el GATT. Su meta principal es la creación de una zona de libre comercio virtualmente sin ninguna tarifa a través de la región del Pacífico. Un "Grupo de Personas Eminentes" fue creado para hacer recomendaciones sobre las futuras direcciones de la política del APEC. "Nuestro Grupo de Personas

Eminentes cree que ha llegado el momento de que APEC adopte una visión valiente y ambiciosa para el siglo veintiuno: la creación de una verdadera Comunidad Económica Asio-Pacífica. Tal Comunidad procurará alcanzar el libre comercio en la región. Lo hará así de tal forma que fortalezca el comercio global y el sistema económico. La APEC deberá estar de acuerdo con estas metas ... colocar una fecha segura, tal vez 1996, para decidir cuál es la fecha que tendrán como blanco para alcanzar su meta de libre comercio en el Asia del Pacífico". Una de las metas es establecer una nueva infraestructura institucional que coordinará la consolidación de las políticas de todos los países de la región. La economía de China está explotando con un crecimiento sustancial en una tasa que excede 10% anual. Las antiguas naciones que proféticamente son llamadas "los reinos de oriente" en el libro de Apocalipsis se están levantando rápidamente para convertirse en las más grandes potencias económicas, políticas y militares de la historia de Asia. Según las profecías de la Biblia esta dinámica confederación de poderosas naciones asiáticas surgirá en los últimos días para luchar en contra de las naciones occidentales bajo el control del anticristo en la más grande batalla del Armagedón.

Norteamérica está preparando el camino para el futuro Gobierno Mundial

Algunos escritores han cuestionado cómo es que Norteamérica puede renunciar a su soberanía y unirse al futuro gobierno mundial a la luz de las protecciones constitucionales que fueron creadas por los padres fundadores. Sin embargo, desde la Segunda Guerra Mundial, el Congreso de los Estados Unidos ha pasado muchas leyes que le dan al Presidente unos sorprendentes poderes ejecutivos que le capacitan para controlar por completo al gobierno y a las fuerzas militares en caso de una guerra nuclear o alguna otra causa de emergencia nacional. En el caso de una guerra nuclear es obvio que el Presidente necesite la autoridad legal para dirigir y controlar los recursos de la nación para proteger a sus ciudadanos. Sin embargo, estas órdenes ejecutivas son un arma cargada que un presidente futuro podría utilizar para establecer legalmente una dictadura para facilitar la unión de Norteamérica a un gobierno mundial. Algunos han sugerido que una "emergencia" podría ser creada en el futuro como una excusa para poner en acción la legislación de emergencia que el Congreso jamás aceptaría en un tiempo normal. El rango de poderes dictatoriales disponibles para el presidente durante una emergencia nacional declarada son iguales o mayores que los poderes legales que tenía Adolfo Hitler o Joseph Stalin durante sus dictaduras. La legislación le permite al presidente suspender la Constitución y ejercer estos poderes cuando él determine que la nación enfrenta "una emergencia nacional". El término "emergencia nacional" no está definido por las leyes en cuestión. Se deja únicamente al presidente para que determine cuándo existe una "emergencia nacional" y que ejerza estos poderes dictatoriales.

Las siguientes sólo son algunas de las leyes de seguridad nacional que un presidente podría ejecutar durante una "emergencia nacional" sin una referencia al Congreso:

Ordenes presidenciales ejecutivas

10995   Toma de todas los medios de comunicación impresos o electrónicos de los Estados Unidos.

10997   Toma de todo el servicio eléctrico, bombas de gasolina, y minerales públicos y privados.

10998   Toma de todos los suministros de comida y sus recursos públicos y privados incluyendo fincas y equipos.

10999   Toma de todos los medios de transporte incluyendo automóviles, camiones o cualquier otro vehículo, incluyendo control sobre las supercarreteras, puertos y vías marítimas.

11000   Toma de todas las personas norteamericanas para trabajos forzados bajo la supervisión federal; le permite al gobierno dividir a familias si lo cree necesario.

11001   Toma de todas las instalaciones de salud, educación, bienestar social - públicos y privados.

11002   Registro por parte del Encargado General de Correos de todos los hombres, mujeres y niños para servicio gubernamental.

11003   Toma de todos los aeropuertos y aviones.

11004   Toma de toda la acomodación y autoridades financieras; autoridad para establecer relocalizaciones forzadas, áreas designadas que deben ser abandonadas cómo inseguras. Establecimiento de nuevas localidades para grupos populares; construcción de nuevas casas en propiedades públicas.

11005   Toma de todas las vías férreas, canales interiores, edificios de almacenamiento, públicos y privados.

11051   Autorizar a la Oficina de Planeación de Emergencia a poner las órdenes anteriores en efecto en tiempos de una incrementada tensión internacional o de crisis financiera.

Por favor tenga en cuenta de que estos poderes dictatoriales pueden ser legalmente invocados por el presidente si siente que hay: "Un tiempo de incrementada tensión internacional o crisis financiera". Toda democracia occidental tiene leyes equivalentes que fueron creadas para proveer la continuidad del gobierno en el caso de una guerra nuclear. Tanto en Canadá como en el Reino Unido, estas órdenes son llamadas órdenes del Concilio y fueron aprobadas secretamente por el *Privy Council* (Concilio Privado) bajo la autoridad del primer ministro. *The Washington Report* recientemente señaló que "Operation Dragnet" puede ser activada bajo el Acta McCarran - Título II. Bajo esta legislación el presidente puede suspender legalmente la Constitución de los Estados Unidos y la Carta de los Derechos con una simple llamada e imponer una ley marcial. Varias fuentes confiables han informado que las agencias del gobierno norteamericano han acumulado los nombres de millones de ciudadanos norteamericanos en la computadora de alta velocidad, Univac, de Washington como posibles blancos de arresto durante una futura época de "emergencia nacional". Algunas fuentes sugieren que estas listas contienen nombres de cristianos prominentes y otros patriotas públicos que han expresado su preocupación por el movimiento hacia el Nuevo Orden Mundial. Las agencias federales rápidamente podrían arrestar a aquellos que se nombran en las listas y retenerlos en campos de detención. Numerosas fuentes confirman que tales campos de detención existen en varios estados. Estos campos pueden estar conectados con el programa de seguridad nacional "Rex 84" del presidente Reagan, el cual creó once centros federales de detención en Florida, Virginia, Georgia, Nueva York, Pensilvania, Wisconsin, Arkansas, Arizona y California.

Muchas fuentes confidenciales han confirmado que las unidades de la Guardia Nacional y unidades del ejército regular se están entrenando en modelos de ciudades americanas, de tamaño real, que se encuentran en bases del ejército para atacar, confiscar y realizar una búsqueda de armas casa por casa. Un antiguo miembro de la oficina de fuerzas especiales me contó que su unidad recientemente se estaba entrenando en prácticas con municiones reales. Durante este ejercicio, los agentes de la Agencia de Alcohol, Tabaco y Armas de Fuego, quienes utilizaban el mismo rango de fuego, empezaron a entrevistar a las tropas. Tales agentes preguntaron en repetidas ocasiones si los soldados estarían dispuestos a servir en una fuerza multijurisdiccional que confiscara las armas de los norteamericanos. Increíblemente, le preguntaron a varios soldados si estarían dispuestos a disparar contra los mismos norteamericanos si se resistían a entregar sus armas. Otro soldado me contó que un cuestionario escrito similar fue entregado a los soldados de una base en el sur del país.

El plan para desarmar a Norteamérica

Aquellos que planean llevar a Norteamérica al próximo gobierno mundial saben que la existencia de un ejército norteamericano fuerte representa una de las más grandes amenazas prácticas para sus planes. Su estrategia ha sido el debilitar progresivamente al ejército de los Estados Unidos mientras edifican el ejército de las Naciones Unidas. Desde 1961, el Presidente John F. Kennedy le ordenó al Departamento de Estado que produjese un programa titulado *Freedom from War: The U.S. Program for General and Complete Disarmament in a Peaceful World* (Libres de la guerra: El programa de los Estados Unidos para un desarme general y completo en un mundo pacífico) (Publicación del Departamento de Estado 7277). Este programa de tres fases propone que, durante la Etapa I, los Estados Unidos gradualmente reduzcan su ejército, fuerza aérea y fuerzas navales. En la Etapa II, la etapa presente del plan, "Las fuerzas de paz de la O.N.U. debe ser establecida y ser fortalecida de forma progresiva". Finalmente, en la Etapa III, el desarme progresivo y controlado procederá hasta el punto en que ningún país (incluyendo a los Estados Unidos) tendrá el poder militar para desafiar a la fuerza de paz de la O.N.U que ha sido fortalecida de una manera progresiva". Significativamente, el presidente Bush firmó una orden ejecutiva en noviembre de 1990, transfiriendo una tercera parte de la reserva estratégica de aviones de los Estados Unidos de la actividad militar a la Red de Crímenes Financieros (FINCEN) para una operación especial con costo para los contribuyentes de $12.8 billones de dólares. Estos aviones fueron pintados de negro y sin marcas externas y ahora son utilizados por FINCEN y otros trabajos especiales de las fuerzas jurisdiccionales tal y como fuimos testigos durante el trágico holocausto de Waco, Texas.

Cooperación Rusia/USA

"También existe otra alianza a primera vista un poco rara, sorprendente pero si lo piensas, una que también está bien basada y que es fácil de comprender. Esta es la alianza entre nuestros líderes comunistas y tus capitalistas" (Alexander Solzhenitsyn).

Los líderes de la élite financiera y de los negocios creen que la clave para hacer realidad su sueño de un gobierno mundial requiere una unión gradual de los sistemas rusos y los norteamericanos. Trabajando detrás de las mamparas durante las últimas décadas, compañías multinacionales han provisto de una gran cantidad de tecnología y finanzas para mantener a flote, económicamente hablando, al sistema soviético que se encuentra en bancarrota. La mayoría de las producciones de camiones de Rusia en los últimos veinte años provienen de plantas y maquinaria provista por Ford Motor Company. El gobierno comunista de Angola hubiese caído ante las fuerzas democráticas de la Unión Nacional por la Independencia Total de Angola (UNITA, por sus siglas en inglés) si decenas de millones de dólares en ayuda financiera y económica no hubiesen sido provistos al gobierno comunista de Angola por parte de la compañía de los Estados Unidos, Exxon Oil Company. Informes recientes confirman que el antiguo presidente de la U.R.S.S. Mikhail Gorbachev ha recibido más de $300 millones de dólares de las fundaciones Rockefeller y Mellon para establecer su fundación privada para preparar el camino "para la paz mundial".

Mientras tanto, el canciller alemán Helmut Kohl arregló el proveer otros $100 millones de dólares en apoyo a Gorbachev por parte de los industriales alemanes. A Gorbachev se le está preparando para otro papel clave en la futura integración de naciones de Europa Oriental y Rusia.

Los Estados Unidos y Rusia recientemente firmaron acuerdos que piden un aumento en la cooperación militar entre nuestras fuerzas armadas. Traspasos de oficiales que entrenen, observen y den órdenes a pequeñas unidades de los ejércitos de las otras naciones son parte de este acuerdo. Seminarios conjuntos e intercambios de inteligencia también han sido incluidos. Cada vez recibimos más informes de armas rusas que han sido vistas en bases militares de los Estados Unidos junto con reportes de tropas extranjeras, incluyendo soldados de Ucrania, Noruega y Finlandia entrenándose en tierras norteamericanas. Recientemente, se tomaron fotografías de avanzados tanques rusos T-80 que eran transportados en trailers por una autopista del suroeste de los Estados Unidos el 21 de abril de 1994. En julio de 1993 un enorme avión ruso de transporte Anatov 124 Condor, el avión de carga más grande del mundo, aterrizó en la sección militar del Aeropuerto Internacional de Palm Beach en Florida. Se tomaron fotografías de cinco helicópteros Apache norteamericanos, con sus avanzados sistemas de armas y de aviación, ser cargados en el avión ruso de carga para regresar a la madre Rusia. Recientemente algunos periódicos han informado que cientos de tropas norteamericanas estaban operando dentro de Rusia al mando de oficiales rusos.

¡Bienvenidos al Nuevo Orden Mundial!

CAPÍTULO SEIS

Preparativos para el gobierno mundial

Transformando a las Naciones Unidas en el próximo gobierno mundial

Acabo de leer un provocativo estudio de las Naciones Unidas que fue publicado en julio de 1994 que se llama "Renovando el Sistema de las Naciones Unidas". Este sorprendente informe fue financiado por la Fundación Ford y los autores son dos antiguos oficiales norteamericanos de la O.N.U., Sir Brian Urquhart y Erskine Childers. El estudio llega a la conclusión de que se necesitan cambios masivos para dar fluidez a las operaciones de la O.N.U. Para mejorar la eficacia y el control ellos recomiendan que las Asamblea General de las Naciones Unidas, el Consejo de Seguridad, el Fondo Monetario Internacional, la Organización Mundial de la Salud, y la Organización Internacional del Trabajo sean transferidas a un lugar central, posiblemente Bonn o Nueva York. Es interesante que los autores también sugieren que el sistema actual de votación del Fondo Monetario Internacional sea abolido y reemplazado con un nuevo sistema radical que permita que las naciones pobres del Tercer Mundo dicten dónde y cuándo se deben hacer préstamos de países ricos a pobres.

La propuesta obviamente tiene como meta colocar los cimientos que finalmente darán como resultado un gobierno mundial. Considere esta cita: "Mientras no existe interrogación, en la actualidad, sobre la transformación del sistema de la O.N.U en una autoridad supranacional, la organización se encuentra en una fase de transición, básicamente moldeada y restringida por la soberanía nacional, pero algunas veces actúa fuera y más allá de la misma". Fíjese en la frase, "en la actualidad". Repetidamente, el documento utiliza términos tales como: "limitación gradual de la soberanía; "notables reducciones de la soberanía nacional" "recortar los conceptos de la soberanía tradicional"; y "pequeños pasos hacia una eventual sociedad transoberana". A través de este amplio documento los autores discuten su estrategia para quitar progresivamente a nuestras naciones la apreciada soberanía. Sin embargo, el plan procederá paso tras paso para evitar una reacción política adversa por parte de los ciudadanos de las democracias occidentales, las cuales serán obligadas a entregar su libertad y soberanía.

Un ejemplo del cambio de la soberanía nacional al próximo gobierno mundial se encuentra en la resolución de 1991 de la Asamblea General sobre la asistencia humanitaria de emergencia. Discutiendo sobre el "cese temporal de la soberanía causado por una emergencia temporal" el documento menciona que por primera vez apareció la palabra "consentimiento" en vez de "petición", y "país" en vez de "gobierno". La declaración completa decía: "La asistencia humanitaria se debe proveer con el consentimiento del país afectado y con el principio sobre las bases de una apelación por el país afectado". En otras palabras, la O.N.U. ya no siente la necesidad de obtener una solicitud por parte del liderazgo del gobierno nacional para intervenir dentro de las fronteras de la nación. Mientras la O.N.U. crea que la población del país consentirá la intervención, entonces cree que es justo intervenir. Este es un cambio revolucionario de los principios originales de no intervención que gobernaban las acciones de la O.N.U. durante los últimos cincuenta años. El informe de 1992 del Secretario General Boutros-Ghali, "Una Agenda para la Paz", contenía una indicación importante de su forma de pensar: "El tiempo de la absoluta y exclusiva soberanía ha pasado, su teoría jamás compaginó con la realidad".

Algunas de las recomendaciones de los informes de la O.N.U. son pasos muy importantes hacia el gobierno mundial. A través del documento los autores hablan sobre pasos interinos que deben ser tomados "hasta que el mundo esté listo para el gobierno mundial".

El autor sugiere que las Naciones Unidas levanten fondos para su propio presupuesto al poner un impuesto global sobre "todas las ventas de armas", sobre "todos los movimientos transnacionales de moneda", sobre "todo el comercio internacional: o en la producción de materiales tan específicos como el petróleo", o "un impuesto de las Naciones Unidas por viajes aéreos o marítimos internacionales". Otras recomendaciones incluyen el imponer "un día" de impuestos sobre ingresos sobre todas las personas de la tierra cada año. La propuesta de que la O.N.U. aplique un impuesto global sobre los ciudadanos del mundo es una indicación más de la transformación gradual de un cuerpo internacional de consulta al inicio de un superestado mundial. El grupo de las Naciones Unidas también ha pedido un impuesto global único que se utilice para reducir los déficit del gobierno y estimular las actividades económicas. Este increíble precedente representa un paso importante hacia el futuro gobierno mundial.

En 1945 el Secretario de Relaciones Exteriores británico, Ernest Bevin, pidió la creación de la Asamblea de las Naciones Unidas la cual sería elegida directamente por todos los ciudadanos del mundo. Esta propuesta radical fue rechazada por las naciones fundadoras a favor de nuestro actual sistema representativo de la O.N.U., donde cada gobierno y nación tiene un voto. Es significativo que ahora existan serias peticiones para crear un Parlamento Mundial directamente electo como un paso interino para establecer un gobierno mundial. El estudio de 1994, *Renovando el sistema de las Naciones Unidas* da los pasos necesarios para establecer un poderoso y nuevo parlamento mundial. Este es obviamente un paso clave para construir el apoyo público, para reemplazar la soberanía de nuestras naciones individuales, con una nueva y ampliadas Naciones Unidas que finalmente se convertirán en el núcleo de un poderoso gobierno mundial. Existe una enorme diferencia entre el sistema actual de la O.N.U., con una asamblea de representantes de los gobiernos nacionales, y el plan recién propuesto que tendrá a los parlamentados elegidos por todos los ciudadanos del planeta. Utilizando el ejemplo de Parlamento Europeo directamente elegido y representando a los ciudadanos de la Unión Europea, muchos están pidiendo ahora una "asamblea de los pueblos de la tierra".

Desafortunadamente, para aquellos que aman realmente a la democracia, el ejemplo del Parlamento Europeo no es muy prometedor. A pesar de las trampas de la democracia, el Parlamento Europeo no tiene un poder democrático para elegir a sus ejecutivos, promulgar leyes o establecer impuestos. Todo el poder real en la Unión Europea permanece en las manos de los veintiún miembros señalados por la Comisión Ejecutiva. El Parlamento Europeo directamente elegido permanece siendo nada más que una pieza de muestra que "debate la sociedad" sin ningún poder real o sustantiva influencia comparada con la Comisión Ejecutiva que no ha sido elegida. El patrón de todas las instituciones internacionales es que el poder sea ejercido por los miembros de la élite, dirigiéndolo todo detrás de las puertas cerradas del salón de la junta. Luego, sus decisiones son entregadas al público a través de una inteligente manipulación por parte de las relaciones públicas y los medios de comunicación. La historia sugiere que la verdadera democracia sólo puede funcionar prácticamente a nivel local y nacional. Una vez que nos movemos a la arena de la política internacional entre estados-naciones, el verdadero gobierno democrático es reemplazado por una negociación sofisticada detrás de las mamparas, entre los negociadores del poder de estas organizaciones internacionales. La situación en la Unión Europea es un adelanto del lugar donde yacería el poder en un futuro gobierno mundial. En tal situación un individuo poderoso surgirá inevitablemente para tomar el poder y gobernar el futuro gobierno mundial.

El complot para abolir las naciones-estados

Los grupos de élite que están planeando un gobierno mundial se han embarcado en un programa consciente para arruinar y disminuir la soberanía de las naciones-estados, incluyendo a Norteamérica y a Canadá. El presidente Clinton señaló a Strobe Talbott (CFR) como segundo Secretario del Departamento de Estado. En el artículo reciente de Talbott, "El Nacimiento de la Nación Global", reportado por la revista *Time* (julio 20 de 1992), escribió: "Todos los países básicamente son arreglos sociales.... No importa lo permanentes e incluso sagrados que parezcan en una ocasión, de hecho todos son artificiales y temporales.... Tal vez la soberanía nacional no fue una gran idea después de todo.... Pero ha tomado los acontecimientos de nuestro propio maravilloso y terrible siglo para terminar el caso". Cómo se siente sabiendo que algunos de los líderes más poderosos que gobiernan al país creen que Norteamérica, el patriotismo, e incluso la Constitución no fueron una "buena idea después de todo".

En 1939, el autor socialista H.G. Wells escribió *El nuevo orden mundial* afirmando que debería haber una síntesis en el futuro entre el capitalismo occidental y el comunismo oriental para crear un socialismo mundial. En su obra *Experimentos en la autobiografía* (1934), Wells declaró: "La organización de esto a lo cual yo llamo la Conspiración Abierta.... un adecuado e implementado Socialismo Liberal, que finalmente suplirá de la enseñanza, servicios públicos al mundo coactivos y directos, es la tarea inmediata... creo que esta idea de un mundo-estado planeado... sucederá muy pronto.... Sólo después de una gran lucha cultural podremos esperar ver que llegue a la existencia el estado mundial". Las expresiones globalistas tales como "gobierno de la ley", "ley del mundo", "seguridad colectiva", "orden mundial", y "nuevo orden mundial" son palabras código que estos elitistas utilizan en los medios de información cuando se refieren a sus planes para un gobierno mundial.

Henry Morgenthau (CFR), antiguo secretario del tesoro para el presidente Roosevelt, declaró: "Difícilmente podemos esperar que la nación-estado se haga a sí misma superflua, al menos no de la noche a la mañana. Más bien, lo que debemos intentar alcanzar es el reconocimiento por parte de la mente de todos los estadistas responsables que en realidad ellos no son nada más que cuidadores de una máquina internacional de bancarrota que lentamente tendrá que transformarse en una nueva". Los ingredientes clave para esta fórmula es su plan para "colocar en la bancarrota financiera a la maquina internacional". Las naciones se verán obligadas a ir al Fondo Monetario Internacional (IMF, por sus siglas en inglés) y al Banco Mundial para que los rescate financieramente, pero bajo la condición de que los que obtengan el préstamo abandonen su soberanía nacional y se la entreguen a la O.N.U. Es una gran amenaza que el IMF y el Banco Mundial, las mismas instituciones que pueden causar un colapso financiero mundial, también admitan que el evento clave que les permitirá tomar el control de las naciones es un colapso financiero internacional. No es una coincidencia que la crisis monetaria de México, con cuarenta por ciento de devaluación del peso, ocurriera al año que México se unió al Tratado de libre comercio (TLC).

Hay una continua lucha por la supervivencia étnica, los derechos religiosos, y la soberanía nacional el frente de los asuntos internacionales de la actualidad. Cuando estos derechos o intereses son amenazados por un conflicto hay una petición para la intervención de las Naciones Unidas. Esta situación sigue una estrategia planeada que fue desarrollada el siglo pasado por el filósofo alemán Georg Hegel. El Dialecto Hegeliano da la teoría de que "el conflicto trae cambios, y el conflicto controlado trae cambios controlados". Por lo tanto, si tiene una agenda para instituir grandes cambios políticos debe de estar en una posición donde pueda iniciar grandes conflictos y crisis. Estas crisis fabricadas crearán los problemas necesarios y centrarán a todos en "el problema". Entonces esto permitirá a la élite globalista proponer su "solución" a la crisis que sus acciones secretamente han causado. Considere con cuidado como varias de las recientes crisis internacionales se han desarrollado en Somalia, Ruanda, Haití y Bosnia. Pregúntese: ¿Por qué es que el Consejo de Seguridad de las Naciones Unidas espera hasta que estas crisis hayan escalado el punto donde el desastre humano afecta a millones? ¿Es posible que algunas de estas situaciones fueron permitidas para que se conviertan en completas catástrofes y provean de una excusa a los grupos de élite para acercarse más al gobierno mundial? Conforme los gobiernos existentes, en estos lugares de conflicto del Tercer Mundo, se han desintegrado en una total anarquía, las Naciones Unidas han entrado con sus consejeros para crear una especie de "apoderados", la versión de los años 1990 del colonialismo. En un artículo del año 1993 en el periódico de la CFR *Foreign Affairs* Boutros Boutros-Ghali, el secretario general de la O.N.U declaró que sentía la necesidad de "volver a pensar la cuestión de la soberanía".

Agrandando el poder de las Naciones Unidas

Existe una percepción creciente de que las Naciones Unidas están obteniendo poder, al mismo tiempo que los Estados Unidos pierden el respeto del mundo debido a su debilidad militar y a los constantes cambios en su política exterior bajo los presidentes Bush y Clinton. Peter Tarnoff (CFR), el hombre número tres en el Departamento de Estado, dio un discurso en mayo de 1993 indicando el trágico desacierto en la política exterior del presidente Clinton caracterizado por una pérdida de la confianza y de la visión. Al explicar por qué pensaba que Norteamérica ya no podía establecer su política exterior basándose únicamente en sus propios intereses nacionales, Tarnoff declaró: "Simplemente no tenemos la palanca, no tenemos la influencia, no tenemos la inclinación para utilizar la fuerza y ciertamente no tenemos el dinero". Durante setenta años otras naciones han dependido de que Norteamérica les provea de un firme liderazgo basado en el principio de su propio interés nacional. Sin embargo, en la actualidad, ninguna nación sabe qué es lo que puede esperar a continuación de la política exterior de los Estados Unidos. El mal uso de la política exterior por parte de Clinton ha estado caracterizado por promesas rotas, cambio de dirección, y numerosos tratados vacíos que no fueron respaldados por una acción firme. El confuso y vacío liderazgo en la política exterior es tan obvio que el antiguo presidente Jimmy Carter ha tomado la oportunidad para introducirse en varios lugares diplomáticamente problemáticos en Corea del Norte, Haití, y Bosnia, con o sin la bendición del presidente Clinton.

El Secretario de Relaciones Exteriores británico, Douglas Hurd, afirmó en una entrevista que las Naciones Unidas necesita prepararse para tomar un "papel imperial". Declaró que la O.N.U. debe usurpar la soberanía nacional y tomar el control como la fuerza ocupante cuando colapse un gobierno, como en Somalia y Camboya. Durante la entrevista sostenida en la O.N.U en Nueva York, el secretario Hurd llamó la atención a lo que él llamó "una nueva fase en la historia del mundo". Existe una necesidad de que la O.N.U. intervenga antes en las situaciones de crisis para "prevenir que las cosas lleguen al estado donde los países sean dirigidos por corruptos señores de la guerra, como en Somalia", dijo. Douglas Hurd advirtió que desde el colapso de la antigua Unión Soviética —dejando tres o cuatro "áreas de crisis"— los Estados Unidos eran la superpotencia solitaria y que no tenía el deseo de convertirse en el "policía del mundo". Los Estados Unidos están pidiendo una estructura de la O.N.U. más unida y eficiente, argumentando que hay una gran necesidad de ordenar el cuerpo mundial para que trate con los lugares conflictivos del globo, como Yugoslavia y Haití. Esto es parte de una tendencia de los poderosos grupos de élite que animan a una nueva variación del neocolonialismo. Ellos proponen que la O.N.U. establezca una especie de "apoderamiento" sobre las naciones que se han dado cuenta que tienen un gobierno confuso debido al hambre o a la guerra civil, tal y como ocurrió recientemente en Somalia y Ruanda. Estas trágicas situaciones están hechas a la medida de aquellos que tienen como meta establecer a las Naciones Unidas como el núcleo del futuro gobierno mundial.

Una de las metas principales de los globalistas es crear un ejército permanente de un tamaño razonable que permita al Consejo de Seguridad llevar a cabo la voluntad del mundo en contra de una nación, o grupo de naciones, que se oponga a su agenda. Sólo en los últimos cuatro años, la O.N.U. se ha involucrado en más operaciones por guardar la paz de lo que hizo en sus primeros cuarenta años. Desde 1987 el presupuesto de la O.N.U. para salvaguardar la paz ha aumentado más de un mil por ciento con un sorprendente incremento del siete mil por ciento en el personal militar en operaciones policiacas de la O.N.U. Además, cien veces más personal civil está involucrado en las operaciones de paz de la O.N.U. Desde la elección del Secretario General Boutros-Ghali, el Consejo de Seguridad de la O.N.U. ha desplegado tropas en diecinueve países alrededor del mundo con un costo anual de más de $3 billones de dólares. El número de soldados de la O.N.U. que trabaja en operaciones aumentado cuatrocientos por ciento en 1993 con más de 100.000 soldados de "cascos azules" que ahora están desplegados en operaciones para salvaguardar la paz en Haití y Yugoslavia.

Los planes para crear un ejército permanente de las Naciones Unidas

A pesar de la creciente reluctancia de Washington por arriesgar la vida de soldados norteamericanos en guerras de lugares distantes, los Estados Unidos no puede evitar las guerras del futuro. Durante los próximos años, Norteamérica permanecerá como la única nación con grandes aviones de transporte, con capacidad para carga marítima, satélites espías, y con las instalaciones técnicas de inteligencia que hagan posibles tales intervenciones y relativamente seguras. Durante los últimos tres años Norteamérica proveyó de un gran apoyo a las fuerzas de paz de la O.N.U en Camboya. En Bosnia con la coordinación de la OTAN, Norteamérica proveyó de apoyo logístico aéreo y marítimo mientras los franceses, británicos y otras naciones suplían de las tropas de tierra. Sin embargo, la OTAN no está dispuesta a actuar fuera de Europa y del Mediterráneo. Mientras tanto, las Naciones Unidas tienen una membresía mundial y la autoridad para ordenar intervenciones. Significativamente, un artículo del 26 de septiembre de 1994 en la revista *Newsweek* pidió la creación de un ejército permanente para que el Nuevo Orden Mundial responda a crisis futuras en cualquier lugar del mundo. "Las Naciones Unidas necesitan su propio ejército, que rinda cuentas no a gobiernos nacionales sino a la misma O.N.U. Las naciones ricas tendrían que donar el equipo para tal ejército; soldados reales serían reclutados como voluntarios. Algunos serían mercenarios entrenados, como los Gurkhas nepaleses; otros serían unidades de los ejércitos del mundo occidental".

Artículos recientes también han aparecido en *The New York Times*, en la revista *Time*, y en *Economist* los cuales piden la creación de un ejército permanente para las Naciones Unidas bajo el control del Consejo de Seguridad de la O.N.U. El número de agosto de 1994 de la respetada revista *Economist* escribió sobre los continuos desastres en Somalia y Ruanda conforme la O.N.U. intentó y fracasó en crear un ejército profesional compuesto de diferentes unidades de docenas de fuerzas militares provistas por los estados miembros. A menudo las municiones no correspondían con las armas, las tropas no estaban entrenadas para el equipo que tenían que utilizar, y los soldados recibían órdenes por oficiales extranjeros que no hablaban el idioma de las tropas a las que dirigían. Conforme se desarrolló el problema de Ruanda, las Naciones Unidas vieron aproximarse el desastre pero se encontró paralizada e inactiva por las agendas políticas en competencia y por la indiferencia en general. Cuando la O.N.U empezó finalmente a moverse después que las horribles imágenes de genocidio llenaron nuestras pantallas de televisión, se dio el caso de que era "un poco tarde". Como lo dijo uno de los comentaristas: "Nunca se había necesitado una intervención más rápida que en Ruanda; y jamás se había materializado tan lentamente una rápida respuesta. Cuando se inició la matanza en el mes de abril no hubiese salvado a todas las víctimas, pero hubiera salvado a muchas de ellas... Su lentitud en Ruanda, sin embargo, es el mejor argumento para que la O.N.U. tenga una pequeña pero flexible fuerza de paz propia". El *Economist* argumentó: "Una fuerza permanente respondería a emergencias sólo cuando el Consejo de Seguridad se lo ordenara... estaría listo para actuar rápidamente, no después que los oficiales de la O.N.U. fueran con la gorra en la mano convenciendo a los gobiernos. La idea surge con preguntas difíciles: mandos, reclutas, entrenamiento, paga, nacionalidad, transporte, víveres, y apoyo. Pero debería ser posible el crear una brigada de esta clase. Y es lo que la O.N.U. necesita para ser una pacificadora digna de su nombre".

El 6 de octubre de 1994, Canadá y Rusia anunciaron juntamente su acuerdo en una agenda en común para reformar y reforzar a las Naciones Unidas. Significativamente, su informe pide "tener una capacidad de pronta respuesta" para enviar fuerzas militares a lugares conflictivos cuando las negociaciones de paz fracasen. *Southam News* informó el 7 de octubre de 1994 que el ministro canadiense de Relaciones Exteriores, Andre Ouellet, anunció el lanzamiento de su principal esfuerzo para establecer un "ejército permanente de la O.N.U, de varios países". Aunque dos miembros del Consejo de Seguridad de la O.N.U no están contentos con el plan, Francia, Rusia, y posiblemente China apoyan la creación de un ejército permanente de la O.N.U. La creación de unas fuerzas armadas permanentes de la O.N.U. será una de las piedras angulares en el camino hacia el gobierno mundial.

El secretario general Boutros-Ghali repetidamente ha pedido la creación de una fuerza militar especial de la O.N.U. de rápido despliegue y de magnitud suficiente para derrotar a cualquier oponente potencial. Quiere que los estados miembros provean de estos soldados entrenados, del equipo y los fondos necesarios y permanentes por parte del presupuesto de defensa de cada estado miembro. Está completamente comprometido con el concepto del futuro nuevo orden mundial dirigido por las Naciones Unidas.

La explosión demográfica mundial

Desde la Segunda Guerra Mundial el mundo ha estado dividido política y militarmente entre el Oriente y el Occidente. Sin embargo, en la actualidad ha surgido una nueva división global entre el Norte y el Sur, basada en la enorme disparidad de las riquezas y recursos. Reconocer esta división es fundamental para que comprendamos las grandes fuerzas que han empezado a remodelar nuestro planeta. El problema principal que enfrenta la élite política es el abrumador desbalance de las riquezas, recursos y población entre el Primer Mundo de las naciones occidentales y el Tercer Mundo de las empobrecidas naciones de Asia, África y Sudamérica. Esta disparidad producirá una masiva presión de migración, legal e ilegal, en los próximos años.

Tomó miles de años, hasta 1800, para que el mundo llegara a alcanzar una población de 1 billón de personas, mientras que sólo se necesitó poco más de un siglo, hasta 1930, para alcanzar los dos billones de almas. En el año 1960, sólo treinta años después, se añadió un billón más. En 1974, en sólo catorce años, añadimos otro billón. La tierra alcanzó un total de cinco billones de ciudadanos en 1988 y alcanzará la sorprendente cantidad de seis billones en los próximos años. En el siglo diecinueve el mayor incremento de la población ocurrió en las naciones occidentales. Pero el crecimiento de las poblaciones en Norteamérica y Europa ha reducido considerablemente debido a las unidades familiares pequeñas. Al mismo tiempo, la población de los países del Tercer Mundo ha aumentado dramáticamente, no sólo porque nacen más niños sino porque menos personas mueren a una edad temprana. La introducción de los antibióticos occidentales, la mejoría en la salubridad, y la medicina moderna ha mejorado grandemente la tasa de mortandad en las naciones del Tercer Mundo. Como resultado, con mucho menos personas muriendo a una edad temprana, la población del mundo está creciendo a una tasa sin precedentes de 1.7 por ciento por año. Noventa y cinco por ciento del crecimiento ocurre en el Tercer Mundo, con más de cien millones de personas añadidas a la población de la tierra cada año. Como ejemplo, en el período de veinticinco años entre 1950 y 1975, la población de China casi se duplicó de 554 millones a 933 millones. De 1948 a 1995, la población de Kenia ha crecido de cinco millones a veintiséis millones. La población del mundo está creciendo sin descanso como una marejada que avanza inexorablemente, destruyendo todo lo que se interpone en su camino.

Al mismo tiempo la población mundial está creciendo con una tasa sin precedentes; un estudio reciente realizado por *Worldwatch, The State of the World,* revela que el mundo está enfrentando una severa escasez de alimentos. La reciente devastación de las compañías pescadoras en Canadá son citadas sólo como un ejemplo de lo que podemos esperar en el futuro. La organización de prensa Reuters informó el 15 de enero de 1995 que: "la crecida población humana está en camino de sobrepasar la habilidad del mundo para proveer de alimentos en unas pocas décadas o antes. El cambio inminente nos llevará a un futuro tan diferente al pasado reciente que incluso cuesta trabajo imaginarlo. La economía alimentaria mundial está en peligro de convertirse de un mercado de compradores a un mercado de vendedores". El estudio informó las conclusiones del presidente de *Worldwatch*, Lester Brown, quien dijo en su entrevista que hay amplias señales del futuro desastre: "La alarma vendrá de China, en la forma de importaciones cuantiosas de granos". Significativamente, en 1994, China importó cantidades masivas de trigo y compró maíz por primera vez en años. Durante el otoño de 1994, los líderes de China respondieron a su crisis de alimentos prohibiendo cualquier exportación de su maíz. Según *Worldwatch*, los más grandes problemas de hambre en el pasado no fueron causados por una escasez en la producción de alimentos en el mundo sino por problemas de distribución. El estudio de *Worldwatch* indica que la escasez de alimentos podría cambiar a los países de la estabilidad a la inestabilidad casi de la noche a la mañana.

La amenaza masiva de la inmigración ilegal

La disparidad en la tasa del crecimiento de la población se expresa mejor al considerar las diferencias entre el sur de Europa y su vecino cercano, África del Norte. En España, Francia, Portugal, Italia y Grecia las poblaciones combinadas crecerán sólo 4.5 millones en los próximos treinta y cinco años. Sin embargo, durante el mismo período la población de Marruecos; Argelia, Túnez, Libia y Egipto aumentará veinte veces, añadiendo más de cien millones de nuevos ciudadanos, la vasta mayoría de estos países del Tercer Mundo son personas jóvenes con menos de veinticinco años. En Kenia cincuenta y dos por ciento de la población es menor de quince años. En la mayoría de las naciones desarrolladas las tasas de desempleo exceden setenta por ciento entre los jóvenes. Estas poblaciones producirán enormes presiones en occidente conforme más y más de estas personas busquen, de manera natural, escapar de su desesperado destino. Intentaran emigrar al futuro prometedor que creen que existe únicamente en las naciones occidentales debido a la influencia de la televisión occidental y sus imágenes de oportunidades, riquezas, y de un bienestar que les espera si logran emigrar. A pesar de la sofisticada seguridad tecnológica, Norteamérica no ha sido capaz de poner cotas a la gran migración de un millón y medio de inmigrantes ilegales que cruza sus fronteras cada año. En el Tercer Mundo existe una mudanza masiva del campo a las ciudades. Sin embargo, la horrorosa pobreza del Tercer Mundo anima a las personas con recursos y que tienen la oportunidad, a intentar escapar a las mejores oportunidades que se ofrecen a los pocos que puedan emigrar al oeste.

Una provocativa y amedrentadora novela, de nombre *The Camp of the Saints*, fue publicada en Francia a principios de los años 1970, la cual advertía de la futura invasión del occidente por millones de ciudadanos empobrecidos del Tercer Mundo que buscaban con desesperación una mejor vida. En la novela de Jean Raspail, él describió proféticamente cómo, después de una hambruna devastante en la India, un personaje indio mesiánico se levanta y demanda que la pobreza del Tercer Mundo invada el "paraíso" de las naciones occidentales. Como resultado, millones de indios desesperados toman barcos por la fuerza y los abordan para navegar hacia las playas de Europa. "Las naciones se levantan de los cuatro confines de la tierra y su número es como la arena del mar. Marcharán sobre la amplia tierra y rodearán los campos de los santos y de la ciudad amada". Obviamente, Raspail ha tomado algo de su imaginación de la visión de Juan en el Apocalipsis, capítulo 20. En su novela futurista, las naciones del oeste se quedan impávidas, son incapaces de diseñar una solución apropiada para detener a esta marejada humana conforme entra en los puertos abiertos de Europa. A pesar de sus órdenes, los soldados de la OTAN se repliegan y rehúsan disparar sobre las masas indefensas provenientes de estos barcos conforme desembarcan en el sur de Europa. A pesar de la poco probable conclusión de la novela, el problema que enfrenta occidente es real y no desaparecerá. Emigrantes ilegales de China, Haití, México, y Sudamérica continúan llegando a los Estados Unidos, Canadá y Europa a pesar de todos los guardias de nuestras fronteras y de las defensas de seguridad. Recientemente, un artículo en *The Washington Times* advirtió sobre el ataque continuo de las naciones occidentales por parte de la creciente ola de la población de las naciones en desarrollo. Samuel Francis advirtió sobre los peligros que enfrenta Norteamérica por la inmigración ilegal. "Desde que Genghis Khan vino de las estepas asiáticas el oeste —tanto Europa como los Estados Unidos— no habían enfrentado tal invasión de extranjeros".

Al sur de una próspera Unión Europea yace una enorme población en el Norte de África que se siente excluida de los beneficios de la economía del mundo moderno. El Comisionado Europeo de Portugal, Joao de Deus Pinheiro, advierte sobre los peligrosos cambios demográficos que ocurren en el norte de África. En Argelia, Marruecos, Túnez y Libia una enorme y creciente población de extremistas musulmanes están clamando por una mejoría en su estilo de vida la cual sus gobiernos no pueden darles. Pinheiro advierte sobre el peligro en Argelia, la cual se está destruyendo a sí misma en una guerra civil islámica. "Debido a que la tasa de nacimiento es mayor a la tasa de crecimiento, las personas se vuelven más pobres cada año. Con la televisión por satélite ven todos los días imágenes de una sociedad occidental afluente. Se encuentran en el infierno pero ven imágenes del paraíso". El fenómeno de la televisión mundial por satélite que le permite a más de un billón de personas, en el empobrecido Tercer Mundo, ser testigo de los acontecimientos mundiales y la prosperidad de occidente tendrá consecuencias profundas que van más allá de cualquier cosa que pudiéramos haber imaginado.

Después de décadas de aceptación de emigrantes de muchos países, Francia y Alemania han empezado a sellar sus fronteras en contra del ataque de las naciones pobres. En un sorprendente cambio de dos siglos de una tradicional inmigración abierta, el nuevo y duro Ministro de Interior de Francia, Charles Pasqua, ha lanzado acciones policiacas en contra de los crecientes números de emigrantes argelinos del norte de África. Cuando Kaye y yo nos encontrábamos en París el verano pasado vimos a la policía francesa detener e interrogar a individuos de Argelia y del norte de África. En un período de veinticuatro horas, el Ministerio del interior interrogó a más de diecisiete mil musulmanes de África del Norte a través de toda Francia. Pasqua dijo recientemente: "Cuando hayamos enviado a casa varios aviones llenos, incluso barcos y trenes, el mundo recibirá el mensaje. Cerraremos nuestras fronteras". Incluso en los Estados Unidos, la nación que felizmente aceptó emigrantes durante los últimos doscientos años, las puertas se están empezando a cerrar. La propuesta 187 fue aceptada en California negándole el servicio a aquellos que no puedan probar que ellos o sus padres son legales en el país. Aunque es perfectamente comprensible que la población norteamericana resistirá la emigración ilegal masiva, las presiones de migración del Tercer Mundo aumentará inexorablemente en los próximos años. En 1991, miles de albaneses huyeron con desesperación de la tiranía de su dictador tomando barcos y huyendo hacia los puertos italianos, los cuales ellos pensaban que representaban la libertad y la oportunidad. Desde que en 1993 un barco de Tailandia llegó a las costas de la ciudad de Nueva York con casi trescientos chinos que navegaron miles de millas para llegar a las playas de la "ciudad de oro" ha habido un sorprendente aumento de la migración ilegal que entra a Europa a través de Europa Oriental, Rusia y África. Recientemente, un estudio de aquellos ilegales que entran en España indicó que muchos de los emigrantes habían viajado miles de kilómetros desde el sur de África y Asia. Mientras tanto, Japón, Europa y Australia también están cerrando sus puertas a los emigrantes. Esto sólo aumenta la presión sobre Canadá y los Estados Unidos. Esta creciente presión de la migración sobre occidente animará a la élite que dirige a nuestras sociedades a desarrollar nuevas políticas globales que preserven al Nuevo Orden Mundial que desean. Su solución es transferir grandes cantidades de riquezas del norte a las naciones pobres del sur con la esperanza de que esto anime a los emigrantes potenciales a permanecer en casa a pesar de las condiciones brutales que enfrentan.

Leo Tindemans, el antiguo Primer ministro de Bélgica, fue uno de los fundadores de la Unión Europea. A pesar de su optimismo inicial de que la democracia floreciera en unos nuevos Estados Unidos de Europa, ahora está advirtiendo sobre el peligro del surgimiento del nacionalismo y del fascismo, conforme Europa lucha con sus problemas de crecimiento en lo que se refiere a la migración ilegal, etcétera. El embajador de los Estados Unidos ante la OTAN, Robert Hunter, también advirtió que si la Unión Europea fracasa en incorporar a las naciones de Europa oriental que han sido puestas a un lado, "entonces la demagogia prevalecerá". El antiguo optimismo de que el fascismo y el nuevo Hitler jamás surgiría nuevamente en Europa ahora le está cediendo el paso a un profundo pesimismo. Las fuerzas oscuras del "fuego y la sangre" de los días pasados de locura nacionalista podrían surgir para empapar al mundo con sangre una vez más. Estos temores fácilmente podrían suceder en las manos de un futuro dictador en Europa.

El anticristo: El futuro dictador del nuevo orden mundial

En su profecía sobre la gran imagen metálica, Daniel confirmó que el anticristo se levantaría entre el imperio romano surgido de diez naciones. Además, el profeta advirtió en Daniel 9:24-27 que "y el pueblo de un gobernante que ha de venir destruirá la ciudad y el santuario". Tenga en cuenta de que esta profecía fue cumplida específicamente cuando las legiones de Roma quemaron la ciudad de Jerusalén y destruyeron el Templo el día noveno de Ab, en el año 70 d.C. Existe una profecía dentro de la profecía que se encuentra en la frase de Daniel 9:26, "el pueblo de un gobernante que ha de venir destruirá la ciudad". El "gobernante que ha de venir" saldrá de "el pueblo" que "destruirá la ciudad". La historia registra que fue el imperio romano y sus ejércitos que destruyeron Jerusalén y el Templo en el año 70 d.C.. Por lo tanto, "el gobernante que ha de venir" debe salir del imperio romano. El último emperador mundial, quien se convertiría en el anticristo, gobernará a la confederación romana de diez naciones con base en Europa, Daniel declaró que "su poder se incrementará, pero no por su propio poder" (Daniel 8:24). En otras palabras, recibirá un poder sobrenatural de Satanás para capacitarlo y que alcance resultados espectaculares en su política, economía y guerra. La Biblia (Daniel 8:23-25) nos dice que este hombre vendrá "al final del imperio de ellos" y que cuando "los transgresores hayan llegado a su colmo, se levantará un rey de aspecto fiero y entendido en enigmas". Durante la terrible crisis de los últimos días, un tirano se levantará, el cual estará poseído satánicamente y profundamente involucrado con lo oculto. Las palabras del profeta "él prosperará" indica que este futuro líder mundial inicialmente producirá una prosperidad económica para ganarse el favor en su rápido ascenso al poder. Su brillante política económica producirá una riqueza masiva "con su sagacidad hará prosperar en sus manos el engaño".

"¡Vamos ahora, ricos! Llorad y aullad por las miserias que os vendrán. Vuestras riquezas están podridas, y vuestras ropas están comidas de polilla. Vuestro oro y plata están enmohecidos; y su moho testificará contra vosotros, y devorará del todo vuestras carnes como fuego. Habéis acumulado tesoros para los días postreros" (Santiago 5:1-3). A la luz de la profecía en Santiago 4:5 y la referencia al hambre mundial de Apocalipsis 6 que nos habla sobre el colapso económico en los últimos días, es posible que la futura crisis financiera provea de una oportunidad al anticristo para aparecer en escena con un brillante plan para una nueva economía.

Como resultado de sus éxitos iniciales el anticristo, satánicamente poderoso, orgullosamente "se engrandecerá en su corazón" y blasfemará en contra de Dios. Daniel declaró que "por sorpresa destruiría a muchos" indicado que sutilmente utilizará falsos tratados de paz para conquistar a muchas naciones. El anticristo hará un tratado de siete años con Israel como parte de su estrategia satánica y "destruirá a los fuertes y al pueblo de los santos". El anticristo odiará al pueblo judío por tener el Nombre Santo de Dios y permanecer siendo Su Pueblo Escogido. A pesar de sus poderes satánicos será destruido por completo cuando ataque a los ejércitos del cielo en el regreso de Jesucristo en la batalla del Armagedón. Cuando sea derrotado por Cristo, tanto el anticristo como el Falso Profeta serán echados en el lago de fuego para siempre. Mi libro anterior, *Príncipe de la Oscuridad*, explora las numerosas profecías bíblicas sobre la fascinante carrera del anticristo, el último tirano del mundo, y su destrucción final en los últimos años de esta era.

CAPÍTULO SIETE

El papel de Rusia en los últimos días

Los rusos continúan construyendo sus poderosas fuerzas militares mientras que el oeste reduce rápidamente sus fuerzas armadas y su preparación militar. A pesar de la constante propaganda de los medios de comunicación de que Rusia ya no es una amenaza militar, la enorme maquinaria militar del Ejército Rojo permanece siendo el ejército más grande de la tierra en hombres y armas. Muchos comentaristas han señalado la ineficacia militar del ataque ruso sobre Chechenia como una evidencia de que el Ejército Rojo ya no es una amenaza militar. Sin embargo, la confusión militar fue causada por la continua batalla interna por el control del Ejército Rojo y de Rusia misma. Los actuales problemas económicos y políticos dentro de Rusia, no evitarán que invada el Medio Oriente como el profeta Ezequiel lo predijo hace miles de años. La historia revela que Rusia a menudo atacó a sus vecinos durante tiempos de crisis interna, como un medio para unir a la nación en contra de enemigos externos. Existen indicadores de un creciente imperialismo en la milicia rusa, las agencias de inteligencia, y entre aquellos que gobiernan a la nación detrás de las mamparas. La reciente invasión brutal y bombardeo de los miles de civiles en Chechenia, una provincia del sur de Rusia que quiere volverse independiente, es otra indicación de que los líderes de Moscú están volviendo a sus métodos totalitarios e imperialistas.

El plan secreto de Rusia para vencer a Occidente

Durante los años 1930, Dimitri Manuilski, un instructor político en la Escuela de Lenin para la Guerra Política y profesor de Mikhail Gorbachev, enseñó sobre la necesidad de engañar al Oeste antes de lanzar un asalto militar sobre las naciones occidentales. "La guerra entre el comunismo y el capitalismo es inevitable. En la actualidad, por supuesto, no somos lo suficiente fuertes para atacar. Nuestro tiempo llegará en treinta o cuarenta años. Para ganar, necesitamos el elemento sorpresa. La burguesía... tendrá que morir. Y empezaremos lanzando el movimiento de paz más espectacular que se haya registrado. Habrá ofrecimientos electrizantes y concesiones jamás escuchadas. Los países capitalistas, estúpidos y en decadencia, se alegrarán por cooperar en su propia destrucción. Estarán contentos por otra oportunidad de volver a ser amigos. Tan pronto como bajen la guardia, los acabaremos con nuestro puño cerrado". Esta documentada estrategia comunista es importante si deseamos comprender el verdadero significado de los acontecimientos que transpiran de Rusia en la actualidad. Los líderes comunistas se dieron cuenta hace mucho tiempo que jamás podrían ganarle a Occidente en lo económico. Se dieron cuenta de que deben desarrollar una estrategia de engaño a largo plazo que motive al liderazgo de élite de Occidente a ayudarles. Desde el principio de la Revolución Rusa en 1917, su líder comunista Vladimir Lenin admitió abiertamente la estrategia básica del engaño que gobernó el comportamiento ruso: "Nosotros avanzamos a través de retroceder". En otras palabras, públicamente pretenderán que la situación de Rusia era más desesperada de lo real para motivar a los líderes occidentales a proveer de grandes cantidades de tecnología avanzada y billones de dólares en créditos, mientras permiten que las defensas militares occidentales se desintegren.

En 1921, sólo cuatro años después de la revolución rusa de 1917, los principios económicos comunistas habían llevado a Rusia al filo del colapso económico. Dándose cuenta de la desesperada necesidad de Rusia por obtener créditos occidentales, asistencia tecnológica, y la necesidad de motivar a los rusos para trabajar, Lenin introdujo el capitalismo limitado en 1921 bajo su Nueva Política Económica. Cinco años más tarde, después que la economía rusa se había estabilizado, Lenin ordenó que los hombres de negocios y los granjeros que habían prosperado durante los cinco años fueran recluidos en campos de concentración. Desde 1917 los comunistas han lanzado seis "glasnosts" separados para engañar al oeste con respecto a sus planes de destruirnos. En cada ocasión, como lo están haciendo hoy en día, los líderes occidentales se han apresurado a "salvar a Rusia" de las desastrosas consecuencias del comunismo. Hoy, la élite secreta que gobierna a las naciones occidentales creen que pueden mover a Rusia y a Norteamérica hacia una sociedad histórica para lograr un gobierno mundial. Sin embargo, comunistas consagrados siguen gobernando Rusia y la Comunidad Económica de Estados Independientes a través de su continuado control de la milicia, las industrias estatales, la renombrada KGB, y el renombrado partido comunista que controla el parlamento ruso. Estas fuerzas rusas creen que pueden engañar a sus aliados, a estos inocentes elitistas que quieren un gobierno mundial, lanzando un ataque devastador en los vitales y estratégicos pozos petroleros del Medio Oriente y uniéndose con sus aliados árabes en una invasión sobre Israel.

Sir William Stephenson, el director de las Operaciones de Inteligencia Combinadas de los Aliados durante la Segunda Guerra Mundial, reveló que el presidente ruso Mikhail Gorbachev dio un discurso ante el Buró Político soviético en noviembre de 1987 que señaló la estrategia de engaño de Rusia. Gorbachev le dijo a sus socios comunistas: "Camaradas, no se preocupen con todo lo que escuchen sobre *glasnost, perestroika* y democracia en los próximos años. Estas son primeramente para consumo externo. No habrá cambios internos importantes dentro de la Unión Soviética aparte de los propósitos cosméticos. Nuestro propósito es desarmar a los norteamericanos y dejar que se duerman. Queremos lograr tres cosas: Uno, queremos que los norteamericanos retiren sus fuerzas convencionales de Europa. Dos, queremos que retiren su armamento nuclear de Europa. Tres, queremos hacer que los norteamericanos dejen de proceder con la Iniciativa Estratégica de Defensa". Si comparas los sorprendentes acontecimientos geopolíticos de los últimos ocho años con la secreta agenda comunista propuesta por Mikhail Gorbachev, concluirás que su estrategia ha tenido un gran éxito. (1) Norteamérica ha retirado varios cientos de miles de tropas de Europa, dejando sólo una pequeña fuerza. (2) El presidente Bush ordenó el retiro de todos los misiles nucleares de Europa. Además, Bush retiró todas las armas nucleares de los barcos de la armada norteamericana y eliminó el "Fail Safe System" de bombarderos B-52 en alerta constante que había protegido a Norteamérica durante cincuenta años. (3) Finalmente, los norteamericanos detuvieron su desarrollo y despliegue de su brillantemente concebida Iniciativa Estratégica de Defensa que habría protegido a Occidente en caso de un gran número de misiles balísticos lanzados por el enemigo. Mientras Rusia continúa con la construcción del armamento más grande de la historia, los líderes occidentales continúan desarmándose, porque creen en las mentiras de la propaganda comunista, la cual dice que Rusia ya no representa un peligro y es verdaderamente democrática.

Las metas imperialistas de Rusia no pueden llevarse a cabo a menos que puedan derrotar a las naciones occidentales sin iniciar una mutua guerra termonuclear que aniquilaría a gran parte de la población de Rusia y del resto de la tierra. Su meta es ganar la batalla final con Occidente sin luchar una guerra nuclear cataclísmica. La única forma práctica de alcanzar esa meta es confiscar las provisiones esenciales que permiten a nuestras economías occidentales prosperar —los minerales estratégicos de Sudáfrica, esenciales para nuestra avanzada tecnología, y las enormes reservas petroleras del Medio Oriente que proveen el combustible que se necesita en la industria occidental. Con menos de 100 días de reservas petrolíferas, Japón y Europa se verían obligados a rendirse ante Rusia si fueran cortadas sus provisiones de petróleo. Cuando Rusia controle ambas, entonces los recursos vitales pueden forzar a los países de Europa y del Anillo del Pacífico a someterse a la dominación Rusa sin arriesgarse a una invasión de Europa o Norteamérica que seguramente iniciaría una guerra nuclear. Significativamente, el secretario general soviético Leonid Brezhnev articuló la "Doctrina Brezhnev" en 1973 la cual mostró las metas imperiales de Rusia a largo plazo: "Tomaremos los dos grandes tesoros de los cuales depende Occidente: las reservas petroleras estratégicas del Medio Oriente y los minerales estratégicos de Sudáfrica, y después dictaremos los términos de la rendición de los Estados Unidos y de Occidente". Después de décadas de promociones y sanciones económicas y presiones políticas en contra del gobierno de Sudáfrica, por parte del Departamento de Estado, el comunista Congreso Nacional Africano dirigido por Nelson Mandela tomó el gobierno. Sudáfrica y Rusia son las únicas fuentes de la tierra de doce minerales estratégicos que son esenciales para la producción de avanzadas tecnologías y defensa por medio de misiles. Un estudio del *U.S. Joint Chiefs of Staff* descubrió que Norteamérica no podía sostener su producción de armas de defensa en caso de que existiera un corte de estos minerales vitales y estratégicos de Sudáfrica. Significativamente, las agencias de inteligencia occidentales recientemente informaron que Joe Slobo, (un agente de la KGB) el principal ayudante comunista de Mandela, recientemente tuvo reuniones con su homólogo en Rusia para discutir el plan de limitar la exportación de minerales estratégicos a Occidente.

La acumulación de armas de Rusia

Incluso los comentaristas liberales admiten que la masiva acumulación de armas por parte de la administración Reagan finalmente trajo a Rusia al punto donde los comunistas se dieron cuenta de que no podían competir con la avanzada economía y la tecnología de armas de los Estados Unidos. Sin embargo, a pesar de la amplia fuerza militar que el presidente Reagan le dio a los Estados Unidos, la administración Clinton está desmantelando las fuerzas armadas de Norteamérica tan rápido como le es posible. Dick Cheney, secretario de defensa del presidente Bush, criticó severamente a Clinton por "desperdiciar la herencia" de los guerreros de Tormenta del Desierto. El diputado Jack Kemp informó recientemente que los Estados Unidos están "rebajando a 15.000 personas, un barco, 37 aviones primarios y un batallón de combate cada mes".

La milicia rusa aún tiene cuatro y medio millones de tropas, incluyendo a trescientos mil de la policía secreta, tropas del ministerio del interior, y comandos de fuerzas especiales Spetsnaz. A pesar de sus obvios problemas económicos, Rusia aún mantiene una enorme fuerza militar comparada con los menos de dos millones de soldados norteamericanos. Sin embargo, sólo quinientos mil tropas americanas, son soldados preparados para el combate. La armada rusa sigue siendo cuatro veces mayor que la armada norteamericana. Los rusos tienen cuatrocientos cincuenta submarinos comparado con los ciento treinta y ocho submarinos americanos. Los rusos tienen diez veces más tanques y vehículos armados que Norteamérica. En caso de guerra, el ejército ruso puede colocar setenta mil tanques de batalla comparados con un poco más de veintidós mil tanques norteamericanos. Mientras tanto, Rusia está construyendo tres mil quinientos tanques nuevos cada año mientras que Norteamérica ha dejado de producir tanques M-1.

Rusia se prepara para la invasión del Medio Oriente

La acumulación de armas no está confinada a Rusia. Siete de las bases militares rusas más grandes se localizan en el Medio Oriente. Rusia mantiene catorce bases principales únicamente en Libia con más de quinientos cincuenta aviones rusos de combate. Para poner la situación en perspectiva, Rusia ahora tiene más aviones de la fuerza aérea en Libia, que las fuerzas aéreas totales de Inglaterra, Alemania y Francia. Además, Rusia ha colocado con anticipación dieciséis mil tanques y carros armados en Libia. Esto significa que Rusia ha colocado una fuerza de tanques en Libia que es mayor a la fuerza de tanques combinada de Francia, Bretaña y Alemania. Libia sólo tiene tres millones de ciudadanos y no tiene enemigos importantes. ¿Por qué necesita el Coronel Qaddafi de Libia una fuerza militar más grande que la de las principales potencias de Europa Occidental combinadas? Obviamente, Libia no tiene la intención ni la capacidad de utilizar tan vasta fuerza militar. La enorme acumulación en Libia y en otros países del Medio Oriente serán utilizadas por Rusia y sus aliados en una futura guerra contra Israel y los estratégicos intereses petroleros en el Medio Oriente. A pesar de todas las pláticas de paz, el Medio Oriente permanece siendo el área más probable del mundo para que ocurra la próxima gran guerra. Durante los últimos cinco años Rusia le ha facilitado más de $21 billones de dólares en armas avanzadas a Siria sin ninguna esperanza de que le paguen los billones de dólares por ventas de armas en el pasado. Durante los últimos dieciocho meses tanto Iraq como Afganistán han recibido la cuantiosa suma de $20 billones de dólares en armas sofisticadas mientras que billones de dólares en armas fueron enviados a Yemen para amenazar a Arabia Saudita.

El *Sunday Times* de Londres, R.U., informó que un antiguo oficial de la KGB, el general Oleg Kalugin, ha revelado que los oficiales militares rusos desarrollaron planes para explotar una "bomba sísmica" que causará grandes terremotos a través de Norteamérica. Registros secretos fueron descubiertos el año pasado en la soviética Academia de Ciencias que describen mo es que las placas tectónicas de la tierra podrían ser turbadas por una gran bomba nuclear y causaría grandes terremotos. Aunque esto fue informado en los diarios europeos, fue ignorado por los diarios norteamericanos.

Los peligros de que surja el imperialismo ruso

"Los creadores de las políticas rusas cometieron un error fundamental", escribió el reportero canadiense Stephen Handelman en el número de marzo-abril de *Foreign Affairs*. "Ellos intentaron desarrollar un mercado libre antes de construir una sociedad civil en la cual pudiera operar de forma segura. Como resultado sufren los hombres de negocios, políticos, y las agencias que llevan a cabo la ley... Muchas de la actividades que son necesarias para que funcione una economía de mercado permanecen ilegales o sin protección por parte de la legislación; otras actividades que son consideradas ilegales según las normas occidentales, tal como el crimen organizado, no están específicamente prohibidas".

El peligro es que el colapso del control político tanto en la antigua URSS como ahora en Rusia, no llevará a la democracia y a una economía de libre mercado capitalista. La confusión política y el gran crecimiento del crimen organizado ha creado una extraña alianza entre los antiguos comunistas, los militares, las renombradas agencias de inteligencia de la KGB y numerosas y poderosas mafias criminales. Una gran porción del crimen organizado en Rusia está relacionado con el contrabando de equipo militar, minerales estratégicos, y armas nucleares. Mientras tanto, existe un creciente peligro de que occidente se esté apoyando únicamente en el presidente Yeltsin, quien ha perdido el respeto de la mayoría de los rusos. Si quiere permanecer en el poder, Yeltsin será obligado a hacer alianzas secretas con la milicia o con la nueva "Mafia" rusa. El verdadero peligro surgirá cuando Yeltsin, o los ultra nacionalistas que lo reemplacen como presidente en 1996, intenten restablecer el control militar sobre porciones de la antigua Unión Soviética así como de las partes rebeldes de Rusia, tales como Chechenia. Yeltsin creyó que una "guerra patriótica" aumentaría su popularidad entre el pueblo ruso desmoralizado. Rusia es un oso herido pero poderoso que sigue siendo una gran amenaza para sus vecinos.

Los líderes de la inteligencia de los Estados Unidos y la administración Clinton ahora se están preguntando qué tan lejos deben de intervenir para proteger el arsenal nuclear ruso. El problema no es nuevo. La inteligencia norteamericana se enteró del complot en contra de Gorbachev en los meses anteriores al "falso golpe de Estado" de agosto de 1991. Una vez que reconocieron la debilidad política de Gorbachev, la administración de los Estados Unidos estableció contacto con Yeltsin como el posible líder que lo reemplazaría. Durante esos meses, agentes de la inteligencia norteamericana fueron enviados para ayudar al presidente Yeltsin a establecer su seguridad personal y para proveerle de un equipo de seguridad y comunicaciones sofisticado. Increíblemente, a pesar de las más fuertes objeciones posibles por el director de la Agencia de Seguridad Nacional de los Estados Unidos (NSA, por sus siglas en inglés), la cual intercepta las comunicaciones enemigas de máximo secreto, el presidente Bush ordenó que la información secreta obtenida por las intercepciones de la NSA le fuera dada a Yeltsin para ayudarle en contra de los líderes del golpe de Estado. Esta transferencia de inteligencia a Rusia sin precedentes, un enemigo reconocido, ayudó a Yeltsin a derrotar al "llamado" golpe de estado dirigido por la fuerte milicia y los líderes de la KGB, esta transferencia de secretos de las intercepciones por parte de la inteligencia NSA al presidente de Rusia fue realizada con gran discreción. A pesar de que la ley de los Estados Unidos demanda claramente que los comités de inteligencia del Congreso de los Diputados y del Senado sean notificados formalmente, el presidente Bush mantuvo esta transferencia de inteligencia norteamericana como un secreto. La administración de los Estados Unidos creía que Yeltsin estaba más comprometido que Gorbachev con la democracia al estilo occidental y a las reformas económicas. Durante la visita de Yeltsin a Washington en junio de 1991, un senador le advirtió sobre los peligros de un golpe de estado en contra de Gorbachev.

Varios informes de los medios de comunicación afirmaron que Gorbachev recibió varias advertencias sobre el golpe de estado, incluyendo una llamada telefónica del presidente Bush. Sin embargo, como ya lo he detallado en mi libro anterior, *Príncipe de la Oscuridad,* este engaño de "golpe de estado" de hecho fue planeado por Gorbachev junto con los golpistas, incluyendo a Vladimir Kryuchkov, el director de la KGB, y con el Ministro de Defensa soviético Dmitri Yazov. El propósito del falso golpe de estado fue hacer creer a occidente que los radicales habían intentado y fracasado en detener a las reformas democráticas. Este poco de teatro político ruso tuvo éxito en convencer a los líderes occidentales de que Occidente se podía desarmar con seguridad porque los llamados líderes democráticos, Gorbachev y Yeltsin, creían estar en control de la milicia rusa. Sin embargo, los ocho líderes del golpe de estado ahora han sido perdonados y liberados. En entrevistas con el *Toronto Star,* el principal periódico de Canadá, cada uno de los ocho líderes del golpe de estado admitió que Gorbachev planeó el golpe de estado con ellos tres semanas antes de este falso "arresto".

En cuanto empezó el "golpe de estado", las intercepciones, de NSA, de los mensajes de Kryuchkov y Yazov, a los comandantes de la milicia soviética, fueron transmitidos secretamente a Yeltsin. Los mejores especialistas en comunicaciones de la inteligencia norteamericana fueron enviados desde la embajada de Moscú a trabajar con Yeltsin en la Casa Blanca rusa para hacer seguras sus comunicaciones telefónicas cuando llamaba a los generales para aconsejarles que rechazaran las apelaciones de los de la "línea dura" y que se rehusaran a sus peticiones. Aunque el Ministro de Defensa soviético y el director de la KGB utilizaban el sistema de máxima seguridad rusa para ponerse en contacto con los comandantes de las divisiones clave del ejército, todo lo que decían era interceptado por una sofisticada tecnología norteamericana de espionaje. En unos minutos después de la llamada, Yeltsin sabía lo que decían sus oponentes. El problema es que la decisión del presidente Bush al proveer de esta inteligencia "ultra secreta" a Yeltsin reveló a los rusos que los norteamericanos habían penetrado cada una de sus tecnologías secretas y códigos avanzados. La tecnología secreta de interceptación de comunicaciones que pudo haber evitado un futuro desastre nacional quedó completamente comprometido al revelarle a los rusos que teníamos la capacidad para escuchar todo lo que decían. Después del falso intento de golpe de estado, los nuevos líderes de Rusia han ampliado su habilidad para proteger sus "sensibles" comunicaciones militares de la tecnología norteamericana porque saben exactamente en qué áreas se ha penetrado en el pasado. La decisión del presidente de proveer esta inteligencia extremamente secreta al enemigo ruso, pasando por alto a los jefes de inteligencia, es más sorprendente a la luz de la ley firmada el 14 de agosto de 1991, sólo cuatro días antes del golpe de estado. El presidente Bush firmó una ley aquel día para una enmienda del congreso al Acta de Seguridad Nacional de 1947, la cual hacía ilegal que el presidente se rehusara a informar por completo al Congreso sobre acciones encubiertas de inteligencia, incluyendo el proveer de inteligencia en las comunicaciones secretas al presidente ruso.

La identificación de "Gog y Magog" como Rusia

Los nombres "Gog y Magog" son famosos en la literatura profética bíblica y en los escritos rabínicos debido a su papel en la gran Guerra de Gog y Magog como la predice el profeta Ezequiel (capítulos 38 y 39). El libro de Apocalipsis (capítulo 20) también registra que millones de personas una vez más se unirán con las naciones representadas por "Gog y Magog", dirigidas por Satanás, en un ataque final contra la ciudad amada y el campamento de los santos al final del milenio. Esta guerra final será la última batalla en la historia de la humanidad, las profecías indican que tres guerras enormes convulsionarán el planeta durante el período apocalíptico conocido como "los últimos días". La primer guerra como la describe Ezequiel es la de Gog y Magog, la futura invasión ruso-árabe en contra de Israel. La segunda batalla, aproximadamente siete años más tarde, es descrita por Joel, Zacarías, y el libro de Apocalipsis (16:16). La segunda guerra es conocida como la batalla de Armagedón. Este conflicto cataclísmico involucrará a los ejércitos de todo el mundo luchando unos con otros y finalmente en contra de Jesucristo. Finalmente, Apocalipsis 20:8 nos habla sobre una tercera guerra, una batalla final que ocurrirá mil años después, al final del milenio. Muchas personas que nacieron durante el milenio unidas a aquellas que sobrevivieron al período de tribulación elegirán unirse a Satanás en su ataque contra la Ciudad de Dios, una vez más dirigidas por Gog y Magog —la nación de Rusia y otras naciones al extremo norte de la Tierra Santa.

La interrogante sobre la identificación correcta de la nación de Magog es de gran interés para los estudiantes de la Biblia que desean comprender con claridad el significado de estas grandes profecías bíblicas. "Magog" es una nación real que ocupa un territorio que fue conocido para Ezequiel y para sus lectores judíos en el siglo quinto antes de Cristo. Creo que las evidencias apoyan la conclusión de que Magog se refiere al antiguo territorio de Sintia, el cual está ocupado actualmente por la nación llamada Rusia y varias de las repúblicas del sur de la Comunidad de Estados Independientes (antiguamente la URSS). La mayoría de los profesores de profecía creen que "Magog" se refiere a los antiguos grupos tribales que en una ocasión ocuparon el área de Rusia. Sin embargo, muchos eruditos bíblicos liberales han desafiado esta identificación de Magog con las naciones rusas. Algunos eruditos sugieren que Magog estaba conectada con algunos pequeños grupos tribales de la antigua Mesopotamia en la actual Irán. Otros sugieren que Magog estaba conectado con las tribus dirigidas por Gyges en el área de Turquía, conocido por los antiguos como Lidia, al sur de Rusia. Además de rechazar a Magog como Rusia, muchos eruditos liberales rechazan cualquier interpretación literal de esta profecía. Tienden a interpretar la profecía de Ezequiel sobre la futura guerra de Gog y Magog como una guerra apocalíptica meramente simbólica entre el bien y el mal.

Si queremos comprender este mensaje profético de Dios en lo que se refiere a los acontecimientos de los últimos días necesitamos identificar correctamente a Gog y a Magog. Este es un resumen de la investigación y del material que recopilé durante los últimos años y relacionados con esta interrogante.

Eruditos judíos que identifican a Magog con Rusia

Los pasajes de Ezequiel fueron estudiados detalladamente durante miles de años por parte de los sabios judíos. Por lo tanto, sus conclusiones deben derramar alguna luz sobre el verdadero significado de las palabras hebreas "Gog y Magog". Génesis capítulo 10 menciona a Magog como el nieto literal de Noé quien finalmente dio nacimiento a una nación. El nombre "Magog", era bien conocido para todos los judíos que estudiaron este pasaje del Génesis cada año como parte de su lectura semanal de la Torah durante el Sabath. El profeta Ezequiel incluyó el nombre "Magog" junto con los nombres de otros países específicos tales como Libia, Persia y Etiopía en su profecía sobre esta guerra futura. Esto sugiere que Ezequiel esperaba que el nombre "Magog" fuera comprendido por sus lectores judíos como una nación real, no como un símbolo abstracto del mal.

Un comentario reciente del libro de Génesis, *Bereishis —Génesis: A New Translation With a Commentary Anthologised from Talmudic, Midrashic and Rabinic Resources*, incluye este comentario sobre Génesis 10:2: "Magog es mencionado varias veces en las Escrituras, por ejemplo, Ezequiel 38:2; 39:6 como el nombre de la tierra de Gog. *Keses HaSofer* los identifica con los mongoles que vivían cerca de China, porque de hecho el nombre Mongol es una corrupción de Magog. También cita a escritores árabes que se refieren a la Gran Muralla China como al muro de Al Magog". El comentario de 1961 sobre el Torah por el doctor J.H. Hertz, el último Rabino en Jefe del Imperio Británico, *The Pentateuch and Haftorahs*, cuenta lo siguiente: "Magog —Los sintios, cuyo territorio yacía al borde del Cáucaso".

Un brillante comentario judío de 1980 sobre *Daniel*, publicado por The ArtScroll Tanach Series, comenta sobre Magog en esta declaración: "Las diferentes tradiciones en lo que respecta a la identidad de Magog, quien en Génesis 10:2 es nombrado entre los hijos de Jafet, hijo de Noé, tienden a colocar la tierra de Magog en lo que actualmente es el suroeste de Rusia —la región Caucásica, la cual yace entre el Mar Negro y Caspio.... Esto va de acuerdo con *Yerushalmi Megillah* 3:9 el cual menciona a Magog como "los godos", un grupo de tribus nómadas que destruyeron a los sintios e hicieron sus casas en su territorio.... Nuestra identificación de Magog como Caucásia, la cual en algún tiempo estuvo habitada por los godos, se basa en la suposición de que la tierra de Magog recibe el nombre del hijo de Jafet". El comentario sobre *Daniel* menciona: "El rabino Chisdai Ibn Shaprut le escribió al rey Khazaria (un reino caucásico al sur de Rusia, quien se convirtió al judaísmo en el siglo ocho después de Cristo) en donde se dirigía al rey como 'príncipe de Mesec y Tubal'. Esta salutación, tomada de nuestro verso, indica que el Gaonim tenía la tradición que estos países estaban localizados realmente en Rusia". Este comentario grandemente aclamado concluye esta sección con una nota fascinante: "A la luz de esto uno puede comprender una tradición oral basada desde el Vilna Gaon, que cuando la Armada rusa pase a través de Bosporus (esto es, en el camino al Mediterráneo a través de las Dardanelos) será el momento de colocarse el atavío del Sabbath" (en anticipación a la venida del Mesías). Flavio Josefo, quien vivió en la época de San Pablo, escribió una historia definitiva del pueblo judío llamada *Antigüedades de los judíos*. El historiador Josefo identificó a Magog con estas palabras: "Magog fundó a aquellos que por él se llamaron magogitas, pero quienes son llamados sintios por los griegos" (páginas 30, 31).

Eruditos cristianos que identifican a Magog como Rusia

La sección del libro del doctor R. Young, *Young's Analytical Concordance of the Holy Bible*, al tratar sobre Magog habla sobre la antigua Sintia Tartaria, un nombre utilizado para describir al sur de Rusia durante los siglos pasados. El profesor Young dijo que el nombre "Gog" se derivaba de la frase que significaba una "montaña alta" y que la frase "Gog" de Ezequiel 38 se refiere al príncipe de Rosh, Mesec, Tubal y Tiras, en la antigua Sintia o Tartaria". Young también describió a "los descendientes de Magog y su tierra, llamada Sintia, en el norte de Asia y Europa". La obra de referencia con autoridad de 1973, *Eerdman's Handbook of the Bible*, llegó a la misma conclusión: "Magog, Mesec, Tubal y Gomer eran hijos de Jafet (el hijo de Noé). Le dieron su nombre a los pueblos indoeuropeos que viven en la región del Mar Negro y del Cáucaso, en la franja norte del mundo conocido de aquel entonces". *The Comprehensive Commentary of the Holy Bible*, editado por el doctor William Jenks, proveyó de una información fascinante con respecto a Magog: "Los judíos de sus días pensaban que 'Magog eran las naciones Sintias, vastas e innumerables, que están más allá del Monte Cáucaso y el Palus Mæotis, y cerca del mar Caspio, extendiéndose incluso sobre la India'".

El doctor Jenks cita a Bochart en la siguiente información: "El Corán, y un poeta cristiano de Siria (Efraín el sirio) antes de que el Corán fuese publicado, ambos aluden a una fábula sobre Alejandro acorralando a los bárbaros y a las naciones problemáticas, Gog y Magog, cerca del Polo Norte por un muro de hierro y de bronce. Los montes Sintios se extendían a partir de aquí (desde el río Araxes) hasta el Cáucaso, y aquellos de la planicie de Don, el mar de Azof, y el océano del Norte. Es creíble, que de las naciones Rosh y Mesec que habitaban cerca de Araxes descienden los rusos y los moscovitas".

El doctor John Gill, uno de los principales teólogos calvinistas del siglo dieciocho, escribió *A commentary on the Old Testament* en 1748 incluyendo sus comentarios fascinantes sobre la identificación de Magog: "Los países de Gog Y Magog, según los geógrafos árabes [*Geography Arabic* par. 9. clim 5. line 22], está rodeada por el monte Cáucaso, el cual según las conjeturas de Bochart [*Pha'eg. l.3.c.13.col.187*] tiene su nombre... Gog-hasan, o fortaleza de Gog. Esta tierra de Magog es la misma con Cathaia o Sintia.... Gog más adelante es descrito como el jefe principal de Mesec y Tubal: algunos dicen, príncipe de Rosh, Mesec y Tubal tomando Rosh, como el resto, como el nombre de su lugar, una parte de Sintia, de donde provienen los rusos, y tienen su nombre. Y así lo dice el septuaginto, Symmachus y Theodotion; y algunos escritores griegos posteriores [Zonaras, Cedrenus] hacen mención de un país llamado Ros, del cual dicen, es una nación Sintia, situada entre el Euxine Pontus (Mar Negro) y toda la costa marítima al norte de Taurus, un pueblo fiero y salvaje".

El doctor Dwight Pentecost es el autor de un excelente estudio de los principales temas de la profecía bíblica titulado *Things to come* (Eventos del porvenir). Durante los últimos años he tenido la oportunidad de discutir muchas cuestiones proféticas con el doctor Pentecost y siento un verdadero aprecio por su gran libro. En su libro cita al profesor erudito Bauman en la identificación de Magog de la forma siguiente: "La tierra de Magog se localizaba en, lo que se llama en la actualidad, el Cáucaso y las estepas adicionales. Y los tres, Rosh, Mesec y Tubal eran llamados por los antiguos, sintios. Vagaban como nómadas en el campo y al norte de los mares

Negro y Caspio, y fueron conocidos como los bárbaros más salvajes...."

Una de las herramientas más útiles de erudición que se ha empleado en la exégesis de las Escrituras es *Gesenius' Hebrew and Chaldee Lexicon*. Durante muchos años este libro ha sido referido por numerosos eruditos como una de las principales autoridades sobre el significado preciso de las palabras hebreas y caldeas que se encuentran en los manuscritos originales del Antiguo Testamento. Con respecto a Magog, él escribió: "Magog —PR.N. un hijo de Noé, Génesis 10:2; también de una región, y de un pueblo grande y poderoso al mismo tiempo, habitaba las áreas del norte, quienes en algún momento han de invadir la Tierra Santa, Ezequiel 38, 39. Debemos comprender las mismas naciones que los griegos incluían, bajo el nombre de Sintios (Josefo *Antigüedades de los judíos* 1.6.1)" además, el comentario de Gesenius sobre el nombre "Gog" lo describía como un "príncipe de la tierra de Magog... también de Rossi, Moschi y Tibareni, quienes han de venir con grandes fuerzas del extremo norte (38:15; 39:2), después del exilio (38:8,12) para invadir la Tierra Santa, y para perecer allí, como lo profetizó Ezequiel. Gesenius identificó el pasaje de Apocalipsis 20:8 como una referencia a una guerra final que involucraba a "Gog y Magog" al final del milenio. Sin embargo, él indica que esta guerra final es un acontecimiento completamente diferente: "Gog y Magog en Apocalipsis pertenecen a una época diferente a la que se hablaba en Ezequiel, así que es en vano señalar una discrepancia".

La interpretación literal de "Magog" por parte de Gesenius es un contraste con la interpretación alegórica de los eruditos modernos que tratan a Ezequiel 38, 39 como "literatura apocalíptica" que se refiere sólo a una guerra simbólica entre el bien y el mal. Gesenius identificó a Magog como un país real, al extremo norte de la Tierra Santa, que invadirá a Israel en el futuro, e identificó a la tierra con las "mismas naciones que los griegos incluían bajo el nombre de sintios". A la luz de los numerosos eruditos judíos y cristianos que identifican a Magog como a Sintia debemos responder una pregunta crítica: ¿Quiénes eran los sintios y qué territorio ocupaban?

El profesor G. Rawlinson escribió un estudio definitivo de las tribus e imperios antiguos que gobernaron el Medio Oriente el cual se llamó *Five Great Monarchies* [Cinco Grandes Monarquías]. La sección que trata con Asiria (capítulo 9) incluye esta nota al pie de la página: "La Sintia propia de Herodoto e Hipócrates se extendía desde el Danubio y los Carpathians por un lado, hasta el Tanias o Don por el otro". Las áreas descritas por el profesor Rawlinson que fueron gobernadas por los sintios se localizan al sur de Rusia y en las repúblicas sureñas de la Comunidad de Estados Independientes (la antigua URSS). He incluido un mapa que ilustra el área geográfica en la que gobernaban los sintios.

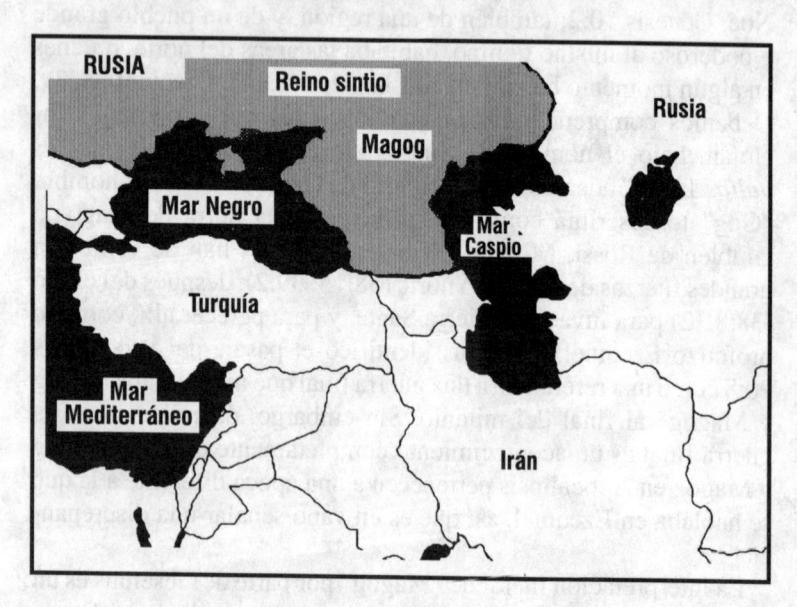

Localización de Sintia y Magog

El futuro asalto ruso-árabe

Las profecías de Ezequiel 38 y 39 nos dicen que Rusia (Magog) dirigirá una confederación de naciones en una gran invasión militar contra Israel durante los últimos días. La milagrosa derrota de Magog por la mano de Dios colocará la plataforma del levantamiento final del gobierno mundial del anticristo. De hecho, la derrota de Rusia y de sus aliados a través de la sobrenatural intervención de Dios preparará el camino para el levantamiento del anticristo sobre las diez naciones que surgirán dentro de los confines del antiguo imperio romano. Las profecías de Ezequiel describen un enorme poder militar en el extremo norte de Israel que dirigirá una gran alianza de naciones rusas, árabes, norteafricanas y del Medio Oriente en un gran asalto sobre Israel en un intento por destruir al Pueblo Escogido. Ezequiel le profetizó a "Gog", el líder de Rusia, lo siguiente: "Por tanto, oh hijo de hombre, profetiza y di a Gog que así ha dicho el Señor Jehová: 'En aquel día, cuando mi pueblo Israel habite confiadamente, ¿no lo sabrás tú? vendrás de tu lugar, de los confines del norte, tú y muchos pueblos contigo, todos a caballo, una gran multitud, un numeroso ejército. Y subirás contra mi pueblo Israel como nube para cubrir la tierra. Ocurrirá en los postreros días. Yo te traeré contra mi tierra para que las naciones me conozcan cuando yo muestre mi santidad en ti, oh Gog, ante su vista'" (Ezequiel 38:14-16).

A pesar de la gran fuerza militar del futuro asalto ruso-árabe, Israel saldrá victorioso porque el Señor intervendrá de una forma sobrenatural para salvar a Su Pueblo Escogido en el mayor momento de peligro. Después de mover sus tropas a las naciones que rodean a Israel, los ejércitos rusos y árabes se prepararán para invadir la Tierra Santa y derrotar a la nación judía. Sin embargo, Ezequiel nos advierte que el Señor desencadenará el terremoto más grande de la historia para destruir los ejércitos de los invasores. "Porque he hablado en mi celo, y en el fuego de mi ira: Que en aquel tiempo habrá gran temblor sobre la tierra de Israel... Y yo litigaré contra él con pestilencia y con sangre; y haré llover sobre él, sobre sus tropas y sobre los muchos pueblos que están con él, impetuosa lluvia, y piedras de granizo, fuego y azufre" (Ezequiel 38:19, 22).

Los soldados de Gog y Magog serán destruidos por un terremoto, plagas, granizo, fuego y azufre enviados por Dios. Además, el Señor afligirá a los ejércitos ruso-árabes con una locura que hará que cada soldado ataque a sus compañeros hasta que finalmente, ochenta y cinco por ciento del ejército invasor quedará muerto en las montañas que rodean a Israel. El número de los soldados muertos será tan grande que los profetas dicen que se necesitarán siete meses para enterrar a los muertos después de la devastante batalla. Esta Guerra de Gog y Magog eliminará la gran superpotencia militar de

Rusia y sus planes por derrotar a las democracias occidentales. Cuando Rusia se una a las naciones árabes para atacar a Israel, su motivo consciente será el de conquistar el territorio estratégico del Medio Oriente y tomar sus valiosas reservas petroleras. La milagrosa derrota de Rusia y sus aliados árabes alterarán drásticamente el balance geopolítico del poder. Cuando Rusia sea derrotada por el poder milagroso de Dios, la recién unida Unión Europea surgirá como el mayor poder económico, político y militar del planeta. Estos eventos centrales colocarán la plataforma para el surgimiento del nuevo superestado europeo y la emergencia de un nuevo líder que finalmente asuma el papel del anticristo, el último dictador del mundo que gobernará durante los últimos siete años que llevarán a la climática batalla del Armagedón.

CAPÍTULO OCHO

El papel de Israel en el futuro gobierno mundial

Y curan la herida de mi pueblo con liviandad diciendo: Paz, paz; y no hay paz.

Jeremías 6:14

El Medio Oriente tiene un inmenso valor estratégico, para cualquier super potencia que desee dominar al mundo. Esta área contiene sesenta y cinco por ciento de las reservas mundiales explotables de petróleo, y su localización vitalmente estratégica domina tanto el canal de Suez como el estrecho de Ormuz, controlando las vitales líneas de navegación. Por lo tanto, cualquier superpotencia con aspiraciones intentará conquistar el Medio Oriente y obtener las reservas petroleras que alimentan las sociedades industriales de Occidente y del Anillo del Pacífico, conquistando primeramente a Israel. Israel es la clave para el control militar del Medio Oriente, ya que ocupa la tierra vital que une a África, Europa y Asia. Con su bien motivado y muy bien entrenado ejército, su magnífica fuerza aérea y sofisticadas tácticas militares, Israel ha resistido a los enormes ejércitos árabes que lo han atacado en años recientes. Esta realidad geopolítica es obvia para todo estratega militar y político de Europa, Rusia y el lejano oriente. Según las antiguas profecías esta realidad geopolítica atraerá a los ejércitos de las superpotencias, para dirigir a sus grandes ejércitos en dos grandes invasiones de la Tierra Santa en los últimos años de esta generación. Las Escrituras nos dicen que los grandes ejércitos serán completamente destruidos por la mano de Dios. El profeta Ezequiel predijo que los ejércitos de Rusia y las naciones árabes atacarían primero a Israel, sin advertencia durante la guerra de Gog y Magog. Después de la sobrenatural destrucción de estos invasores, Israel trágicamente firmará un tratado de siete años con una nueva confederación de diez naciones, la surgida superpotencia de Europa, durante los últimos años que nos llevarán al regreso del Mesías. En vez de confiar en el poder del Señor que le salvó de los ejércitos ruso-árabes, los malignos líderes de Israel confiarán en un trozo de papel, que les promete la protección del resurgido imperio romano y de su nuevo líder, el anticristo. Los profetas del Antiguo Testamento y el libro de Apocalipsis predijeron que la final y cataclísmica batalla del Armagedón ocurriría al final de este período del tratado de siete años. Las masivas fuerzas militares de Oriente y Occidente unirán sus ejércitos al norte de Israel para la última batalla de esta era. La derrota sobrenatural de estos ejércitos al regreso del Mesías como Rey de reyes colocará la plataforma para que se establezca Su Reino Mesiánico.

Pláticas de paz árabe-israelíes — un preludio para la guerra

La nación de Israel se está acercando a un abismo, el cual según creen muchos amigos de los judíos, colocará a la nación ante el peligro de una derrota total y aniquilación en su próxima guerra contra los grandes ejércitos de las naciones árabes. Israel ahora enfrenta el mayor momento de peligro de sus cuarenta y seis años de historia moderna. Conforme el estado judío se aproxima a su mayor crisis es dirigida por dos hombres que han perdido el enfoque duro y militarmente realista que caracterizaba a sus líderes pasados. Tanto el primer ministro Yitzhak Rabin y Shimon Peres, están desesperados por un tratado de paz amplio y final, que demuestre la aceptación árabe del derecho legal del estado judío a existir en el Medio Oriente. En una época cuando Israel necesita un rey David resuelto a dirigirlos, la nación está siendo dirigida por líderes que ya no son capaces de rehusarse a las incansables demandas de concesiones por parte de los árabes. Sidney Hook, en su libro *The Hero in History* [El Héroe de la Historia], registra la sabia observación del emperador Napoleón sobre el valor supremo del liderazgo al determinar el resultado de una guerra: "Un ejército de conejos dirigidos por un león es mejor que un ejército de leones dirigidos por un conejo". Desafortunadamente, sus oponentes árabes cínicamente se dan cuenta de la desesperación actual de los líderes de Israel e intentan capitalizar sobre su débil resolución para enfrentar la larga batalla que yace por delante. El enfoque de la Organización para la Liberación de Palestina (OLP) es sencillo: "Promételes cualquier cosa y no les des nada". La historia de estas "negociaciones de paz" es una constante demanda árabe, las continuas concesiones judías, y ningún cambio en el odio imparable y el continuo terrorismo. Mientras tanto, los estados árabes continúan una sorprendente acumulación de ramas militares preparándose para la última Jidah, una "guerra santa" árabe para aniquilar al estado judío.

La desesperación por parte del actual liderazgo del Partido Laboral de Israel por obtener la "paz a cualquier precio" fue bien ilustrada en enero de 1995 cuando Mahmoud Abbas, director del equipo de negociaciones de la OLP que se reunía secretamente en Oslo, Noruega, sacó su nuevo libro llamado *The Road to Oslo* [El camino hacia Oslo]. Su libro contenía una sorprendente revelación que ha producido un importante escándalo político en Israel. Mahmoud Abbas ha alegado en su libro que, durante los meses anteriores a las elecciones israelíes de 1992 cuando el partido derechista Likud fue derrotado, los miembros de la oposición, el partido laboral, se reunió ilegalmente en numerosas ocasiones con los negociadores de la OLP. Mahmoud Abbas dijo que, durante estas reuniones ilegales y secretas, los oficiales del Partido Laboral, posiblemente, Yitzhak Rabin, animó a los líderes de la OLP para que rechazarán los ofrecimientos de paz del gobierno israelí dirigido por el Partido Likud. Dijo que se intentó una conspiración unida para influenciar las cercanas elecciones al motivar a los votantes judíos a que votaran por el Partido Laboral con la esperanza de que ellos pudieran obtener un acuerdo de paz en donde el Partido Likud había "fallado". Si en investigaciones posteriores se comprueba que esta alegación es correcta, probablemente llevará al colapso del gobierno laboral y a posibles juicios de traición para los políticos israelíes involucrados en el asunto.

Los prospectos de una paz duradera en el Medio Oriente son muy pocos. El problema es que incluso la entrega total de la franja occidental, Gaza y las Alturas de Golán no dejarán satisfechas las metas verdaderas de las naciones árabes ni de la OLP. Puesto que la verdadera meta árabe es la aniquilación de Israel, entregar esas porciones de tierra simplemente alterarán la situación estratégica masiva e irreversiblemente a favor de los árabes sin remover las causas escondidas que han motivado las últimas cuatro guerras contra Israel. Deberíamos recordar que las naciones árabes intentaron aniquilar al Estado judío en tres guerras —1948, 1956 y 1967, mucho antes de que los judíos ocuparan las franjas occidentales, Gaza y las Alturas de Golán. Obviamente, las motivaciones árabes para la guerra en contra de los judíos jamás quedarán satisfechas al simplemente entregar estos territorios ocupados a la OLP y a Siria. Estas entregas simplemente le permitirán a los árabes estar en una posición estratégica mejorada para lanzar la guerra final de aniquilación en contra de Israel a pesar de la actual euforia de paz, los vecinos árabes de Israel continuarán teniendo fuertes razones para lanzar una guerra futura contra el Estado judío mucho después que las pláticas de paz hayan terminado. A pesar de las negociaciones con la Casa Blanca, del Primer ministro Rabin, Israel no podrá depender de Occidente para su seguridad en el futuro.

El acuerdo secreto israelí-Vaticano — La venta de Jerusalén

Una increíble afirmación fue hecha recientemente por *Inside Israel*, una revista de noticias de Israel. En junio de 1994 informaron que fuentes gubernamentales habían revelado privadamente que Shimon Peres, el Ministro de Relaciones Exteriores de Israel, le ofreció al Papa Juan Pablo II y al Vaticano el control de la Ciudad Santa. Durante una entrevista con el periódico semanal israelí *Shishi*, Mark Halter, un escritor francés reveló que él entregó una carta de su amigo Peres al Papa en mayo de 1994 la cual contenía el ofrecimiento de Israel. Halter afirmó: "Peres ofreció entregar la soberanía de la Antigua Ciudad de Jerusalén al Vaticano.... Jerusalén continuará siendo la capital de Israel pero la antigua ciudad será administrada por el Vaticano. La ciudad tendrá un alcalde judío y otro palestino, pero ambos bajo las órdenes de la Santa Sede. El programa fue originalmente enviado al Vaticano por Peres hace dos años, justo antes de que empezaran las pláticas de Oslo". Según las fuentes de Israel y del Vaticano este plan también fue discutido con la OLP. Aparentemente, Yasser Araft había estado de acuerdo con el plan. En efecto, el plan pide la extraterritorialidad legal de la Antigua Ciudad en el mismo sentido que una embajada, en una capital extranjera, tiene una extraterritorialidad legal. Además, el aeropuerto de Aterot caería bajo el mismo estatus legal y se puede convertir en un punto importante de reunión en el Medio Oriente. la idea es que la única forma de asegurar la paz en la Ciudad Santa es permitir un poder "neutral", el Vaticano, que garantice la protección de los sitios religiosos de las tres religiones principales utilizando tropas de los mercenarios Guardias Suizos que actualmente guardan el Vaticano en Roma. La motivación de este sorprendente acuerdo es la enorme dificultad para que Israel o la OLP abandonen sus demandas de control sobre el área política y religiosa vital de la Antigua Ciudad amurallada y del Templo del Monte.

El periódico italiano *La Stampa*, una fuente con autoridad de los asuntos del Vaticano, el 10 de septiembre de 1993, confirmó este sorprendente plan unos días antes de que Arafat y Rabin firmaran su histórico acuerdo en los jardines de la Casa Blanca. Naturalmente, el Ministerio de Relaciones exteriores israelí ha negado públicamente la existencia de los planes. Sin embargo, oficiales del gobierno israelí admiten en privado que el plan existe y que es la verdadera posición política del gobierno laborista. Recuerden que Yitzhak Rabin primero negó la existencia de una carta secreta sobre un acuerdo con la OLP. Más tarde, cuando Arafat reveló públicamente la carta, Rabin se vio obligado a admitir que había firmado el acuerdo. Similarmente, a pesar de la negación pública inicial, el gobierno laboral de Rabin ha ingresado a un sorprendente acuerdo con el Vaticano que le cederá la tierra más sagrada de Israel al Vaticano, una institución que no ha mostrado otra cosa sino odio y enojo contra los judíos durante siglos. Este mismo Vaticano se ha rehusado durante más de cuarenta y cinco años a reconocer a Israel como una nación en su cínico deseo de buscar el beneplácito de los enemigos árabes de Israel. Increíblemente, el plan pide que la Ciudad Antigua de Jerusalén se convierta en un segundo "Vaticano", con los sitios santos de las tres religiones principales dentro de la Antigua Ciudad bajo la protección y autoridad del Papa. El plan pide un estado palestino que se desarrolle como una confederación con el reino de Jordán. Por supuesto, el resultado más probablede tal plan es que la OLP finalmente eche fuera las fuerzas del rey Hussein para gobernar el engrandecido estado Palestino-Jordán.

Significativamente, en conexión con este plan, Faisal El Husseini, el jefe negociador de la OLP en lo que se refiere a Jerusalén, reveló que Rabin había accedido secretamente a que habrá una congelación de las casas judías dentro de Jerusalén. A pesar de la negación por parte del gobierno, muy pocas construcciones de barrios judíos se han permitido en los últimos doce meses. Los conceptos piden que la Antigua Ciudad amurallada se convierta en la nueva capital religiosa del nuevo estado palestino. Sin embargo, la capital administrativa y política de Palestina se localizaría en Nablus en las franjas occidentales. Estas fuentes declaran que a Yasser Arafat se le permitirá visitar libremente el Monte del Templo cuando él quiera. Aparentemente a Arafat se le prometió que el Monte del Templo será independiente del control israelí. El gobierno laboral de Israel es el gobierno más antirreligioso de los últimos cuarenta y cinco años. El desprecio hacia la promesa que Dios le hizo a Abraham de darle una Tierra Santa a su posteridad ha motivado a los líderes actuales de Israel para que secretamente hagan acuerdos con sus enemigos sobre las áreas vitales y estratégicas de los Altos del Golán, Gaza y las franjas occidentales. Nuevas encuestas indican que más del setenta por ciento de los ciudadanos judíos de Israel han perdido la confianza en los líderes del actual gobierno y en el estado de las actuales pláticas de paz.

El balance de poder militar

Después de entregar el territorio vital y estratégico de la franja occidental, Gaza y las Alturas de Golán a sus enemigos en los próximos dos años, la seguridad de Israel dependerá sobre el relativo balance del poder militar entre los estados judío y árabe. Un informe fascinante y que preocupa llamado *El imperativo nuclear de Israel*, realizado por el *Islamic Affairs Analyst* en abril de 1994, provee un excelente resumen del relativo balance del poder militar entre las fuerzas disponibles para las naciones árabes y para la nación de Israel. Además, el estudio examinó el creciente peligro de una guerra de todos en el Medio Oriente. Los estados árabes clave que rodean las fronteras de Israel son Egipto, Siria,

Líbano y Jordán. Israel es una nación muy pequeña, casi del mismo tamaño que el estado de Rhode Island en los Estados Unidos, con únicamente cinco millones de ciudadanos. Está rodeado por veintiún naciones árabes cuya área de tierra es quinientas veces más grande que Israel. Las naciones árabes tienen una población de doscientos millones de árabes y poseen sesenta y cinco por ciento del petróleo del mundo. Israel tiene 172.000 soldados en su ejército permanente y con otros 430.000 reservas civiles que pueden ser movilizados en cuarenta y ocho horas. La cantidad total de hombres disponibles en Israel suman 602.000 hombres y mujeres. El informe 1994/95 del Instituto Internacional de Estudios Estratégicos (IISS, por sus siglas en inglés) calcula que Israel puede movilizar 3.895 tanques y 478 aviones de combate en caso de guerra.

Mientras tanto, según el informe de la IISS, los estados árabes de Siria, Líbano, Egipto y Jordania tienen 1.679.900 soldados (incluyendo a las reservas), 9.175 tanques y 1.247 aviones de combate. Al añadir un segundo círculo de estados árabes que rodean a Israel; Arabia Saudita, Iraq, Yemen y Libia, Israel enfrenta a 1.454.000 soldados más, 6.460 tanques más y 1.124 aviones de combate más. Entonces, debemos añadir otro 1.019.750 soldados, 2.389 tanques y 659 aviones de combate de los seis estados del Golfo, las tres naciones musulmanas de África Oriental y los cuatro estados árabes del Norte de África. Cuando los estrategas militares de Israel sumen el total de las fuerzas árabes que enfrenta Israel llegarán al número de 4.153.650 soldados árabes armados, 18.024 tanques principales de batalla y 3.030 aviones de combate. Además, Israel enfrenta a un enemigo decidido en Irán. El ejército de Irán tiene 86.000 soldados, 1.245 tanques y 295 aviones. Obviamente, una invasión futura no involucraría a los ejércitos completos de cada nación árabe. Sin embargo, Israel debe tomar en cuenta la sorprendente desventaja estratégica y táctica que enfrenta en cualquier conflicto futuro. También, durante una futura guerra árabe-israelí, cualquier intento de Occidente por suplir a Israel con armas u hombres, enfrentaría la amenaza de los enormes ejércitos árabes y de las poderosas armas dirigidas en contra del Estado judío. En las guerras pasadas todos los aliados árabes de Occidente y muchas naciones europeas de la OTAN se rehusaron permitirle a los Estados Unidos cargar combustible para sus aviones, o incluso sobrevolar su territorio en su esfuerzo por suplir de armas y municiones al Estado judío.

La historia revela que la indicación más segura, de la amenaza futura de un adversario proviene de un análisis objetivo de la capacidad militar de esa nación. Los generales de Israel deben considerar cuidadosamente el verdadero motivo, detrás de la gran acumulación de armas por parte de los estados árabes al mismo tiempo que hablan de paz. Por ejemplo, Egipto firmó el tratado de paz con Israel en Campo David en 1979. Sin embargo, a pesar de su gran pobreza, durante los últimos quince años desde el tratado de Campo David, Egipto ha duplicado el número de sus tanques de batalla de mil seiscientos a tres mil trescientos. Egipto también incrementó dramáticamente la calidad de su fuerza aérea, a través de su conversión a aviones caza americanos y franceses. El ejército egipcio ha comprado dos mil cuatrocientas armas antitanques, las cuales serían aniquiladoras contra los tanques de Israel en cualquier conflicto futuro. Esta gran actualización de la capacidad militar de Egipto, desde el acuerdo de Campo David fue pagado con $30 billones de ayuda americana civil y militar. Significativamente, Egipto no tiene ningún otro enemigo aparte de Israel. ¿Por qué gastaría Egipto masivamente en sus fuerzas militares si realmente quisiera la paz con Israel? La respuesta es clara. Egipto y sus aliados árabes se están preparando para la próxima guerra de aniquilación en contra de Israel, mientras obtienen todas las ventajas posibles en las pláticas de paz para reducir la profunda estrategia de Israel.

Siria ha incrementado sus fuerzas armadas a más de 800.000 tropas, 4.500 tanques de batalla y 951 aviones de combate y bombarderos. Recientemente, Yeltsin canceló $10 billones de dólares de deuda por armamento con Rusia, y su milicia está actualizando rápidamente la defensa aérea de Siria. Arabia Saudita ha gastado $250 billones de dólares en la última década en armas de alta tecnología. Aunque Irán está lejos de Israel, sus líderes islámicos están completamente decididos a borrar del mapa del Medio Oriente al Estado judío. Con más de 850.000 soldados, 1.200 tanques y 295 aviones, Irán jugará un papel clave en cualquier conflicto futuro.

La amenaza de Israel por parte de los misiles balísticos

Además de la gama de armas convencionales árabes y de sus enormes ejércitos, la enorme riqueza petrolera de los estados islámicos les ha permitido comprar cantidades enormes de mortíferos misiles balísticos. Los medios de información afirmaron que los antimisiles americanos "Patriot" exitosamente derribaron la mayoría de los misiles "Scud" de Iraq durante la Guerra del Golfo. La verdad es que la mayoría de los misiles fueron destruidos para que no causaran daño. No existe una defensa antimisiles eficaz en contra de los misiles balísticos. Una muy prometedora tecnología de la "Guerra de las Estrellas" fue desarrollada en los laboratorios de la defensa norteamericana en los años 1980. Sin embargo, esta avanzada defensa antimisiles jamás se produjo debido a la decisión del Congreso de los Estados Unidos de aniquilar la Iniciativa de Defensa Estratégica del presidente Reagan. Todos los vecinos de Israel han adquirido misiles balísticos que pueden causar una lluvia mortífera de destrucción sobre las bases militares de Israel y sobre sus ciudades desprotegidas. El nuevo misil Tammus I de Iraq tiene un alcance de casi dos mil kilómetros permitiéndole atacar cualquier área de Israel que desee. El devastador efecto en la moral de los civiles de Israel durante el ataque de la Guerra del Golfo por sólo treinta y nueve misiles "Scud" le demostró a los enemigos de Israel que estos misiles balísticos son las armas a elegir durante la próxima guerra. Siria ha adquirido cientos de misiles SS-21 y los nuevos misiles SCUD-C capaces de transportar cabezas convencionales, químicas o biológicas. Irán fue forzado a ir a la mesa de negociaciones durante la guerra Irán-Iraq conforme sus ciudades sufrían el asalto constante de misiles balísticos de Iraq en "la Guerra de las Ciudades". Habiendo aprendido una lección amarga, Irán ha gastado grandes sumas en los últimos cinco años para comprar nuevos misiles SCUD-C y Nodong-1 de Corea del Norte. Además, Iraq, Libia y Egipto han adquirido numerosos misiles balísticos en los últimos cinco años.

La amenaza de armas químicas y biológicas

Egipto, Siria, Iraq, Irán y Libia han desarrollado avanzadas armas químicas y biológicas que podrían devastar la población de

Israel. Según las agencias de inteligencia israelíes y occidentales, la mayoría de las actuales armas químicas árabes son variantes del gas de mostaza y gas nervioso. Alguna de estas armas pueden aniquilar en cuestión de segundos. La mayor parte del inventario de las armas militares químicas de Iraq fueron destruidas por los inspectores de la ONU después de la Guerra del Golfo. A pesar del hecho que Iraq había escondido con éxito todo su programa de armas químico-biológicas de los servicios de inteligencia occidentales antes de la guerra, los inspectores descubrieron más de cincuenta mil cabezas llenas de armas químicas y listas para ser disparadas. Además de las cincuenta cabezas cargadas en misiles SCUD, los inspectores destruyeron más de doce mil balas de artillería de 155mm llenas de gas de mostaza y diez mil cabezas de cohetes llenas con el mortífero gas nervioso que mata en cuestión de segundos. Tres toneladas de gas de mostaza iraquí y de gas nervioso estaban listas para ser colocadas en cabezas de misiles cuando terminó la Guerra del Golfo. Aunque los inspectores de la ONU destruyeron un gran porcentaje de las armas químicas de Iraq, recientes detectores en Iraq confirman que se han producido numerosas armas químicas y biológicas nuevamente. Libia lleva la delantera con su producción de armas químicas y biológicas en nuevas plantas de Tarhuna, cerca de Trípoli, y en Sheba, hacia el sur. Mientras tanto, Siria, el peor enemigo de Israel, ha almacenado decenas de miles de armas químicas y biológicas incluyendo gas de mostaza, anthrax y bombas de gas nervioso sarin para sus bombarderos MIG-23. Siria ahora produce cientos de toneladas de gas nervioso anualmente.

Las armas químicas y biológicas son ilegales según el tratado internacional. Sin embargo, fuentes de inteligencia confirman que los estados árabes están desarrollando sofisticadas armas biológicas que modifican los microorganismos existentes y las enfermedades para convertirlas en aun más mortíferas. La Organización Mundial de la Salud terminó un estudio en 1970 el cual reveló que un ataque a una ciudad típica de cinco millones, en occidente, con un arma biológica de anthrax, mataría a más de 100.000 víctimas, además de causar 150.000 incapacitados. El informe advirtió que un ataque que utilizara botulismo para infectar el agua de una pequeña ciudad con 50.000 personas, mataría a más del sesenta por ciento de la población.

La futura guerra termonuclear en el Medio Oriente

Los estrategas militares de Israel ahora deben enfrentar la creciente certeza, de que algunos de sus enemigos árabes pronto adquirirán armas nucleares. Informes de la inteligencia alemana, confirman que Iraq compró cuatro armas nucleares de la Kazakhstan islámica en 1992. Los agentes de la inteligencia iraní adquirieron dos cabezas nucleares rusas de cuarenta kilotones, que fueron diseñadas para ser utilizadas con misiles balísticos. Además, los agentes iraníes compraron una bomba nuclear diseñada para ser lanzada de un bombardero, y una bala nuclear de artillería. Con la ayuda de varias compañías alemanas de alta tecnología, Irán ha modificado en la actualidad, y con éxito, estas cabezas nucleares para permitir que sean lanzadas en contra de ciudades israelitas, utilizando sus nuevos misiles balísticos modificados SCUD-C, de alcance más largo. Nuevos misiles avanzados de mayor alcance han sido añadidos al arsenal de Iraq, Irán y Libia. La Guerra del Golfo en 1991 demostró que los misiles SCUD pueden llegar hasta Tel Aviv desde Bagdad. La inteligencia de Israel informa que Iraq estaba a seis meses de producir sus propias armas nucleares, cuando la Guerra del Golfo interrumpió sus planes sofisticados. Sin embargo, Iraq aún tiene más de setenta mil científicos nucleares, bien entrenados y sigue decidido a desarrollar su propia bomba nuclear. Un informe reciente en el *Islamic Affairs Analyst* reveló que agentes de la inteligencia iraquí, han adquirido de occidente más de sesenta mil documentos científicos relacionados con las armas nucleares, antes de la Guerra del Golfo en 1991. Increíblemente, un antiguo diplomático de Arabia Saudita, Mohammed al-Khilewi reveló en un informe de julio de 1994 que su país le había provisto de casi $10 billones de dólares a Pakistán e Iraq para ayudar a sus programas de armas nucleares. El plan era que Arabia Saudita recibiera varias armas nucleares a cambio de sus fondos para sus aliados, una vez que produjeran con éxito una cierta cantidad de cabezas nucleares. Además de su intento por construir sus propias armas nucleares, los servicios de inteligencia árabes ahora intentan comprar algunas de las más de cuarenta y cinco mil armas nucleares producidas por la antigua Unión Soviética.

El desafío nuclear de Israel

Mientras Israel negocia para replegarse a las fronteras que tenía antes de 1967, está cediendo la ventaja militar más importante que posee en su larga lucha de vida o muerte con los estados árabes que le rodean. A la luz de los grandes ejércitos árabes convencionales que enfrentan a unas fuerzas israelitas menores, y el peligro real de que los estados árabes utilicen sus armas químicas, biológicas y nucleares en una invasión futura, Israel necesita desesperadamente retener la profundidad estratégica provista por su control militar de las Alturas de Golán y las franjas occidentales. Como lo compartí en mi libro anterior, *Mesías - La guerra en el Medio Oriente*, las altas cadenas montañosas de las franjas occidentales, el territorio bíblico de Judea y Samaria, son un gran obstáculo militar que enfrentan los ejércitos árabes. Actualmente, los ejércitos invasores de Irán, Iraq, Siria y Jordán deben cruzar el valle del río Jordán, el lugar más bajo de la tierra antes de poder empezar a subir por las montañas de las franjas occidentales en su camino hacia Tel Aviv, Existen sólo cinco pasos a través de estas montañas que permitirían a los tanques árabes y a la infantería llegar y empezar a atacar los principales centros de población judía a lo largo de la costa mediterránea. Más del ochenta por ciento de la población de Israel vive en la planicie costera que rodea a Tel Aviv. Como lo ilustra el mapa, una vez que Israel le entregue a la OLP las franjas occidentales, el restante territorio israelita sólo tiene quince kilómetros de ancho por el centro. No hay espacio para que maniobren sus divisiones de ejército y tanques. Además, no existen defensas naturales a lo largo de la plana línea costera. Si los ejércitos árabes a una vez llegan a través de los pasos de las montañas del las franjas occidentales, la población judía de Israel sería aniquilada en cuestión de días, o en cuestión de horas. En tal escenario, la única opción que le resta a los comandantes del ejército israelí sería el desatar un devastante ataque nuclear tanto contra los ejércitos árabes invasores como contra las capitales árabes. Obviamente, tal contraataque simplemente no salvaría a la población de Israel de un holocausto final, en cuanto los árabes lanzaran una devastante lluvia de miles de misiles que contengan cabezas químicas y biológicas. Cuando reaccionaran las naciones occidentales, sería demasiado tarde. La terrible situación se asemejaría a Ruanda o Dunkerque con barcos occidentales, intentando evacuar a los refugiados que sobrevivieran mientras que la mayor parte de la población judía ya habría sido asesinada por los ejércitos invasores.

La misma situación estratégica prevalece en el norte conforme el ministro Yitzhak Rabin se prepara para entregar el lugar estratégico y vital de los Altos de Golán a Siria, el implacable enemigo de Israel. En la actualidad, los tanques israelitas están asentados en los Altos del Golán, a tan sólo 32 kilómetros de la capital siria de Damasco. Cualquier ataque sirio puede ser fácilmente repelido y los tanques de Israel pueden amenazar a Damasco con una inmediata represalia. Los actuales puestos de vigilancia de Israel en la cumbre del Monte Hermón y en las Alturas de Golán les permite observar cualquier sospechosa actividad militar Siria mucho antes de que puedan lanzar un ataque sorpresa sobre el estado judío. Sin embargo, el gobierno laboral de Israel está planeando entregar este vital y estratégico corredor del Golán al enemigo sirio a pesar del hecho que Siria ha utilizando las Alturas de Golán para atacar al estado judío en tres ocasiones en las últimas cuatro décadas. Siria es un estado musulmán gobernado por una brutal dictadura militar que virtualmente ha roto todo acuerdo que ha negociado. Su población y ejército islámico están completamente comprometidos con la destrucción de Israel. La entrega del territorio vital y estratégico de las Alturas de Golán no eliminarán ni siquiera un poco la motivación fundamental de Siria, la destrucción de Israel. Simplemente animará a Siria para que crea que puede utilizar finalmente la tremenda ventaja militar que significa el control sirio de las Alturas de Golán para lanzar un exitoso y final ataque sobre Israel.

El falso sentido de contentamiento y la creencia de que la paz ha llegado finalmente ha hecho que los líderes actuales de Israel experimenten unos sentimientos de seguridad que están garantizados. Mientras tanto, la seguridad militar de Israel continúa deteriorándose mes tras mes. Conforme el ejército israelita se retira de Gaza y de las franjas occidentales sus fuerzas de seguridad son incapaces de persuadir con eficacia a los terroristas árabes, ni pueden interceptar las amenazas terroristas dentro de las áreas palestinas controladas. Mientras tanto, las nuevas "fuerzas policías" de Palestina, compuestas por antiguos terroristas, son incapaces y no están dispuestas a detener nuevos ataques terroristas sobre blancos israelitas. Aunque sólo están autorizados 14.000 miembros en la policía palestina por parte del tratado de Oslo, Yasser Arafat ha creado una fuerza policiaca de más de 30.000 "antiguos" terroristas para que refuercen sus normas dictatoriales.

El terrible dilema nuclear de Israel

Las mayores amenazas militares por parte de Siria, Iraq, Egipto e Irán provienen de sus enormes ejércitos, grandes y sofisticadas fuerzas aéreas, nuevas capacidades de misiles balísticos, armas químicas y biológicas, y ahora, las armas nucleares. Además, estos estados son patrocinadores activos del terrorismo continuo en Líbano, Israel y Palestina. Cuando las franjas occidentales (Judea-Samaria) se conviertan en el estado árabe independiente de Palestina en los próximos dos años, Israel puede darse cuenta de que necesita virtualmente hacerse de armas nucleares durante su próxima acumulación militar para la guerra. El dilema de Israel será si debe lanzar o no un ataque nuclear contra las fuerzas árabes, no convencionales, biológicas, químicas y nucleares que se han movilizado para invadir su territorio. Si los generales de Israel llegan a la conclusión de que un ataque árabe convencional y no convencional es inminente, su inseguridad estratégica después de entregar las franjas occidentales y los Altos del Golán forzarán a sus líderes a tomar la terrible decisión. ¿Cuándo debería utilizar Israel sus armas nucleares como último recurso? ¿Debería esperar Israel hasta que los árabes lancen su amplio alcance de armas químicas, biológicas y nucleares sobre Tel Aviv y otras ciudades judías? ¿Deberían de esperar hasta que los ejércitos árabes entren por las ciudades de Jerusalén y de Tel Aviv y maten a las mujeres y niños judíos? O, ¿debería Israel lanzar estas armas nucleares en el momento en que sus agencias de inteligencia confirmen que los estados árabes están a punto de lanzar su ataque?

Idealmente, la teoría de la prevención sugiere que las armas nucleares de Israel deberían evitar que los árabes lancen un ataque sobre éste. Sin embargo, esa es la teoría, pero la realidad en el Medio Oriente es muy diferente. Los árabes han atacado recientemente a Israel en dos ocasiones, una en la Guerra de los Seis Días en 1967 y nuevamente en 1973 en la Guerra de la Propiciación, a pesar del hecho que ellos sabían con seguridad que el estado judío poseía numerosas armas nucleares. Otra gran preocupación de los planeadores estrategas de Israel es que las naciones islámicas árabes tienen una filosofía religiosa fatalística que les promete que irán al paraíso si destruyen a los judíos y a los infieles, incluso si eso inicia la destrucción de su propia nación. Fuimos testigos de esta actitud fatalista cada mes con las acciones de las bombas suicidas de los Hamas islámicos que con alegría se "vuelan" a sí mismos y víctimas judías inocentes con la esperanza de ir a un maravillo paraíso por su crimen terrorista. Si Israel llega a la conclusión de que los árabes están preparados para lanzar un ataque químico, biológico o nuclear a pesar de la seguridad del devastado contraataque nuclear de Israel, entonces su plan de prevención nuclear habrá fallado. Trágicamente, siguiendo la mortífera lógica de guerra del Medio Oriente, cuando los generales de Israel lleguen a la conclusión de que la naciones árabes van a lanzar una gran invasión a pesar de la certeza de un contraataque nuclear por parte de Israel, un inmediato ataque nuclear sobre los ejércitos y armas químicas, biológicas y nucleares se convertirá en algo lógico y necesario.

En ese momento las únicas interrogantes que quedan se resolverán con respecto al momento y los blancos de estas armas. Los ataques nucleares de Israel incluirán el uso de armas nucleares dirigidas en contra de las bases militares árabes en el ataque inicial. Israel ha producido cientos de cabezas nucleares sofisticadas con muy poco producto que son clasificadas como micro-nukes con una producción equivalente a diez toneladas de TNT. Las pequeñas armas tácticas y nucleares están diseñadas para destruir un blanco militar sin devastar a la población civil que le rodea. Una especie de cabezas más grandes son llamadas mini-nukes con una producción de cerca de cien toneladas de TNT, y los pequeños-nukes con una producción igual a mil toneladas de TNT. Israel puede enviar la explosión de un micro-nuke como un misil que penetre en la tierra (EPW, por sus siglas en inglés) para destruir los cuarteles de mando subterráneos del enemigo. Tales micro-nukes disparados por bombarderos o misiles también pueden destruir el aeropuerto del enemigo. Los científicos israelitas están desarrollando misiles tácticos Arrow antibalísticos con cabezas mini-nuke que pueden, y se espera, destruir cabezas balísticas en vuelo provenientes del enemigo. La explosión de los actuales misiles norteamericanos Patriot sencillamente desvían del blanco a un misil balístico SCUD. Sin embargo, si la cabeza es química, biológica o nuclear el sólo desviarlo no proporcionará la protección deseada. Estos misiles nucleares, biológicos y químicos deben ser destruidos en el aire tan lejos de los blanco como sea posible.

El ejército israelí puede utilizar cabezas pequeñas-nuke con el equivalente a mil TNT en contra de las unidades armadas árabes de artillería e infantería. Estas pequeñas cabezas nucleares son verdaderas armas del campo de batalla, opuestas a las superpoderosas armas nucleares que son diseñadas para destruir ciudades. Estos pequeños-nukes serían utilizados en ataques con misiles de precisión en contra de las unidades del ejército enemigo con un radio letal de 450 metros en contra de tanques y tropas. Estas cabezas nucleares tácticas pueden ser disparadas a la división de un ejército enemigo que se encuentre a un kilómetro y medio de distancia y sus propias tropas sobrevivirían. Cuando esas armas tácticas son explotadas en el aire casi no se produce una radioactividad. Israel ha desarrollado recientemente las bombas de neutrón más sofisticadas del mundo que matan a todas criatura con vida, dentro de un alcance que va de un kilómetro y medio a tres kilómetros pero deja todos los edificios intactos. Se han diseñado especialmente para atacar formaciones de tanques de ataque que vengan sobre Israel o para atacar los cuarteles centrales árabes que a menudo se esconden por debajo de las áreas civiles de las ciudades capitales. Con estas cabezas de neutrón tan exactas, Israel puede destruir un ejército invasor de tanques o los cuarteles centrales de un ejército debajo de un bloque de la ciudad de Damasco o de Bagdad sin matar a los árabes civiles que se encuentran a una calle de distancia. El profeta Zacarías describió los efectos de la ira de Dios que sería derramada sobre los ejércitos del anticristo cuando sean derrotados al regreso de Jesucristo después de la batalla del Armagedón. "Y esta será la plaga con que herirá Jehová a todos los pueblos que pelearon contra Jerusalén: la carne de ellos se corromperá estando ellos sobre sus pies, y se consumirán en las cuencas sus ojos, y la lengua se les derretirá en su boca" (Zacarías 14:12). Una bomba de neutrón destruirá a un soldado con intensos rayos gama, los cuales hacen que su cuerpo brille mostrando su esqueleto a través de la carne durante un segundo antes que la carne literalmente se derrita conforme permanece transfigurado por la explosión invisible de rayos gamma. Un segundo después, el soldado muerto caerá a tierra.

La trágica historia de cuatro mil años de continua guerra en el Medio Oriente sugiere que una paz duradera no es probable hasta que el Mesías venga a cambiar el corazón de los hombres para siempre. El informe fascinante: "El Imperativo Nuclear de Israel" en el *Islamic Affairs Analyst* advirtió: Israel "debe abandonar la ilusión de que el Tercer Templo sea para siempre y que el genocidio es un fenómeno del pasado". Hablando sobre el papel esencial de las armas nucleares de Israel, el informe advirtió: "Su propósito esencial es proteger a Israel de un ataque con una prevención creíble, cuando sea necesario, y por medio de una capacidad para pelear en la guerra. 'En un tiempo oscuro', dice el poeta Theodore Roethke, 'los ojos empiezan a ver'. Dentro de esta observación irónica hay una lección vital para Israel: No te confíes en la complacencia por las promesas de una paz y cooperación regional.... Más bien, ten valor y toma consejo del prospecto y prolongado conflicto, de la lúgubre 'oscuridad' con la que ciertamente es más difícil vivir pero ilumina el único camino razonable de Israel hacia la verdadera seguridad.

La futura invasión ruso-árabe a Israel

En la profecía de Ezequiel (capítulo 38) leemos que la invasión del norte vendrá en un momento cuando los judíos estén esperando la paz. Durante cuarenta y cinco años el estado judío ha vivido como un campamento armado rodeado de enemigos implacables con enormes ejércitos listos para atacar en cualquier momento. Sin embargo, como resultado de la falsa paz que se ofrece a los judíos, la Biblia predice que "todos habitarán falsamente" creyendo que la verdadera paz ha llegado. Desafortunadamente, la realidad es que los ejércitos ruso-árabes se están preparando para el asalto final de Israel. "De aquí a muchos días serás visitado; al cabo de años vendrás a la tierra salvada de la espada, recogida de muchos pueblos, a los montes de Israel, que siempre fueron una desolación; mas fue sacada de las naciones, y todos ellos morarán confiadamente" (Ezequiel 38:8). Las palabras del profeta confirman la

Mapa de la invasión Árabe-Rusa a Israel

expectativa de paz de Israel cuando ocurra la invasión repentina. Después el profeta se dirige al líder de la fuerzas de invasión ruso-árabes: "y dirás: Subiré contra una tierra indefensa, iré contra gentes tranquilas que habitan confiadamente; todas ellas habitan sin muros, y no tienen cerrojos ni puertas" (Ezequiel 38:11).

El propósito de Dios al destruir a Gog y a Magog

La futura invasión de Israel será breve conforme Dios intervenga en el momento en que Israel enfrente el desastre total. "En aquel tiempo, cuando venga Gog contra la tierra de Israel, dijo Jehová el Señor, subirá mi ira y mi enojo. Porque he hablado en mi celo, y en el fuego de mi ira: Que en aquel tiempo habrá gran temblor sobre la tierra de Israel" (Ezequiel 38:18-19). ¿Por qué intervendrá el Señor para destruir los ejércitos invasores rusos y árabes? Durante más de siete décadas, desde 1917, Rusia ha matado a millones de cristianos y de judíos en campos de concentración, hambres obligadas, escuadrones de fusilamiento y genocidio planeado. Los cálculos suben a veinte millones de cristianos y hasta cinco millones de judíos que han perecido durante este siglo como resultado de los ataques de Rusia a los siervos de Dios. El Señor finalmente ejecutará Su venganza sobre aquellos que intentaron destruir a Sus hijos. Sin embargo, la razón más importante para que Dios intervenga como nunca antes en la historia se encuentra en estas palabras de Ezequiel: "Y seré engrandecido y santificado, y seré conocido ante los ojos de muchas naciones; y sabrán que yo soy Jehová" (Ezequiel 38:23). El Señor demostrará Su gran poder conforme salve a Israel, probándole a todo el planeta que Él es el Dios de Israel. Esta milagrosa demostración preparará el corazón y la mente de muchos para la increíble lucha entre Cristo y el anticristo que está por delante. Además de revelar el gran poder de Dios a las naciones gentiles, el Señor también se revelará a Sí Mismo a Su Pueblo escogido de Israel. "Y haré notorio mi santo nombre en medio de mi pueblo Israel, y nunca más dejaré profanar mi santo nombre; y sabrán las naciones que yo soy Jehová, el Santo en Israel" (Ezequiel 39:7).

El Pacto Nacional Palestino

La Organización para la Liberación de Palestina creó el Pacto Nacional Palestino en 1974 para definir su posición oficial y sus metas. Como parte de las negociaciones secretas de paz en Oslo, Noruega, Yasser Arafat y los negociadores palestinos estuvieron de acuerdo, por escrito, en que inmediatamente reunirían a la Asamblea Nacional Palestina y quitarían las cláusulas del pacto de la OLP que pedían la destrucción de Israel y la guerra interminable con los judíos. Este compromiso por parte de la OLP fue fundamental para este acuerdo de paz porque sería una locura negociar con un grupo que oficialmente pidiera tu muerte y destrucción personal. Sin embargo, a pesar de los dieciocho meses desde la firma del primer acuerdo, la OLP y Yasser Arafat ahora se rehúsan categóricamente a cambiar el Pacto Nacional Palestino. Para comprender la importancia de su negación, necesitamos comprender el texto del documento que gobierna a la organización palestina. Aunque muchos cristianos han escuchado del pacto, la mayoría jamás a leído las palabras textuales. Más del cincuenta por ciento de las treinta y tres cláusulas en el pacto declaran o implican que Israel no tiene derecho a existir como nación. Otras cláusulas piden que se continúe con el conflicto armado. Significativamente el pacto sólo reconoce a aquellos judíos que han vivido en Palestina antes de la llamada "invasión Sionista de 1948" como legítimos cohabitantes que tienen el derecho a compartir la tierra. El pacto demanda que todos los demás judíos salgan de Palestina o serán asesinados.

El artículo 2 del pacto define a Palestina como una unidad de territorio indivisible que incluyen a todo Israel, las franjas occidentales, Gaza y Jordán, dentro de las fronteras originales de 1948 por el Mandato Británico. Esto significa que ellos no creen que un estado "judío" tenga el derecho de existir ni en un solo kilómetro de territorio que esté al lado de un estado árabe palestino. Simplemente es una proposición de "todo o nada". El artículo tres garantiza el derecho legítimo a la tierra de los pueblos árabes palestinos, pero no provee de tales derechos para los judíos. En el artículo 7 el pacto declara que es esencial que cada palestino sea provisto de una educación árabe revolucionaria para prepararlos para el conflicto armado con los judíos. A todas las instituciones educativas árabes se les pide que trabajen hacia esa meta. Además, el pacto demanda que cada árabe debe sacrificar sus posesiones materiales, y su misma vida hasta que se logre la liberación final de Palestina de los judíos. El pacto de la OLP declara en el artículo 9 que el conflicto armado es la única forma de liberar a Palestina. Por lo tanto se declara que el conflicto armado sea "estratégico y no táctico". El artículo 10 demanda que las acciones terroristas se eleven y se extiendan hasta que se logre el éxito final. Los creadores del pacto declaran en el artículo 13 que la unidad árabe llevará inevitablemente a la liberación final de Palestina mientras que la liberación de Palestina apoyará la causa de la unidad árabe. Piensan que son inseparables. El pacto (Artículo 14) declara que el destino del mundo árabe depende del éxito de los palestinos mientras que el Artículo 15 pide que todos los árabes tomen el deber de repeler la invasión de los "imperialistas" sionistas. Además, el carácter pide que todos los árabes se unan al conflicto para "liquidar las presiones sionistas en Palestina". Finalmente, el Artículo 19 rechaza la partición de Palestina de 1947 como algo fundamentalmente ilegal, mientras que el artículo 20 declara que la Declaración de Balfour de 1917, el Instrumento de Mandato y todas sus consecuencias políticas y legales no son válidas.

El pacto de la OLP define literalmente quién es y quién no es un judío. Declara que el judaísmo es una religión revelada y niega que los judíos sean una nacionalidad por separado. Fundamentalmente, el pacto rechaza la realidad de que los judíos sean una raza individual y con una identidad por separado. En vez de ello, el pacto declara que los judíos sólo son ciudadanos de sus países respectivos de Norteamérica, Bretaña, Rusia, etcétera, rechazan la afirmación judía sobre los lazos espirituales y la historia antigua entre los judíos y la tierra de Palestina. Además, niegan que los judíos tengan algún derecho para establecerse en cualquier parte de Palestina y crear un estado judío y una tierra para su pueblo. El Artículo 21 reitera que el pueblo árabe palestino, expresándose a través de la revolución armada palestina, rechaza cualquier otra alternativa a la total liberación de Palestina. Mientras tanto, el Artículo 22 declara que el movimiento sionista es "fanático y racista" y dice que sus métodos son los de los "fascistas y de los nazis". El pacto afirma que la nación de Israel sirve como el modelo base del poder humano, para el imperialismo mundial y que el estado judío es una amenaza constante a la verdadera paz en el Medio Oriente. Estas declaraciones son tomadas directamente del pacto de la OLP que fue adoptado en Cairo el 17 de julio de 1968, por la Cuarta Asamblea Nacional Palestina. Este documento permanece actualmente como la declaración ideológica sin cambios y sin modificaciones de la Organización para la Liberación de Palestina. Después de un año y medio de retraso, la OLP sigue ofreciendo excusas para justificar su negativa a cambiar el texto de su documento. Sus excusas incluyen "problemas técnicos" para tener una sesión especial del Consejo Nacional de la OLP, el único cuerpo autorizado para cambiar el pacto si pueden reunir una mayoría del sesenta y seis por ciento en el voto.

La dura verdad es que el pacto de la OLP sigue representando los objetivos originales y actuales y las metas del liderazgo árabe y de la Organización para la Liberación de Palestina. Es una tragedia de proporciones bíblicas que Israel entregue las franjas occidentales, Gaza, las Alturas de Golán y la mitad de Jerusalén a los árabes que abiertamente demandan que los judíos deben ser destruidos. El liderazgo de Israel ahora está cumpliendo la profecía de Isaías 28, la cual predijo hace más de veinticinco siglos que los líderes del estado judío harían del engaño su "refugio" y que harían un "pacto con los muertos" un acuerdo con el infierno en los últimos años de esta era.

Cálculos mesiánicos y el regreso de Israel

Actualmente existen muchas discusiones en la comunidad judía sobre la venida del Mesías. Una evidencia de esto se encuentra en un artículo reciente del Rabino Sholom Klans, en el *Jewish Press* (5 de agosto de 1994), llamado "Las Guerras de Gog y Magog y el Mesías". El autor revisó las señales de la venida del Mesías que se encuentran en el Talmud, Midrash, Rambam y en el Gaonim, los sabios de la era siguiente a los escritos del Talmud. En los tiempos de persecución durante la Edad Media, los judíos se aferraban a la esperanza de que el Mesías traería su redención a través de una liberación milagrosa. Saadia Gaon (siglo décimo), enseñó que el Mesías llevaría de vuelta a los judíos a la Tierra Prometida. El Midrash señala la aparición del profeta Elías tres días antes y es quien anunciará la llegada del Mesías. Moisés Maimonides declara la necesidad de creer en la venida del Mesías, pero mantenía que el Mesías finalmente moriría, y que su hijo surgiría para sucederle como rey. Los escritos conocidos como *Chasam Sofer* sugieren que el Mesías puede estar viviendo actualmente entre nosotros, esperando la señal de Dios para anunciar su misión. En el libro de Kabbala, conocido como el *Zohar*, hallamos una interpretación diferente del Mesías. La preexistencia del Mesías es reconocida en este libro y declara que el Mesías ahora se encuentra esperando en el Paraíso. Él descenderá de allí a la tierra en un pilar de fuego. Es fascinante leer las muchas referencias al sufrimiento que el Mesías soporta, para traer la propiciación de los pecados de Israel.

Los rabinos consideraron las crecientes especulaciones sobre la venida del Mesías con temor de los pasados infortunios que vinieron por una serie de falsos mesías que surgieron durante la Edad Media. El peor desastre se produjo por las explotaciones del falso mesías Shabettai Zvi (1666 d.C.) Seguido por otro impostor, Jacob Frank (siglo dieciocho). Aunque los rabinos judíos animaban a sus seguidores a que esperaran la liberación del Mesías, por el otro lado desanimaban activamente cualquier cálculo especulativo sobre el tiempo de su venida debido a los peligros que provienen de las esperanzas extravagantes y por las desilusiones que siguen inevitablemente. Cuando el movimiento político conocido como sionismo surgió al final del siglo diecinueve, muchos judíos religiosos se oponían al regreso a la Tierra Santa. Creían que debían esperar a

*Grant de pie ante una cueva cementerio
con las tumbas de los primeros cristianos.*

*Osarios (féretros de piedra)
de los primeros cristianos
mencionados en los Evangelios.*

Russian Tank on U.S. Interstate
April 21, 1994

Una fotografía que muestra un tanque ruso T-80 siendo transportado en una plataforma en Norteamérica.

Russian Anatov 124 Condor Plane Loading U.S. Apache Helicopters

Avión ruso Anatov 124 cargando helicópteros norteamericanos Apache en una base de Florida.

*Grant y Kaye Jeffrey, filmando
en el Monte de los Olivos, al lado opuesto del Monte del Templo.*

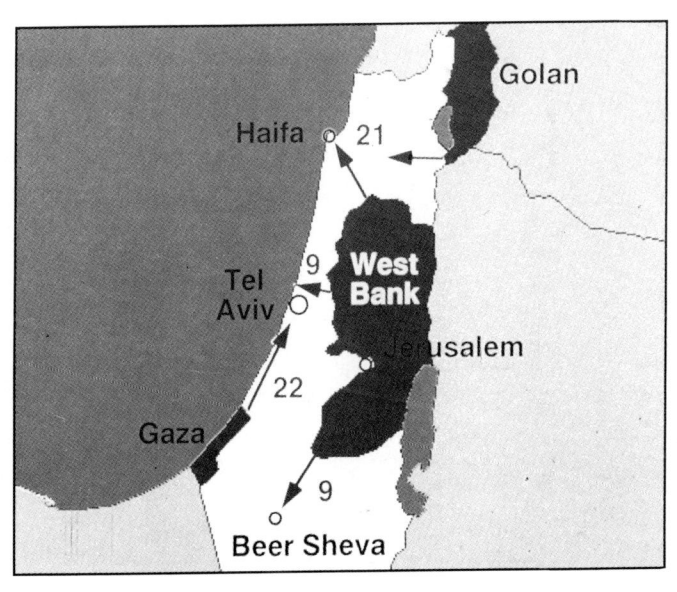

*Riesgo militar de Israel después de entregar
las franjas occidentales, Gaza y los Altos de Golán.*

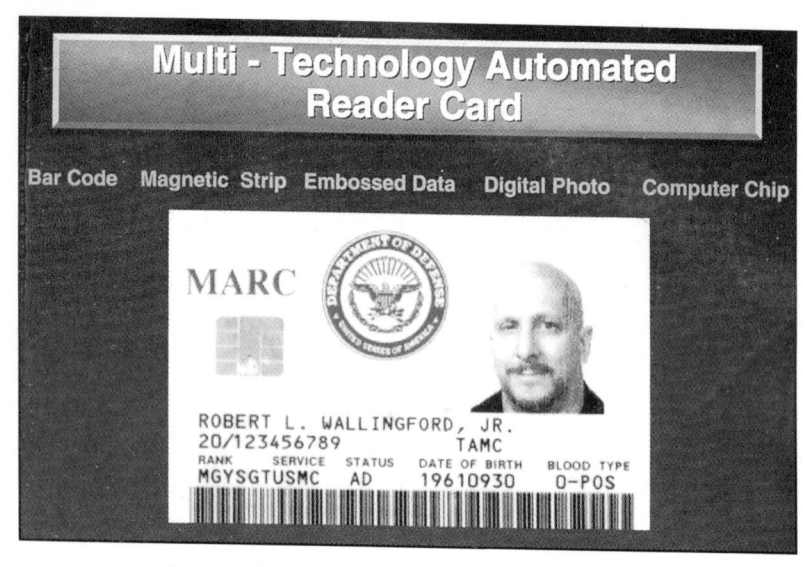

La nueva tarjeta inteligente MARC con un chip de computadora, introducida por la milicia de los Estados Unidos.

La Tarjeta de Salud biométrica propuesta podría crear un sistema nacional de identidad.

Gracias especialmente a Terry Cook por las dos fotografías anteriores

que apareciera el Mesías y que los guiara hasta su hogar en Jerusalén. Sin embargo, el rabino Zvi Hirsch Kalischer y el rabino Shmuel Mohilever enseñaron que la redención de Israel vendría a través de los judíos que regresaban a la Tierra Santa. Enseñaban que el Mesías aparecería y ocurrirían los milagros predichos cuando el pueblo judío empezara a edificar sus casas una vez más en la Tierra Santa, reconstruyendo Jerusalén y el Templo. Ellos creían que los judíos que regresaran a vivir en Eretz Yisrael y que reconstruyeran sus ruinas estaban actuando en obediencia al mandato de Dios. Uno de sus argumentos clave era que muchos de los mandamientos de la Torah sólo se podían cumplir cuando los judíos regresaran a vivir en la tierra sagrada de Israel. El gran rabino judío Moisés Maimonides declaró: "El principio de la redención será a través del consentimiento de las demás naciones. La reunión de los judíos empezará y luego Dios los reunirá de entre todas las naciones" (*Mishneh Torah*).

Reconstruyendo el Templo

Las Escrituras claramente predicen que Israel construirá su Templo y que reiniciará el sacrificio de animales en los últimos años que nos llevan al regreso del Mesías. El profeta Daniel nos dice que el anticristo al inicio hará amistad con Israel firmando un tratado de siete años con la nación judía (Daniel 9:27). Luego, después de tres años y medio, el tirano romperá su pacto y contaminará el Templo. La profecía declara: "Y por otra semana confirmará el pacto con muchos; a la mitad de la semana hará cesar el sacrificio y la ofrenda. Después con la muchedumbre de las abominaciones vendrá el desolador, hasta que venga la consumación, y lo que está determinado se derrame sobre el desolador" (Daniel 9:27). Durante casi dos mil años el pueblo judío y su liderazgo religioso rabínico han sentido que el Templo perteneció al pasado. La gran mayoría de los rabinos rechazaron el concepto de una literal reconstrucción futura del Templo, un renovado sacerdocio levítico, y los sacrificios de animales. Sin embargo, existen varios grupos en Israel que están haciendo preparativos prácticos para la reconstrucción del Tercer Templo. Más de quinientos hombres jóvenes judíos de la tribu de Leví están entrenados en los elaborados y antiguos rituales del Templo que se relatan en las Escrituras.

Sofisticados estudios arqueológicos y de ingeniería se han realizado para determinar el lugar correcto del antiguo Templo para poder decidir en que lugar debe ser construido el Tercer Templo. Aunque existen muchos puntos de vista diferentes sobre el lugar correcto del Templo, la mayor evidencia sigue apuntando hacia la plataforma norte sobre la cual yo y muchas otras personas, como el doctor Asher Kaufman, hemos escrito. Hemos llegado a la conclusión de que el Templo original estaba localizado con el área abierta al norte de la Mezquita de la Roca. El Lugar Santísimo debió estar localizado donde se encuentra ahora la Mezquita Musulmana de las Tablas. Este lugar sugerido colocaría al Templo directamente en línea opuesta a la sellada Puerta Oriental.

La fuerte razón que me convence que esta posición al norte es la correcta es la localización de la Puerta Oriental. La Biblia, el Mishneh, Josefo, el Mishenh Torah, y el Talmud están de acuerdo en que las cinco puertas del Templo formaban una línea recta opuesta a la Puerta Oriental. El Mishenh Torah por ejemplo, declara que el sacerdote sacrificaría al becerro rojo en el Monte de los Olivos directamente opuesto a la Puerta Oriental. Podía ver por encima de la Puerta Oriental y a través de las cinco puertas del Templo y ver el velo del Lugar Santísimo. Esto sería imposible al menos que el Templo estuviera localizado directamente opuesto a la Puerta Oriental. Todos los documentos antiguos describen al Monte del Templo como que tenía una sola puerta en todo el costado oriente con el Templo opuesto a esta puerta. Hace varios años, James Flemming, un investigador cristiano, estaba examinando y filmando la Puerta Oriental desde una posición a varios metros frente a la puerta que se levanta cerca de antiguas tumbas árabes. La tierra de pronto se derrumbó y cayó en un foso a cinco metros de profundidad, rodeado de huesos. Cuando salió, Flemming se sorprendió al ver la parte superior de una puerta arqueada directamente enfrente de él. Por casualidad había descubierto los restos de la Puerta Oriental original construida por el rey Salomón tres mil años antes. La puerta original estaba localizada directamente debajo y ligeramente al frente de la actual Puerta Oriental que fue construida por el Rey Herodes hace dos mil años.

De una manera similar, los arqueólogos descubrieron hace años que la Puerta de Damasco original fue sepultada en el pasado antiguo y posteriormente reconstruida en el mismo lugar pero a un nivel superior. A pesar de un siglo y medio de investigaciones arqueológicas referentes al Templo, nadie ha encontrado jamás la menor evidencia de que existiera una segunda puerta en el muro oriental del Monte del Templo ni en ningún lugar al sur de la actual Puerta Oriental sellada. Hasta que alguien encuentre una prueba concluyente de que existe otra puerta en el muro oriental del Monte del Templo opuesta a la Mezquita de la Roca o en algún otro lugar al sur de la actual Puerta Oriental, permaneceré convencido de que el Templo original se localizaba en el área abierta al norte de la Mezquita de la Roca. Esto es algo vital ya que este lugar es la única posición posible que le permitiría a Israel reconstruir el Templo sin violar ni destruir la Mezquita Musulmana de la Roca. El *Temple Institute* en Jerusalén, al menos ha recreado el setenta y cinco por ciento de los utensilios requeridos para la adoración en el Templo, incluyendo el pectoral del Sumo Sacerdote y el candelabro de siete ramas. Músicos levitas están siendo entrenados en el uso de antiguos instrumentos musicales, incluyendo las trompetas de plata que son tocadas para anunciar el Día de Jubileo.

La venida del Mesías

El sabio judío, Moisés Maimonides, conocido como el Rambam, declaró que en el futuro el Mesías aparecerá para restablecer la gloria del rey David. Él construirá el Santo Templo y reunirá a todos los exiliados por todo el mundo. Por el otro lado, en el *Talmud Yerushalmi* (Maaser Sheini, cap. 5:2) encontramos la declaración: "El rabino Acha dijo: 'El Beit Hamikdash (santo Templo) será construido primeramente, antes del advenimiento del reino de David" (la venida del Mesías). En confirmación con esta posición, la cual sostengo al igual que muchos profesores de profecía, el *Pnei Moshe* (idem.) declara que la tierra será establecida primeramente, luego el pueblo se volverá próspero, después de eso construirán el Templo y, finalmente, el Mesías vendrá. En el *Mar'eh Panim*, el Gaon Moshe Margolis escribió que cuando Jacob predice el futuro de Judá (Génesis 49) él primero predijo que el Templo sería reconstruido primero y luego vendría el Mesías.

CAPÍTULO NUEVE

La iglesia ecuménica mundial y la apostasía final

Y me llevó en el Espíritu al desierto; y vi a una mujer sentada sobre una bestia escarlata llena de nombres de blasfemia, que tenía siete cabezas y diez cuernos. Y la mujer estaba vestida de púrpura y escarlata, y adornada de oro de piedras preciosas y de perlas, y tenía en la mano un cáliz de oro lleno de abominaciones y de la inmundicia de su fornicación; y en su frente un nombre escrito, un misterio: BABILONIA LA GRANDE, LA MADRE DE LAS RAMERAS Y DE LAS ABOMINACIONES DE LA TIERRA.

Apocalipsis 17:3-5

Estos versículos de Apocalipsis advierten sobre la pagana iglesia apóstata que surgirá después que los verdaderos seguidores de Cristo sean llevados al cielo por Jesucristo. Durante el Rapto, cientos de millones de verdaderos cristianos de iglesias protestantes, católicas y ortodoxas serán trasladados inmediatamente a la nueva Jerusalén. Sin embargo, entre estas iglesias hay cientos de millones que permanecerán en la tierra durante el período de tribulación porque jamás se arrepintieron realmente de sus pecados ni confiaron completamente en Jesucristo como Señor y Salvador. Jesús advirtió: "No todo el que me dice 'Señor, Señor' entrará en el reino de los cielos, sino el que hace la voluntad de mi Padre que está en los cielos" (Mateo 7:21). En el libro de Apocalipsis, uno de los ángeles habló al profeta Juan de la siguiente forma: "Ven acá, y te mostraré la sentencia contra la gran ramera, la que está sentada sobre muchas aguas con la cual han fornicado los reyes de la tierra, y los moradores de la tierra se han embriagado con el vino de su fornicación" (Apocalipsis 17:1-2). Este versículo clave indica la naturaleza universal y mundial de la iglesia pagana apóstata, que se unirá al creciente poder del anticristo durante los primeros tres años y medio del período de tribulación. La iglesia ecuménica proveerá de apoyo, para la consolidación del Nuevo Orden Mundial del anticristo. Durante su período de poder esta iglesia perseguirá implacablemente a cualquiera que rehúse unirse a sus ritos de adoración paganos. Juan describió su visión de esta futura inquisición por parte de Babilonia la Grande contra aquellos nuevos creyentes, judíos y gentiles, durante la tribulación que se convertirán en mártires por su fe en Cristo, durante este horrible período de tribulación: "Vi a la mujer ebria de la sangre de los santos, y de la sangre de los mártires de Jesús" (Apocalipsis 17:6). Obviamente, Babilonia la Grande, la iglesia pagana apóstata de los últimos días, no se desarrollará de la noche a la mañana. Tal organización ecuménica, incluyendo a muchos y diversos grupos religiosos, será creada por la negociación y conferencias durante varios años que nos llevarán al inicio del período de siete años de tribulación. Por lo tanto es muy probable que seamos testigos de los pasos iniciales hacia la iglesia mundial de los últimos días, antes de que tenga lugar el Rapto que se lleve a los cristianos a su hogar en los cielos.

Babilonia la Grande y Roma: El centro de la iglesia apóstata

Me doy cuenta que existen muchos católicos que han nacido de nuevo y que son contristados en su espíritu cuando un profesor de la Biblia comenta sobre las profecías que revelan a Roma como el cuartel central de la religión de Babilonia la Grande en los últimos días. Lo único que puedo decir es que no siento ningún resentimiento hacia los católicos como individuos. Sin embargo, si tengo fuertes sentimientos por las herejías no bíblicas que han dirigido a millones de personas, en los últimos mil quinientos años, para que peligren sus almas por toda la eternidad. Aunque es cierto que existen muchos católicos que han nacido de nuevo, no podemos ignorar el gran abismo que existe entre las enseñanzas de la iglesia Católico Romana y las enseñanzas de Jesucristo que se encuentran en la Biblia. La diferencia más fundamental es la fuente final de la verdad espiritual. Como lo declaró el Concilio Católico Romano de Trent, en 1564 (jamás se ha cancelado), Roma cree que la verdad en lo que se refiere a la salvación, etcétera, se determina únicamente por los papas y los concilios de la iglesia, no por la Biblia como Palabra de Dios. En contraste, como cristiano protestante, reconozco que la única fuente con autoridad y de conocimiento divino sobre la salvación, etcétera, es la inspirada Palabra de Dios. Además, mientras que Roma declara que los hombres no se pueden salvar sin ser miembros de la iglesia católico romana, los sacramentos, las confesiones y los santos óleos; la Biblia nos asegura que somos salvados únicamente, teniendo como base la fe y confianza en la completa propiciación de Jesucristo por nuestros pecados, por los cuales Él ya pagó por nosotros en la cruz hace dos mil años. El cardenal católico romano D'Allen declaró, que el enfoque protestante en la autoridad de la Biblia, era un obstáculo para la unión ecuménica de todas las iglesias del mundo. El cardenal D'Allen declaró: "La Reforma fue una revuelta protestante que molestó la unidad de la iglesia. La unión se llevará a cabo cuando los rebeldes acepten la autoridad del Papa y abandonen la autoridad de las Escrituras. Roma no puede aceptar algo que quede por debajo de esto".

¿Cuál es la identificación adecuada de este misterioso símbolo de persecución religiosa, Babilonia la Grande, madre de las rameras? En Apocalipsis 17:7-9, el ángel le dice al profeta Juan: "Yo te explicaré el misterio de la mujer y de la bestia que la lleva y que tiene siete cabezas y diez cuernos... Aquí está la mente que tiene sabiduría: Las siete cabezas son siete montes sobre los cuales está sentada la mujer". Esta declaración inspirada de que la mujer está sentada sobre siete montes o colinas es la declaración más clara posible de que la iglesia apóstata final tendrá su base en Roma. Aunque la iglesia babilónica apóstata del período de tribulación involucrará a todas las religiones unidas, la profecía de Apocalipsis indica claramente que esta organización mundial de iglesias tendrá sus oficinas centrales en Roma. Monedas creadas por el gobierno romano durante el primer siglo de la era cristiana tenían la leyenda "la ciudad sobre los siete montes" como la bien conocida designación de la capital del imperio romano. Virtualmente cada uno de los escritores y poetas clásicos romanos, incluyendo a Virgilio, Horacio, y Ovid, se referían a Roma como a la "ciudad de los siete montes". Es interesante notar que algunos de estos escritores clásicos se referían a Roma *Septiceps*, la ciudad de las siete cabezas lo cual es virtualmente idéntico a la frase utilizada por el profeta Juan. También es fascinante mencionar que el ángel describió a la ramera apóstata utilizando su nombre en la frente. "En su frente estaba escrito un nombre, un misterio: "Babilonia la grande..." (Apocalipsis 17:5). Según el libro del escritor romano Marcus Seneca *Controversia* (capítulo V.i.) las rameras de esa antigua ciudad acostumbraban identificarse ante sus clientes poniendo sus nombres en la frente.

Un comentario católico romano sobre las profecías de Apocalipsis publicado en 1956 por Bernard F. Leonard llamado *The Book of Destiny* [El libro del destino) también identificaba a esta ciudad como Roma. Aunque existen pocos comentarios católicos sobre el Apocalipsis. Es fascinante mencionar que *El libro del destino* fue aprobado por la censura católico romana con las palabras *Nihil Obstat* y contenía la aprobación oficial del obispo de Sioux City, Iowa. Leonard escribe: "Esta gran ramera es una ciudad cuya apostasía de la fe verdadera es una cosa monstruosa. Puede que señale a Roma. Roma es la Ciudad Santa de Cristo, el centro de Su reino eterno... Y la apostasía de esta ciudad, y al convertirse en la cabeza de un imperio que dirigirá a todas las naciones y personas posibles a la adoración del anticristo, hará que se merezca el título de LA GRAN RAMERA. Los apóstoles llamaban a la antigua Roma 'Babilonia' (1 Pedro V:13). Así que la conclusión es que la gran ramera del futuro sea Roma". Es interesante que este libro esté agotado en muchas librerías católico romanas.

Juan Pablo Segundo y los últimos días

Karol Wojtyla de Polonia fue elegido como Papa en octubre de 1978. Aunque apoya fuertemente el gobierno mundial no es el primer Papa que promueva esta idea. Su predecesor, el papa Paulo VI, escribió una Encíclica Papal que le pedía a todas las naciones que abandonaran su soberanía para formar un gobierno mundial.

El papa Juan Pablo II constantemente le pide a las naciones que abandonen su oposición al gobierno mundial. Malachi Martin, un escritor jesuita que es muy cercano al Papa y que tiene excelentes fuentes de información en el Vaticano, escribió en su libro *The Keys of this Blood* sobre los planes del Papa para un gobierno mundial. Martin dice que el Papa "tiene un plan y que está trabajando por una genuina estructura geopolítica: un Gobierno Mundial que sea tanto viable como humanamente aceptable". Juan Pablo II cree que "el establecimiento de un orden basado en la justicia y en la paz, se necesita vitalmente como un imperativo moral válido, para todos los pueblos y regímenes... éste es el único camino posible".

La visión de Fátima

Una curiosa porción de información fue revelada recientemente sobre los pensamientos y motivaciones del papa Juan Pablo II. Varios libros, incluyendo *The Keys of This Blood* de Malachi Martin, reveló que la agenda política y religiosa del Papa está fuertemente influenciada por varias predicciones en lo que se refiere al futuro del papado. Una de estas es la tan conocida "Visión de Fátima". Cuando él se convirtió en el papa Juan Pablo II en 1978, se le permitió el acceso al mensaje secreto de Fátima, los cuales los católicos creen que fue confiada a la Iglesia a través de una serie de visiones dadas a siete niños de Fátima, Portugal, empezando el 13 de mayo de 1917. Supuestamente, una visión de María se le apareció a tres niños en seis ocasiones diferentes en un período de cinco meses durante 1917 y afirman que les dio tres mensajes secretos. Permítanme explicar que no creo que la visión de Fátima sea una profecía genuina proveniente de Dios. A pesar de la aparente sinceridad de los testigos, el mensaje de la visión es absolutamente opuesto a la Biblia. Fundamentalmente, esta visión eleva a María y demanda que el mundo y Rusia, especialmente, "deben de consagrarse a María". No existe ni un solo pasaje en la Biblia que apoye tal demanda. Por lo contrario, se nos demanda que adoremos únicamente a Dios. Además, como lo advirtió Isaías: "Yo Jehová; este es mi nombre; y a otro no daré mi gloria, ni mi alabanza a esculturas" (Isaías 42:8). La importancia de la visión de Fátima y la visión de Malachi que serán discutidas más tarde, es que ambas nos dan una idea del pensamiento y motivaciones de

Juan Pablo II, quien es uno de los individuos clave que mueven a nuestro mundo hacia el gobierno mundial profetizado en las Escrituras.

Los primeros dos de estos mensajes secretos de Fátima fueron revelados durante las décadas posteriores a 1917. La primera visión supuestamente advertía que toda la humanidad iba por un sendero de rebelión pecaminosa que llevaría a millones a un infierno eterno. Luego, durante los años 1930, el segundo mensaje fue gradualmente liberado al público, advertencia sobre el inicio de la Primera Guerra Mundial y el creciente peligro físico y espiritual para Occidente del ateo y comunista estado de Rusia. La tercera visión se mantuvo en secreto total hasta 1944. En aquel tiempo la única sobreviviente de los niños que fueron testigos de la aparición aún seguía con vida. El obispo le ordenó que escribiera el mensaje secreto sobre un trozo de papel, que lo guardara en un sobre, y que lo entregara al Vaticano. La niña testigo, ahora adulta y se llamaba Lucía, afirmaba que María demandaba que el tercer mensaje permaneciera secreto hasta 1960, cuando el Papa de esa época debería abrirlo y actuar de acuerdo a sus instrucciones. Esta tercera visión, conocida como el Tercer Secreto de Fátima, se cree que se refiere a los peligros militares y políticos que afligirán a Occidente en los últimos años de este milenio. Aunque las palabras exactas del Tercer Secreto son conocidas por unas cuantas personas, el bosquejo general de su mensaje surgió durante el papado de Juan Pablo II.

Esta última visión de Fátima aparentemente está en tres partes. Primera: Si el Vaticano descuida en poner en acción las demandas, catástrofes físicas —guerras, terremotos, inundaciones, etcétera— supuestamente destruirán las naciones y los pueblos como castigo por rechazar la ley de Dios. Segunda: Rehusarse a cumplir con las demandas del mensaje iniciaría un crecimiento del ateísmo y una apostasía masiva y mundial de la Iglesia Católica. Además, la atea ideología de Rusia recorrería el mundo, haciendo que millones perdieran su fe. Esto concluiría con una devastante guerra mundial que traería a la humanidad al borde de la extinción. Sin embargo, un remanente sobreviviría al holocausto y gradualmente reviviría en el milenio siguiente. La tercera parte del mensaje de Fátima supuestamente promete que esta devastadora guerra, seguida de una catástrofe espiritual, podría ser detenida si, primero, el Papa y los obispos publicarán las advertencias de Fátima en 1960, y segundo, el Papa y los cardenales "consagraran" a Rusia a la Virgen María, este continuo enfoque en María en vez del mandamiento de la Biblia en que nos centremos en Jesucristo, me convence que la visión de Fátima no es enviada por Dios sino simplemente un engaño más lanzado por Satanás.

El papa en 1960, Juan XXIII, leyó el mensaje pero rechazó su autoridad y se rehusó a llevar a cabo sus instrucciones. Según Malachi Martin, el Papa Juan XXIII explicó su rehusamiento a sus sucesores con estas palabras: "Estas [predicciones] no tienen que ver con nuestra época". El siguiente papa, Paulo VI, también se rehusó a cumplir con las demandas de la visión. En el comentario fascinante de sus acciones, el papa Juan Pablo II le dijo a un entrevistador: "Dada la seriedad de su contenido, mis predecesores en la Oficina Petrina diplomáticamente prefirieron posponer la publicación [de la visión] para no animar al poder mundial del comunismo, a realizar ciertos movimientos". Es fascinante el mencionar que estos papas creían, que Occidente era tan vulnerable en aquella época que los dictadores de Rusia habrían acelerado sus planes, para lanzar su ataque sobre las naciones occidentales si hubiesen conocido las palabras exactas de la advertencia de Fátima. En 1957, el cardenal Ottaviani, un clérigo muy astuto en la política, le dijo a Malachi Martin que el peligroso "Secreto" debía ser enterrado "en el lugar más escondido, más profundo, más oscuro e inaccesible de la tierra". Durante su dolorosa convalecencia después del intento de asesinato, Juan Pablo II se pasó horas estudiando el mensaje secreto de Fátima. Intentó obedecer el mandamiento de la visión de Fátima teniendo un servicio especial en Fátima, Portugal, el 13 de mayo de 1982, un año después del intento de asesinato. En la ceremonia él "consagró" al mundo a María con "una mención especial de Rusia" en su intento por cumplir lo dictado por esta extraña visión. El papa Juan Pablo II es algo fuera de serie entre los papas de este siglo en su gran devoción a María. Su persona es *Totus Tuus* (Enteramente Tuyo). Consciente y públicamente atribuye su motivación y la dirección de su vida a María. Juan Pablo II ha declarado que él se consagró y se dedicó a sí mismo como "sacerdote, obispo, y cardenal a María".

La Biblia nos dice que María verdaderamente fue bendecida por Dios conforme se le otorgó el privilegio de convertirse en la madre de Jesucristo. Los cristianos de todas las denominaciones correctamente consideran a María como una de las personas más bendecidas de la Biblia y de la historia. Su admirable carácter y vida espiritual estimulan la admiración sincera de todos aquellos que aman a Jesucristo como su Señor y Salvador personal. Sin embargo, la Biblia, la cual es la única fuente infalible de los mandamientos de Dios para los cristianos, jamás ha ordenado o permitido la adoración de otro que no sea Dios mismo. La Biblia nos dice, a través de las palabras del apóstol Pablo, que: "Porque hay un solo Dios, y un solo mediador entre Dios y los hombres, Jesucristo hombre, el cual se dio a sí mismo en rescate por todos, de lo cual se dio testimonio a su debido tiempo" (1 Timoteo 2:5-6). Ninguno de los apóstoles mencionó a María durante las décadas siguientes al ministerio de Cristo. Por la gracia de Dios, todo cristiano se puede acercar al trono de Dios directamente porque Cristo ha derramado su sangre por nosotros en el calvario. No necesitamos a nadie que interceda por nosotros. Jesucristo, como Dios Todopoderoso, cargando el castigo de los pecados y la culpa de cada uno de nosotros, una vez que nos arrepentimos y nos alejamos de nuestro camino pecaminoso para seguirle como Señor, podemos entrar en una relación plena y gozosa con Él y para siempre.

Durante una audiencia papal en la Plaza de San Pedro el 13 de mayo de 1981, el Papa notó a una niña que llevaba un dibujo de María en Fátima. Exactamente en ese momento el asesino turco Mehmet Ali Agca realizó dos disparos a la cabeza de Juan Pablo. No dio en el blanco por varias pulgadas porque el Papa se inclinó para saludar a la niña. Los próximos dos disparos dieron en el cuerpo de Juan Pablo, incapacitándolo durante varios meses. Aparentemente, mientras se recuperaba, el Papa empezó a considerar seriamente la visión de Fátima y su significado en su misión y en la Iglesia Católica Romana. Juan Pablo II, cree que su destino personal es gobernar sobre la Iglesia Católica durante la crisis descrita en el Tercer Secreto de Fátima. Según Malachi Martin, Juan Pablo II está esperando una intervención milagrosa del cielo que dejará al mundo asombrado por el despliegue de su poder sobrenatural. En el libro, *The Keys of This Blood* Martin escribió sobre las creencias del Papa, basadas en las visiones de Fátima, en una aparición milagrosa de María en el futuro, en conexión con un acontecimiento espectacular astronómico que involucra al sol. "Él está esperando, más bien, un acontecimiento que fisionará la historia humana, dividiendo al pasado inmediato del próximo futuro. Será un acontecimiento que todo el mundo lo verá en los cielos, en los océanos, y en las tierras continentales de este planeta. Involucrará en particular al sol tal como lo conocemos, el cual todos los días alumbra y brilla sobre nuestros valles, las montañas y las planicies de esta tierra para nuestros ojos. Pero el día en que se lleve a cabo este acontecimiento, no parecerá meramente la estrella principal de nuestro llamado sistema solar. Más bien, será visto como la gloria que circunda a la Mujer, que los apóstoles describieron como "vestida del sol" y dando a luz "a un niño que gobernará las naciones con vara de acero". La fisión será como un acontecimiento, en la convicción de fe de Juan Pablo II, porque inmediatamente anulará todos los grandes diseños que están formando ahora las naciones e introducirá el Gran Diseño del Creador del hombre. La espera y la observación de Juan Pablo II entonces habrá terminado. Su fuerza de voluntad para mantenerse y continuar, y luego, cuando ocurran los acontecimientos de la fisión, para asumir ese ministerio, se deriva directamente de la autoridad Petrina que se le confió únicamente a él el día en que se convirtió en Papa, en octubre de 1978. Esa autoridad, esa fuerza, está simbolizada en las Llaves de Pedro, lavadas en la sangre humana del Dios-Hombre, Jesucristo. Juan Pablo es y será el único poseedor de las Llaves de esta Sangre en aquel día".

Aparentemente Juan Pablo cree que esta partición global dejará asombrada a la población de la tierra. Malachi Martin declara que el Papa piensa que este fenómeno le dará la autoridad religiosa para crear una nuevo renacimiento religioso y gobernar sobre un nuevo gobierno mundial iglesia/estado. Varias organizaciones católicas tales como el Opus Dei, la Campaña Católica y otras están trabajando detrás de las mamparas para abolir la separación entre la iglesia y el estado. La revista *Time* el 9 de diciembre de 1991, tuvo un artículo cuestionando la separación histórica entre la iglesia y el estado.

Las predicciones de San Malaquías

Aparentemente, otra serie de predicciones curiosas del año 1148 d.C., las profecías de un arzobispo de Armaugh, Irlanda, conocido como San Malaquías, también convenció al papa Juan Pablo II que está presidiendo los últimos días de su iglesia. En varias ocasiones, el Papa actual ha indicado que él cree que es el último Papa que seguirá las enseñanzas de Cristo y que verdaderamente cree en Jesucristo como el Señor Dios Todopoderoso. Es un secreto abierto en Italia y en Europa que muchos de los sacerdotes actuales, cardenales y obispos ya no son creyentes en la inspiración de las Escrituras y en la credibilidad histórica del evangelio de Cristo. Tal y como la creciente apostasía en las denominaciones protestantes muchos de estos modernos líderes católicos han rechazado los fundamentos de la fe del Nuevo Testamento, tales como el nacimiento virginal y la resurrección de Jesucristo. Juan Pablo II teme que, después de su muerte, el cónclave de cardenales que elijan al próximo Papa elegirán a alguien que no apoye el cristianismo histórico. Aparentemente, una de las razones de su creencia es una predicción de hace ochocientos años por parte de San Malaquías.

Maol-Maodhog O'Morgair, más tarde conocido como San Malaquías, nació en Armaugh, Irlanda, en el año 1094 d.C. Después de una vida de fiel servicio fue señalado como Obispo Metropolitano de Irlanda en 1133. Seguido de una vida de devoción a Jesucristo como su Señor, murió en el año 1148 d.C. Muchos dentro de la iglesia irlandesa y algunos del Vaticano creen actualmente que él fue el autor de una profecía que predijo el futuro de la Iglesia Católica Romana por los próximos 850 años. La profecía supuestamente describe a todos los Papas desde el papa Celestino II que gobernó en el año 1143 d.C. hasta el último Papa que gobernaría durante la destrucción final de la Iglesia Católica casi mil años después durante la batalla del Armagedón. Esta curiosa profecía de San Malaquías consiste en una serie de estrofas poemas proféticos en Latín que se proponen describir a 111 futuros Papas romanos que dirigirán el Vaticano. Según las predicciones de San Malaquías, sólo habría 111 Papas en la Iglesia Católica después del Papa Celestino quien murió en 1146 d.C. Algunos investigadores han sugerido que estas descripciones de los futuros Papas fueron bastante exactas aunque es muy difícil verificarlo. Permítanme afirmar que yo no tengo fe ni confianza en ninguna predicción o profecía excepto en aquellas que se encuentran en las páginas inspiradas de las Sagradas Escrituras. Todas las demás predicciones son simples especulaciones humanas. Sin embargo, ya que el Papa Juan Pablo II cree en la visión de Fátima y en la visión poética de San Malaquías y acude a ellas para buscar dirección, es vital que exploremos estas visiones para comprender las motivaciones y forma de pensar de aquellos que jugarán un papel principal en los acontecimientos de los últimos días.

La lista de San Malaquías obre los últimos diez Papas que dirigirían a la Iglesia Católica Romana:

Número	Descripción Poética	Nombre	Años de Gobierno
106	Pastor Angelus	Papa Pío XII	1939-1958
107	Pastor et nauta	Papa Juan XXIII	1958-1963
108	Flos florum	Papa Paulo VI	1963-1978
109	De medietate Lunœ	Papa Juan Pablo I	1978-1978
110	De labore solis	Papa Juan Pablo II	1978- Hasta la fecha
El liderazgo del futuro Papa es descrito como:			
111	Gloriœ Olivœ	Papa Pedro	Los Años Finales de esta Era

La antigua profecía irlandesa de San Malaquías concluyó con una predicción de que el último Papa de la Iglesia Católica Romana gobernaría después de la muerte del actual pontífice, Juan Pablo II, el Papa número 110. Además, estas curiosas predicciones antiguas sugieren que el último Papa será el primer pontífice en dos mil años que se atreverá a asumir el nombre de Pedro, eligiendo el nombre de Pedro II de Roma. Siguiendo el estilo poético, la antigua profecía se propone describir con detalle el destino del último Papa de la Iglesia Católica Romana.

Después de detallar sus visiones para que se cumplan, San Malaquías escribió las siguientes palabras para describir su visión del último Papa. La profecía de Malaquías, escrita en latín, dice lo siguiente: *"In persecutione Extrema Sanctæ Romanae Ecclesiæ sedebit Petrus Romanus qui pascet oves in multis tribulationibus, quibus transactis, certus septi collis dirurtur et pie ex tremendis predicabit populum suum"*. Traducida al español esta curiosa y antigua predicción dice lo siguiente: "En la última persecución de la Iglesia Romana, Pedro el romano gobernará. Él tendrá grandes tribulaciones las cuales terminarán con la destrucción de la ciudad sobre los siete montes". Según la visión de San Malaquías el último Papa de la Iglesia Católica Romana será de Italia. Las predicciones sugieren que tomará el nombre de Pedro II y que vendrá al poder dentro del Vaticano en los días finales de este siglo, durante la tribulación cuando el mundo esté lleno de catástrofes militares y políticas como se describe en el libro de Apocalipsis. Lo importante es que Malaquías creía que su profecía terminaría los últimos días del milenio. Aparentemente, Juan Pablo II cree que él sigue una agenda basada en estas predicciones extrabíblicas, y que él dirigirá al mundo durante la crisis política, religiosa y militar que llevará a la aparición del anticristo.

El principio de la iglesia apóstata

El papa Juan Pablo II tiene una agenda para crear una iglesia universal que involucre a todas las religiones del mundo. Después de una discusión ecuménica entre el Arzobispo de Canterbury representando a la Iglesia de Inglaterra, y Juan Pablo II (como se informó en la revista *Time* en octubre de 1989), el arzobispo comentó sobre un precioso anillo que el Papa le había dado. El arzobispo declaró que no era un anillo de matrimonio, pero podría ser considerado un anillo de compromiso que simbolizaba la futura reunión de las dos iglesias.

Se reunió con el Dalai Lama, el dirigente del budismo tibetano, y con otros dirigentes de religiones falsas en Assisi, Italia en 1986. Increíblemente, en esta reunión histórica se unió en un círculo para orar y meditar con encantadores de serpiente de Togo, chamanes y médicos brujos de África, gurús hindúes de la India, monjes budistas de Tailandia y religiosos protestantes liberales de la Gran Bretaña. Muchos católicos se asombraron al escuchar al Papa declarar, en esta reunión interreligiosa en Assisi, que existen muchos caminos a Dios. Increíblemente, durante su visita de febrero de 1993 al África, el Papa predicó su mensaje de unificación con la falsa religión satánica. Tuvo reuniones con muchos practicantes del vudú y con adivinos. La agencia noticiera Associated Press informó sobre la visita del Papa al país africano de Benin con los siguientes titulares: "El Papa se reúne con creyentes del vudú". El periódico informó: "El papa Juan Pablo II, el día martes, buscó algo en común con los creyentes en el vudú, sugiriendo que no traicionarían a su fe tradicional convirtiéndose al cristianismo". En otras palabras, podían retener el vudú estando unidos a la Iglesia Católica. Los adoradores del vudú creen en muchas deidades y utilizan serpientes en sus rituales. Increíblemente, Juan Pablo II explicó a los médicos brujos del vudú que como ellos adoran a sus ancestros, los cristianos también tienen devoción "a sus ancestros en la fe, desde los apóstoles hasta los misioneros". Según el informe de *Associated Press*, los sacerdotes del vudú recibieron calurosamente al Papa. 'Jamás había visto a Dios, pero hoy cuando he visto al Papa, me he dado cuenta que he visto al Dios bueno, que reza por todos los vodúns', dijo Sossa Guedehoungue, dirigente de la comunidad vodún de Benin".

Apostasía católica

Juan Pablo II ha mencionado con alarma, que durante las últimas décadas la Iglesia Católica Romana ha experimentado unas grandes imperfecciones por parte de la fe de los obispos, sacerdotes, monjas, y laicos. Muchas iglesias en Europa Occidental y en Norteamérica han abandonado las doctrinas católicas tradicionales y ministran a los pocos asistentes. Muchas parroquias no tienen sacerdotes porque pocos jóvenes entran al sacerdocio. Algunas parroquias se han visto obligadas a contratar sacerdotes de Sudamérica, porque no existe nadie disponible en Norteamérica. Juan Pablo II le confió a sus asociados, que sus intentos por reformar la atmósfera moral en el Vaticano fueron frustrados, por una gran red de activos sacerdotes homosexuales y altos dirigentes eclesiásticos que se resisten a cualquier intento de una reforma moral. Malachi Martin informó que varios sacerdotes y obispos malos e inmorales se habían infiltrado a niveles muy alto dentro del Vaticano, durante el reinado del papa Paulo VI en 1963. Amenazantemente, el Papa Paulo VI advirtió sobre "el humo de Satanás que había entrado al Santuario", refiriéndose a los incidentes de ceremonias satánicas y rituales paganos de iniciación dentro del Vaticano que contaminaban el santo nombre de Jesucristo. Periódicos europeos han informado sobre numerosos casos de pedofilia satánica involucrando sacerdotes, monjas y obispos en Turín, Italia, y en varias ciudades de los Estados Unidos. Estos rituales malignos y diabólicos involucran la corrupción sexual de niños inocentes por sacerdotes satánicos como parte de la ceremonia de iniciación a Luciferiana, la cual involucra la adoración abierta a Satanás.

Los investigadores que exploraron la misteriosa y repentina muerte del papa Juan Pablo I, en 1978, reveló que este genuino y humilde líder cristiano, quien precedió al actual papa Juan Pablo II, se sorprendió al descubrir la falta de espiritualidad y fe verdadera entre aquellos que gobiernan el Vaticano. Durante los treinta días que dirigió el papado, Juan Pablo I descubrió que más de cien miembros del grupo oculto secreto, los masones, se habían infiltrado en altas posiciones dentro del Vaticano, incluyendo sus poderosas instituciones financieras. Según la red católico romana es ilegal que un sacerdote u obispo pertenezca a los Masones, o a cualquier otro grupo oculto secreto. Es importante mencionar que la lista de masones secretos dentro del Vaticano, seleccionados por Juan Pablo I para su inmediata expulsión, fue encontrada en su apartamento papal cuando su cuerpo fue descubierto por sus sirvientes. Aunque las evidencias indicaban fuertemente que había sido envenenado, no hubo una investigación seria y su cuerpo fue cremado inmediatamente para evitar que se efectuara una autopsia; como lo requiere la ley italiana.

Subsecuentemente, las investigaciones del gobierno italiano revelaron que una organización grande y poderosa de la inteligencia fascista y masona, llamada Propaganda Due [P2], existía dentro de los niveles más altos de la sociedad italiana y del gobierno. Propaganda Due es una organización fascista y anticomunista fundada a principios de los años 1960 con Licio Gelli como su Gran Maestro. P2 tiene sus oficinas centrales en Roma con sucursales en Francia, Suiza, USA, y Sudamérica, es una organización de inteligencia privada creada por la logia masónica y recibe fondos de la CIA y el Vaticano. P2 fue utilizada para transferir secretamente más de $100 millones de dólares a la organización laborista de Solidaridad en Polonia. La Comisión Parlamentaria Italiana que investigó al P2 llegó a la conclusión de que estaba controlada por fuentes secretas "que van más allá de las fronteras italianas". Dos meses antes de que fuese asesinado, Mino Percorelli desertó de P2 en 1979 y afirmaba que la CIA estaba detrás de esto. Los miembros del P2 incluían a Michelle Sindona y al obispo Paul Marcinkus, altos oficiales del Banco Vaticano, posteriormente fueron culpados de un gran fraude bancario. Otros miembros clave del P2 incluían al antiguo primer ministro de Italis Giulio Andreotti, al secretario de Estado del Vaticano el cardenal Villot, y Agostino Casoroli, el ministro de Relaciones Exteriores del Vaticano. Los investigadores encontraron a miles de miembros secretos del P2 en la justicia, la policía y la milicia. La investigación judicial determinó que el grupo fascista P2 tenía planes para derrocar al actual gobierno democrático de Italia. Desafortunadamente, después de la elección de Juan Pablo II, los individuos implicados en la masonería y en los tratos financieros ilegales del Banco Vaticano aún se mantienen en sus poderosas posiciones.

El Opus Dei, que significa "La Obra de Dios" fue creado como una organización secreta bajo el control directo del Papa por un sacerdote católico llamado José María Escriva de Balaguery, en España en 1928. Escriva fue sucedido en 1975 por Álvaro del Portillo. El papa Juan Pablo II hizo obispo a Álvaro del Portillo. La membresía del Opus Dei incluye a 1.500 sacerdotes y a 75.000 miembros laicos. Esta organización tiene una meta que alcanza "una unión práctica de la iglesia y el Estado". Otra organización secreta del Vaticano, Pro Deo, que significa "Para Dios" es en realidad una agencia secreta de inteligencia del Vaticano. Fue creada durante la II Guerra Mundial, en Lisboa, Portugal, pero fue transferida al Vaticano después de la guerra. El Opus Dei fue fundado por William Donovan, el director de la Oficina de Servicios Estratégicos durante la II Guerra Mundial, la cual posteriormente se convertiría en la Agencia Central de Inteligencia (CIA, por sus siglas en inglés).

Apostasía protestante

"Pero el Espíritu dice claramente que en los postreros tiempos algunos apostatarán de la fe, escuchando a espíritus engañadores y a doctrinas de demonios" (1 Timoteo 4:1-2). La Biblia nos advierte que una creciente apostasía mundial caracterizará a la Iglesia durante la última generación que llevará al regreso de Cristo. "Porque vendrá tiempo cuando no sufrirán la sana doctrina, sino que teniendo comezón de oír, se amontonarán maestros conforme a sus propias concupiscencias, y apartarán de la verdad el oído y se volverán a las fábulas" (2 Timoteo 4:3-4). Aunque no debemos de sorprendernos por el abandono progresivo a la autoridad de las Escrituras entre las iglesias, ya que los profetas advirtieron que esto sucedería, es trágico darnos cuenta que la mayoría de los nuevos creyentes corren un gran peligro espiritual debido a la falta de enseñanza de doctrina en nuestras iglesias actualmente. Un sondeo confidencial realizado en 1982 por el sociólogo Jeffrey Hadden en lo que se refiere a las convicciones religiosas privadas de seis mil pastores protestantes reveló que la mayoría de estos ministros han perdido su fe. Cualquiera que considera estos horribles resultados, se dará cuenta que las principales iglesias han perdido su influencia moral y espiritual en la sociedad. Cuando se les preguntó si aún creían que Jesucristo era Dios, más del cuarenta y cinco por ciento de los pastores dijeron que no. La exorbitante cifra del ochenta por ciento de los ministros rechazaron tanto la afirmación de que la Biblia es la Palabra inspirada de Dios como que Jesús es el Hijo de Dios. El treinta y seis por ciento de esos pastores no creen que Jesucristo haya resucitado de entre los muertos. Los ministros que han abandonado los fundamentos de la fe cristiana deberían ser lo suficiente honestos como para salirse de la Iglesia, y admitir que ya no se apegan a la fe histórica de los padres. Este rechazo a las doctrinas fundamentales de la fe cristiana por parte de la mayoría de estos ministros protestantes, explica el porqué estos líderes religiosos están dispuestos a abandonar las diferencias teológicas, que han separado a las iglesias protestantes de las católicas a través de los años para unirse a la poderosa iglesia ecuménica mundial de los últimos días. La iglesia apóstata de los últimos tiempos será una iglesia con un mínimo de fe como común denominador que posee casi ninguna doctrina fundamental aparte del humanismo secular y la adoración pagana idólatra del "dios interno".

Dios le ordena a aquellos que se arrepienten de sus pecados y que le siguen que debemos basar nuestra vida, nuestras enseñanzas y nuestra esperanza eterna únicamente en la verdad revelada por la inmutable Palabra de Dios. "Pero persiste tú en lo que has aprendido y te persuadiste, sabiendo de quién has aprendido; y que desde la niñez has sabido las Sagradas Escrituras, las cuales te pueden hacer sabio para la salvación por la fe que es en Cristo Jesús. Toda la Escritura es inspirada por Dios, y útil para enseñar, para redargüir, para corregir, para instruir en justicia, a fin de que el hombre de Dios sea perfecto, enteramente preparado para toda buena obra" (2 Timoteo 3:14-17).

La unidad ecuménica católico-protestante durante los últimos días

A través de América del Sur y muchos otros países, los católicos están abandonando la misa con cifras récord para aceptar a Jesucristo como su único Salvador y para adorarle con otros cristianos en las iglesias pentecostales y evangélicas. Aquellos que trabajan detrás de las mamparas para producir una iglesia mundial ecuménica reconocen que estos esfuerzos de evangelismo están probando ser muy eficaces para llevar a los católicos y a las principales denominaciones protestantes a una fe personal en Jesucristo como su Salvador y Señor. En respuesta a este problema para la iglesia católica, un grupo de cuarenta protestantes prominentes y eruditos católicos se reunieron el 29 de marzo de 1994 para firmar un sorprendente compromiso para prohibir los esfuerzos evangelísticos con los miembros mutuos. Titulado como "Evangélicos y Católicos Unidos: La Misión Cristiana en el Tercer Milenio", este acuerdo sin precedentes compromete a estos líderes a rechazar el mandamiento de Cristo de "id y predicad el evangelio a toda criatura". Increíblemente, según este pacto, estos líderes protestantes estuvieron de acuerdo en que los "cristianos deben detener el proselitismo agresivo de los rebaños mutuos y trabajar de una forma más cercana". Un sacerdote católico, Richard Neuhaus, declaró que esta fue la primera vez desde la Reforma Protestante que protestantes y católicos "se unieron en una declaración tan clara respecto a su fe en común y su común responsabilidad". Significativamente, aunque el documento no es un acuerdo oficial entre las denominaciones, Neuhaus le dijo al *National and International Report*, del 4 de abril de 1994, que había recibido un fuerte ánimo de "las partes apropiadas de la Santa Sede" en el Vaticano, Roma. A estos teólogos católicos les encantaría poner fin a las misiones protestantes evangélicas en países católicos y a la presentación de las enseñanzas protestantes, de la autoridad de las Escrituras y a la necesidad de una fe personal en Jesús, como algo esencial para nuestra salvación, debido a que ha tenido tanto éxito. Los esfuerzos evangelísticos son de un solo lado y es que los protestantes están ganando grandes cantidades de católicos para la fe en Cristo. Por lo tanto, el acuerdo de cesar el proselitismo sólo servirá, al deseo que tienen los católicos por evitar que sus miembros aprendan sobre la fe en Jesucristo únicamente como el medio que les asegura la salvación. En este mismo tema ecuménico, el arzobispo de Canterbury, el doctor Carey que preside sobre la Iglesia de Inglaterra, ha criticado severamente a los pastores anglicanos, que han perseverado en los esfuerzos evangélicos de predicar el evangelio de Jesucristo a hindúes, judíos, budistas y a otros grupos no cristianos. Increíblemente, en una demostración de la bancarrota espiritual de la Iglesia de Inglaterra, el arzobispo Carey, ha instruido a sus ministros que los incrédulos en Jesucristo son "compañeros de viaje" en el camino a la iluminación espiritual y, por lo tanto, no deben ser evangelizados. Además, el arzobispo declaró que planea realizar un viaje a Roma en el futuro inmediato para discutir cómo se pueden quitar los obstáculos para la unificación de la inter-fe ecuménica.

El neo-paganismo de la Nueva Era

Durante la Conferencia de la Re-Imagen de la Iglesia Presbiteriana de 1993, los líderes dirigieron a los participantes en un sorprendente servicio religioso neopagano de la Nueva Era que invocaba las antiguas religiones paganas. Se informa que el conferencista dijo: "Sofía, Dios Creador. Deja que tu leche y miel fluya. Sofía, Dios Creador, báñanos con tu amor". Una celebración de la "Cena de la Dama", fue reportada por una revista eclesiástica tradicional y conservadora, la *Presbyterian Layman*, en su número de enero/febrero 1994. El artículo de la revista expresaba: "La conferencia glorificaba al lesbianismo y... algunos de los oradores de la conferencia abogaban por añadir libros a la Biblia para justificar el activismo feminista y homosexual". En una sorprendente declaración dada en la conferencia presbiteriana, otra conferencista feminista declaró: "No creo que necesitemos para nada una teoría da la propiciación... La propiciación tiene mucho que ver con la muerte... No creo que necesitemos a tipos colgados sobre una cruz y derramamiento de sangre ni cosas extrañas... Sólo necesitamos escuchar al dios interno". La infiltración de la filosofía de la Nueva Era continúa creciendo entre varias de las principales denominaciones más antiguas. Esta apostasía fue profetizada por nuestro Señor para que ocurriera en los últimos días.

El Concilio Mundial de Iglesias

Para aquellos que aún duden que la élite religiosa de las principales denominaciones estén planeando crear una iglesia mundial ecuménica, deberían considerar cuidadosamente la información de este capítulo. Hace varios años el arzobispo Ramsey, presidente del Concilio Mundial de Iglesias (WCC, por sus siglas en inglés), tuvo una reunión pública en la Catedral Católica Romana de Saint Patrick en Nueva York a la que asistió el arzobispo Lakovas de la Iglesia Ortodoxa Griega y el Cardenal Cook de la Iglesia Católica. Increíblemente, el presidente de la WCC declaró: "Puedo ver el día cuando todos los cristianos puedan aceptar al Papa como Obispo de la Iglesia Mundial".

El Concilio Mundial de Iglesias (WCC) fue fundado en 1948 como una organización cristiana dedicada a lograr la cooperación universal entre las iglesias cristianas de todo el mundo. Sin embargo, en los últimos cuarenta y siete años, teólogos liberales y socialistas han tomado el control de la WCC hasta que actualmente la organización apenas es cristiana en cualquier sentido que pudiera ser reconocida por los cristianos de la iglesia primitiva. El universalismo y el humanismo secular ha reemplazado al cristianismo bíblico y su énfasis sobre la enseñanza de una humanidad perdida que necesita un arrepentimiento personal. Estamos siendo testigos de la creación de organizaciones embriónicas que finalmente producirán a la iglesia de Babilonia la Grande de los últimos días. Un artículo del 5 de abril de 1993, en la edición de *Christianity Today* por Tokunboh Adeyemo indicó la dirección que sigue el Concilio Mundial de Iglesias. Significativamente, el refrán de la vida y obra de la WCC a "La doctrina divide - el servicio une" indicando su rechazo a la doctrina bíblica como divisiva, en los intereses para lograr un consenso basado en el menor común denominador de teología. El secretario para el evangelismo del WCC, Raymond Fung, indicó que el evangelismo rodeaba todos los esfuerzos para mejorar las condiciones humanas fuera hecho por cristianos o por no cristianos. Declaró que los cristianos no tenían el monopolio del evangelismo. La Biblia enseña que el evangelismo es la proclamación de las buenas nuevas de la salvación en Cristo con el propósito expreso de su conversión. El WCC enseña un universalismo implícito y cree que lo mejor de las religiones paganas no cristianas es de igual valor (si no es mejor) que lo mejor del cristianismo. Como resultado, el WCC cree que el *diálogo y la crus-fertilización* son sus principales metas, la enseñanza histórica del cristianismo es que las religiones no cristianas son el producto de la cultura de los hombres caídos.

El doctor David Gill, un representante del WCC con base en Génova, Suiza, anunció a la radioaudiencia durante una entrevista de la *British Broadcasting Corporation* que la meta más importante del WCC es el "Desprotestanizar a las Iglesias" para prepararlas a su unión a la futura Iglesia Mundial. La verdadera prioridad de la Iglesia es evangelizar al mundo y crear iglesias en todos lados para la enseñanza, compañerismo y adoración de Jesucristo. Sin embargo la WCC ahora ha declarado que el evangelismo transcultural está mal y es presuntuoso. El WCC ahora demanda que las iglesias cristianas occidentales declaren un "moratorium" del "evangelismo", para que las culturas no cristianas no sean ofendidas por las afirmaciones del evangelio de Cristo. Obviamente, los líderes del WCC asumen un universalismo en donde todos serán salvados al final ya sea que respondan o no al evangelio de Cristo.

La conferencia de 1973 sobre Misiones Mundiales en Bangkok articuló una nueva misión mundial cristiana. Este nuevo concepto del WCC enseñó que la salvación debería ser reemplazada por una dedicación al bienestar sociopolítico y económico. El enfoque histórico y cristiano sobre la necesidad de los pecadores por reconciliarse con Dios, santificación, y la esperanza del cielo fue reemplazada por un humanismo secular radical que se centraba únicamente en mejorar las condiciones sociales, políticas y prácticas de la vida. Increíblemente, el liderazgo del WCC declaró en la conferencia de Bangkok que esto es "el cierre de la era de las misiones y el principio de la era de la misión".

¡Las buenas nuevas!

"Y será predicado este evangelio del reino en todo el mundo, para testimonio a todas las naciones; y entonces vendrá el fin"

(Mateo 24:14). Una de las finales señales proféticas cuando Jesucristo esté por regresar es Su profecía de que "será predicado este evangelio del reino en todo el mundo". A pesar de todas las malas noticias, el evangelio verdaderamente está siendo predicado en todo el mundo en los últimos días. ¡El verdadero crecimiento de la iglesia en los últimos días es sorprendente! De sólo un millón de cristianos en China en el año 1949 cuando entraron al poder los comunistas, los investigadores calculan que más de ocho millones de chinos han aceptado a Jesucristo como su Señor y Salvador a pesar de la terrible persecución. Un cálculo sugiere que más de veinticinco mil chinos dedican su vida a Jesucristo cada día a pesar de la tremenda persecución religiosa. En la nación musulmana de Indonesia más del veinticinco por ciento de la población ha aceptado a Cristo. A pesar de décadas de dedicados esfuerzos misioneros en el año 1900 sólo tres por ciento de los africanos habían aceptado a Cristo. Sin embargo, en los últimos noventa años casi cuarenta y cinco por ciento de los quinientos millones de ciudadanos de África han aceptado a Cristo. En Rusia, la introducción del evangelio y la disponibilidad de Biblias en el idioma ruso ha llevado a cien millones de judíos a seguir a Cristo. En Corea del Sur el evangelio fue rechazado durante muchos años a pesar del valiente esfuerzo de los misioneros. Sin embargo, conforme los vientos del Espíritu Santo empezaron a moverse a través de Asia, después de la II Guerra Mundial, treinta por ciento de la población de Corea encontraron la fe en Cristo. Alrededor del mundo más de 85.000 personas aceptan a Cristo como su Salvador cada día. En los dos mil años de la historia de la iglesia jamás hemos visto un movimiento tan sorprendente de Dios como éste, del cual estamos siendo testigos en la actualidad.

El espectacular crecimiento da la iglesia cristiana

Un estudio reciente por la Fuerza de Trabajo y Estadísticas de Lausanne sobre el progreso del evangelismo llegó a la conclusión de que el crecimiento de la iglesia es más grande de lo que se había informado anteriormente. En tan sólo quince años, a partir de 1980 a la fecha, el número de cristianos nacidos de nuevo está creciendo a una tasa tres veces mayor que el crecimiento de la población mundial. Estos registros históricamente verificables revelan este increíble crecimiento en la cantidad de cristianos en todo el mundo.

En 1430 los cristianos sumaban uno de cada 99 de la población mundial.
En 1790 los cristianos sumaban uno de cada 49 de la población mundial.
En 1940 los cristianos sumaban uno de cada 32 de la población mundial.
En 1970 los cristianos sumaban uno de cada 19 de la población mundial.
En 1980 los cristianos sumaban uno de cada 16 de la población mundial.
En 1983 los cristianos sumaban uno de cada 13 de la población mundial.
En 1986 los cristianos sumaban uno de cada 11 de la población mundial.
En 1994 los cristianos sumaban uno de cada 10 de la población mundial.

Considera estas cifras con mucho cuidado. ¡Estamos ganando a un significativo remanente de la población mundial durante estos últimos días! En tan sólo sesenta años el número de cristianos en el mundo ha crecido en un sorprendente 1300 por ciento, de sólo cuarenta millones en 1934 a 540 millones de cristianos actualmente, mientras que la población mundial ha crecido el 400 por ciento. Las transmisiones de radio cristianas ahora están alcanzando casi la mitad de los 360 "mega-idiomas" del mundo, cubriendo el setenta y ocho por ciento de la población de la tierra según el grupo de transmisiones *World By 2000* [El mundo para el año 2000]. La radio cristiana actualmente está proveyendo el evangelio a cada grupo étnico del mundo. La combinación de tremendos esfuerzos evangelísticos por parte de las organizaciones misioneras, cientos de miles de dedicados pastores nacionales, y el trabajo de la radio cristiana está cumpliendo rápidamente con la Gran Comisión. Los logros de los traductores de Wycliffe y muchos otros que están traduciendo la Biblia al idioma de millones que aún no han escuchado el evangelio es uno de los milagros poco conocidos de los últimos días. A pesar del análisis pesimista de muchos de que la población de la tierra está creciendo más rápido que el crecimiento de la iglesia, la verdad es que el evangelio está siendo predicado en todo el mundo con un éxito sorprendente durante estos últimos días. Un estudio realizado en 1991 por el Consejo Nacional de Iglesias, llegó a la conclusión que la membresía de las iglesias está creciendo a una tasa doble que la población a través del mundo. Su estudio mencionaba que el mayor crecimiento era dentro de las iglesias evangélicas.

CAPÍTULO DIEZ

Viviendo en tiempos peligrosos

Los profetas antiguos advirtieron que la generación que precede a la venida del Mesías sería testigo de la bancarrota moral de la sociedad, durante los últimos dos milenios, la cultura occidental ha reflejado una aceptación casi universal de los valores fundamentales revelados en la revelación escrita de Dios para el hombre, la Biblia. Incluso aquellos que rechazaron una fe personal en Jesucristo aceptan genéricamente los fundamentos morales basados en los Diez Mandamientos y en las enseñanzas de Cristo. Sin embargo, es nuestro destino vivir en una generación que ha perdido su ancla moral y su brújula espiritual, rechazando tanto los valores cristianos y la autoridad de la Palabra de Dios. Más de cien millones de personas han muerto a través de devastantes hambres, plagas, campos de concentración, y guerras mundiales, debido a los actos malignos de líderes perversos de nuestra generación. Habiendo rechazado a Cristo y la autoridad de las Escrituras, el hombre ahora vaga sin reglas, sin absolutos y sin una brújula moral que dirija sus actividades. Nuestras escuelas y los medios de información han mostrado "los aires" del humanismo secular y del relativismo moral y lo que enseñan es que no existe un absoluto del bien y del mal. Como resultado ahora estamos cosechando un torbellino de corrupción, pornografía, crímenes sexuales y una gran violencia en nuestras calles. Nuestra sociedad, como se refleja en sus medios de información, escuelas, tribunales, y gobierno, ha abandonado progresivamente las enseñanzas morales del cristianismo. El trágico resultado es que ahora estamos cumpliendo la profecía que fue escrita hace casi dos mil años por el apóstol Pablo.

Pablo de una manera exacta describió la actitud de los hombres modernos con mentes corruptas. En su primera epístola a Timoteo, el apóstol Pablo advirtió sobre los tiempos de riesgo de los "últimos días". "También debes saber esto: que en los postreros días vendrán tiempos peligrosos. Porque habrán hombres amadores de sí mismos, avaros, vanagloriosos, soberbios, blasfemos, desobedientes a los padres, ingratos, impíos, sin afecto natural, implacables, calumniadores, intemperantes, crueles, aborrecedores de lo bueno, traidores, impetuosos, infatuados, amadores de los deleites más que de Dios, que tendrán apariencia de piedad, pero negarán la eficacia de ella; a éstos evita" (2 Timoteo 3:1-5).

Las buenas nuevas

Realmente estamos viviendo en una época cuando los hombres deben "resistir la verdad". Los mayores ofensores son los medios de información quienes no solamente se resisten a la verdad, sino que la distorsionan. Sin embargo, tal y como lo informamos en el último capítulo que, contrario a la creencia popular, más personas que nunca se están volviendo a Dios a través de Jesucristo, igualmente otras cosas positivas están sucediendo que son contrarias a lo que los medios de comunicación expresan. Dos ejemplos son la tasa de divorcio en Norteamérica, y la actitud de los jóvenes hacia el sexo.

El mito sobre la tasa de divorcio en Norteamérica

Después de años de continua propaganda por parte de los medios de comunicación, la mayoría de los norteamericanos creen que cincuenta por ciento de los matrimonios terminarán en divorcio. Sin embargo, la verdad es que la mayoría de los matrimonios en Norteamérica duran toda una vida. El problema es que muchos reporteros y editores no comprenden las estadísticas. Por ejemplo, se informó en 1981 que cincuenta por ciento de los matrimonios de Norteamérica terminaron en divorcio debido a que los Estados Unidos tenían 2.422.000 matrimonios y 1.213.000 divorcios ese año. A primera vista le pareció a los comentaristas de los medios de información que esto probaba que cincuenta por ciento de todos los matrimonios terminarían en divorcio. La verdad es que ese fue el resultado de un solo año. Noventa por ciento de los matrimonios norteamericanos sobrevivirán sin ningún divorcio según las últimas investigaciones. A pesar del énfasis en el divorcio de los medios de información, los divorcios se redujeron en cinco por ciento de 1981 a 1987. Un sondeo reciente por Louis Harris reveló que ochenta y cinco por ciento de los esposos y esposas norteamericanas dijeron que se volverían a casar con su pareja si lo pudieran hacer.

A pesar del constante mensaje de los medios de información de que la promiscuidad sexual es universal y de que es la clave para la felicidad, la encuesta de Louis Harris de 1987 reveló que ochenta por ciento de los norteamericanos dicen que "la fidelidad sexual hacia la pareja es la clave para un buen matrimonio". La respetada *Rand Corporation* terminó un estudio en 1991, el cual descubrió que noventa y seis por ciento de los norteamericanos adultos afirmaban ser sexualmente fieles a sus parejas. El sondeo mostró que incluso aquellos individuos que traicionaron a sus parejas fueron infieles en una sola ocasión. Esta figura de matrimonios fieles y estables es totalmente opuesta, a las figuras de constante infidelidad y promiscuidad presentadas por los medios de información como algo normal.

Los medios de información de los Estados Unidos sugieren constantemente que los niños de Norteamérica viven solos o con uno solo de los padres. Sin embargo, las cifras del censo de 1990 revelaron que más del setenta y dos por ciento de los niños menores de dieciocho años actualmente viven con ambos padres. Sin embargo, aquellos niños que viven en hogares de padres solteros tienen una tasa de arresto mayor y experimentan más problemas de disciplina en la escuela, que los niños que viven con ambos padres. El número de niños entre catorce y diecisiete años que fueron arrestados por crímenes violentos se elevó el 3,000 por ciento de 1950 a 1990. Significativamente, estudios de criminales en prisión revelan que aquellos niños que no tenían al padre en el hogar es más probable que dejen la escuela y tres veces más probable que abusen del alcohol o de las drogas. Además, cuando los niños crecen sin la influencia positiva paterna en su vida, son tres veces más aptos para violar o asesinar en cuanto llegan a la edad de adolescentes mayores.

Las mentiras sobre las costumbres sexuales de los adolescentes

Muchos adolescentes buscan a sus padres o a sus profesores para que les ayuden a establecer normas morales que los protejan de destruir sus vidas. Lejos de rechazar tal enseñanza moral, muchos adolescentes aceptarán con beneplácito la intervención y la guía moral. En 1993, la Universidad Emory terminó un fascinante estudio sobre la actitud de más de mil mujeres adolescentes sexualmente activas. Cuando se les preguntó cuál era la primera cosa que quisieran aprender sobre la actividad sexual, significativamente ochenta y cinco por ciento afirmó que querían saber "cómo decirle no a un chico sin lastimar los sentimientos de la otra persona".

A pesar de estar aparentemente de acuerdo con la promoción de la abstinencia para nuestros adolescentes, la administración Clinton ha mostrado consistentemente que no cree que la abstinencia sea realista ni una meta válida para los adolescentes. La Casa Blanca ha acabado con los fondos para varios programas que enseñan abstinencia en las escuelas preparatorias. La administración ha elegido continuar gastando $800.000 dólares de los contribuyentes promoviendo el "sexo seguro" con anuncios que contienen "condones bailando". Sin embargo, los estudios revelan que los programas de entrenamiento en la abstinencia son poderosas herramientas en la batalla contra los embarazos en la adolescencia.

Mientras tanto, el juez Frank Thaxton de Louisiana declaró en 1993 que la enseñanza de la abstinencia a niños en las escuelas públicas es ilegal. Su increíble juicio afirmó que la enseñanza de la abstinencia constituía "el establecimiento de la religión" y por lo tanto estaba prohibida por la Constitución de los Estados Unidos. La filosofía del "sexo seguro" de los distribuidores de condones es que los adolescentes se involucrarán en la actividad sexual a pesar de lo que les enseñemos "entonces hay que protegerlos del resultado de sus actividades" mientras se espera el peor comportamiento de su parte. El presidente Clinton nombró a la doctora Joycelyn Elders, la llamada "reina de los condones", la Cirujano General para cuidar los programas de salud de su administración. Mientras glorificaba el uso de los condones afirmaba: "El aborto tiene un beneficio importante y positivo para la salud pública". Increíblemente, Elders también declaró que el gobierno le debería de dar a las prostitutas adictas a las drogas la droga Norplant que evitará los embarazos "así que pueden seguir utilizando el sexo, si deben hacerlo, para comprar sus drogas".

Según un artículo de la revista *USA Weekend* de noviembre de 1991, un estudio reveló que cincuenta y cuatro por ciento de los adolescentes afirmaron que habían escuchado "demasiado poco" sobre cómo decir no a las actividades sexuales no deseadas durante las clases de educación sexual. Otro sesenta y tres por ciento dijo que se sentían turbados por las campañas escolares del "sexo seguro" que animaba a los adolescentes a la actividad sexual con el uso de condones en vez de enseñarle a los adolescentes cómo abstenerse de las actividades sexuales hasta que estuvieran casados. El mensaje constante de los medios de información y de la sociedad es que la inmoralidad y la promiscuidad son cosas normales, y virtualmente universales, mientras que la virginidad se supone que es algo tan raro que se les dice a los adolescentes que son "anormales" si rechazan las actividades sexuales promiscuas.

El Instituto Nacional para la Paternidad Responsable de Cleveland desarrolló un programa de abstinencia para utilizarlo con más de dos mil jóvenes adultos, la mayoría de los cuales ya eran padres de un niño fuera del matrimonio. Como resultado de este programa más del setenta y cinco por ciento de estos hombres han cambiado su comportamiento para no volver a ser padres adolescentes. El Departamento de Salud del Condado en Kenosha, Wisconsin logró un gran avance en sus programas con adolescentes permitiendo que muchos de ellos rechazaran un estilo de vida promiscuo y que evitaran el embarazo en la adolescencia. La filosofía básica de un programa exitoso de abstinencia es que los adolescentes pueden ser elevados a un nivel de responsabilidad más elevado por ellos mismos y por sus acciones mientras siguen un código moral.

Las señales de los tiempos

El Departamento de Salud de los Estados Unidos, bajo el liderazgo de la Cirujano General Joycelyn Elders, le pidió a las iglesias que "ajustaran sus enseñanzas sobre la homosexualidad". Increíblemente, un informe del Departamento de Salud y de Servicios Humanos advierte contra los peligros de una fe cristiana tradicional: "La religión presenta otro factor de riesgo.... Muchas confesiones fundamentalistas y tradicionales siguen mostrando al homosexualismo como algo erróneo". El informe del gobierno recomienda: "La religión necesita revaluar la homosexualidad en un contexto positivo dentro de sus sistema de creencias", si usted se preguntaba si el gobierno estaba preparado para utilizar su poder para limitar la habilidad de las iglesias para predicar el consejo completo de Dios, ahora tiene una respuesta.

La Asociación de Bares de Norteamérica (ABA, por sus siglas en inglés) ha declarado la guerra al cristianismo. El 5 de mayo de 1989, el ABA tuvo un seminario en San Francisco para enseñarle a los abogados cómo pueden demandar eficazmente a los cristianos y a las organizaciones cristianas por fraude religioso y por el "impacto dañino (emocional, financiero, y en los derechos civiles) de la religión y de las creencias religiosas en la sociedad norteamericana". Estos codiciosos abogados están buscando presas fáciles, que estén disponibles para su profesión para demandar a las organizaciones cristianas e iglesias, las cuales según ellos tienen mucho dinero. Norteamérica está sufriendo de una plaga de demasiados abogados que están destruyendo negocios y creando una sociedad en la cual la primera respuesta a cualquier infortunio es buscar a alguien a quien demandar. Los Estados Unidos tienen el noventa por ciento de los abogados del mundo y sufre de más litigaciones que el resto del mundo. El costo de esta confusión legal es sorprendente conforme llena los tribunales y hace que muchos pequeños negocios cierren sus puertas cuando son demandados. Norteamérica ahora tiene cien veces más abogados que su mayor competidor económico, Japón. Mientras tanto, las escuelas japonesas están produciendo cien veces más ingenieros que los Estados Unidos. No se necesita un genio para calcular en donde explotara el crecimiento económico en los próximos años.

Una indicación del creciente prejuico legal en contra de nuestra fe en los tribunales puede encontrarse en las crecientes sentencias legales, pesadas multas, y largas sentencias de prisión en contra de los protestantes cristianos que hacen demostraciones en contra de las clínicas de aborto. En Georgia, por ejemplo, cristianos no violentos que protestaban contra el aborto fueron sentenciados a un período muy largo de prisión además de multas. Mientras que, un traficante de drogas de Atlanta fue sentenciado en 1989 a sólo un año de cárcel por haber asesinado a otro traficante de drogas al dispararle cincuenta y ocho veces. El uso de la violencia por parte de los que protestan contra el aborto, tal como aquellos tres individuos que asesinaron a doctores que realizaban abortos, es ilegal y un pecado en contra de Dios condenado por los cristianos. La batalla por las almas de Norteamérica no será ganada a través de actos violentos. Si las personas adoptan las técnicas carnales y violentas de este mundo recibirán el juicio de Dios sobre sus actividades. Necesitamos recordar las instrucciones de la Palabra de Dios, "las armas de nuestra milicia no son carnales". Esta batalla contra el aborto es una batalla espiritual por el corazón de los hombres y de las mujeres. Sin embargo, la policía y los guardias de las cárceles a menudo utilizan técnicas extremadamente dolorosas cuando arrestan a los que protestan como un medio para castigarlos por utilizar su derecho constitucionalmente protegido de oponerse al asesinato de niños indefensos que aún no han nacido.

**La convención de las Naciones Unidas
sobre los derechos del niño**

A principios de este siglo el líder comunista Lenin colocó su estrategia para atacar los fundamentos de la cultura occidental: "Destruye la familia y la sociedad se derrumbará". Lenin comprendió correctamente que nuestro país jamás sería fuerte al menos que nuestras familias lo fuesen. Uno de los ataques más viles y malignos contra la familia es el plan para eliminar la habilidad de los padres para disciplinar a sus hijos como un medio para corregir su mal comportamiento. Bernie Sanders, un diputado independiente por el estado de Vermont, recientemente presentó al Congreso la Convención de las Naciones Unidas sobre los Derechos del Niño. Este tratado hará del acto de darle nalgadas a su hijo una acción ilegal castigada por la ley. Además, esta Convención de la ONU limitará severamente su habilidad como padre para enseñarle moral o darle una guía espiritual a su hijo. Bajo este tratado cualquier aplicación de castigo físico o disciplina hacia su hijo resultará en que usted vaya a prisión. Recuerde que todo tratado tal como esta Convención de las Naciones Unidas sobre el Derecho del Niño toma precedencia legal sobre cualquier ley estatal o federal de los Estados Unidos. En el futuro un juez activista liberal puede encontrarle a usted culpable bajo la ley internacional de llevar a su hijo a la Escuela Dominical en contra de su voluntad o por darle de "nalgadas" a su hijo para alejarlo de una actividad peligrosa. Si piensa que soy melodramático o que estoy exagerando el riesgo impuesto a la familia por este tratado de las Naciones Unidas que suena inocente, entonces debería de considerar que muchos padres en Escandinavia ya están cumpliendo sentencias de prisión por haberle dado de "nalgadas" a sus hijos. El número de diciembre de 1993 del *McAlvany Intelligence Digest* informó que "en Finlandia es ilegal darle de "nalgadas" a su hijo. Kari Lappalainen fue multado con $100 dólares por tirar del cabello de la hija de su esposa, quien sólo tiene cinco años. Anne Ekblom-Worlund, vocero de la Suprema Corte Finlandesa dijo: 'A los padres no se les permite utilizar ninguna fuerza física para disciplinar a sus hijos'.

La plaga de la violencia y el crimen

La marejada de crímenes violentos y deshonestidad que está barriendo nuestras naciones es una de las señales clave de que nos estamos acercando rápidamente a la crisis final de la historia humana. El caos de la moral seguido por el abandono de los valores cristianos y la oración en nuestras escuelas, ha producido un trágico resultado en una generación de jóvenes que han perdido el respeto por la ley, la propiedad y la vida humana. La situación en los barrios bajos de la ciudad se ha deteriorado hasta el punto en que las balas se han convertido en la causa principal de muerte entre los jóvenes de color. Desde 1960 el FBI informa que el crimen ha aumentado quinientos sesenta por ciento mientras que la población de los Estados Unidos sólo ha aumentado cuarenta y uno por ciento en el mismo período. El Departamento de Justicia llegó a la conclusión que ochenta por ciento de todos los norteamericanos serán víctimas de un crimen violento en algún momento de sus vidas; noventa y nueve por ciento de estas víctimas serán asaltadas al menos una vez, ¡mientras que ochenta y siete por ciento serán víctimas del robo de sus propiedades tres o cuatro veces durante toda su vida. Esto es casi increíble cuando se considera que la mayoría de nosotros creció en vecindarios donde pocas personas cerraban con llave sus casas o tenían temor de la violencia personal. La tasa de asesinatos en Norteamérica ahora es cinco veces más alta que en

Europa y cuatro veces más grande que en Canadá. La epidemia de la violación violenta ha crecido hasta ser setecientos por ciento más que en Europa. Más de cinco millones de norteamericanos son víctimas cada año de crímenes violentos. Durante la trágica guerra de Vietnam, cincuenta y ocho mil soldados norteamericanos perdieron la vida luchando por su país. Sin embargo, en los últimos cuatro años, la sorprendente cantidad de noventa mil norteamericanos fueron asesinados en las calles de la nación, casi dos veces más de los que murieron en trece años de lucha en Vietnam. Esta plaga de violencia no es nada menos que una guerra lanzada por parte de los criminales contra los ciudadanos pacíficos conforme estos hombres malos siguen en su búsqueda de drogas ilegales, guerra de pandillas y venganza.

Crimen y castigo

El sistema de prisiones de América del Norte está en ruinas. Considere el nivel de castigo que los criminales modernos saben que recibirán por sus crímenes en contra de otros ciudadanos en el poco probable evento de que sean atrapados. Un verdadero crimen violento normalmente obtendrá la brutal y criminal cantidad de menos de cuarenta y ocho meses en la cárcel. A pesar de la ampliamente publicada "guerra contra el crimen", los jueces ahora están sentenciando a los criminales que son encontrados culpables de crímenes serios con períodos de encarcelamiento que son sesenta por ciento más cortos que aquellas sentencias dadas en 1954.

Todo nuestro sistema judicial necesita una gran reparación. Por un lado, muchas prisiones están peligrosamente sobrepobladas, con dos o tres prisioneros que comparten una cama rotándose. Por el otro lado hay muchos informes de prisiones que son "Clubes" llenos de costosas instalaciones y equipos recreativos. La revista *Reader's Digest* publicó un artículo turbador en su número de noviembre de 1994 que detallaba algunos de los excesos en las prisiones norteamericanas. Como un ejemplo, la *Mercer Regional Correctional Facility* de Pensilvania, con tan solo 850 internos, tiene una "cancha" de baloncesto de tamaño real, una "cancha" de frontón, pistas de tenis, y área de vóleibol. Su bien equipada área de pesas contiene costosas bicicletas electrónicas y máquinas aeróbicas. Tienen tres directores de actividades para planear el tiempo recreativo de los internos con cinco psicólogos y diez consejeros que cuidan de sus necesidades mentales. El sondeo del *Reader's Digest* llegó a la conclusión de que "Mercer no es una institución excepcional; es, de hecho típica". Sus investigaciones llegaron a la conclusión de que costosos equipos recreativos, grupos de teatro y de música, cursos universitarios y, por supuesto, películas para adultos, son una norma estándar para aquellos que han sido encontrados culpables de crímenes.

Este estudio llegó a la conclusión de que: "el costo total de estas prisiones... toman una gran porción de los presupuestos estatales para los correccionales, mientras que miles de violentos criminales son liberados por falta de espacio". Cientos de millones de dólares son gastados cada año para elaborar programas de rehabilitación y de terapia. Sin embargo, después de treinta años de programas de rehabilitación, los resultados son insignificantes. "Cuando *Reader's Digest* preguntó cuántos criminales sexuales habían rehabilitado en los años que tenía de trabajar allí, el consejero de una prisión de Nueva York respondió: 'Ninguno". Los prisioneros culpables de violencia sexual, han recibido la aprobación de los tribunales norteamericanos, para que se les permita tener en sus celdas materiales pornográficos brutalmente sádicos que involucran escenas de tortura. El sistema moral de nuestro mundo ha sido puesto de cabeza. Prisiones como ésta no pueden representar algo que desanime a los depredadores criminales que hay entre nosotros.

A pesar del horror de la creciente violencia en Norteamérica, las estadísticas de la policía indican que mucho menos del uno por ciento de la población está involucrada en el crimen violento. Una pequeña porción de estos criminales son los responsables del cuarenta por ciento de todos los crímenes. Menos del diez por ciento de los criminales cometen el sesenta y seis por ciento de los crímenes. La carrera criminal promedio comete tres crímenes por semana, acumulando la asombrosa cantidad de 150 crímenes cada año de su vida dentro del crimen. Increíblemente, más del noventa y tres por ciento son ofensores que repiten su crimen. Sin embargo, de todos aquellos que tienen una carrera como criminales, menos del siete por ciento cometen crímenes violentos y menos del uno por ciento de estos criminales violentos, cometen los verdaderamente crímenes violentos del asalto sexual, ataques brutales, y asesinatos. Si le pregunta a experimentados oficiales de la policía que identifiquen a los verdaderamente criminales violentos en su ciudad que han cometido el más brutal de los crímenes y que es probable que lo vuelvan a hacer en el futuro, podrían identificar a varias centenas de estos criminales peligrosos en cada comunidad, que significan un verdadero riesgo de violencia futura a sus conciudadanos. Si nuestros legisladores realmente quisieran hacer que nuestras comunidades nuevamente fueran seguras, podrían hacerlo. Podrían aceptar leyes que forzarán a los jueces a sentenciar como criminales habituales violentos a aquellos que han cometido tres o más crímenes realmente violentos. Los criminales habitualmente violentos deberían de cumplir sentencias de por vida obligatorias sin la libertad condicional. Aquellos que quitan la vida violentamente, deberían de perder la vida según la ley de Dios. Este sistema de justicia evitaría que los peores criminales violentos continuaran infligiendo dolor en otros ciudadanos. Las leyes necesitarían especificar que tres crímenes deben de ser una verdadera violencia física, no un simple robo de auto o algún otro crimen no violento. Además, los legisladores deberían eliminar las prisiones "clubes" para aquellos que han repetido crímenes de violencia y colocarlos en campos de prisión más austeros en remotas áreas desérticas.

Los criminólogos modernos, sociólogos y políticos liberales afirman que la ola del crimen es causada por la sociedad, pobreza, y por las pocas oportunidades de tener una carrera. Esta premisa enfatiza las terriblemente cortas sentencias en prisión que se les da a los criminales violentos. En ves de demandar que los individuos tomen la responsabilidad por la elección de sus acciones, su comportamiento criminal se achaca a los problemas sociales. Sin embargo, a pesar de la constante propaganda liberal de lo contrario, la tasa de asesinatos no tiene casi nada que ver con el nivel de desempleo. Por ejemplo, durante la Gran Depresión, la tasa de asesinato y crímenes de robos a través de Norteamérica de hecho bajaron cuarenta por ciento. Es significativo que la sociedad, aún enseñaba valores morales y la existencia de un bien y un mal absoluto, en la generación anterior a la II Guerra Mundial. Un estudio fascinante realizado por los profesores Wilson y Herrnstein de la Universidad de Harvard y de la Universidad de California descubrió que la tasa de crímenes no está relacionada con las causas económicas y sociales sugeridas por los sociólogos modernos. Su estudio reveló que "durante los años 1960 un barrio de San Francisco tuvo los ingresos menores, la tasa de desempleo más alta, la proporción más alta de familias con menos de $4.000 dólares al año, los menores logros educativos, la tasa más alta de tuberculosis, y la más alta proporción de casas por debajo del estándar... a ese barrio se le llamó Chinatown. Sin embargo, en 1965, sólo hubo cinco personas con antepasados chinos enviados a prisión en todo el estado de California".

En un comentario de los torcidos valores, que gobiernan algunas de las áreas principales de la administración Clinton, considere los recientes comentarios por la antigua Cirujano General Joycelyn Elders. A pesar de testificar a su favor, su hijo, Kevn Elders fue encontrado culpable y sentenciado a diez años de prisión por vender cocaína. Mostrando el nivel acostumbrado de pensamiento moral que caracteriza la administración Clinton, Joycelyn Elders disculpó el comportamiento de su hijo por vender drogas. Explicó: "No siento que haya sido un crimen". Ésta es la misma Cirujano General Elders que abogaba por la legalización de todas las drogas, la distribución de condones en las escuelas preparatorias, y que ha atacado a las organizaciones cristianas conservadoras que se oponen al aborto y a la promiscuidad. Finalmente, Elders excedió incluso las mínimas normas de decencia del Presidente Clinton al recomendar que las escuelas de los Estados Unidos le enseñaran a sus niños a masturbarse como parte de la educación sexual. Aunque Clinton en repetidas ocasiones alabó a la doctora Elders en el pasado, a pesar de sus horribles declaraciones, esa fue la última cosa. La respuesta finalmente le obligó a despedirla para evitar repercusiones políticas en el nuevo Congreso con una mayoría republicana.

El cuarto jinete de las plagas — La tragedia del SIDA

La Biblia advierte que la generación que viva antes de la venida del Mesías experimentará extraordinarias plagas que matarán a una cuarta parte de la población del planeta. La mortífera plaga conocida como SIDA bien puede ser el principio del cumplimiento de la profecía del Cuarto Jinete del Apocalipsis. Las profecías describen el desastre final de la humanidad con la cuarta parte de la humanidad pereciendo de hambre y plagas durante un período de siete años conocido como la Tribulación. Sin embargo la naturaleza de las plagas es tal que esperaríamos que tal plaga mundial empiece lentamente y crezca inexorablemente hasta que aflija a toda la tierra durante el período de la Tribulación. Jesús advirtió que habría plagas en "diversos lugares" en los días antes de Su regreso.

Informes médicos de todo el mundo revelan que estamos perdiendo la batalla contra la plaga del SIDA. Después de examinar a 13.000 mujeres embarazadas en clínicas prenatales de Sudáfrica, los doctores quedaron muy impresionados al darse cuenta que un gran número de estas mujeres estaban infectadas con el SIDA, sin embargo no estaban conscientes que eran portadoras del mortal virus. A la tasa de infección detectada, los doctores calculan que más de 500.000 sudafricanos ahora poseen el virus del SIDA. Un estudio de un diario médico sudafricano de 1992 reveló que cuarenta y siete por ciento de todos aquellos que donan sangre probaron ser positivos del SIDA. Este estudio sugiere que hasta cincuenta por ciento de toda la población de Sudáfrica finalmente morirá de SIDA. Trágicamente, el número de víctimas en África se está duplicando ahora cada trece meses. Más de dieciséis millones estarán infectados del SIDA únicamente en Sudáfrica en los próximos cinco años. La CIA informó en 1992 al presidente Bush que setenta y cinco por ciento de la población de África al sur del desierto del Sahara sucumbiría ante el virus del SIDA y moriría en los próximos diez o doce años. Esto representa una enorme cifra de más de 375 millones de africanos muriendo de SIDA en la próxima docena de años. Este sorprendente reporte es apoyado por varios informes científicos del Centro de Control de Enfermedades en Atlanta, Georgia.

En Zaire, Zambia, Uganda, la estructura social de la sociedad está empezando a colapsar conforme más del veinte por ciento de la población sucumbe a la mortífera plaga. Recientemente, un estudio médico en Zambia llegó a la conclusión que virtualmente cien por ciento de los soldados del ejército ahora están infectados con el SIDA. Esto significa que los ejércitos y los gobiernos de Zambia, Tanzania y Uganda, y otros países del África central experimentarán un devastador colapso en los próximos años.

La agenda homosexual

Desde los años 1950 los medios de información afirmaban que hasta diez por ciento de la población es homosexual. Probados hallazgos científicos revelan que el número de homosexuales consiste del uno o dos por ciento de la población. Sin embargo, los que apoyan el homosexualismo constantemente sugieren que hasta diez por ciento de la población es homosexual. Esta es una parte importante de la agenda educativa homosexual, el convencer a la población que su perversión debe ser "normal" debido a su falsa afirmación que "una persona de cada diez es homosexual". La comunidad sexual, aunque es muy pequeña, está poderosamente respaldada por la principal élite liberal del gobierno, leyes, y establecimientos educativos de nuestras naciones.

Un ejemplo de esta campaña para hacer creer a todos que la perversión sexual es "normal" apareció en mi misma ciudad, en Toronto, Canadá. Recientemente, la extremadamente liberal Directiva de Educación de Toronto votó para apoyar un documento de la mesa directiva llamado *Orientación sexual (homosexualidad, lesbianismo y homofobia)*. Un artículo por George Jonas en las ediciones del 1 y 27 de junio de 1992 del periódico *Toronto Sun* reveló los detalles de este plan que demanda que los niños de las escuelas secundarias de Toronto sean adoctrinados en las políticas homosexuales a través de la introducción de un currículum educativo con una unidad sobre la orientación sexual. Increíblemente, el documento de la mesa directiva postula que "existe una enfermedad o fallo moral llamado heterosexualismo. Consiste en el concepto de que el heterosexualismo es la norma de todas las relaciones sociales y sexuales". Este estudio dice que el "heterosexualismo" ha dado como resultado que los homosexuales y las lesbianas sean marcados como pervertidos, moralmente desviados o enfermos mentales. Sin embargo, este informe liberal afirma que la ciencia moderna ha descubierto que los homosexuales son normales y saludables, pero que aquello que creen que las relaciones sexuales deben ocurrir únicamente entre esposo y esposa son aquellos que "tienen un problema de salud mental". Increíblemente, este cuerpo del gobierno local votó por adoptar este informe que demanda que a nuestros hijos se les diga que este concepto tradicional —que las relaciones heterosexuales entre hombre y mujer son normales— debe ser rechazado como falso y fuera de moda. Además, este mismo documento declara que "existe una clara evidencia que la familia nuclear tradicional y heterosexual es un lugar peligroso para las mujeres y los niños —un lugar donde la prevalencia del abuso sexual y físico es demasiado alto". Estas declaraciones horribles son contradichas por estudios que revelan que un hogar con una madre y un padre es el lugar más seguro para criar a los hijos. Si esta política es implementada, los niños de Toronto serán enseñados por sus profesores que sus padres y madres son enfermos mentales si rechazan la homosexualidad por ser algo anormal.

La próxima etapa en su incansable agenda política homosexual, es instruir a la nueva generación de niños, que su repugnancia natural a la homosexualidad es de hecho una forma de enfermedad mental que necesita ser tratada. ¡Despierten, cristianos! Se está librando una guerra por el alma de nuestros hijos. Perderemos esta batalla si no despertamos a las cuestiones que están por debajo de todo esto. Los ciudadanos cristianos deben contraatacar, demandando que se vuelva a la enseñanza de valores morales fundamentales en nuestras escuelas, iglesias y hogares.

La cosecha de órganos humanos

Muchas personas consideran que los horrores de "cosechar órganos humanos" es simple ficción, ilustrada por la novela de Bran Stroker *Frankenstein* e incontables películas que buscan ilustrar los malos abusos de doctores "enloquecidos". Sin embargo, los escritores de ficción y de terror jamás soñaron con la historia de terror documentada que se desarrolla en China actualmente. La respetada organización para los derechos humanos, *Human Right Watch—Asia*, ha entrevistado a muchos testigos que confirmaron que estas prácticas diabólicas siguen ocurriendo en China. Prisioneros en campos de concentración chinos, que han sido sentenciados a ser ejecutados, son asesinados a propósito en el mismo momento y lugar, de tal manera que sea benéficos a la "cosecha" de sus órganos vitales. A estos prisioneros se les dispara en la cabeza si su corazón, pulmones o riñones son necesarios. Si existe un trasplante que demanda ojos, al prisionero se le dispara en el corazón. Ricos extranjeros que necesitan trasplantes, pero que se rehúsan a esperar en una lista de donantes como todos los demás, viajan a una clínica de Hong Kong o cruzan la frontera a China continental para recibir su "compra" de trasplantes de órganos. Tan pronto como llega el rico paciente, el prisionero es traído al laboratorio médico en donde es ejecutado por los médicos de tal manera que preserve el uso de sus órganos. Estos pacientes extranjeros están dispuestos a pagar hasta $200.000 dólares por un corazón saludable de un prisionero joven. Riñones y pulmones alcanzan los $80.000 dólares en este macabro mercado médico de partes del cuerpo. Nos han llegado informes sobre médicos codiciosos que remueven los órganos de los prisioneros la noche anterior a que fueran ejecutados. La organización Human Rights Watch—Asia confirmó que algunas ejecuciones han sido deliberadamente "fingidas" para mantener al prisionero vivo tanto tiempo como sea posible para aumentar las posibilidades del éxito del trasplante.

Reportes de Sudamérica e India confirman que algunas personas pobres literalmente han vendido sus órganos vitales a laboratorios médicos por la desesperada necesidad del dinero. Un juez en Brasil informó en 1992 que algunos de los niños de la calle que viven en edificios abandonados y en drenajes, habían sido raptados y llevados a laboratorios. Increíblemente, médicos operaron a los niños raptados para "cosechar" cualquier órgano necesario para los pacientes ricos que venían de Europa o de Medio Oriente para recibir el trasplante que necesitaban.

El Consejo de la Asociación Médica Americana para Asuntos Éticos y Judiciales recientemente recomendó que se le permitiera a los médicos "cosechar" órganos de bebés que sufren de las condiciones conocidas como *anencefalia*. Un bebé con este trágico defecto de nacimiento nace faltándole parte de su cerebro y normalmente morirá en unas pocas semanas. Aunque existe un problema real en la escasez de órganos para trasplantes de niños menores de dos años, esta monstruosa propuesta es tanto ilegal como inmoral. La propuesta de trasplantar un órgano de un donante vivo a otro paciente representa un gran cambio de la práctica médica de la historia. Esta recomendación es un escalón abajo en la resbaladiza cuesta ética que nos lleva inexorablemente hacia el enfoque médico de la eutanasia que fue practicada por los médicos nazis en los días más oscuros en los campos de concentración de la II Guerra Mundial. En aquellos horribles laboratorios médicos, los médicos nazis removían quirúrgicamente los órganos de prisioneros judíos vivos en experimentos diabólicos que daban como resultado la muerte de los pacientes. Además era una política nazi bien desarrollada el segregar médicamente y aniquilar a miles de aquellos que sufrían defectos de nacimiento, retardos, o que eran débiles o seniles. Recientemente, informes de Japón confirmaron que el Ejército Imperial Japonés, Unidad 731, mató a decenas de millares de chinos y de otras nacionalidades en una diabólica guerra de gérmenes y con experimentos de guerras químicas. Muchos de estos doctores malévolos ocupan las posiciones más altas en la sociedad japonesa actualmente porque jamás fueron juzgados como criminales de guerra.

La satánica filosofía nazi es completamente distinta de la filosofía judeo-cristiana que ha elevado a la civilización occidental durante dos mil años. La Biblia y las enseñanzas de Jesucristo claramente mantienen que todo individuo tiene un valor infinito ya que somos hechos a la imagen de Dios. Sin embargo, la filosofía satánica y pagana de los nazis rechazó estos valores cristianos y los sustituyó por el sistema humanista secular que mantenía que un individuo no tiene un valor inherente, el valor se medía por la capacidad de servicio al Tercer Reich. Trágicamente, el moderno reavivamiento del neopaganismo ha puesto de cabeza nuestros valores occidentales. Actualmente, médicos respetados con una frialdad increíble defienden los planes más inmorales y diabólicos para asesinar a un niño para "cosechar" sus órganos o para abortar millones de niños aún no nacidos bajo la justificación que este embarazo en particular es económicamente "inconveniente" para la madre. Los que están a favor del aborto declaran que creen que la vida de un bebé de trece semanas es simplemente "parte del cuerpo de la madre" y que puede ser quirúrgicamente destruido de la misma manera que se extirpa un tumor. Parte de la tragedia moral de nuestra época es que millones de personas en nuestra nación han aceptado esta posición inmoral. Dos científicos que fueron galardonados con el premio Nobel fueron más lejos, sugiriendo que los infantes que aún no han nacido, que están en el vientre de la madre, no deberían de ser considerados como humanos con derechos legales hasta que genéticamente se pruebe que el bebé es perfecto. Si se descubre un defecto en el feto, estos científicos tranquilamente sugieren que el niño sea asesinado para evitar que el tal con su imperfección contamine la raza. Increíblemente, los medios de información y otros médicos no han reaccionado condenando esas sugerencias. Estas teorías y acciones malignas son una amenaza grave a nuestro orden moral y una advertencia, de que no pasará mucho tiempo hasta que aparezca el satánico anticristo.

Hambre y población

Desde 1967, la población de la tierra ha crecido en dos billones de personas. Sin embargo, noventa por ciento de ese incremento en la población ocurrió en el Tercer Mundo. Durante los últimos treinta días otros diez millones de humanos hambrientos llegaron a la tierra. Cada mes cinco mil animales o especies de plantas son extinguidas conforme sucumben a la incansable presión de la población sobre su precioso hábitat que se encuentra en peligro. Mientras tanto, cada mes, otros tres billones de toneladas de tierra irremplazable se pierde. Cada treinta días tres millones de acres del bosque lluvioso del Amazonas que nos provee del vital oxígeno que necesitamos para respirar, es quemado para obtener madera para la industria y la construcción y para cultivar la tierra. Trágicamente, a pesar de todas nuestras nuevas técnicas en la agricultura, más personas están enfrentando el hambre actualmente que en cualquier otra época de la historia. Jesús advirtió que un hambre devastadora precedería a Su Segunda Venida.

CAPÍTULO ONCE

Los ataques de los medios de información al cristianismo

Se está librando una guerra a vida o muerte por el corazón y las almas de nuestra familia. Escritores y productores de películas, canciones, programas de comentaristas y otras producciones de la televisión tienen una agenda que es completamente opuesta a la moral y a los valores religiosos del norteamericano o de cualquier otra persona decente en cualquier parte del mundo. Las ondas de transmisión están llenas de programas viles, profanos, violentos y blasfemos y entran a nuestros hogares a través de los aparatos de televisión. La verdad es que hay un enemigo en el campamento.

La influencia de la televisión sobre los valores

Los investigadores para un sondeo de *Time/CNN* realizado en 1989 reveló que la persona promedio ve la sorprendente cantidad de 30 horas de televisión cada semana de su vida. Cuando consideras que la mayoría de las personas sólo están despiertas dieciséis horas al día. Las treinta horas dedicadas a ver la TV suman casi cien días completos viendo la televisión cada año. Esto es igual a la tercera parte de la vida de una persona. En una vida normal de 70 años, el televidente promedio desperdiciará diecinueve años de su vida enfrente de la televisión. Aunque la cantidad de tiempo es una preocupación, el problema real es lo que ven en la televisión, en cuanto a calidad y entretenimiento. No ven cursos por correspondencia a nivel, ni programas ampliando clases técnicas como los que ofrecen los canales *Learning* o *Discovery,* ni programas históricos culturales, ni aun espacios modernos musicales pero decentes, la mayoría de los norteamericanos y canadienses ven la basura de las novelas matutinas y los programas de violencia y acciones inmorales en la noche. A los dieciocho años, el estudiante promedio habrá visto a doscientos mil individuos actuar en la violencia de la televisión, incluyendo dieciséis mil asesinatos. En el pasado, la mayoría de las personas obtenían la información que querían moldeando así sus conceptos filosóficos de la vida leyendo los libros deseados o leyendo la Biblia. Sin embargo, la televisión, moldeada por una mente satánica de la élite de los medios de información, la cual es opuesta totalmente a los valores morales, ahora se ha convertido en la principal fuente de información para más del sesenta y cinco por ciento de los norteamericanos. Michael Medved, uno de los críticos más perspicaces de los medios de comunicación en Norteamérica, ha escrito una poderosa declaración sobre todos los medios de información que han salido al ataque de los valores morales y tradicionales del televidente cristiano promedio. Recomiendo que cualquiera que esté interesado en esta cuestión obtenga el excelente libro de Medved *Hollywood vs. América*, publicado por Zondervan en 1992.

La agenda de los medios de información para corromper la moral

Los medios de información actualmente despliegan una gran obsesión con la inmoralidad sexual y con la perversión. Aunque la mayoría de los norteamericanos viven en fieles relaciones con su única esposa, las películas y la televisión reflejan la inmoralidad, fornicación y adulterio como algo normal y común. Según el Estudio Harris terminado en 1988, en el transcurso de un solo año de TV, las cadenas lanzan más de sesenta y cinco mil referencias a las actividades sexuales durante las horas de mayor audiencia de la tarde y de la noche. Increíblemente, esto da como resultado veintisiete referencias a la actividad sexual cada hora de transmisión. Durante una semana de competencias, cuando las cadenas televisan sus mejores programas e intentan ganar la competencia, tales programas contenían casi seiscientas ilustraciones de actividad sexual. Significativamente, noventa y tres por ciento de esas escenas eran de sexo inmoral fuera del matrimonio. Este exceso de sexo extramatrimonial no puede ayudar sino debilitar la fibra moral del televidente promedio. ¿Cuál es la respuesta pública a estas transmisiones y películas de los medios de información? Una encuesta descubrió que cuarenta y cinco por ciento de los adictos a las películas del pasado ahora se rehusaban a asistir al cine debido a la violencia excesiva y más del setenta y cinco por ciento pensaba que la calidad de las películas había degenerado en las últimas dos décadas.

El libro de Michael Medved *Hollywood vs. América* reveló que las tres principales cadenas de TV perdieron más de la tercera parte de su teleaudiencia, un total de treinta millones de televidentes que simplemente apagaron los programas de las cadenas por estar molestos. Como resultado, las cadenas tuvieron 0 ganancias en 1991. Aunque afirman estar en la televisión y en el negocio del cine para ganar dinero para sus inversionistas, la mayoría de los televidentes rechazan las películas violentas y pornográficas. Sin embargo, la élite de Hollywood continúa produciendo películas llenas de violencia y suciedad debido a que su verdadera motivación, es que su agenda filosófica se opone a los valores judeo-cristianos muchos productores, directores, y actores siguen una agenda que quiere destruir los valores cristianos fundamentales que atesoramos. Existe una guerra cultural en la actualidad por el alma de nuestras naciones.

Según un análisis de la revista *Rolling Stones*, durante la apertura de la temporada de televisión de 1991, veintiséis nuevos programas ilustraron crudas bromas sexuales o actividades sexuales. Las parejas matrimoniales son muy raras en la TV actualmente, ya que la mayoría de los personajes dan la imagen de personas solteras o divorciadas e involucradas en un comportamiento sexual inmoral. En contraste con la figura presentada en los actuales programas de TV, más de las dos terceras partes de los norteamericanos que tienen más de dieciocho años están casados. De hecho, el sondeo de Simenauer y Caroll de 1982 encontró que noventa y uno por ciento de los norteamericanos deseaban estar casados. El abismo entre la ilusión de Hollywood y la verdadera vida norteamericana es grandísimo. Costaría trabajo encontrar el personaje de una mujer soltera en la televisión, o en una película, que no esté involucrada en un comportamiento inmoral. No es un accidente que la tasa de madres adolescentes solteras se haya elevado quinientos por ciento de 1960 a 1994. Sin embargo, a pesar de la persuasión incansable de los medios de información hacia la inmoralidad, más del sesenta y cinco por ciento de las mujeres adolescentes menores de dieciocho años permanecen siendo vírgenes.

Videos y discos de rock

Otro ejemplo de la actitud anticristiana se revela por videos de *rock* producidos por la superestrella Madonna. Su documental, *Like a Prayer* (Como una oración), contiene escenas sacrílegas mostrando una estatua de una iglesia con un santo africano que le salen lágrimas reales y que cobra vida. El documental muestra a una Madonna parcialmente desnuda besando los pies de esta imagen. Mientras se transforma gradualmente en un hombre real Madonna procede a hacer el amor con él. Finalmente, al terminar la escena, ambos muestran el estigma, las heridas en las manos y en los pies de Cristo después de haber sido crucificado. Los padres son horrorosamente ignorantes de la naturaleza real de la música y documentales de rock que sus adolescentes están escuchando. Los videos y discos de rock contienen grandes cantidades de violencia contra las mujeres, tortura, perversión y asesinato. Muchas de las letras son simplemente indignas de ser impresas. En un solo disco del grupo *2 Live Crew* titulado *As Nasty as They Want To Be* (Tan malos como ellos quieren ser), los adolescentes escucharán 430 referencias vulgares a las actividades sexuales, 80 referencias a la suciedad humana, y 163 referencias degradantes de las mujeres.

El programa "Roseanne" ataca el cristianismo

El episodio del 3 de mayo de 1994 del programa *Roseanne*, de la cadena ABC, fue uno de los ataques más peligrosos al cristianismo que ha aparecido en la horas estelares de la televisión. Trágicamente, aparte de un excelente artículo crítico en el *AFA Journal* publicado en Tupelo, Mississipi, hubo muy poca reacción del público o iglesias cristianas. Durante este episodio en particular, Dan y Roseanne, los padres de la comedia, están preocupados por saber dónde pasa las horas de la tarde su hijo D.J. de doce años. Se enteran por su hija Darlene, que ha estado asistiendo en secreto a unos servicios en la iglesia, después de las clases en su búsqueda por los valores morales. Darlene le informa a Roseanne, "es peor de lo que pensabas. Está yendo a la iglesia". Después de que su hijo acepta haber estado asistiendo a la iglesia para buscar una guía moral, Roseanne le dice a D.J. que no necesita ir a la iglesia porque le puede preguntar a ellos cualquier cosa que quiera saber sobre Dios. ¿En qué religión estamos? —pregunta el hijo. No tengo ni la menor idea —responde Roseanne sarcásticamente.

El mismo programa muestra a Roseanne mintiendo sobre una estufa nueva que obtuvo deshonestamente cuando una compañía por error le entregó dos estufas en vez de una. En vez de llamar a la compañía para devolverla, Rosanne intenta vender ilegalmente la estufa a través de un anuncio en el periódico donde ella le dice al prospecto de comprador que se ganó la estufa en el concurso de un programa. Sin embargo, su hijo confronta su deshonestidad diciéndole: "Jamás estuviste en ningún programa de concursos". Ella defiende su mentira gritándole a su hijo: "Estuve en un programa de concursos. Si no pasaras tanto tiempo en esa, ah, iglesia, ¡lo sabrías!" Más tarde D.J. le pregunta a Roseanne: "Es malo decir groserías, ¿verdad? Entonces ¿cómo es que tú dices tantas groserías?" "Bueno —le responde ella—, porque muchas veces es difícil no decirlas. Pero, si dijera tantas groserías como quisiera, ¡jamás diría otra cosa! ¿Te das cuenta? ¡Estoy refrenándome y a Dios eso le gusta!" Más tarde, su hijo le pregunta a Roseanne por qué siempre le hace mentir con respecto a su edad cuando van al cine. "Así podemos darle más dinero para la limosna", miente, porque ella desprecia las limosnas.

Cuando D.J. critica la inmoralidad de su hermana quien vive abiertamente con su novio: "No creo que Darlene y David deberían tener relaciones sexuales sin estar casados". Roseanne y Dan rehúsan contestar. Cuando Darlene pregunta sobre la estufa, Roseanne insiste en que la compañía "se la dio". Defiende su deshonestidad afirmando que su robo no es nada comparado con la "gran compañía" que le roba a la "pobre gente" como ella todo el tiempo. Más tarde, Roseanne vende la estufa y divide el dinero con sus cómplices. Confrontados por el hijo conforme dividen lo obtenido, Roseanne le grita. "¡Déjame en paz! ¡Incluso Dios se tomó un día libre!"

Esta increíble historia de *Roseanne* ilustraba a un niño buscando alguna clase de base moral. Sin embargo, cuando el hijo preguntaba sobre cuestiones morales como el engaño, robo, mentira y fornicación, sus padres lo ridiculizaban y lo atacaban por sugerir que existían normas del bien y del mal que deberían gobernar nuestra conducta. Las muchas profanaciones y obscenidades del programa están acompañadas por constantes aplausos. El tema claro de este programa, al igual que el de muchos otros, es la burla total del cristianismo desde el principio hasta el último comercial. Tal vez lo peor es que este programa recibió muy pocas llamadas o cartas de queja condenando este vicioso ataque de los valores cristianos.

Esta clase de ataque a nuestra fe está aumentando, a través de los medios de información, a medida de que se dan cuenta de que pueden decir cosas malas sobre nuestras creencias con impunidad. Los cristianos se han acostumbrado tanto a ser ridiculizados en la televisión que la mayoría de nosotros no reaccionamos cuando nuestra fe es denigrada, considere cuál sería la reacción si el programa hubiese elegido burlarse de los musulmanes o de los judíos. Protestas públicas y demandas hubieran causado el escándalo si los productores hubieran atacado a cualquier otra de las creencias principales. Necesitamos despertarnos como cristianos y defender nuestras creencias cuando son atacadas abiertamente. Si no lo hacemos, seremos testigos de una campaña en Norteamérica contra el cristianismo similar a la campaña que la propaganda nazi organizó en contra de los judíos durante los años 1930 en su preparación para el holocausto.

Películas recientes que atacan al cristianismo

Docenas de películas anticristianas han aparecido durante los últimos años. Solamente considera la larga lista de las películas anticristianas que se están exhibiendo y verás una clara tendencia que ataca y denigra la fe de millones de cristianos. La mayoría de estas películas han aparecido tanto en la televisión como en los cines.

Poltergeist II. En esta película, llena de ocultismo de la Nueva Era y temas satánicos, un predicador cantando un himno demoníaco intenta destruir a un niño.

La visión. Esta película muestra a los cristianos conspirando para utilizar tecnología hipnótica en su programa de TV para tomar el control del mundo.

Pass the Ammo. Esta película ilustra a tele-evangelistas inmorales en una especie del escándalo PTL.

The handmaiden's Tale. En esta película los cristianos han establecido un completo gobierno cristiano totalitario y fundamentalista con un círculo secreto de prostitución para los líderes, la quema de libros, y la tortura de enemigos religiosos.

El Rapto. Esta película ataca la esperanza de la resurrección. Una mujer cristiana engañada, recién convertida, lleva a su hija al desierto para esperar el Rapto. Cuando no ocurre lo que ella esperaba, le da un balazo a su hija en la cabeza mientras ora a Dios.

AT Play in the Fields of the Lord. Esta película ataca los esfuerzos misioneros presentando a un grupo de misioneros desagradables, locos y arrogantes que intentan obligar a los nativos del Amazonas a aceptar a Cristo. Los indios son presentados como inocentes y perfectamente entonados con la naturaleza, mientras que los misioneros protestantes y católicos como malos, intolerantes, psicóticos, y con un espíritu malo.

Guilty As Charged. Esta película absurda presenta a un loco religioso "citando las Escrituras" como un asesino maniático que atrapa a criminales que han sido liberados de las cárceles por tecnicismos legales. Este "cristiano" ejecuta a estos criminales en su propia cámara de ejecución en su sótano privado, mientras está rodeado de cruces y de versículos bíblicos en las paredes.

Star Trek V. Esta película termina con el capitán Kirk respondiendo a una pregunta del doctor McCoy: "¿En verdad Dios está allí afuera?" En una perfecta respuesta de la Nueva Era, Kirk responde (señalando su pecho): "Tal vez no esté allá, tal vez esté aquí mismo. El corazón humano".

La última tentación de Cristo. A pesar del hecho de que más de veinticinco mil cristianos protestaron en contra de la película, los estudios de Hollywood ignoraron su petición sincera, por detener la puesta en pantalla de esta despreciable y dañina película. La película contenía veinte escenas increíblemente ofensivas al cristianismo, que pervertían totalmente la verdad histórica sobre Jesús. Por ejemplo, en una escena presenta a Jesús como un fisgón observando a María Magdalena teniendo aventuras con diez hombres. Más adelante, en la película, el apóstol Pablo confiesa que realmente él jamás creyó en la resurrección. En la secuencia final del sueño de la película, Jesús es ilustrado haciéndole el amor a María Magdalena. A pesar de la aprobación masiva por los medios de información y de la promoción de un gran presupuesto, la película explotó, costándole a los inversores más de $10 millones de dólares en pérdidas.

Cape Fear. El mismo productor, Martin Scorsese, continuó su campaña contra la fe cristiana en su próxima película, *Cape Fear* una renovación de los años 1940 sobre un convicto que escapa y regresa a atacar a su abogado. Sin embargo, en esta actualización, Scorsese revela su verdadera agenda anticristiana haciendo que el convicto aparezca con cruces tatuadas sobre toda la espalda y versículos tatuados en sus brazos. El convicto mutila a una víctima mientras afirma ser un pentecostal que está interesado en salvar sus almas. Más tarde en la película conforme se prepara para violar a su víctima le pregunta: "¿Has nacido de nuevo? Muy pronto estarás hablando en lenguas". Entre estos despreciables actos, el convicto habla en lenguas. Ninguno de estos elementos antirreligiosos estaban en la película original. Cada uno de estos elementos anticristianos fueron añadidos específicamente por Martin Scorsese como respuesta a aquellos que se atrevieron a criticar su anterior película anticristiana, *La última tentación de Cristo*.

La élite de Hollywood está dispuesta a ir a profundidades abismales al escarbar en las cloacas morales para complacer los pervertidos gustos de los cinéfilos. Increíblemente, MGM pagó $500,000 dólares por los derechos de un guión de película en el cual al presidente de los Estados Unidos se le ve teniendo relaciones sexuales con una vaca. El nivel de lenguaje abusivo y profano en las actuales películas de Hollywood es sorprendente. Un estudio reciente reveló que en promedio las películas para adultos de 1991 tenían más de cuarenta y una referencias profanas o vulgares por película. Incluso las películas para niños no están a salvo. Más del setenta por ciento de las películas para niños contienen un lenguaje profano, sexual y vulgar. Con un descuido total por el realismo, las películas modernas jamás muestran a personajes orando a Dios pidiéndole ayuda o buscando una guía espiritual, por parte de sus ministros o sacerdotes durante una crisis personal. ¿Alguna vez has visto un personaje en la televisión o película buscando inspiración en la Biblia, tal y como lo hacen millones de personas cada semana en Norteamérica? A pesar de la inminente muerte, enfermedad o del desastre absoluto, nadie ora jamás a Dios o busca una guía espiritual en las películas o en la TV. No he escuchado de un programa reciente o película de TV que haya mostrado a un personaje orando conforme se acerca a la muerte. Esto es tan irreal que revela un antagonismo masivo a la realidad espiritual y a la fe cristiana por parte de los productores y escritores de Hollywood.

Los escritores, directores y productores de estos programas demuestran su odio y antagonismo hacia la fe cristiana, presentando numerosas películas insultantes que hubieran sido inconcebibles anteriormente. El Código de Producción de 1930, el cual gobernaba las películas y la televisión, colocó normas que prohibían los insultos abiertos al cristianismo que hoy son actuales en las películas. Hasta mediados de los años 1970, Hollywood cumplía con el Código de Producción de 1930, Artículo VII, el cual declaraba, "(1) Ninguna película o episodio puede ridiculizar a cualquier fe religiosa. (2) Ministros de la religión en su personaje como ministros de la religión no deberían ser utilizados como personajes cómicos ni como villanos. (3) Ceremonias de religiones definidas deben ser tratadas con cuidado y respetuosamente". Si este Código de Producción existiera actualmente nos habría salvado de las despreciables películas producidas durante los últimos años que ridiculizan abiertamente la fe de millones de cristianos. Aunque esta élite de los medios de información desprecia el cristianismo tradicional, despliegan una aceptación sin criticismo de las religiones paganas, ocultistas y de la Nueva Era. En los últimos cinco años Hollywood ha producido catorce películas que reflejan positivamente el tema de la reencarnación como parte de las actitudes paganas y de la Nueva Era que se encuentra en la élite de los medios de información en la actualidad.

¿Ha atraído a una mayor audiencia el incansable enfoque inmoral, la licencia sexual y la violencia de las películas? La verdad es que las cifras de asistencia han caído dramáticamente conforme las películas de Hollywood se han vuelto extremadamente violentas, profanas y sexualmente perversas. Considere las siguientes cifras de asistencia: 1948 —900 millones; 1965 —44 millones; 1984 —23 millones; 1991 —19 millones. A pesar de los millones que se gastan en sofisticados programas de anuncios, a medida que las películas se volvieron más perversas y violentas, debido a la horrible violencia y a lo profano, cuarenta y cinco por ciento de los que antes iban al cine rehúsan a asistir al mismo. Como resultado, las ventas de entradas de cine en los años 1990 son las más bajas en los últimos quince años.

Violencia en las películas y el comportamiento violento

A pesar de la negación por parte de la élite de los medios de información de Hollywood, un análisis de cerca de doscientos estudios sobre la relación entre ver violencia en la televisión y subsecuentemente llevar a cabo esa violencia física, se llegó a la conclusión de que algunos espectadores son influenciados definitivamente para comportarse de una manera más violenta después de observar tales programas. Muchos críticos de los medios de información han comentado sobre el gran incremento en la violencia de las películas. Por ejemplo, la película *Rambo III* mostró 106 muertes violentas, mientras que la película *Die Hard 2* mostró a 264 personas asesinadas en un período de dos horas. Sesenta y dos por ciento de las películas recientes tenían escenas gráficas de muertes. Según el informe de 1991 de la Coalición Nacional Sobre la Violencia en la Televisión la ola de violencia se extiende al campo de los videos musicales al igual que a las películas. Un análisis de 750 videos musicales recientes reveló que más de veinte actos de violencia ocurren cada hora.

Al considerar la susceptibilidad de los espectadores a las ilustraciones de violencia de los medios de información, es importante darnos cuenta que la mayoría de los espectadores no responden a los programas mostrando un comportamiento violento. Sin embargo, estudios cuidadosos, tal como el estudio de veinte años en la Universidad de Pensilvania, reveló que treinta por ciento de los espectadores de estos programas violentos, se vuelven temerosos o deprimidos como resultado de ver programas violentos. Otro once por ciento más tendía a duplicar de alguna manera en los próximos años los actos violentos que veían. No hay duda de que el abismo moral por los valores en erosión y los personajes desalmados que dominan las películas modernas han influenciado a un gran número de adolescentes que parece que han perdido su sentido de propósito. Una encuesta descubrió que sesenta y siete por ciento de los espectadores sentían que la violencia en la televisión y en las películas era la "principal causa" por la creciente epidemia de la violencia en la adolescencia. Desde 1951, la tasa de suicidios entre adolescentes ha aumentado más de cuatrocientos por ciento. El Centro para el Control de las Enfermedades informó en 1992 que más de un millón de adolescentes intentaron acabar con sus vidas por medio del suicidio durante ese año con 276.000 de ellos manteniendo las heridas. Un sorprendente 8.3 por ciento de adolescentes afirmó en un sondeo reciente que habían intentado suicidarse al menos una vez. Durante una época cuando sus vidas deberían estar llenas de actividades atléticas, de aprendizaje y preparándose para el futuro, para una sociedad mejor, es una tragedia que muchos de nuestros adolescentes hayan perdido el sentido de la vida y su significado, y que fracasen, sin ver que sus vidas tienen un valor infinito.

La epidemia de la violencia en la televisión también se extiende a las caricaturas de los niños. Según un estudio respetable, *The violence profile-1967-1989 children's programming*, el cual examinó la prevalencia de la violencia en las caricaturas de niños, las caricaturas promedio de los sábados por la mañana contienen veinticinco actos de violencia cada hora. Según la Coalición Nacional sobre la Violencia en la Televisión, 1991-1992, más de setenta y dos por ciento de las caricaturas para niños demuestran un promedio de diez actos de violencia cada hora. Por ejemplo, la popular película para niños, *Teenager Mutant Ninja Turtles*, contenía 194 actos de violencia extrema.

Pat Buchanan, el comentarista político y coconductor del programa de la CNN *Crossfire*, escribió sobre la agenda de la élite de los medios de información para arruinar los valores y la moral de la nación: "La gente del arte... está metida en una batalla cultural para hacer desaparecer la antigua familia americana, la fe, y la bandera y recrear una sociedad con una imagen pagana". El gobierno federal ahora apoya la Fundación Nacional para las Artes con cientos de millones cada año para animar a la comunidad artística. Como una demostración de las actitudes liberales y anticristianas que son comunes entre aquellos encargados en administrar los fondos del arte, considere alguna de las recientes decisiones. Rechazaron una donación de $10.000 dólares a un grupo que quería enseñar a jóvenes pintores técnicas de dibujo. El razonamiento fue que este entrenamiento "reprimiría la creatividad". Posteriormente, estos administradores de los fondos federales decidieron otorgar $70.000 dólares de los contribuyentes para fundar una horrible galería de Shawn Eichman la cual mostraba "artísticamente" una jarra que contenía su propia sangre y a un bebé abortado. La Fundación Nacional para las Artes también fundó una exhibición que mostraba a un artista que degradaba a Jesucristo en unos cuadros. Después dieron $20,000 dólares para apoyar una exhibición, la cual mostraba proposiciones sexualmente explícitas cubiertas con numerosas Biblias. Esta tendencia a denigrar los valores espirituales, y los sentimientos religiosos de los contribuyentes cristianos, cuyos fondos han provisto sus salarios y presupuestos es bastante selectivo. Tienen en el blanco a los cristianos pero sabiamente eligen evitar el ataque a los judíos o a los musulmanes. Un ataque al judaísmo justificaría una gran demanda antidiscriminatoria de parte de B'nai B'rith. Si se atrevieran a insultar la sensibilidad religiosa de los musulmanes deshonrando al Corán, se dan cuenta que muy probablemente pagarían su licencia "artística" con sus propias vidas. Sin embargo, estos administradores artísticos "liberales" creen que es seguro atacar a los cristianos porque calculan correctamente que pueden salir del problema sin serias consecuencias. La verdad es que los cristianos deberían utilizar toda su fuerza con las nuevas leyes antidiscriminatorias y antiodio para demandar a cualquier grupo o individuo que salvajemente, y con odio, ataca la fe y las creencias de aquellos que siguen a Cristo.

Las actitudes de la élite de los medios de información

¿A quién se puede culpar de este gran ataque a los valores morales? Parte de la respuesta se encuentra en el resultado de un sondeo de la opinión pública de 104 de los ejecutivos con más influencia de la televisión y de los medios de información, las personas clave que toman decisiones, que han elegido las películas y los programas y que han recibido los fondos y la promoción durante los últimos años. El respetado grupo de estudios Lichter/Rothman revela una sorprendente diferencia en las actitudes y valores morales del ciudadano norteamericano promedio. Por ejemplo, ochenta y cuatro por ciento de los ejecutivos del cine y de la televisión creen que el adulterio, el divorcio y la homosexualidad son aceptables. Increíblemente, cuarenta y cinco por ciento de esta élite afirman que jamás asisten a la iglesia o a la sinagoga. Esta élite de Hollywood y de Nueva York vive en un mundo materialista, secular y humanista rodeados de personas que, comparten sus bajos valores inmorales. Asumen equivocadamente que el resto de la nación comparte su estilo de vida materialista e inmoral en el cual los valores espirituales casi son inexistentes. La élite de los medios de información está casi aislada del mundo de las calles en el cual vive un importante número de norteamericanos y canadienses con matrimonios felices y que asisten a la iglesia con bastante regularidad.

Para comprender el gran abismo que separa la moral y el estilo de vida de este grupo dominante norteamericano promedio, deberíamos mencionar que en comparación con la virtual ausencia de Dios en las vidas de estos dirigentes de la información, el setenta y ocho por ciento de los norteamericanos han dicho a los entrevistadores que oran al menos una vez por semana. Además, cuarenta por ciento asiste a la iglesia o a la sinagoga cada semana y admiten que su creencia es un absoluto código moral de Dios, es una de las partes principales de su filosofía. Una encuesta reciente realizada por *Newsweek* reveló que es quiniento por ciento más probable que los norteamericanos asistan a la iglesia cualquier semana a que vayan al cine. En diciembre de 1991 una encuesta de la opinión pública realizada por *Time/CNN* encontró que setenta y ocho por ciento de los norteamericanos creen que debería haber la oración en las escuelas. Sesenta por ciento afirma que no votaría por un candidato presidencial que declarara que es ateo. A pesar de las constates historias en las noticias que nos dicen que la influencia religiosa está disminuyendo en Norteamérica, un artículo fascinante en el *U.S. News and World Report* publicado en diciembre de 1991, reveló que la sorprendente cantidad de cincuenta y cinco por ciento de los encuestados afirmaban que "una relación más cercana a Dios" era su meta principal durante ese año. Esta es una de las mejores indicaciones de que muchos de nuestros vecinos y amigos están más dispuestos a permitirnos compartir nuestra fe en Cristo de lo que habíamos pensado.

CAPÍTULO DOCE

El ataque a la privacidad y a la propiedad privada

En 1994 la administración Clinton introdujo una gran legislación sobre la Reforma al Sistema de Salud que prometía un cuidado de salud universal para todos los ciudadanos. Aunque la propuesta inicial del presidente fue rechazada, la Casa Blanca y el Congreso siguen planeando introducir el cuidado de salud universal en el futuro. Sin embargo, enterrado en lo profundo de esta propuesta de salud, se encuentran las provisiones que eliminarán la tradicional privacidad paciente/doctor. No es sorprendente que el presidente haya fallado en notificar a los norteamericanos de estas amenazas a su privacidad y libertad.

La tarjeta de salud — El principio de un sistema nacional de identificación

La amenaza más grande es la nueva "Tarjeta de Salud" que el presidente Clinton sostuvo en su mano cuando introdujo sus planes en la televisión nacional. Aunque el presidente Clinton enfatizaba la importancia de esta tarjeta de salud, falló al señalar que la tarjeta de salud también introduciría el sistema de la tarjeta de identificación de seguridad nacional que utiliza toda la policía de los estados para controlar a sus ciudadanos.

Un nuevo sistema médico nacional computarizado, contendrá información médica personal de cada ciudadano norteamericano. Cualquiera que piense que sus pruebas médicas privadas y sus registros de salud, estarán a salvo y seguros dentro de las computadoras del gobierno federal, probablemente todavía cree en cuentos de hadas milagrosas. Una vez que su registro médico personal sea descargado en la base de datos de una gran computadora del gobierno, perderá el control de la información más privada y personal que posea.

La Tarjeta de Salud es la primera cuña del futuro ataque sobre la privacidad y la libertad. El ataque incansable de nuestra libertad tradicional, que se está planeando actualmente será peor que cualquier otra cosa que se haya experimentado en la historia de Norteamérica. La Dirección Nacional de Salud propuesta por el presidente Clinton, establecerá "números identificadores únicos y nacionales" para cada hombre, mujer y niño norteamericano y proveerá de una identificación desde el momento en que nacemos hasta que llegue la muerte. A partir de ese momento, cada vez que tenga usted una prueba médica o que vaya a consultar a un médico, farmacia u hospital, sus pruebas médicas privadas y su información personal será transmitida instantáneamente a la computadora de los registros del centro de salud del gobierno federal. Su información más íntima y personal ahora estará "en los archivos" y disponible a partir de entonces para ser examinada por "individuos autorizados" o por cualquier fanático de las computadoras que pueda irrumpir en el banco de datos del sistema de salud federal. La lista de la Cámara de los Diputados y de Senadores introducidas por Hillary y Bill Clinton contienen provisiones que piden grandes multas y fuertes sentencias de prisión para cualquier norteamericano que no quiera inscribirse en este maravilloso plan de salud de Clinton. Obviamente, las verdaderas razones para estos planes locos y un tanto satánicos es obligar a todos los ciudadanos para que se inscriban en este plan de salud del gobierno quieran o no. Si este plan de salud de Clinton o cualquier otra estrategia similar se convierte en una ley en el futuro, el FBI y la policía lograrán su meta de registrar a todos los ciudadanos norteamericanos en un sistema nacional de identificación. Esta estrategia capacitará al gobierno para monitorear las acciones de cada ciudadano a partir de ese momento. Significativamente, todas las dictaduras requieren que sus ciudadanos lleven sus "tarjeta de identificación nacional" en todo momento. La tarjeta de salud será una "tarjeta inteligente" con un *chip* de computadora que contiene información singular biométrica que identificará absolutamente a ese ciudadano y electrónicamente codificará su información personal de salud. La información biométrica codificada puede incluir las huellas dactilares, las huellas de la mano o la impresión de la voz, las cuales proveerán de una identificación positiva para evitar tarjetas falsas.

La presión crecerá en el futuro para expandir continuamente la información contenida en tal tarjeta de identificación nacional hasta que finalmente incluya el número de la seguridad social, los registros de inmigración y posiblemente el expediente policiaco de cada individuo. Analice hasta dónde puede llegar el uso de esa Tarjeta de la Seguridad Social, con todos sus datos en una computadora, aunque el gobierno prometió originalmente que jamás sería utilizada con el propósito de identificación. Mucha gente en el Congreso quiere introducir una tarjeta nacional inteligente de imigración con un *chip* de computadora que provea de la prueba absoluta que un individuo tiene el derecho legal para trabajar en los Estados Unidos.

Reglas para el control de armas

Los investigadores estiman que existen más de 200 millones de armas de fuego en los Estados Unidos, incluyendo casi sesenta y seis millones de armas de mano. La élite globalista que intenta desmantelar tanto la soberanía de los Estados Unidos como del Canadá tiene una meta principal. Su objetivo es desarmar a la población civil del país para que no pueda existir una oposición creíble a la imposición de un nuevo orden mundial. Los globalistas saben que muchos ciudadanos se opondrán a perder su liberad y soberanía. Sería virtualmente imposible esclavizar a un grupo de ciudadanos que aún retienen sus armas de fuego. Estos elitistas del Nuevo Orden Mundial, son ayudados por muchos de los medios de información liberales e izquierdistas que piensan que nadie, excepto la policía y el ejército, debería tener acceso a las armas de fuego. Muy pocos de estos liberales han vivido alguna vez en el campo o gozado de la experiencia de utilizar un rifle para tirar al blanco o ir de cacería. Como resultado tienden a ver las armas de fuego como un terrible mal social que debe ser eliminado.

Los liberales también ponen a un lado el registro histórico de que los hombres libres con acceso a las armas de fuego han sido capaces de retener su libertad. La historia también revela que aquellos que entregan sus armas de fuego finalmente se encontrarán a merced tanto de los criminales como de las fuerzas militares de la élite del totalitarismo que desea gobernar sobre nosotros. La necesidad de desarmar a los hombres libres antes de esclavizarlos fue reconocida por Lenin, el revolucionario comunista que destruyó la libertad de Rusia en 1917 y colocó el fundamento para el asesinato de más de sesenta millones de ciudadanos rusos durante este siglo. "Una de las condiciones básicas para la victoria del socialismo es el armar a la clase trabajadora y desarmar a la burguesía" (la clase media; *Obras coleccionadas de Lenin*). En el entrenamiento político de los comunistas en Rusia, las "Reglas de la Revolución" fueron enseñadas, las cuales colocan varias reglas básicas que ellos creen que son esenciales para acabar con una sociedad libre. Una de estas reglas fundamentales es: "Registra todas las armas de fuego, bajo cualquier pretexto, como el preludio para confiscarlas".

En 1787, Noah Webster en su *Examination into the Leading Principles of the Federal Constitution*, discutió sobre el peligro de nuestra libertad si el gobierno desarmaba a sus ciudadanos: "Antes que pueda gobernar un ejército, el pueblo debe ser desarmado, como lo están haciendo en casi todos los reinos de Europa. El poder supremo de Norteamérica no puede imponer leyes injustas por medio de la espada, porque todo el pueblo está armado, y constituye una fuerza superior a cualquier bando de tropas regulares que puedan levantarse en los Estados Unidos". En otras palabras, el hecho de que cientos de millones de ciudadanos norteamericanos y canadienses tienen el derecho legal de poseer armas y municiones, actúa como una barrera real para la tendencia de aquellos grupos elitistas que desean imponer un gobierno totalitario sobre nuestras naciones. Desde el punto de vista de aquellos que desean un gobierno mundial, su meta es negarle a los ciudadanos su derecho constitucional de poseer armas de fuego legalmente. La introducción de leyes de control de armas logrará dos objetivos importantes para la élite globalista. Por un lado estas nuevas leyes harían que decenas de millones de ciudadanos se convirtieran en criminales si rehúsan entregar las armas que antes era legal tenerlas.

Además, obligarán a más de cien millones de ciudadanos a entregar sus armas al gobierno. Este desarme de los ciudadanos hará más fácil la futura introducción de un gobierno dictatorial. James Madison escribió en *The Federalist Papers* que la posesión legal de las armas, por parte de los ciudadanos, evitaba la toma ilegal del poder por un gobierno futuro: "Los norteamericanos jamás necesitan temerle a su gobierno, debido a la ventaja de estar armados, una ventaja que los norteamericanos tienen sobre casi cualquier otra nación". Sin embargo, aquellos que actualmente están en el poder están trabajando para eliminar este derecho democrático.

El *Wall Street Journal* recientemente describió el desastre potencial si aquellos que odian las armas de fuego logran su meta de desarmar a los ciudadanos honestos que viven bajo la ley. "¿Qué sucedería si se aceptaran en el congreso, o en las legislaturas estatales, leyes con restricciones severas sobre rifles automáticos? Millones de ciudadanos que aún creen en la Constitución no entregarían ni registrarían sus armas; escuadrones de agentes federales y estatales se lanzarían a la caza; largas órdenes de cateo serían otorgadas; y tanto policías como ciudadanos morirían en las redadas. Mientras los antiguos ciudadanos que antes vivían bajo la ley (ahora resulta que son criminales) y los policías luchan unos contra otros, los señores de la droga continuarían su nefasto tráfico. Añadir la prohibición de armas a la prohibición de drogas significa guerra contra los inocentes, y tal vez una policía estatal, diversificadora de los recursos de la policía, dándole un reino, un poder más libre de acción a los que quieren abolir las armas.

El escritor ruso; Alexander Solzhenitsyn, advirtió en su excelente libro *El Archipiélago Gulag* sobre los peligros que se corren si los hombres libres entregan sus armas de fuego al gobierno. Los hombres detrás del escenario de la agenda globalista no comparten nuestro amor por la democracia, libertad o valores judeo-cristianos. Él escribió su libro sobre los horrores del sistema comunista mientras estuvo prisionero en los campos de concentración soviéticos. Solzhenitsyn entrevistó a muchos hombres que habían sido arrestados por la KGB sin ninguna posibilidad práctica de resistencia debido a que previamente habían entregado sus armas de fuego. Solzhenitsyn escribió: "¿Cuál es el momento exacto en que se debe resistir a los comunistas?... Como nos desesperábamos posteriormente en los campos pensando: ¿cómo habría sido si cada operativo de seguridad, cuando iban cada noche a realizar un arresto, no hubiera tenido la seguridad de que regresaría vivo y se tuviera que despedir de su familia? ¿O si durante los períodos de arrestos masivos las personas no se hubiesen quedado sentadas, pálidas por el terror en cada paso que daban por las escaleras de su casa, sino que hubiesen comprendido que no tenían nada que perder y con valor un puñado de hombres se hubiesen resistido en la sala del piso inferior con hachas, martillos, palos o cualquier otra cosa que tuvieran a mano?... Los Órganos (la policía) rápidamente habría sufrido una escasez de oficiales... y a pesar de toda la sed de Lenin, la máquina maldita se hubiese detenido". Todos los hombres y mujeres que atesoran su libertad deberían considerar la advertencia de Solzhenitsyn en contra de las leyes de control de armas. Aquellos que planean eliminar nuestra libertad y nuestra soberanía están trabajando detrás del escenario para evitar cualquier posible resistencia seria al desarmar poco a poco antes de atacar abiertamente a nuestra libertad.

Durante los últimos años varias leyes han sido aceptadas en los Estados Unidos y en Canadá para restringir la capacidad que tienen los ciudadanos para poseer armas de fuego. Aunque la Constitución de los Estados Unidos y las leyes del Canadá respaldan claramente la posesión legal de armas de fuego por parte de sus ciudadanos, hay muchas personas en el gobierno y en los medios de información que actualmente se oponen por completo a la posesión de armas de fuego por parte de los hombres libres. El Congreso recientemente prohibió varias armas de fuego semiautomáticas. Como un ejemplo de las cosas que están por venir y de las verdaderas intenciones de estos políticos, considere varias de las numerosas propuestas que intentan regular o prohibir por completo que los ciudadanos posean armas de fuego o municiones. Existen cientos de estas propuestas que están pendiente tanto en Canadá como en los Estados Unidos.

Proyecto - 1501 a la Cámara de Representantes por el representante Yates (D-IL), prohibir todas las armas de mano.

Proyecto - 1616 a la Cámara de Representatnes por el representante Collins (D-IL), se requerirá que se registren todas las armas de mano.

Proyecto - 3132 a la Cámara de Representantes por el representante Owens (D-NY), prohibir todas las armas de mano y municiones.

Proyecto - 892 a la Cámara de Senadores propuesto por el senador Chafee (R-RI) prohibir la posesión de armas de mano.

Proyecto - 109 a la Cámara de Senadores por el senador Patrick Noynihan (D-NY) se requería un registro escrito de todas las municiones utilizadas. Increíblemente, el senador Moynihan también ha propuesto un proyecto conocido como S-19 que impondría el 1.000 por ciento de impuestos sobre las municiones de .25, .32, y 9 milímetros. Tal proyecto está diseñado para hacer que la posesión de municiones sea virtualmente imposible para el ciudadano promedio.

La historia revela que el registro de armas casi inevitablemente lleva a la confiscación de las mismas. Esta norma ha ocurrido durante este siglo en Rusia, China, Cuba, Alemania, Italia, Grecia, Lituania, Polonia, Georgia, Rumania y ahora en la ciudad de Nueva York. La historia de la restricción de armas en la ciudad de Nueva York y en Washington D.C., demuestra que, cuando al gobierno se le otorga el derecho de dar licencias para poseer armas, a muy pocos ciudadanos se les permitirá tener dicha licencia. Incluso aquellos que apoyan las leyes del control de armas admiten que los criminales jamás obedecerán estas leyes. Un estudio reciente llegó a la conclusión que únicamente siete por ciento de las armas utilizadas por los criminales fueron compradas legalmente. En otras palabras, noventa y tres por ciento de los criminales están utilizando armas ilegales actualmente. Obviamente, sólo los ciudadanos honestos que viven bajo la ley perderían el derecho de poseer un arma de fuego para cazar, tirar al blanco o para protección personal. Los criminales siempre tendrán acceso a las pistolas, incluso si todas las armas de fuego fuesen declaradas ilegales. Increíblemente, la Suprema Corte de los Estados Unidos dictó en el caso de Haynes contra los Estados Unidos, en 1968, que los criminales no se les puede pedir que registren sus armas porque sería una violación a la Quinta Enmienda ¡en lo que se refiere a su protección contra la autoincriminación! Como resultado, la ciudad de Nueva York modificó su ley de registro de armas ¡para *excluir del registro de armas a criminales, incompetentes mentales e inadaptados sociales!* Increíblemente, las leyes sobre armas de la ciudad de Nueva York ahora sólo requieren que los ciudadanos honestos registren sus armas; los criminales están exentos de la ley.

Muchas personas que no están familiarizadas con las armas se preguntan por qué otros ciudadanos quieren poseer un arma de fuego. Además del placer de practicar al blanco, la colección de armas y la caza, un arma de fuego puede proteger a su familia de la ola de crimen que aflige a la nación. La realidad es que cada año un promedio de un millón de ciudadanos utilizan las armas para defenderse de los criminales. Interesantemente, sólo dos por ciento del millón de casos anuales en donde un ciudadano se defiende a sí mismo, este mismo tiene que dispararle al criminal. La mayor parte del tiempo el propietario del arma simplemente amenaza al criminal o dispara un tiro de advertencia para evitar que ocurra el crimen. Esto significa que un millón de veces al año los ciudadanos norteamericanos han utilizado apropiadamente sus armas para evitar una violación, asesinato o robo. Sin embargo, a muchas personas del gobierno y de los medios de información les gustaría desarmar a los ciudadanos para que no puedan proteger ni sus vidas ni a sus familias. Cualquier policía honesto admitiría que la policía normalmente no puede detener un crimen que se está llevando a cabo; sólo pueden intentar capturar al criminal después que se ha cometido el crimen.

Como reacción al aumento de ataques legales a la posesión de armas el consejo de la ciudad de Kennesaw, Georgia, pasó una ley en 1982 que requiere que cada adulto en su ciudad posea un arma. Las únicas excepciones eran los incapacitados, convictos o personas anormales de mente. Los dirigentes de la ciudad pasaron esa ley excepcional para probar que la posesión de armas de fuego por parte de los ciudadanos normales evitaría el crimen y como algo opuesto al punto de vista de los medios de información liberales que piensan que la posesión legal de armas de alguna forma hace que los criminales utilicen armas de fuego en sus crímenes. Naturalmente, los medios de información nacional sugirieron que esta ley "demente" llevaría a riñas armadas y a asesinatos en las calles de Kennesaw. El periódico liberal *Washington Post* indignado llamó a la ciudad "la valiente y pequeña ciudad de Kennesaw, GA., pronto se convertiría en la capital mundial del enfundamiento de pistola". En contraste con las predicciones de desastre por parte de los medios de información, los ciudadanos de Kennesaw no han experimentado un gran incremento del crimen o violencia en los últimos doce años. Sólo ocurrieron dos asesinatos con armas realizados por criminales de otros estados. El otro asesinato se cometió con un cuchillo. Aparentemente los criminales sabiamente evitaban Kennesaw en vez de arriesgarse a ser confrontados durante un crimen por unos ciudadanos bien armados. Obviamente, aunque esta estrategia no es apropiada de forma nacional, la historia de Kennesaw sugiere que los crecientes problemas con el crimen en Norteamérica no son causados por la posesión de armas de los ciudadanos que respetan la ley.

El ataque de nuestros derechos civiles

El Proyecto de Derechos de los Estados Unidos provee protección contra el acoso del gobierno a través de la garantía constitucional de "libertad de cateo y embargo irrazonable". La Cuarta Enmienda a la Constitución de los Estados Unidos declara: "El derecho de las personas a estar seguras en su persona, casas, documentos, y efectos, contra el irrazonable cateo y confiscación, estos derechos nunca deben ser violados". Sin embargo la Corte Suprema de los Estados Unidos dictaminó en 1990 que los puntos de "chequeo" del policía para atrapar a los conductores en estado de embriaguez eran legales. La policía ahora puede bloquear las carreteras para interceptar a los automóviles e interrogar a todos los conductores. A pesar del hecho que los estudios muestran que noventa y nueve por ciento de los conductores no beben alcohol, la policía ahora puede demandar que todos los conductores se sometan a pruebas de sobriedad. Además, pueden revisar su auto si deciden hacerlo. Estas acciones policíacas son más acordes con las prácticas de la policía de los estados comunistas que las actividades policiacas que los norteamericanos han dado por sentadas en los últimos doscientos años. Estas acciones policiacas sitúan al ciudadano en una posición de criminal al que se debe investigar. Ahora una persona inocente tienen su gran peligro en las prácticas del gobierno en donde monitorean en secreto todas nuestras cuentas bancarias, depósitos y retiros, para descubrir a la décima parte del uno por ciento de ciudadanos que lavan dinero o que son traficantes de drogas. La suposición de los agentes del gobierno es que en ambos casos, los ciudadanos que viven bajo la ley son supuestamente culpables hasta que puedan probar que son inocentes. Estos procedimientos de entrometimiento son un retroceso completo de la filosofía básica legal que "supone la inocencia", la cual ha definido a nuestras democracias norteamericanas por los dos últimos siglos y hasta la actualidad.

Avances tecnológicos que amenazan nuestra libertad y privacidad

Cámaras de vigilancia que constantemente monitorean nuestras carreteras, calles, estacionamientos y edificios fundamentalmente están alterando nuestro estilo de vida. Estas intrusas cámaras de vigilancia están eliminando el sentido de privacidad que la mayoría de nosotros habíamos dado por hecho. Nuestra privacidad está siendo erosionada progresivamente por las nuevas tecnologías. La introducción de las cámaras de seguridad para proveer de seguridad al tráfico y para que controlen el crimen han sido ampliadas para incluir la vigilancia de los empleados en sus escritorios, baños y a través de toda una fábrica o tienda. Los fuertes argumentos de las compañías a favor de tal monitoreo continuo de los empleados o clientes incluyen la prevención del crimen, protección del personal y programas de prevención de drogas en los empleados. Sin embargo, el resultado final es que muchos empleados ahora viven vidas monitoreadas en secreto, lo cual es un poco diferente a lo que escribió George Orwell en su novela de 1984. La verdad es que la tecnología moderna de la última década ha provisto la posibilidad de una vigilancia que se ha esparcido más que aquella que enfrentaban los personajes de la novela profética de George Orwell.

¿Cómo se siente usted con que los oficiales del gobierno, la policía u otros individuos inquisitivos sepan cada detalle privado de su vida? El registro completo del destino de sus viajes, su elección de libros, periódicos, películas, sus programas de televisión pagada, sus multas de tráfico, sus exámenes médicos, y cada compra que haga está siendo grabada en "un archivo" para que tenga acceso cualquiera que quiera ver su archivo de información. La capacidad técnica del gobierno para monitorear cada aspecto de su vida va mucho más allá de su capacidad para proteger su privacidad. A pesar de la creciente preocupación pública con la cuestión de la privacidad de nuestros registros computarizados, el gobierno de los Estados Unidos, y el de Canadá, han fracasado por completo en proteger a sus ciudadanos de la intrusión masiva en sus vidas privadas tanto por parte de las agencias del gobierno como por parte de las agencias de inteligencia.

La extendida introducción de los sistemas de seguridad de las compañías, que requieren que todos los trabajadores utilicen un distintivo de empleado que contiene un *microchip* de computadora implantado, le ha dado el potencial a las compañías para que monitoreen el lugar y la actividad de cada trabajador. En cuanto el empleado entra a su oficina la computadora registra la hora exacta y calladamente monitoreará cada uno de sus movimientos a través del día. Sensores colocados en lugares estratégicos a través del edificio registrará el lugar y la duración de cada movimiento del trabajador que porte el distintivo. Nuevos y sofisticados sistemas telefónicos de las oficinas permiten que el jefe secretamente monitoree cualquier llamada privada que pudiera el empleado realizar. Muchos sistemas computarizados telefónicos de oficina contienen un registro de todos los posibles números telefónicos que son legítimamente de negocios. Si un empleado hace una llamada personal a un amigo, el sistema telefónico de la oficina registra el número no autorizado y elabora un informe de las llamadas privadas, su duración y posteriormente es utilizada por el supervisor en la próxima entrevista en contra del trabajador para su evaluación. La Organización Mundial del Trabajo de Génova recientemente advirtió: "Los obreros en los países industrializados están perdiendo su privacidad en su lugar de trabajo conforme los avances tecnológicos permiten a los encargados monitorear casi cada faceta del tiempo en el trabajo". El estudio afirmaba que los Estados Unidos era el peor de todos. Recientemente el *American Civil Liberties Union* declaró: "Los criminales tienen más derechos a la privacidad que los empleados. Los policías necesitan una orden de los tribunales, mientras que en el trabajo, la vigilancia se puede llevar a cabo sin guardias de seguridad". Además, supervisores de redes de computadoras de muchas compañías completamente computarizadas monitorean en secreto los "teclazos" y productividad de cada empleado individualmente que utiliza una computadora en su trabajo cotidiano. Los empleados a menudo se quejan por el increíble estrés que experimentan al saber que están siendo monitoreados secretamente cada minuto del día. En muchas compañías el uso de esporádicas pruebas contra las drogas y de cámaras secretas, unido a los intrusos cuestionarios psicológicos crea un medio ambiente que no es psicológicamente saludable por el constante monitoreo y las sospechas.

Varios amigos en el campo de la investigación privada, y en el contraespionaje industrial, me han mostrado algunos de los avances técnicos de los aparatos de vigilancia. Una nueva cámara que se usa como un alfiler, se puede colocar detrás de una pared y puede monitorear la habitación del lado audible y visiblemente. Es virtualmente imposible detectar el lente al menos que se examine cada pared, piso o superficie de techo con una lente de aumento para detectar los lentes de la cámara que son del tamaño de la cabeza de un alfiler. Estas nuevas cámaras pueden fotografiar silenciosamente y casi en una oscuridad total. Otra nueva cámara de vigilancia es secretamente escondida en un pequeño teléfono móvil con los lentes de la cámara grabando a través de un pequeño "agujero" que normalmente se utiliza para el micrófono. En un negocio el dueño puede dejar el teléfono en la sala de sesiones cuando sale de la habitación. Conforme el otro equipo discute su posición de negociación "en privado" la otra parte secretamente está grabando todo lo que hacen y dicen. Los aparatos de vigilancia ahora se pueden comprar por varios cientos de dólares y le permiten monitorear todo lo que ocurre en su casa o en su oficina mientras usted no está. Un aparato de monitoreo remoto, el XPS-1000 le permite llamar a su número telefónico con un código especial de activación. El aparato no hace que su teléfono suene. Sin embargo, a partir de ese momento puede usted monitorear todos los sonidos en la casa. Otro pequeño aparato, un microtransmisor de vigilancia que recibe la alimentación eléctrica durante tres meses por una batería miniatura, se puede dejar secretamente en una habitación. El aparato transmitirá hasta una distancia de un radio de 900 metros a un receptor de radio en cualquier frecuencia de FM que se haya elegido previamente. La verdad es que la privacidad ahora es una ilusión. Si alguien está verdaderamente decidido a monitorear sus actividades, puede hacerlo.

El decomiso policiaco de la propiedad en los Estados Unidos

Las fuerzas policiacas a través de todos los Estados Unidos ahora están confiscando automóviles, casas y dinero antes de que un juicio o audiencia haya tenido lugar. Como resultado de los cambios recientes en las leyes de confiscación en los Estados Unidos, ahora la policía tiene el derecho legal para confiscarle todo lo que posea sin la necesidad de un juicio, sentencia, ¡o sin ningún cargo! A través de la nación la policía está decomisando más de cinco mil cuentas bancarias, casas, automóviles, granjas, y compañías cada semana. *USA Today* publica una lista de los decomisos de la última semana por parte de la Administración Contra las Drogas (DEA, por sus siglas en inglés) todos los miércoles en la Sección D del periódico. Cada semana usted puede leer la última lista de los decomisos semanales de dinero, cuentas bancarias, casas y autos por parte de la DEA, sólo una de las agencias policiacas del gobierno que están confiscando propiedades de los ciudadanos. Cada año, más agencias gubernamentales se están uniendo a este ataque fácil contra la propiedad de los norteamericanos. Una de las principales motivaciones de la policía es el simple hecho que los departamentos de policía se pueden llegar a quedar con un lote confiscado, aunque el dueño no sea culpable de un delito. Las agencias del gobierno de los Estados Unidos involucradas en esta confiscación de las propiedades sin precedentes, incluyen al FBI, a la Administración de Alimentos y Drogas, a la Guardia Costera, Correos, a la Comisión de Seguridad y Cambio, la Oficina del Manejo de la Tierra, el Departamento de la Vivienda y muchos más. Miles de departamentos del estado y de la policía se han unido a este "robo" legal de la propiedad y del dinero como un medio para obtener fondos adicionales para sus presupuestos policiacos. El potencial para que se dé la corrupción personal en la policía en donde los oficiales no entreguen los lotes confiscados es obviamente grandísimo.

El excelente diario mensual de inteligencia, el *McAlvany Intelligence Advisor*, es editado por mi amigo Don McAlvany, ellos recientemente informaron que los motoristas que eran detenidos por una violación leve al tráfico en la carretera I-95 por la policía del Condado de Volusia, Florida, se les preguntaba: "¿Cuánto dinero lleva consigo?" Si el conductor inocentemente contesta que lleva más de unos cuantos cientos de dólares, los oficiales de la policía sencillamente lo confiscan. La policía de Volusia afirmaba que llevar grandes cantidades de dinero era un "comportamiento sospechoso". Bajo las leyes actuales de Florida y de los Estados Unidos, la "sospecha" es todo lo que se necesita para confiscar su dinero. Si lleva joyas costosas, o si sucede que conduce un auto caro, también pueden confiscar su auto, a pesar del hecho de que ningún crimen se ha cometido y a pesar del hecho de que a nadie se le ha acusado de algún crimen. Increíblemente, en los últimos cuatro años, el condado de Volusia, Florida, ha confiscado legalmente $8 millones de dólares de turistas que no eran sospechosos. La razón por la cual se centran en los turistas es porque es menos probable que peleen en los tribunales cuando tienen que viajar desde su casa hasta el estado en el cual fue confiscada su propiedad. Las fuerzas policiacas de otras ciudades y estados a través de Norteamérica también están involucrados en el decomiso de autos. Más de cuatro mil autos son confiscados cada año en Houston, Texas, mientras que diez mil autos se decomisan anualmente por la policía de Nueva York. Las fuerzas policiales están haciendo decomisos similares a través de la nación, desde Nueva York hasta California. Usted puede pelear por el decomiso de su propiedad en los tribunales si tiene el dinero para hacerlo, la necesidad, y el tiempo para probar que es inocente. También tiene que probar que la posesión de su propiedad no es "sospechosa". Esta carga que le colocan para que pruebe que es inocente antes de que le decomisen sus pertenencias, es la acción más negativa y más distante que se puede apreciar en la posición de inocente en nuestro sistema de justicia.

La Administración Contra las Drogas de los Estados Unidos, (DEA) y las fuerza policiacas locales ahora operan unidades de vigilancia virtualmente en todos los aeropuertos de los Estados Unidos. Casi cada empleado que trabaja en el aeropuerto, desde los que están en la recepción hasta los que manejan el equipaje, recibirán la cuota de diez por ciento si informan sobre un cliente que compre el boleto en efectivo o porque parezca "sospechoso". Las operaciones de vigilancia de la DEA, incluyendo las cámaras secretas, se están colocando en todos los aeropuertos y en los principales hoteles, vigilando a las personas que muestren cantidades de dinero en efectivo poco adecuadas para estos lugares. El concepto legal detrás del decomiso de posesiones civiles es la ficción de que la propiedad, no el individuo, puede ser culpable de delitos legales. Este concepto legal le permite al gobierno ignorar todos sus derechos constitucionales. Cuando la policía decomise sus propiedades, en efecto, confiscan su "propiedad culpable", pero a menudo no le culpan a usted personalmente. Su meta es simplemente confiscar sus posesiones. Al no hacer cargos contra un individuo, esperan que la víctima temiendo involucrarse en otros problemas se vaya y les deje su propiedad. Incluso si jamás se le acusa de un crimen, es probable que jamás vuelva a ver su propiedad. Dueños de negocios han visto decomisadas sus propiedades porque un empleado deshonesto utilizó el teléfono de la oficina, sin ellos saberlo, para hacer una transacción ilegal o para hacer un trato de drogas. Increíblemente, no le importa a las agencias policiacas que no supiera nada sobre los actos ilegales de su empleado. A la policía no le importa que sea un ciudadano honesto y que deteste los actos ilegales. En el complicado mundo policial de decomisar propiedades a la población civil, lo único que importa a las agencias de la policía es que su propiedad ha sido "afectada" legalmente, y que ellos no enfrentarán ningún problema porque están actuando bajo las leyes existentes de los Estados Unidos, esto significa que su propiedad ahora está sujeta a ser decomisada porque la propiedad estuvo involucrada en un acto ilegal. En un debate del Congreso, un senador de Illinois declaró en su investigación a la fecha ¡que más del ochenta por ciento de aquellos cuya propiedad "sospechosa" fue decomisada jamás fueron acusados de un crimen! Para que se haga una idea del tamaño de esta amenaza hacia su propiedad, el *Washington Post* informó que únicamente el Servicio del Comisario (*Marshall*) de los Estados Unidos actualmente tiene treinta mil autos confiscados, casas, botes y compañías. Esta gran confiscación de la propiedad está ocurriendo a través de los Estados Unidos, a pesar del claro salvoconducto constitucional en contra del "cateo y confiscación sin razón" que se encuentra en la Constitución de los Estados Unidos.

El Centro Nacional de Identificación

Y que ninguno pudiese comprar ni vender, sino el que tuviese la marca o el nombre de la bestia, o el número de su nombre.

Apocalipsis 13:17

El Congreso y la Casa Blanca secretamente han acordado el crear, un Centro Nacional de Identificación en Virginia el cual será terminado en 1996. Este centro le permitirá a los encargados federales vigilar la ley y a las agencias de inteligencia y monitorear cada aspecto de nuestras vidas con avanzados sistemas computarizados. Computadoras sofisticadas registrarán y consolidarán los cientos de registros computarizados existentes que posee el gobierno sobre cada ciudadano. Ostentan que este nuevo centro de identificación, será utilizado primeramente para monitorear el cumplimiento de los ciudadanos con las nuevas reglas del control de armas. Sin embargo, los beneficios de un centro computarizado nacional, que contenga los archivos de cada ciudadano son obvios para aquellos en círculos elitistas gubernamentales, que desean finalmente establecer su política de control sobre Norteamérica. El senador Neal Smith, por el cuarto distrito de Iowa, escribió a sus constituyentes en su carta de octubre de 1993 revelando los planes secretos del gobierno. Mientras discutían las leyes del control de armas, las cuales él apoya, Smith aceptó su responsabilidad por ayudar a crear un nuevo Centro de Identificación Nacional que será utilizado para observar a los ciudadanos para el control de armas y "otros" propósitos. Él escribió: "El Subcomité de Apropiación que yo dirijo ha estado buscando activamente una solución a este problema.... Pero el programa que estamos implementando tomará más tiempo. La solución de inspeccionar a las personas... es tener un Centro Nacional computarizado para que las oficinas locales de la ley puedan acceder instantáneamente a la información de todos los estados. En otras palabras, todos los estados que provean de esa información al Centro Nacional tendrán un sistema de identificación positivo que identificará a cualquier solicitante... hemos invertido $392 millones de dólares hasta ahora en dicho centro, está a cuatro horas de Washington, D.C., y esperamos terminarlo y tenerlo equipado dentro de dos años.... Esperamos que todos los estados estén dentro del sistema en 1998 y que supla la información continuamente.... Mientras tanto, continuaremos estableciendo el Centro de Identificación Nacional con el propósito de que se cumpla esta y otras leyes".

El Centro de Identificación Nacional permitirá a todas las agencias de inteligencia del gobierno incluyendo a la ATF y al FBI que identifiquen y monitoreen a todos los propietarios de armas registrados. Pero, ¿cuáles son los "otros propósitos del cumplimiento de la ley" que intentan perseguir? El Centro Nacional de Identificación sólo es un componente de un sistema completo de control de la policía que se está estableciendo en toda la nación. Las agencias supersecretas del gobierno, la Oficina de Reconocimiento Nacional y la Agencia de Seguridad Nacional (NSA, por sus siglas en inglés), ahora tienen la capacidad de monitorizar cada llamada y transmisión de fax de todo el mundo. Durante la caza, que duró un año, del traficante colombiano, Pablo Escobar, las agencias de inteligencia de los Estados Unidos inspeccionaron y monitorizaron el sistema telefónico colombiano y las bandas de radio sudamericanas, para cualquier llamada que contuviera la voz de Escobar. Después de casi un año de silencio, Escobar cometió el fatal error de hablar por teléfono durante casi treinta segundos. A los diez segundos de haber iniciado su llamada, los especialistas de inteligencia de la NSA pudieron seleccionar su voz de cientos de miles de llamadas simultáneas a través de Sudamérica utilizando un análisis de voz impresa. Toda voz humana tiene una singular "firma de voz" que es tan individual como las huellas dactilares. Si las agencias de inteligencia tienen su voz grabada hablando menos de un minuto, pueden aislar su singular impresión de voz de millones de otras voces. Los agentes del gobierno al instante localizaron la voz y el lugar donde se encontraba Pablo Escobar, en minutos los comandos de la policía colombiana llegaron a su escondite y lo mataron.

Además de este espionaje de nuestros teléfonos, el gobierno quiere introducir el llamado "clipper chip" el cual le permitirá a las agencias de inteligencia y al FBI el desbloquear los códigos de inscripción secretos de cada sistema de comunicación y programa de computadora de América. En la última década, los matemáticos han desarrollado sofisticados programas de inscripciones matemáticas, que permiten al propietario de un negocio, si posee una computadora, el codificar de forma segura su información confidencial para que nadie pueda leer sus archivos privados. Este programa "clipper chip" le proveerá a la policía y a las agencias de inteligencia de una "puerta trasera" para pasar sobre su código y leer sus archivos confidenciales. Este "clipper chip" se está instalando ahora en teléfonos, televisiones, y otros productos electrónicos a través de Norteamérica. El gobierno ya ha invertido $500 millones de dólares en tecnologías —comunicaciones digitales y fibra óptica del grueso de un cabello humano que puede transportar un millón de llamadas telefónicas simultáneamente— que aseguran su capacidad de monitorizar sus llamadas telefónicas privadas con impunidad. En Canadá, el supersecreto Establecimiento de Seguridad de las Comunicaciones (CSE, por sus siglas en inglés) ha recibido el permiso de continuar con la vigilancia de nuestro sistema federal de comunicaciones y descodificar todos los códigos avanzados de las computadoras utilizadas por negocios e individuos.

La vigilancia del gobierno

La Agencia de Seguridad Nacional ha negado que pueden escuchar todas las llamadas telefónicas y mensajes de radio alrededor del mundo como lo informé en mi quinto libro, *Príncipe de la oscuridad*. Sin embargo, Mike Frost, un antiguo especialista en intercepciones de la inteligencia que trabajaba con el supersecreto Establecimiento de Seguridad de las Comunicaciones Canadienses (CSE), es una de las varias fuentes de inteligencia que ha confirmado que la NSA tiene esta capacidad. Mike Frost fue entrenado en los años 1980 en la escuela de la Agencia de Seguridad Nacional en las afueras de Washington, D.C. en donde se le enseñó a instalar sofisticados aparatos en los techos de las embajadas norteamericanas para escuchar e interceptar conversaciones, en cualquier lugar del mundo. Frost admitió ante el periódico *Toronto Sun* que él instaló esos artefactos en muchas capitales nacionales para monitorear las comunicaciones y las llamadas de todo el mundo. En Norteamérica, el nombre código del programa de vigilancia de la

NSA se llama "Oratorio". En la Gran Bretaña, la BBC informó que la tecnología de intercepción MI-6 se llama "Programa de Diccionario". Las supercomputadoras Cray que graban y monitorizan millones de nuestras llamadas telefónicas simultáneamente están escuchando el uso de cualquiera de las cuatrocientas palabras clave que han sido programadas en el sistema de la computadora. Si una persona que llama utiliza una o más de esas palabras clave en su conversación (tales como explosivos, gas, pistolas, drogas, Casa Blanca) entonces la computadora grabará esa llamada en particular para un análisis posterior. Al siguiente día la llamada telefónica será analizada por un operador especialista humano para decidir si la llamada tiene algún significado para los propósitos de la seguridad nacional. Obviamente, la mayoría de las llamadas monitorizadas no contendrán las palabras clave e inmediatamente serán descartadas sin ser escuchadas por un operador humano. Sin embargo, si la llamada es de interés para las agencias de inteligencia a partir de entonces monitorizarán todas las llamadas futuras hacia y desde ese número telefónico en particular. Cuando esta capacidad de monitorizar sea integrada con el análisis de la voz impresa, la Agencia de Seguridad Nacional puede identificar instantáneamente a cualquier individuo en los primeros cinco segundos que comience una llamada telefónica desde cualquier teléfono de la tierra. Aunque estoy preocupado con esta tecnología por ser alguien que ama la privacidad y la libertad, creo que nuestro gobierno no tiene otra elección sino monitorizar todas las comunicaciones en un mundo donde los terroristas pueden destruir la población de una ciudad con gas nervioso Sarin o con una posible cabeza nuclear.

La revolución de la tecnología de la identificación

Después de varios trágicos incidentes de bebés que fueron robados de las guarderías, los hospitales de todo el mundo están explorando tecnologías que aumentarán las dificultades para que una persona no autorizada salga del hospital con un bebé recién nacido. El *Edinburgh Evening News* informó el 20 de junio de 1994 que los bebés del Edinburgh's Capital Hospital ahora tienen un monitor miniatura en la tira que se coloca en la muñeca y se acopla a la muñeca del bebé más pequeño. Si alguien intenta alejar al bebé de las áreas de control maternal, una alarma reunirá al personal de seguridad del hospital. El diario informó que "la policía ha dado la bienvenida al uso de artefactos ligeros y lavables que actualmente están siendo probados en el pabellón Simpson Memorial Maternity.... Es lo último en la protección de los niños, desarrollado para detener los secuestros de niños". Por supuesto que algún secuestrador encontrará algún método para quitarle el monitor electrónico de la muñeca del niño. La solución final a este problema posiblemente involucrará un *chip* de computadora miniaturizado que sea insertado debajo de la piel del recién nacido, el cual será permanente e irremovible. Además de proteger a los bebés del secuestro, tal artefacto de identificación proveerá una identificación durante toda la vida con propósitos policiacos, de salud y posiblemente financieros. Pacientes en varios hospitales surcoreanos ahora están implantando un pequeño *chip* de computadora identificativo en la punta de un dedo como un sistema de identificación a prueba de errores. Las enfermeras con un escáner electrónico verifican su identidad para evitar una operación en el paciente equivocado.

Huellas magnéticas

Los científicos han descubierto que igual que los humanos tienen huellas dactilares singulares las cuales son diferentes a las de cualquier otro ser humano de la tierra, todos los medios de información magnéticos, tarjetas de crédito, discos duros de computadoras y tarjetas electrónicas de seguridad poseen por completo unas propiedades magnéticas singulares a nivel microscópico. Estas diminutas diferencias pueden ser detectadas, grabadas, y utilizadas para identificar si una tarjeta de crédito o de seguridad es original o es una copia casi perfecta. Con los bancos perdiendo más de un billón de dólares cada año debido a las tarjetas de crédito falsas, están motivados para desarrollar unas huellas dactilares magnéticas antifalsificación para proveer información absolutamente segura. Nos estamos acercando rápidamente al día cuando el gobierno será capaz de rastrear a cada ciudadano desde la cuna hasta la tumba sin posibilidad de que alguien escape a la red electrónica de vigilancia.

Tarjetas inteligentes — el sendero hacia una sociedad sin dinero en efectivo

La tecnología se está desarrollando a un paso tan rápido, que muy pronto todos llevaremos una sola tarjeta de identificación inteligente, que contendrá un *chip* de computadora que nos permitirá hacer llamadas telefónicas, abrir nuestras casas y autos, y que nos permitirá comprar cualquier cosa, desde el periódico hasta un televisor. Master Card International está introduciendo una campaña masiva para promover el uso de tarjetas de crédito inteligentes por medio de sus veintidós mil bancos afiliados y más de doce millones de negocios que participan en su sistema alrededor del mundo. Una de sus motivaciones es reducir las pérdidas en espiral debido a los fraudes de tarjetas de crédito que ahora suman más de $500 millones al año.

Un artículo en la revista *Popular Science* de noviembre de 1994 informa que los estudiantes universitarios ya están utilizando el nuevo sistema de tarjetas inteligentes de MCI. MCI autoriza a las universidades a expedir una sola tarjeta inteligente que simultáneamente servirá como su identificación con fotografía, llave, tarjeta de crédito-débito, y como una tarjeta para los cajeros automáticos. Con este sistema un estudiante puede utilizar una tarjeta inteligente para registrarse en las clases, sacar libros de la biblioteca, pagar las comidas de la cafetería, e incluso pagar la inscripción, se le llama la Tarjeta de Conexión de Campus. Parece una tarjeta de crédito normal con la adición de la fotografía digitalizada del propietario. Sin embargo, contiene dos bandas magnéticas especiales: una que permite transacciones en el punto de venta, la otra para transacciones de débito. La Universidad Estatal de Florida fue la primera universidad en utilizar extensamente el sistema, pero MCI está planeando introducir su sistema en toda la nación a través de muchas universidades. Obviamente, estas tarjetas inteligentes de múltiples usos, sólo son el principio del proceso que culminará en que cada ciudadano utilice una sola tarjeta inteligente computarizada, para reemplazar la gran variedad de tarjetas de crédito-débito e identificación que la mayoría de nosotros debemos llevar. El último paso será, reemplazar a la tarjeta inteligente con un pequeño *chip* de computadora, colocado debajo de la piel, el cual proveerá de una identificación férrea y de un sistema de autorización financiera que reemplazará al dinero en efectivo para siempre. Una de mis fuentes confidenciales trabaja en las oficinas centrales de VISA y me reveló que están estudiando un nuevo sistema de crédito para el futuro que de hecho utilice un *chip* miniatura computarizado que se coloque debajo de la piel en vez de la tarjeta estándar de crédito-débito.

Una de las nuevas tecnologías en el campo de las tarjetas inteligentes se llama "stored value card", una especie de cartera electrónica. Estas tarjetas contienen un pequeño *chip* de computadora que almacena electrónicamente una cantidad de dinero preseleccionada que puede utilizar para comprar lo que quiera. En vez de utilizar dinero, las personas comprarán tales tarjetas del tamaño de una tarjeta de crédito por $500 dólares, por ejemplo, y comprarán artículos dándole al cajero su tarjeta monedero. Los comerciantes pasarán la tarjeta por la máquina y deducirán la cantidad de esa compra, dejando el balance restante para que se utilice en la compra de otros artículos. Un artículo en el *New York Times* del 6 de septiembre de 1994 informó que las tiendas y los bancos apoyan este nuevo sistema, ya que eliminará las transacciones con dinero en efectivo que cuesta mucho llevarlas a cabo y se evita el robo. Cada vez más, las compañías telefónicas están vendiendo tarjetas prepagadas que le permiten a su comprador pagar las llamadas de larga distancia a través de los teléfonos públicos. Más de ochenta por ciento de las 360 millones de compras que se hacen cada año por parte de los consumidores norteamericanos se hacen en efectivo. Un estudio reciente mostró que noventa por ciento de estas transacciones involucran compras de menos de $20 dólares. A la luz de la gran cantidad de compras pequeñas, la ventaja de utilizar estas tarjetas inteligentes son obvias. Servicios Electrónicos de Pago, la compañía bancaria que controla los cajeros automáticos, está construyendo un sistema nacional de tarjetas electrónicas inteligentes. Hace algunos años esta tecnología costaba $10 dólares por tarjeta haciéndolo económicamente imposible. Sin embargo, el costo ha bajado hasta que ahora pueden producir esas tarjetas inteligentes por menos de $1 dólar. El sistema planeado le permitirá al cliente llamar a su banco por teléfono, verificar su identificación insertando la tarjeta en la ranura de su teléfono especial. A la tarjeta electrónicamente se le pondrán otros $500 dólares o cualquier cantidad que deseen transferir de su cuenta bancaria a la tarjeta inteligente. Muchos bancos de Europa y Asia apoyan la introducción de este nuevo sistema que reemplazará al dinero en efectivo para siempre. Varios grandes bancos de Gran Bretaña están introduciendo una sofisticada tarjeta inteligente "Mondez" que almacenará su dinero hasta en cinco monedas europeas y de Norteamérica y le permitirá viajar a través de Europa sin preocuparse por llevar moneda local.

Uno de los últimos inventos es la introducción de una forma de dinero electrónico que puede ser utilizado por miembros de Internet, uniendo a decenas de miles de computadoras interconectadas y millones de consumidores de las autopistas de la información. Una firma europea ha creado "DigiCash" que se puede adquirir de un banco participante y luego utilizarlo electrónicamente para comprar bienes y servicios de otras compañías de Internet. Su plan es crear una moneda electrónica anónima en teoría, no se le podría rastrear pero un comerciante podría verificar que fue un crédito legítimo otorgado por un banco reconocido. Sin embargo el banco no podría identificar al comprador bajo este sistema propuesto.

Estas tecnologías están siendo introducidas por el gobierno como pasos preliminares hacia una sociedad sin dinero en efectivo del Nuevo Orden Mundial. Las profecías de la Biblia nos dicen que un gobierno mundial se levantará en los últimos días y será dirigido por el anticristo, el último dictador del mundo, quien gobernará la tierra en los años que nos llevarán al regreso de Cristo. Los profetas también predijeron que el dinero dejaría de existir en los últimos días. Sería reemplazado por una sociedad sin dinero en efectivo, la cual utilizaría números en vez de dinero para permitir "comprar y vender" ahora nos estamos acercando rápidamente al momento cuando estas antiguas profecías bíblicas pueden cumplirse a través de la introducción del 666-la Marca de la Bestia, el sistema financiero del anticristo. En los siguientes capítulos exploraremos las profecías y las tendencias económicas que nos están apurando a la crisis final de la historia humana.

CAPÍTULO TRECE

La agenda económica del Nuevo Orden Mundial

El Acuerdo general sobre aranceles aduaneros y comercio (GATT), el Tratado de libre comercio de Norteamérica, (TLC o NAFTA por sus siglas en inglés), y la Organización Mundial del Comercio (OMC) son importantes acuerdos que están dirigiendo al mundo paso a paso hacia un gobierno mundial. Estos recientes acuerdos han colocado el futuro económico de los Estados Unidos y Canadá bajo el control de oficiales y organizaciones extranjeras que no comparten nuestros valores ni nuestro amor hacia la libre empresa. Las compañías multinacionales han trabajado detrás del escenario durante años gastando grandes cantidades de dinero y empleando a miles de legisladores para asegurarse de que el Congreso y la Casa Blanca aceptaran estos críticos acuerdos de comercio que sirven a su agenda política y económica.

El tratado de libre comercio de Norteamérica (TLC o NAFTA, por sus siglas en inglés)

No llega como una sorpresa para aquellos que han estudiado las implicaciones del TLC de que un gran número de compañías multinacionales norteamericanas están empezando a mudar sus fábricas y trabajos a México y Sudamérica. En México, por ejemplo, el salario mínimo es de cincuenta centavos la hora con pocos beneficios de pensiones, un descuidado sistema de salud, y las reglas de seguridad no existen. Actualmente, una compañía multinacional puede elegir colocar la base de sus operaciones de fabricación en México con salarios bajos, sin sindicatos, sin pensiones, y sin beneficios de salud; o pueden edificar una planta en Norteamérica, con altos salarios, fuertes sindicatos, caros beneficios de salud y grandes obligaciones de pensiones. Imagínese en donde elegirá construir la nueva planta la dirección de la compañía multinacional, especialmente cuando la compañía puede evitar la mayoría de los impuestos a compañías localizándose en una jurisdicción extranjera. Estas compañías multinacionales transfieren los empleos americanos existentes al extranjero para ganar una tremenda ventaja de salarios bajos y beneficios. Luego envían los productos manufacturados a bajo costo de vuelta a los Estados Unidos para vendérselos a consumidores norteamericanos a precios que ninguna fábrica en los Estados Unidos puede competir. Bienvenidos al mundo del libre comercio.

El antiguo Secretario de Estado Henry Kissinger (miembro de la Comisión Trilateral) fue uno de los arquitectos del Nuevo Orden Mundial. Como experto en diplomacia, Kissinger es mundialmente una autoridad en el verdadero intento de tratados internacionales. Escuche su evaluación del verdadero significado del TLC: "Lo que el Congreso tendrá muy pronto delante de él no es un acuerdo comercial convencional, sino la esperada arquitectura de un nuevo sistema internacional. Una Organización regional del Hemisferio Occidental dedicada a la democracia y al comercio libre será el primer paso hacia el Nuevo Orden Mundial que se cita con tanta frecuencia pero que rara vez se implementa".

El acuerdo general sobre aranceles aduaneros y comercio (GATT)

El presidente Clinton ahora ha transferido y alejado del Congreso gran parte del control de la economía norteamericana a las manos de la nueva Organización Mundial del Comercio (OMC o WTO por sus siglas en inglés) que cuenta con 117 naciones. La OMC fue creada al concluir en Uruguay la ronda de negociaciones para reemplazar al GATT. Primero, Clinton entregó el control de las tropas norteamericanas a las Naciones Unidas en Somalia y Bosnia. Sorprendentemente, cuando quince soldados norteamericanos se mataron en un accidente de helicóptero en Iraq, el vicepresidente Gore le dijo a los asombrados padres que sus hijos no habían muerto por los

Estados Unidos, sino que habían dado sus vidas "en el servicio a las Naciones Unidas". Ahora, Clinton ha firmado una legislación "capacitadora" que obligará a la economía de los Estados Unidos a ser "coordinada" con los burócratas extranjeros que trabajan para la OMC. Paso a paso, la economía de los Estados Unidos está siendo colocada, bajo el control de los intereses globales como parte de la reducción, planeada por Clinton, de la soberanía de Norteamérica. En una entrevista reciente, Peter Sutherland, el antiguo director del GATT, admitió que "el antiguo procedimiento del GATT efectivamente no tenía ninguna habilidad para imponer sanciones sobre los culpables". En otras palabras, bajo el antiguo sistema del GATT los Estados Unidos podían imponer sanciones comerciales y restricciones como parte de la campaña diplomática en contra de Nicaragua y China por su violación a los derechos humanos. Aunque esto técnicamente era contra las reglas del comercio internacional, el GATT no tenía ninguna capacidad legal para detener a Norteamérica. Sin embargo, bajo las nuevas normas de la OMC, Norteamérica debe seguir las reglas impuestas por la Organización Mundial del Comercio. Si los Estados Unidos violan esas reglas en el futuro por utilizar sanciones comerciales unilaterales, entonces la OMC automáticamente impondrá sanciones comerciales sobre las exportaciones norteamericanas. Estas restricciones en la política de los Estados Unidos limitarán severamente las opciones de un futuro presidente norteamericano para influenciar las acciones de otro país a través de las sanciones.

Como lo señala Peter Sutherland: "El nuevo sistema tendrá un cuerpo de gobierno a quien apelar... el juicio sobre la apelación tendrá que ser aceptado... las sanciones pueden ser impuestas sobre el país que se resiste". Para comprender los cambios que traerá este nuevo régimen de la OMC, considere esta situación: En 1989 cuando las autoridades de China masacraron a estudiantes que protestaron a favor de la democracia en Beijing, Norteamérica expresó su descontento imponiendo sanciones comerciales sobre China. Sin embargo, Norteamérica se encontrará con las manos atadas en el futuro para utilizar sanciones económicas y comerciales como una herramienta de política exterior, contra aquellos países que violen los derechos humanos o que cometan u oculten a sus ciudadanos que efectúen actos de terrorismo. Esta es una importante entrega de la soberanía nacional en preparación al futuro gobierno mundial.

La Organización Mundial del Comercio (OMC o WTO por sus siglas en inglés)

La legislación de la Organización Mundial del Comercio permite que los burócratas extranjeros ejerzan control sobre la economía y los negocios de los Estados Unidos. La historia nos muestra que quien controla el dinero y la economía de una nación de hecho controla a toda la nación. Los burócratas hambrientos del poder de las Naciones Unidas y sus amigos de la Unión Europea y la nueva Organización Mundial del Comercio están deleitados con el prospecto de obtener el control de la economía de los Estados Unidos. Después que Clinton entregara la soberanía del ejército norteamericano a los comandantes de las Naciones Unidas, el presidente ahora ha entregado la economía de Norteamérica. Actualmente, a los soldados de los Estados Unidos se les obliga a servir bajo comandantes extranjeros en Somalia y Bosnia.

Si piensa que el GATT y el TLC representan una amenaza a los trabajos norteamericanos, y a la soberanía de los Estados Unidos de Norteamérica, entonces se enojará más cuando comprenda el peligro de la futura Organización Mundial del Comercio. El ostentoso propósito es liberalizar las relaciones comerciales entre las naciones, rebajando los aranceles aduaneros y abrir los mercados a todas las naciones competidoras. En enero de 1995 la OMC en Génova, Suiza, reemplazó al GATT con el mandato de hacer que se cumplan las reglas comerciales internacionales. Su verdadero propósito es hacer que se cumplan las reglas de la organización internacional del comercio. En el pasado, a las naciones que no les gustaba el GATT podían ignorarlo e imponer sus propios aranceles aduaneros o sanciones según veían lo que convenía con sus propios intereses nacionales. El número del 15 de septiembre de 1994 de *The New American* señaló los peligros: "La verdad es que la democracia de la OMC tendrá el suficiente poder para presionar a las naciones a que cambien sus leyes domésticas. La OMC fue diseñada para eliminar la opción de las naciones de ignorar el panel de reglas disputables del GATT, como los Estados Unidos lo habían hecho en el caso de agosto de 1991.... Los Estados Unidos inmediatamente ignoraron al

GATT, continuaron su prohibición a la importación de atún de México". En el futuro cada nación, incluyendo a los Estados Unidos y al Canadá, estarán obligados a obedecer las reglas del panel de la OMC, incluso si se requieren grandes cambios en sus leyes federales, estatales o provinciales. El artículo mencionaba: "El senador Jesse Helms observó que bajo la OMC, docenas o tal vez cientos de leyes estatales podrían ser atacadas por países extranjeros. De hecho, la Unión Europea publicó un libro titulado *Informe sobre las barreras de los Estados Unidos al comercio y a la inversión*. Este informe contiene 111 páginas de leyes federales y estatales que la UE afirma que son barreras y que los europeos pueden desafiar en la OMC".

Este peligroso ataque del control del gobierno norteamericano sobre la economía de los Estados Unidos está contenido en un tratado que es tan complicado ¡que el documento tiene 22.000 páginas de texto! Increíblemente, sólo uno de cada 100 senadores norteamericanos leyó este documento que es el ataque más grande sobre la soberanía norteamericana en doscientos años. El único senador que de hecho leyó el tratado votó en contra del mismo. Si el verdadero intento de la OMC era simplemente reducir los aranceles, esto podría ser expresado en una sola página de texto. Obviamente, escondidos en las decenas de miles de páginas de lenguaje legal existen miles de excepciones especiales y tratos lucrativos para las compañías multinacionales cuyos legisladores han trabajado durante años, para que se realice este acuerdo comercial. En el futuro, cualquier nación que sea culpable de violar las decisiones de la OMC se encontrará con que la llevarán delante del mundo y se le obligará a cambiar sus leyes, pagar grandes multas, o enfrentar sanciones comerciales mundiales y obligatorias cuando se les prohíba a las demás naciones hacer comercio con ella. En la historia de la humanidad jamás ha existido tal ataque contra la soberanía e independencia de una nación que se pueda comparar con el impacto del tratado de la Organización Mundial del Comercio. A pesar de sus grandes implicaciones, el inválido Congreso de los Estados Unidos que salió de su puesto en las elecciones de noviembre de 1994, se reunió en una sesión especial después de las elecciones, para votar por este tratado tan impopular a pesar del hecho que, noventa y nueve senadores no habían siquiera leído el texto de este tratado crítico, que eliminaba la independencia económica y comercial de los Estados Unidos. Pregúntese a quién estaban representando estos senadores, cuando decidieron aceptar este tratado sin debatir y después que muchos de estos senadores demócratas, habían perdido sus elecciones de 1994. Si piensa que la victoria republicana en estas elecciones del congreso cambia todas las cosas para mejorar, piénselo nuevamente. Considere esta pregunta: ¿por qué tanto el líder de la Cámara de los republicanos Newt Gingrich y el líder de la mayoría republicana del senado Bob Dole estuvieron de acuerdo con el presidente Clinton en pasar esta legislación del GATT y de la OMC sin ningún debate?

La administración Clinton está totalmente consagrada a la membresía de Norteamérica a la Organización Mundial del Comercio en la cual la mayoría de los miembros son naciones del Tercer Mundo. Otras organizaciones internacionales, como el Consejo de Seguridad de las Naciones Unidas, le permiten a Norteamérica y a otras superpotencias proteger sus intereses nacionales a través de una membresía limitada y vetan otras acciones que ellos perciben que van contra los intereses nacionales de su país. Sin embargo, en la OMC, cada país del mundo, incluyendo las naciones pequeñas, tales como Mongolia o Mónaco, tendrán el mismo poder de voto que los Estados Unidos. En una futura disputa de comercio Norteamérica sólo tendrá un voto entre 117 naciones. Los Estados Unidos no tendrán ningún veto sobre las acciones de este cuerpo comercial. Para poder apreciar la probable actitud de la gran mayoría de las naciones de la OMC, considere el hecho de que setenta y siete por ciento de estas naciones votaron en las Naciones Unidas contra los Estados Unidos en 1993. No existe razón para creer que su actitud será diferente en la Organización Mundial del Comercio. Sólo que, ahora en la OMC, Norteamérica no tendrá un veto para protegerlo en contra de las acciones de otras naciones.

Phyllis Schlafly comentó recientemente en el *Phyllis Schlafly Report* de junio de 1994, sobre la verdadera razón por la cual los globalistas quieren que Norteamérica y Canadá se unan a la OMC: "La OMC está diseñada para funcionar como el pilar global de comercio de un grupo de tres que planeará y controlará la economía mundial. Los otros dos pilares son el Banco Mundial, el cual presta el capital a las naciones en desarrollo, y el Fondo Monetario

Internacional (FMI, IMF por sus siglas en inglés), el cual supervisa el flujo de dinero alrededor del mundo. El plan con tres piernas para planear y controlar la economía del mundo fue diseñado en la Conferencia Bretton Woods al final de la II Guerra Mundial. El Banco Mundial y el FMI se levantaron rápidamente (principalmente financiados por los Estados Unidos, por supuesto), pero el planeado comercio de armas global, que entonces se llamaba la Organización del Comercio Internacional (ITO, por sus siglas en inglés) fue bloqueado por los senadores de los Estados Unidos quienes llegaron a la conclusión de que disminuiría la soberanía de los Estados Unidos e interferiría con las leyes domésticas del país".

La filosofía básica detrás del GATT y de la OMC es reducir los aranceles aduanales impuestos por las naciones para proteger sus industrias de baratas importaciones. En el caso de las telas, la reducción de aranceles aduaneros básicamente destruirá a la industria textil norteamericana, la OMC le permitirá a los fabricantes extranjeros de países que únicamente pagan cinco por ciento de los salarios de los obreros norteamericanos, vender sus telas baratas a los comercios norteamericanos, por lo tanto destruirían los empleos de un millón de obreros textiles que existen en los Estados Unidos.

El cambio hacia una sociedad sin dinero en efectivo

El sistema internacional más grande del mundo, la Society for Worldwide Interbank Financial Transmission (SWIFT), ha desvelado un nuevo sistema que le permitirá a las compañías e individuos transferir grandes cantidades de dinero por todo el mundo en tan sólo unos segundos. SWFIT maneja noventa por ciento de las transferencias monetarias internacionales del mundo entre 950 de las principales instituciones bancarias. Más de $6 trillones de dólares se transfieren a través de las fronteras internacionales en un millón y medio de transacciones financieras cada veinticuatro horas. La Unión Europea apoya fuertemente estos esfuerzos para acelerar los pagos por medio de transferencias internacionales como un paso central en el camino que lleva hacia el superestado mundial.

La guerra del gobierno de los Estados Unidos contra el dinero en efectivo

El Departamento del Tesoro de los Estados Unidos está involucrado en una guerra continua en contra de los falsificadores de todo el mundo que constantemente procuran falsear la moneda norteamericana. La cantidad de dinero falso que se produce cada año está creciendo astronómicamente. Mientras que el Tesoro de los Estados Unidos capturó sólo $30 billones en dinero falso en el extranjero en el año 1992, la cantidad de dinero falso recuperado se elevó hasta la sorprendente cifra de $120 billones de dólares en 1993. Según el Consejo Nacional de Investigación, millones de dólares de moneda norteamericana falsa se producen anualmente por nuevas impresoras computarizadas y por copiadoras de alta tecnología. Irán e Iraq hasta donde se sabe son los dos países más involucrados en la falsificación de billones de dólares americanos cada año. Informes recientes afirman que Irán ahora puede producir "superbilletes" de placas robadas del Departamento del Tesoro de los Estados Unidos que son indistinguibles de la moneda auténtica. Un artículo fascinante del número de noviembre de 1994 de *Popular Science* describía el desarrollo de las avanzadas tecnologías de imágenes y escaneo computarizado que han hecho extremadamente difícil el trabajo del Departamento del Tesoro. Las nuevas copiadoras Canon son sorprendentes en su habilidad técnica para reproducir los billetes de una manera exacta. En un intento por eliminar el uso de estas sofisticadas fotocopiadoras por parte de los falsificadores, la compañía Canon ha introducido varias tecnologías innovadoras. Una técnica involucra un sensor en la copiadora Canon que reconoce el dinero y se rehúsa copiarlo. Además, los nuevos códigos de las fotocopiadoras Canon son números microminiatura en todas las copias de imágenes que son invisibles al ojo humano. Esta tecnología le permitirá a los investigadores del Servicio Secreto examinar un billete falso y determinar el número de serie de la copiadora y el nombre del comprador que lo falsificó. En esta guerra interminable por proteger el dinero, el Departamento del Tesoro está planeando introducir varias nuevas tecnologías para que la nueva moneda, que planean presentar en algún momento del año 1996, sea a prueba de falsificación.

Una de las tecnologías más importantes es colocar un código de barras en la nueva tecnología con alguna máquina que tenga lectura de código de barras que pueda estar escondida dentro del intrincado diseño del billete. Otra técnica es introducir a propósito más patrones persuasivos en el diseño que produzcan distorsiones cuando un equipo de copiado o de escaneo intenta escanear el diseño del billete. El Departamento del Tesoro está utilizando una microimpresión con un ancho de tan sólo la seis mil avas partes de una pulgada que es virtualmente imposible de duplicar. Las nuevas tecnologías contra la falsificación involucran el uso de plaquetas iridiscentes y fibras especiales magnéticas de seguridad que no pueden ser reproducidas por una computadora ni por una copiadora. Tanto los Estados Unidos como Gran Bretaña han introducido fibras especiales magnéticas de seguridad en sus billetes de mayor denominación que pueden ser percibidas entre grandes cantidades por los detectores de seguridad de los aeropuertos. Además, están utilizando filigranas y fibras coloreadas especiales que responden a la luz infrarroja o ultravioleta permitiendo que las máquinas de escaneo de los bancos los detecten y los verifiquen. Tintas especiales de color que cambian de color al cambiar el ángulo de visión será introducida en los nuevos billetes de mayor denominación que reemplazarán a los actuales en los próximos veinticuatro meses. El Departamento del Tesoro ya está utilizando tintas magnéticas que le permite a los sensores en las máquinas contadoras de dinero y en las máquinas tragamonedas verificar si se trata o no de un billete verdadero. Las microfibras rojas y azules que se encuentran en las series de 1990 pueden ser detectadas en el equipaje por detectoras especiales de los aeropuertos. El gobierno canadiense introdujo pequeños hologramas cuadrados que se crearon con ligeras capas de moléculas de cerámica que cambian de oro a verde, dependiendo del ángulo de visión. El holograma no se reproducirá en las nuevas copiadoras de color.

Plan para reemplazar la moneda de los Estados Unidos

Durante los últimos años se realizaron varias pruebas para probar cuál era la respuesta del público a la idea de reemplazar los billetes de $50 y $100 dólares con una nueva moneda a prueba de falsificación que también poseyera un código de barras. Cuando se presentó el plan propuesto, sólo tenían los ciudadanos diez días para cambiar su dinero. Para las personas con más de $1.000 dólares en efectivo, el plan era pedirles que enviaran de una forma especial su dinero, demostrando que había sido obtenido legalmente, al Departamento del Tesoro y allí sería cambiado su dinero. Si el ciudadano no puede probar que legalmente posee la moneda norteamericana, el Departamento del Tesoro no reemplazará su antigua moneda con la nueva. La Reserva Federal envió especialistas en 1990 para aconsejarle al gobierno soviético sobre las políticas monetarias. Como resultado de sus sugerencias, el presidente Gorbachev ordenó que todos los ciudadanos que tuvieran billetes de 50 y 100 rublos, los entregasen en el período de una semana para que fuesen cambiados por la nueva moneda. Si un ciudadano ruso no podía probar que había ahorrado el dinero legalmente, los bancos no le cambiaban su dinero y por tanto lo perderían. En una semana el gobierno soviético eliminó una tercera parte de los billetes de la nación. Como resultado, los ahorros de toda una vida de muchos ciudadanos soviéticos fueron barridos por el decreto de gobierno.

Bajo el plan del cambio de dinero de los Estados Unidos el Departamento del Tesoro, creó varias formas pera efectuar los cambios; para las personas que tienen grandes cantidades de efectivo, serán enviadas al IRS (Internal Revenue Service) para ayudar a tenerlos en la mira para una futura auditoría del IRS. Por otra parte, algunos oficiales del gobierno han sugerido que los billetes de $5, $10 y $20 también sean reemplazados, porque también podrían ser falsificados. El plan del gobierno es eliminar cientos de billones de dólares de la economía subterránea que ahora son guardados por evasores de impuestos y traficantes de drogas. El 3 de octubre de 1989 una enmienda para colocar un código de barras en la nueva moneda fue aceptada por el Senado de los Estados Unidos. Este proyecto le da poder al Departamento del Tesoro para utilizar lo último en la tecnología óptica de escaneo para rastrear todo el efectivo con una denominación mayor a los $10 dólares. En el futuro, los números de serie de los billetes de $100, $50 y $20 dólares serán leídos por artefactos de escaneo óptico similares a aquellos que se utilizan actualmente en las cajas de los supermercados. Una franja leída por computadoras en la propuesta moneda nueva identificará al banco que la expidió. El IRS y las computadoras de los bancos identificarán al individuo que recibió el dinero del cajero. El senador John Jerry (D.MA) introdujo esta enmienda y defendió sus acciones de la siguiente manera: "Esto es necesario porque el lavado del dinero no está aislado a los que utilizan drogas". Al discutir la medida del código de barras, declaró: "Provee de un mecanismo por medio del cual nuestro gobierno, nuestras agencias que velan por que se cumpla la ley, nuestras instituciones financieras, y las instituciones extranjeras también, pueden rastrear eficientemente la moneda norteamericana —billete tras billete— sin ninguna indebida carga administrativa". En pocos años la mayoría de las tiendas y de los negocios tendrán un lector de código de barras para monedas que identificará el código de barras de toda la moneda que se utilice para pagar los bienes y servicios de un cliente. La computadora de la tienda estará unida al IRS permitiendo que su computadora compare sus compras con sus ingresos declarados en sus declaraciones de impuestos. En otras palabras, su privacidad financiera como ciudadano estará eliminada para siempre por las acciones del Congreso de los Estados Unidos.

CAPÍTULO CATORCE

El futuro colapso económico

No soy profeta así que no puedo predecir cuándo ambos gobiernos de los Estados Unidos y del Canadá van a caer financieramente. Ese momento ocurrirá cuando la deuda nacional y los intereses se hayan elevado tanto que los dividendos totales de los impuestos del país no sean lo suficientes para pagar los intereses de la deuda nacional. En algún momento del tiempo, antes de que lleguemos al punto de que nuestros países se den cuenta de que no pueden pedir dinero prestado de los fondos internacionales debido a que los prestamistas extranjeros se darán cuenta de que jamás se les pagará. Muchos países del Tercer Mundo ya han llegado a este punto y han declarado una moratoria de sus deudas, simplemente porque no pueden pagar los grandes intereses, sin mencionar el capital. Además, el Segundo Mundo, Rusia y muchos países de Europa Oriental, también están a punto de no poder cumplir con la obligación de los intereses. Finalmente, después de décadas de crecientes déficit, los gobiernos del Primer Mundo, Europa Occidental y América del Norte, serán obligados a admitir que ellos también están en bancarrota.

Una nación no puede continuar pidiendo dinero por una eternidad, endeudándose más y más cada año. Finalmente, "caen" y entonces viene el colapso económico o lo que es casi peor: una hiperinflación es lo único que resta, y ya sabemos lo que representa eso en el pueblo. Puesto que un gobierno nacional tiene la capacidad para imprimir dinero, nuestros políticos sucumbirán a la tentación de "imprimir dinero" para retrasar el colapso económico final. Puesto que el gobierno puede imprimir dinero en una variedad sofisticada de formas, la tentación por inflar el dinero para permitirse seguir pagando sus deudas será abrumadora. Al utilizar la hiperinflación el gobierno gradualmente repudia su deuda nacional pagándole a sus acreedores con moneda devaluada e inflada.

La actual "recuperación" económica es una ilusión

La actual "recuperación" está basada en gran parte en especulaciones de los mercados financieros. La mayoría de las inversiones de capital durante los cuatro años anteriores, estuvieron centradas en las áreas de las computadoras y en equipos de comunicación. Las computadoras han representado cincuenta por ciento del incremento, en las inversiones fijas por parte de los negocios de Norteamérica. El problema es que las computadoras incrementan la productividad eliminando empleos, no creando nuevos puestos de trabajo. La construcción y los equipos permanecen relativamente débiles, comparados con las recuperaciones económicas pasadas. La Casa Blanca se vanaglorió por el gran incremento de trabajo en Norteamérica, bajo la mayordomía económica del presidente Clinton. Por ejemplo, dijeron que 760.00 nuevos empleos fueron creados entre marzo de 1993 y marzo de 1994. El Departamento del Trabajo de los Estados Unidos afirmó que 194.000 empleos fueron creados en octubre de 1994. Sin embargo, ¡estas llamadas cifras "oficiales" del gobierno son pura ficción! Cuando fueron interrogados por la revista *Business Week* (número de noviembre de 1994), el Departamento del Trabajo admitió que ochenta y cinco por ciento de esos 194.000 puestos de trabajo del mes de octubre fueron creados "en el aire" sin ningún documento que los respalde. El gobierno admitió que sus sondeos mensuales de las compañías norteamericanas detectaron únicamente 29.000 nuevos empleos en octubre. La administración Clinton "exageró" estas cifras añadiendo cientos de miles de empleos imaginarios sin ninguna evidencia, por la suposición de que podrían haber pasado por alto algunos nuevos empleos al realizar el sondeo. Aunque puede justificarse el ajustar las cifras oficiales un diez por ciento, es totalmente ridículo inflar cada mes la cifra de creación de empleos seiscientos por ciento (de los 29.000 reales a los 194.000 empleos "oficiales"). Eso es tan sólo un ejemplo entre muchos que podría compartir para que los lectores despertaran a lo poco confiables que son las cifras económicas oficiales del gobierno.

A pesar de las afirmaciones económicas optimistas de la Casa Blanca, las ganancias de los negocios no son muchas. Durante los últimos tres años las ganancias de las compañías han sido sustancialmente menos que cualquier otra recuperación económica desde la II Guerra Mundial. Ganancias infladas de los sectores de la banca y del mercado de acciones han distorsionado la verdadera imagen de las ganancias de las compañías. Mucho de lo que escuchamos en los medios de información es una recuperación "fantasiosa". La verdad es que tanto Japón como los Estados Unidos están experimentando depresiones estructurales a largo plazo las cuales empezaron en 1990. Deberíamos recordar que hubo una recuperación similar a corto plazo a principios de los años 1930 después de la caída del 1929. La recuperación presente no está basada en ahorros fuertes y en un incrementado crecimiento del capital, tal y como debería ser, sino más bien en el mercado especulativo financiero de este siglo. Este mercado especulativo fue alimentado por tasas de interés extremadamente bajas y la política monetaria de la Reserva Federal. Esta hiperestimulación de los mercados financieros preparó el terreno para la gran burbuja especulativa que apenas ahora se está empezando a romper. Para centrar esto, esta especulación del mercado financiero de Norteamérica, es mucho más grande que la burbuja del mercado financiero japonés de 1987 a 1989, que en aquel entonces cayó sesenta y dos por ciento, costándole a los inversores japoneses $3 trillones de dólares en pérdidas de inversiones. La caída de la bolsa de Tokio inició una caída de cincuenta por ciento en el valor de los bienes raíces japoneses produciendo una pérdida de $7 trillones de dólares. Esta fue una muestra del futuro colapso económico de Norteamérica durante la última mitad de los años 1990.

Riesgo creciente en los mercados financieros

Cuando los mercados financieros norteamericanos se derrumben, los mercados financieros globales y la economía mundial van a ser "barridos". El gran tamaño de las bolsas de valores de las compañías y del gobierno norteamericano, junto con los niveles del alto precio especulativo de la bolsa, son extremadamente peligrosos.

Sin embargo, el mercado especulativo de la bolsa de valores es un modelo de perfección de la fuerza conservadora en comparación con el monstruoso mercado derivativo financiero norteamericano. El gran tamaño del puramente especulativo mercado financiero derivativo ahora vale $21 trillones de dólares. La cantidad de dinero que corre un riesgo en el mercado mundial financiero derivativo ahora excede los $42 trillones de dólares. Aparte del riesgo inherente involucrado en tal cantidad de fondos invertidos en una sola área, ¡el verdadero riesgo surge del hecho de que estos nuevos y poco comprendidos vehículos financieros altamente influenciado no están regulados en lo absoluto por la Bolsa ni por los reguladores del gobierno! Bancos, Casas de Cambio y compañías aseguradoras están creando cientos de sofisticados contratos financieros derivativos que jamás existieron en el pasado sin ninguna regla que limite sus riesgos. A diferencia de los siglos de experiencia con un mercado bien comprendido, muchos inversionistas experimentados y algunas compañías financieras no comprenden por completo cómo se supone que deben trabajar estos complicados contratos.

Las extremadamente bajas tasas de interés de los Estados Unidos, de 1989 a 1993, animaron a más de sesenta y un millón de inversionistas, a sacar su dinero de los bancos que les daban poco interés, y los fondos del mercado de dinero e invertirlo en el mercado de bolsa en busca de unos dividendos mayores, los individuos se salieron de los certificados de depósito, letras del tesoro de bajo riesgo y de los fondos del mercado del dinero y colocaron su dinero en inversiones con alto riesgo en el mercado de la bolsa a través de fondos mutuales con ganancias del quince por ciento anualmente. Cuando los mercados financieros empiecen a caer, muchos de estos inversionistas pueden perder todos los ahorros de su vida. Los bancos siguieron a los inversionistas individuales, abandonando las estrategias conservadoras y uniéndose al mercado de valores a largo plazo, en su deseo por tener mayores ganancias para sus accionistas. Sin embargo, la transferencia de un trillón de dólares de los depósitos bancarios conservadores, y de bajo interés, a los mercados especulativos y a los derivados financieros han colocado la plataforma para un espectacular colapso económico que excederá la depresión de 1929. Una de las consecuencias de esta especulación ha sido una caída desastrosa en la cantidad de dinero en efectivo y los recursos líquidos que tiene la casa promedio norteamericana, el nivel más bajo en tres décadas. Esto sugiere que el ciudadano promedio virtualmente no está preparado para la "montaña rusa" económica que yace por delante. Las crecientes tasas de interés en los últimos dieciocho meses ya han acabado con $1.5 trillones de dólares en el mercado de acciones. Futuros incrementos en las tasas de interés harán que el mercado de acciones colapse destruyendo muchos bancos, compañías de seguros y fondos de pensiones.

La Reserva Federal monetiza la deuda para producir inflación

El proceso de inflación utilizado por el gobierno para "monetizar la deuda", tiene el propósito principal de la creación de dinero para programas de gobierno, sin la repercusión política que generalmente resulta de la elevación de los impuestos. En efecto, este proceso le permite al gobierno repudiar sus deudas pasadas produciendo la inflación, para que los accionistas del gobierno reciban su pago en dólares inflados y más baratos. Cada año el gobierno federal gasta cientos de billones más de lo que eleva los impuestos. Igualan la diferencia (el déficit) tomando dinero del sector privado, venden acciones llamadas letras del tesoro [T-Bills] y acciones a los inversionistas. Los bancos compran bonos del tesoro del Departamento del Tesoro de los Estados Unidos para generar un ingreso seguro de intereses. El sistema de la Reserva Federal de los Estados Unidos vuelve a comprar algunas de esas acciones de los bancos locales. ¿En dónde encuentra la Reserva Federal privada el dinero para hacer esto? Aunque parezca increíble, de hecho producen estos dólares "de la nada" en el sistema de computadoras de la Reserva Federal. El presidente Truman tenía un letrero sobre su escritorio de la Casa Blanca: "El dólar se detiene aquí". Sin embargo, según el último libro de Bob Woodward, el director de la Reserva Federal, Alan Greenspan, tiene una placa sobre su escritorio con el dicho: "El dólar empieza aquí".

La Reserva Federal publica sus cifras todos los jueves, incluyendo una lista de los "U.S. Government Securities bought outright". El periódico *Wall Street Journal* informa que el sistema de la

Reserva Federal compra entre $1 y $2 billones de la deuda del gobierno cada semana. La Reserva Federal monetizó la deuda del gobierno comprando más de $90 billones de dólares de letras del tesoro al gobierno entre 1990 y 1993. Luego la Reserva Federal le permite a los bancos que utilicen este dinero como nuevas reservas. Utilizando el promedio de tres a uno provisto por el sistema fraccional de las reservas bancarias, los bancos pueden utilizar las nuevas reservas como una base para hacer grandes préstamos a sus clientes multiplicados muchas veces por la cantidad de las nuevas reservas. Cuando se hacen estos préstamos a los clientes, los recursos oficiales del banco se aumentan, y la provisión de dinero se incrementará por esta cantidad. Este "trineo de mano" financiero transforma la deuda del gobierno en un incremento de la provisión del dinero. Esta "monetización" de la deuda del gobierno es la causa principal de la inflación, no la elevación de salarios y de precios al público que, inevitablemente siguen tales acciones inflacionarias por parte del gobierno federal.

La inflación nos roba nuestros ahorros y hace los cálculos económicos virtualmente imposibles. La inflación castiga a los ahorradores tales como a los poseedores de inversiones a largo plazo, mientras que favorece a aquellos que piden dinero prestado, porque finalmente pagarán sus préstamos con dólares inflados y más baratos. Obviamente, el mayor beneficio lo siente el mayor deudor de todos, el gobierno. La historia revela que la inflación es el método favorito del gobierno para repudiar sus deudas. El economista Maynard Keynes escribió en su libro, *The economic consequences of the peace* [Las consecuencias económicas de la paz]: "Por medio de un continuo proceso de inflación los gobiernos pueden confiscar secretamente y sin observación alguna, una gran parte de la riqueza de los ciudadanos". A través de la historia, la inflación siempre ha sido producida por las acciones del gobierno. Jamás se puede producir por los ciudadanos ni por los hombres de negocios. A pesar de los intentos del gobierno por diferir la culpa a los "codiciosos" sindicatos y a los comerciantes "elevadores de los precios", la verdad es que la inflación siempre se puede atribuir directamente al gobierno, quien es la única autoridad con el poder legal para expedir tal acción legal. En un número reciente del *LBMC Report*, Lewis Lehrman y John Mueller escribieron la siguiente observación: "Si nos preguntamos por qué los precios se han elevado casi cuatro veces desde 1971, la respuesta no técnica es que el sistema bancario ha "monetizado" más de $2 trillones de dólares en deuda del Tesoro desde entonces ... y si preguntamos por qué los déficit federales se han multiplicado en este mismo período, la respuesta es que nuestros legisladores se han acostumbrado a un sistema monetario que permite que la deuda pública sea monetizada en una escala tan grande".

Prediciendo las futuras tasas de inflación

Una vez más la amenaza de elevar la inflación está causando temor entre los inversionistas dentro de la comunidad financiera. Grandes ganancias fueron obtenidas por felices inversionistas en los últimos años, con los fondos mutuos invertidos tanto en los mercados de bolsa conforme las tasas bajas de inflación y las bajas tasas de intereses, crearon una atmósfera de inversión casi ideal. Por supuesto, todo inversionista quiere saber a dónde se dirige la tasa de inflación. Wayne Angell, el economista en jefe de Bear Stearns, una firma principal de Wall Street, ha desarrollado un brillante modelo económico que predecirá las futuras tendencias de la inflación. En un artículo fascinante de octubre de 1994 el escritor del *National Review* nos habla sobre esta increíble fórmula que predice el futuro de la tasa de inflación basada en las fluctuaciones del precio del oro.

Sin tomar en cuenta otras condiciones económicas sino el precio del oro, esta fórmula de hecho puede predecir cerca de ochenta por ciento del cambio en la tasa de la inflación con un año de anticipación, de hecho predice las futuras tasas de inflación. Por ejemplo, para determinar el índice de precio al consumidor dentro de doce meses, calculamos de la siguiente forma: toma el precio del oro de este día —digamos $390 dólares la onza y se multiplica 390 por = .024 y se sustrae el 5.32 = 4%. Esto indica que con el precio del oro en este día a $390 dólares; podemos esperar una tasa de inflación el próximo año y durante estas fechas de aproximadamente cuatro por ciento. Como regla, por cada incremento de $10 dólares en el precio de la onza de oro, podemos esperar una inflación con un crecimiento de la quinta parte del uno por ciento. Por cada incremento de cincuenta dólares en el precio del oro, espere un incremento de uno por ciento en la tasa de inflación. En otras palabras, si el oro se dispara a $440 dólares podemos esperar una tasa de inflación de cinco por ciento. Puesto que la tasa de inflación futura es uno de los factores más grandes que deberíamos tomar en consideración al tomar nuestras decisiones de inversión, incluyo un sencillo diagrama que proyectará la tasa de inflación con un año de anticipación basándome en el precio del oro (usando la fórmula de inflación de Wayne Angell-Bear Stearns).

Si el precio de una onza de oro es de:	La predicción futura de la inflación dentro de doce meses será
$340	3 %
$390	4 %
$440	5 %
$490	6 %
$540	7.6 %
$590	8 %
$640	10 %
$690	11 %

El verdadero costo de la inflación

En el período de 1992 hasta principios de 1994 el sistema de la Reserva Federal permitió que la base monetaria, las reservas bancarias y la moneda, creciera a una tasa inflacionaria anual de diez por ciento. Su nueva meta para este año es 8.7%. Aparte del obvio peligro a toda la economía por el crecimiento de la inflación, el mercado de valores se llevará un golpe cuando los fondos mutuales y los inversionistas se den cuenta de que la inflación está erosionando el valor real de sus acciones. Además, el temor de que se eleve la inflación y las tasas de interés ya están causando una gran confusión en el mercado de acciones.

Debido a la baja inflación durante los últimos años, muchos individuos se han olvidado de los devastadores efectos de la inflación incansable sobre sus ahorros de toda la vida. Cuando la espiral inflacionaria empiece a elevarse nuevamente, el ciudadano promedio con el ingreso de una pensión fija sufrirá devastantes pérdidas de sus verdaderos ingresos del retiro. El siguiente diagrama nos muestra el efecto de la inflación sobre el poder de compra de $10,000 dólares como ingresos por pensión:

Tasa anual de Inflación	Después de 10 años	Su reducido poder de adquisición Después de 15 años	Después de 20 años
5%	$6.139	$4.810	$3.769
7.5%	$4.852	$3.380	$2.354
10 %	$3.855	$2.394	$1.486

Incluso en el caso de una relativa tasa de inflación restringida de tan sólo diez por ciento, el poder de adquisición de una pensión de $10,000 dólares sería reducida a tan sólo $1.486 del poder actual de adquisición en tan sólo veinte años.

La crisis de la deuda nacional de los Estados Unidos — La causa de la futura hiperinflación

La deuda nacional "oficial" de los Estados Unidos es de $4.3 trillones de dólares. Los economistas del gobierno naturalmente prefieren dejar fuera de la hoja de balance varias enormes obligaciones financieras, tal como el trillón de dólares que se toma del fondo de la Seguridad Social, además de los fondos de pensiones de gobierno, que no tienen tales fondos, para empleados militares y civiles. Sin embargo, cuando se añade estas obligaciones financieras del gobierno que están "fuera del presupuesto", la verdadera deuda nacional de los Estados Unidos es la sorprendente suma de $7.5 trillones de dólares. Únicamente los intereses de esta deuda le cuesta a los contribuyentes norteamericanos $615 billones de dólares al año. El valor de estos intereses es de $1.7 billones diarios o $70 millones de dólares cada hora. ¿Cómo se creó esta deuda? Increíblemente, sólo diez por ciento de esta gran deuda nacional fue creada porque el Congreso gastó más dinero en defensa y en programas sociales de lo que aumentaron los impuestos. El otro noventa por ciento de la enorme y creciente deuda nacional se creó directamente por los intereses añadidos de la deuda original. Para captar la naturaleza de este gran problema causado por nuestra deuda nacional, considere las siguientes cifras: En 1980 cuando el Producto Nacional Bruto (PNB), el valor total de todos los bienes y servicios producidos en Norteamérica, alcanzaron los $2.7 trillones de dólares, la deuda nacional de $910 billones de dólares era treinta y tres por ciento del PNB. Sólo diez años más tarde, en 1990, cuando el PNB alcanzó los $5.4 trillones de dólares, la verdadera deuda nacional se había multiplicado seis veces para alcanzar los $6 trillones de dólares, ciento diez por ciento del PNB. En 1995, cuando el PNB alcanzó los $6.5 trillones de dólares la verdadera deuda nacional se había elevado a $8 trillones de dólares, ciento veinticinco por ciento del PNB. Es obvio que la rápida acumulación de la deuda nacional eventualmente destruirá la economía.

Mientras tanto, la Reserva Federal continúa elevando las tasas de interés a niveles cada vez más elevados. Actualmente una gran parte de los impuestos federales se consume en pagar los intereses de la deuda nacional. El sistema privado de la Reserva Federal ha elevado las tasas de interés con lo cual se dicta que los norteamericanos tienen que pagar impuestos más altos para cubrir estos costos adicionales de los intereses de la explotante deuda nacional. ¿A quién se daña cuando suben las tasas de interés? La clase media es la más dañada al elevar las tasas de interés porque paga una porción mayor de sus ingresos en intereses que aquellos que son ricos. Además, la clase media es la que menos se beneficia de las elevadas tasas, porque rara vez tienen mucho dinero invertido en acciones que produzcan intereses o en cuentas de ahorro. Por el otro lado, aquellos que son muy ricos, se benefician de las altas tasas de interés conforme cosechan grandes cantidades por el dinero que reciben del interés de sus acciones, etcétera, mientras que sufren un menor daño, porque rara vez necesitan pedir dinero prestado. Elevar las tasas de interés aumenta la creciente disparidad entre los muy ricos y el resto de nosotros. Veinte por ciento de los norteamericanos han visto sus ingresos creciendo marcadamente durante los últimos diez años, mientras que el ingreso del restante ochenta por ciento ha caído significativamente.

Cuando usted suma la deuda total de Norteamérica, incluyendo el gobierno federal, estatal y local, además de todas las deudas de las compañías y de los individuos, la nación ahora lucha bajo una gran carga de una deuda que suma los $15.6 trillones de dólares que pone en peligro a todos. Individuos, compañías y gobiernos han incrementado su deuda total desde 1980 en más de cuatrocientos por ciento. Sin embargo, durante el mismo período la deuda del gobierno federal se incrementó quinientos por ciento. Mientras algunos argumentan que esta creciente deuda es normal considerando la creciente economía, la verdad es que la deuda se ha disparado y está fuera de control y cada día se eleva más, y más rápido que la economía o los ahorros. Cada año el Congreso tiene menos espacio para maniobrar. Más de sesenta y uno por ciento del presupuesto anual se va en pagar los intereses de la deuda nacional además de los programas de bienestar social, Seguridad social, y pagos de Medicare. Mientras tanto, la familia promedio ahora gasta más de veinte por ciento de sus ingresos mensuales en pagos de deudas.

La burbuja especulativa en los mercados, acciones y los derivados vehículos de inversiones financieras están directamente relacionados al crecimiento explosivo de la deuda durante los últimos quince años. Esta gran carga de la deuda limitará nuestras opciones e incrementará grandemente el dolor económico cuando venga la caída final. En vez de edificar sus ahorros, la mayoría de los individuos y compañías no están en buena forma para hacerle frente al futuro desastre económico. El propietario promedio de una vivienda de Norteamérica tiene la cantidad mínima de dinero a la mano con respecto a lo que hemos visto desde el año 1900. Cuando venga la caída, grandes bancarrotas vendrán sobre los negocios y propietarios de casas conforme se vean incapaces para pagar los intereses de los grandes préstamos acumulados en los años pasados.

La masiva retención de impuestos

Enormes incrementos en los gastos para el bienestar social de parte del gobierno han colocado una gran carga de impuestos sobre los contribuyentes. Además, el enorme costo de los intereses combinados por los trillones de dólares de deuda nacional está llevándose una parte mayor del total que recoge el gobierno a través de los impuestos. Un estudio canadiense reciente realizado por el Fraser Institute reveló que la demanda de impuestos de una familia promedio se elevó doce por ciento en los últimos treinta y tres años. En 1961 el canadiense promedio pagaba sólo $1,675 dólares de impuestos, mientras que ahora la familia promedio paga $21,228 dólares en impuestos anualmente. Los impuestos por ingresos y los impuestos escondidos ahora se han convertido en los mayores gastos de una familia. De hecho, ahora gastamos más en impuestos de lo que gastamos combinando la vivienda, alimentos y ropa.

El papel de la Reserva Federal en el futuro colapso económico

La historia muestra que la mayoría de las principales crisis financieras fueron iniciadas por las acciones de los bancos centrales que intentaron, pero fracasaron, manejar la economía en conflicto con fuerzas del mercado. La Reserva Federal casi siempre actúa demasiado tarde, o demasiado pronto, y hace demasiado, o muy poco. La burbuja financiera de principios de los años 1990 fue causada porque la Reserva Federal mantuvo las tasas de interés a niveles anormales de 1990 a 1993. El escritor de economía Kurt Richebacher señala: "Los mayores desastres económicos y financieros de la historia generalmente han estado acompañados de prolongados períodos de tasas de interés anormalmente bajas".

Después de tres años de tasas de interés muy bajas, empezando en el otoño de 1993, la Reserva Federal elevó la tasa de los intereses a largo plazo de 5.8 al 9.05 por ciento causando enormes pérdidas entre aquellos que invirtieron en fondos mutuos, valores, y acciones. La Reserva Federal elevó la tasa de interés de los fondos federales de los bancos en seis ocasiones durante 1994. A pesar del hecho de que Wall Street había predicho bajas tasas de interés y una baja inflación para el futuro previsible, ¡se equivocaron! Desde la II Guerra Mundial, las tasas de interés se han más que duplicado de su nivel más bajo en el ciclo. Desde que se inició el año 1995, la Reserva Federal continuó incrementando las tasas de interés en su llamada "guerra contra la inflación".

Las cifras de la inflación autorizadas por el gobierno generalmente son subestimadas y falsas. El estudio de inflación Sindlinger, basado en cinco mil sondeos profundos de casas y negocios, mensualmente afirma que la verdadera tasa de inflación es casi tres veces más grande de lo que afirman las estadísticas del gobierno. Además, el estudio muestra que la verdadera tasa de desempleo es casi de diez por ciento. Casi cincuenta por ciento más alta que los números oficiales. ¡No confíe en las estadísticas económicas del gobierno! Los que hacen las estadísticas del gobierno tienen docenas de formas inteligentes para distorsionar el desempleo y otras cifras económicas para producir estadísticas a favor del gobierno que está en el poder. Por ejemplo, cuentan a las personas que trabajan a medio tiempo, como empleados a tiempo completo. No cuentan como desempleados a aquellos que se desaniman y dejan de buscar un trabajo. Utilizando técnicas de contabilidad ilusorias los economistas del gobierno crean cientos de miles de empleos "fantasma" que no existen. Como ejemplo, el Departamento del Trabajo de los Estados Unidos, entregó las cifras durante la campaña de 1992 mostrando que, más de un millón de norteamericanos habían perdido su empleo ese año. Estas cifras falsas ayudaron a la derrota del presidente Bush, al creerse los votantes que era cierto que un millón de norteamericanos habían perdido su trabajo bajo su liderazgo. Además, a pesar de las claras estadísticas que prueban que la recesión terminó a mediados del año 1991, Clinton negó que la recesión ya hubiera terminado. Recuerden el dicho político ganador de Clinton: "Es la economía, ¡estúpido!" sin embargo, tan pronto como acabaron las elecciones, no fue un accidente que el Departamento del Trabajo descubriera que el millón de empleos perdidos en 1992 fue simplemente un error de la computadora y la pérdida de trabajos fue insignificante en 1992. Bienvenido al mundo de la verdadera política.

Si nuestros líderes estuvieran observando la experiencia de Japón deberían haber visto las señales de advertencia. Ignoraron la experiencia de Japón con bajas tasas de interés a mediados de los años 80, lo cual le llevó a su peligrosa burbuja financiera especulativa a finales de los años 1980. La desastrosa burbuja del mercado de valores de los Estados Unidos a finales de los años 1920 se creó de la misma manera. Sin embargo, el mercado de los Estados Unidos de 1929 y las burbujas financieras de Japón en los años 1980 colapsaron llevando a una mayor depresión. La Reserva Federal ahora se da cuenta de que ha creado una situación especulativa en los mercados financieros que pueden llevar al desastre. Están intentando moderar el mercado elevando las tasas de interés. El Banco Central Japonés llegó a la misma conclusión hace varios años y puso el freno de la economía japonesa elevando masivamente las tasas de interés. El resultado no deseado fue un desastre económico japonés con pérdidas de trillones de dólares en los mercados financieros y de bienes raíces. Parece que Norteamérica seguirá la misma agenda.

En una extraña repetición de la historia, la Reserva Federal ahora teme que la economía de los Estados Unidos se esté calentando y alimente una elevación en la inflación en el futuro. Ahora están elevando las tasas de interés para prevenir esta posible inflación que podría dañar la posición de los bancos. En el frágil y peligrosamente extendido ambiente financiero enfrentamos ahora, el efecto de "golpe" por los incrementos en las tasas de interés y podría ser la aguja que reviente el globo del mercado financiero e inicie el colapso económico que se teme. La Reserva Federal ya está enviando señales de que interpreta la subida de los precios de los artículos y las noticias de que las fábricas norteamericanas, se están acercando al ochenta y cinco por ciento de su capacidad productiva, como señales de peligro de una posible renovada inflación en los próximos meses. Trágicamente, la historia revela que el gobierno y los bancos centrales, tienen un récord casi perfecto en interpretar muy mal las señales económicas, y tomar acciones rápidas que provocan la crisis financiera que temían. Una de las grandes señales de peligro, es la evidencia de que las facilidades de pago han desaparecido, al mismo tiempo que los inversionistas abandonan los depósitos bancarios y los mercados de fondos monetarios, para invertir en certificados de inversiones y fondos mutualistas. Recientemente el director de la Reserva Federal, Lawrence Lindsay, fue citado de la siguiente manera: "Bajos ahorros y un cambio en las finanzas de los hogares, a menores recursos de liquidez, son una amenaza para una continua recuperación económica.... Los hogares tienen menos liquidez, que en cualquier otro tiempo que se recuerde". Cualquier historiador le diría que casi cada colapso financiero en los últimos cien años se inició por la falta de liquidez financiera.

    Conforme la Reserva Federal eleve las tasas de interés la economía sufrirá una mayor contracción y los mercados financieros caerán. En un mundo ideal el gobierno y la Reserva Federal, simplemente adoptarían una posición de política de no intervención, y dejar que las fuerzas del mercado afecten las tasas de interés, etcétera. Sin embargo, esto jamás sucederá debido a que la élite financiera que dirige al gobierno y a la Reserva Federal, son socialistas liberales de corazón y creen que necesitan controlar cada aspecto de la economía. Su desesperado deseo por controlar el mercado y la economía traerá el desastre que temen.

La futura caída del Mercado de valores

La caída del Mercado de valores más grande que hemos vivido desde 1929, está muy cerca de nosotros. Al mismo tiempo, millones de inversionistas inocentes y sin experiencia están derramando los ahorros de toda una vida en una gama de fondos mutuales. Más de treinta y un millones de nuevos inversionistas colocaron sus ahorros en el mercado de valores en los últimos cuatro años, comprando valores o unidades en fondos mutualistas al borde del ciclo del precio especulativo. La situación es mucho más peligrosa hoy que en el año 1929. La caída del Mercado de valores en 1929, no llevó de inmediato a un colapso mundial de otros mercados de valores, porque en ese entonces los mercados nacionales no estaban integrados. Pocas compañías multinacionales hacen negocios en múltiples mercados nacionales. Sin embargo, actualmente, los mercados globales y las acciones están tan integradas que los mercados de Hong Kong o Europa reaccionan instantáneamente a una crisis en el mercado de valores de Nueva York. Una gran caída en Wall Street o en el de Londres, iniciaría instantáneamente un colapso financiero en todo el mundo.

El Mercado de valores de Estados Unidos ya se encuentra en la fase de peligro que históricamente ha llevado a un rompimiento del mercado. La historia del Dow Jones en los últimos cien años sugiere que los mercados que se elevan verticalmente tal y como lo hemos disfrutado en los últimos cuatro años, casi siempre terminan con una explosión especulativa, y luego lo que sigue es una caída en picada de los mercados. Después de la caída de 1929, los precios de las acciones en el mercado de cambio de los Estados Unidos cayeron ochenta y nueve por ciento en los siguientes dos años y medio. Es interesante mencionar que, aunque los inversionistas sufrieron sus grandes pérdidas de existencias de valores, cuando ocurrió la caída inicial, el mercado siguió cayendo en los años siguientes. Las personas que dejaron el mercado después de aceptar sus pérdidas iniciales, se salvaron, pues de haber seguido, se hubieran enfrentado a una constante caída de precios de las acciones, que siguieron los meses y años siguientes. Muchos inversionistas se quedaron perplejos con su pérdida inicial, pero rehusaron renunciar y vender sus acciones debido a que esperaban que de alguna forma los mercados se levantarían y recuperarían sus pérdidas. Consecuentemente, estos inversionistas siguieron en el mercado todo el tiempo hasta el final y fueron barridos por completo. Recuerde que una regla fundamental en la pérdida de las inversiones es: tu primera pérdida es la mejor pérdida. Analice su pérdida, ¡aprenda la lección y salga de allí!

Estamos viviendo el Mercado de valores más sobre valorado de la historia de los Estados Unidos. Las acciones industriales de Dow Jones se están comercializando aproximadamente 39 veces la cantidad de sus dividendos y 21 sus ganancias. Debemos regresar a los meses antes de la caída de 1929 y el colapso de la bolsa en octubre de 1987 para encontrar una especulación tan alta de los precios que sea equivalente. El radio Pérdida/Ganancias es una medida del precio de las acciones comparado con sus ganancias. Si una acción de la ABC, Ltd. se está negociando en $100 dólares por acción y sus ganancias son de $10 dólares tienen un radio P/G de 10. Si usted compró tal acción, debería ganar su inversión en diez años. Históricamente, esto es un P/G bastante normal e indica que el precio de las acciones está dentro del rango normal histórico (10 a 15). Recientemente, la tasa (P/G) del índice de las 500 acciones *Standard and Poor's* excedió 27, el P/G más alto del último siglo.

Para poner esto en términos sencillos si ha comprado acciones con una tasa P/G de 27, deberá invertir y recoger dividendos sobre esas ganancias durante los próximos veintisiete años para ganar la cantidad de dinero que pagó por esas acciones sobrevaloradas. Alrededor del mundo otros mercados de valores está igualmente sobrevalorados con una tasa P/G promedio de 28. Los mercados de valores de todo el mundo tienen tan altos los precios de las acciones que tomará casi tres décadas para que una acción gane su precio de compra. Estos altos precios de las acciones son apoyados por una especulación muy débil en vez de tener un poder de ganancia y unos valores fundamentales cimentados. La gran cantidad de dinero que se ha derramado en el mercado de valores en los últimos años, ha inflado los precios de las acciones a niveles que son sencillamente insostenibles. Esto significa que estos precios de las acciones caerán a un nivel mucho más bajo en el futuro cercano; sólo es cuestión de tiempo en lo que se refiere a cuándo ocurrirá la caída.

Durante los doce meses que terminaron en abril de 1994, los inversionistas y los especuladores desataron una marejada al derramar $110 billones de dólares de dinero nuevo en los mercados de valores globales, obligando a los precios de las acciones y de los valores a unos peligrosos niveles especulativos. La manía especulativa que ha afectado al mercado de valores de los Estados Unidos ahora se está pasando a los mercados globales. Desafortunadamente, la mayoría de estos inversionistas jamás habían invertido en el mercado de valores. Por lo tanto, estos inversionistas inocentes no están conscientes de los tremendos peligros de un mercado brutal en el cual podrían perder una porción substancial de los ahorros por los que han trabajado fuertemente toda una vida. Muchos de estos nuevos inversionistas han comprado fondos mutuales de un banco que reciente y desesperadamente entró al campo de las inversiones de fondos mutuales, debido a la masiva retirada de los depósitos bancarios. Una encuesta reveló que más de setenta por ciento de las personas que compraron sus fondos mutuales de un banco equivocadamente creían que su inversión estaba asegurada por un seguro del depósito federal. ¡Se equivocan! No hay garantía sobre estos fondos por parte de los seguros de depósitos. En 1988 existían treinta y cuatro millones de inversionistas norteamericanos en el mercado de valores. En tan sólo siete años este número se ha elevado a sesenta y cinco millones de norteamericanos que participan actualmente en el mercado de valores. Significativamente, más de la mitad de estos inversionistas son nuevos en el mercado de valores. La mayoría de ellos han invertido en el mercado de valores a través de 4.430 fondos mutuales. En 1987 los fondos mutuales contenían $180 billones de dólares en acciones de interés variable. Ocho años después estos fondos mutuales han crecido hasta tener $2 trillones de dólares de acciones y valores. Desde 1992, los inversionistas han retirado más de $750 billones de dólares de cuentas bancarias aseguradas con un bajo interés e invertido en estos fondos que se encuentran en el volátil y especulativo mercado de valores. En los últimos cinco años un promedio de $11 billones de dólares fueron retirados de los bancos cada mes y fueron ingresados al mercado de valores. Esta marejada sin precedentes de dinero nuevo derramado en el mercado dio el efecto inevitable de que los precios de las acciones se hayan elevado a alturas especulativas espectaculares..

Una de las crecientes señales de peligro, es que más de ochenta por ciento del dinero que ahora se encuentra en los fondos mutuales, fue invertido en los últimos treinta y seis meses. Por lo tanto, la mayoría de estos nuevos inversionistas compraron con los precios más altos del mercado. El riesgo de desastre financiero para muchos inversionistas está creciendo porque su exposición a los mercados de valores ha crecido astronómicamente. En 1929 sólo diez por ciento de los norteamericanos poseían valores, sin embargo la caída de 1929 y la Gran Depresión resultante barrió con los ahorros de decenas de millones de personas. El porcentaje de dinero que los norteamericanos han invertido en valores y acciones ha crecido en los últimos veinte años desde tan sólo el veintiuno por ciento de los activos promedios por familia hasta que hoy asciende a cuarenta y uno por ciento. El peligro es que más de treinta millones de nuevos inversionistas han tomado un porcentaje importante de sus ahorros y colocaron estos fondos en el mercado más especulativo y sobrevalorado de la historia. Un riesgo adicional proviene de la enorme cantidad de dinero que millones de norteamericanos están invirtiendo ahora en países extranjeros. Estos inversionistas invierten primeramente a través de los fondos mutuales internacionales ($130 billones de dólares únicamente en 1993), que compran acciones extranjeras que ganan un promedio de menos del uno por ciento en dividendos anuales. Obviamente, su única motivación es esperar grandes ganancias de capital; no ingresos por el dividendo. Ahora nos encontramos en una posición peligrosa en donde las pérdidas potenciales son enormes. Cuando se considera la devastación financiera de la caída de 1929, cuando tan sólo unos cuantos poseían acciones del mercado, entonces se puede apreciar el tamaño del colapso económico que yace por delante. Cuando los mercados de valores empiecen a caer será casi imposible vender sus acciones o redimir sus fondos mutuales, porque todos los demás estarán intentando vender al mismo tiempo. Después del colapso, cuando los precios de las acciones hayan caído a una fracción de sus precios actuales, el dinero inteligente empezará a comprar el mercado a precios de oferta. Sin embargo, en ese momento, el inversionista promedio se dará cuenta de que los ahorros de toda una vida virtualmente se han perdido.

Muchos bancos y compañías de seguros están expuestas a las potenciales pérdidas devastadoras de sus inversiones especulativas y poco sabias en el mercado de valores. Estos bancos y compañías aseguradoras supuestamente conservadoras tienen casi $500 billones de dólares de certificados de intereses municipales que ahora están bajando de valor debido al incremento en las tasas de interés. Sesenta y un millones de norteamericanos han invertido más de $2 trillones de dólares en los mercados de valores. Cuando empiecen a ver que el mercado de valores se está cayendo, un enorme pánico recorrerá al país. Con tantos inversionistas nuevos en el mercado de valores es poco probable que acepten el problema y soporten sus pérdidas. Es más probable que vendan conforme caen los precios de la bolsa de valores, haciendo la situación peor aun. Los únicos que ganarán son aquellos que fueron lo suficientemente sabios para sacar sus fondos de la bolsa de valores y de los fondos mutuales antes de que venga el colapso económico y tome fuerzas el pánico financiero.

Muchas personas creen que la Gran Depresión fue causada por el colapso de varios bancos en el período de 1929 a 1933. Milton Friedman y muchos otros economistas han sugerido que una depresión ahora es imposible, debido a que el sistema de Reserva Federal la prevendría. Sin embargo, no fueron los fracasos de los bancos los que iniciaran la Gran Depresión. El impacto de estos fracasos bancarios fueron relativamente pequeños. El real iniciador de la Gran Depresión fue la caída de la bolsa de valores en 1929 y el brutal mercado que le siguió, acabando aproximadamente con $85 billones de dólares de inversión. Esta fue una gran cantidad de dinero ya que el dólar valía casi $10 dólares de la moneda actual.

Escapando al colapso económico

Sin embargo, a pesar del desastre financiero, deberíamos mantener siempre presente que los que fueron advertidos y permanecieron con liquidez, sobrevivieron a la Gran Depresión y se recuperaron. De hecho, durante la década de la Depresión, en los años 1930, más de diez mil norteamericanos se convirtieron en millonarios (el equivalente a $10 millones de dólares actuales). Vieron las señales de advertencia antes de la caída de 1929, guardaron su dinero en efectivo, salieron de deudas, acciones y de inversiones en bienes raíces antes de que colapsaran los precios. Entonces estuvieron en posición de adquirir bienes raíces de calidad, acciones de interés variable en compañías sólidas, y en otras inversiones infravaloradas a una fracción de su precio anterior.

La Banca — la crisis del crédito

"La banca establecida es más peligrosa que un ejército en pie de guerra" [Thomas Jefferson -1799]. Durante los años 1930 un gran número de bancos fracasaron debido a su exposición a malas inversiones en bienes raíces, préstamos no pagados, y retiros masivos por parte de sus clientes. De 1928 a 1932 un total de 4,700 bancos cayeron. El presidente Rosevelt proclamó un moratorio de bancos el 6 de marzo de 1933, dejando a millones de personas sin acceso a su dinero. Aunque algunas personas recibieron una porción de sus fondos, muchos otros perdieron todo lo que habían depositado en sus bancos. El Congreso respondió a este fallo de los bancos estableciendo un sistema de seguro para garantizar los fondos depositados por los clientes del banco. La Federal Deposit Insurance Corporation [Corporación Federal de Seguros de Depósitos], FDIC (por su siglas en inglés) se creó en 1933 y ahora asegura los depósitos bancarios hasta $100.000 dólares por cliente para los bancos miembros. Sin embargo, no todos los bancos están asegurados. Puesto que es un sistema voluntario, más de quinientos bancos norteamericanos no están asegurados por el FDIC. Los bancos miembros tienen un anuncio en la puerta proclamando su membresía al FDIC. Sin embargo, durante la reciente crisis de ahorros y préstamos (S&L, por sus siglas en inglés), el FDIC estaba abrumado por completo con reclamaciones. Este fracaso obligó al gobierno federal a afianzar directamente al sistema de ahorros y préstamos con un costo de setecientos billones de dólares. A pesar de las señales de advertencia del colapso de los ahorros y préstamos, el FDIC permanece desastrosamente sin fondos suficientes. Actualmente, el FDIC tiene recursos por aproximadamente $1 billón de dólares para asegurar los depósitos bancarios de más de catorce mil bancos y cuentas de ahorro y préstamos de todos los norteamericanos que suman un riesgo de $4 trillones de dólares.

¡Esto resulta en dos centavos y medio de recursos del FDIC para asegurar cada $100 dólares de depósitos bancarios! Muchos bancos recientemente han sido obligados por los inspectores de la banca federal a unirse a bancos más grandes en un esfuerzo por prevenir el fracaso total del sistema bancario. Sin embargo, fuentes conocedoras nos dicen que miles de bancos están peligrosamente expuestos a través de sus inversiones poco sabias en bienes raíces y en préstamos a países del Tercer Mundo. Durante un futuro colapso económico, un gran número de bancos quebrarán y dejarán a sus depositantes sin acceso a sus fondos. La actual insolvencia del FDIC da la seguridad de que millones perderán sus ahorros de toda la vida en un futuro colapso bancario. Nadie debería de depositar más de $50.000 dólares en un solo banco a la luz del riesgo actual. Coloque sus depósitos mayores en varios bancos después de haber verificado que ese banco se encuentra sano financieramente hablando, haga esto a través de los servicios de clasificación de bancos en la lista que se encuentra en la Sección de Recursos al final de este libro.

Los bancos permanecen peligrosamente expuestos a préstamos internacionales que ya están atrasados en sus pagos. Billones de dólares de estos préstamos no se están pagando y se han renegociado para darle más tiempo a las naciones en desarrollo para que hagan los pagos de sus préstamos. Además de estos riesgos, muchos bancos han participado en inversiones increíblemente peligrosas en el nuevo mercado financiero derivado por el deseo de incrementar sus ganancias. Desafortunadamente, estas inversiones derivadas volátiles puede resultar en pérdidas de literalmente billones de dólares para los bancos participantes.

El derivado mercado financiero

En la última década, Wall Street y los bancos más grandes han creado un sorprendente número de nuevos y altamente influenciables vehículos financieros especulativos llamados derivados. Estos contratos derivados están diseñados para crear grandes ganancias para sus inversionistas de Wall Street y con un riesgo total para los otros inversionistas. Empezando con las inversiones de bienes raíces, los agentes de bolsa crearon "acciones basura", compras influenciadas, opciones y certificados de deuda. Estas inversiones creativas y altamente influenciadas son tan especulativas y peligrosas que pueden dar inicio al colapso más grande de la historia.

En contraste con las inversiones directas en el mercado de valores, los derivados financieros son completamente vehículos financieros artificiales. Los derivados financieros toman su valor de las inversiones tradicionales tal como el mercado de valores. Estos derivados incluyen tal diversidad de vehículos financieros como el comercio y la opción de tasas de interés, futuro y opciones de la moneda, futuro y opciones del índice del mercado, obligaciones hipotecarias colaterales, futuro de artículos en venta, sólo intereses de hipoteca, sólo hipoteca principal, certificados de valores sintéticos, futuro del eurodólar. Estas nuevas inversiones derivadas son tan complicadas que muchas de ellas sólo pueden calcularse por medio de computadoras. Aun más importante, estos derivados están tan altamente influenciados que un incremento del uno por ciento de la seguridad base producirá una ganancia del cien por ciento en el valor invertido. Sin embargo, una declinación del uno por ciento acabaría con toda su inversión. Cuando los bonos del gobierno de los Estados Unidos declinan más de diez por ciento, si usted había comprado una de estas inversiones en derivados con una influencia de 100 a 1, ¡habrá perdido diez veces la cantidad que invirtió originalmente! Hace varios años la revista *Time* sacó un artículo titulado: "La máquina secreta del dinero —Siete años después de la caída", el cual señalaba que el peligro de los exóticos derivados financieros era demasiado grande. Este artículo describía los derivados como "instrumentos financieros hipersofisticados generados por computadoras que utilizan la apuesta masiva del público en certificados para crear un universo paralelo de apuestas secundarias y mutaciones especulativas" tan grandes, que el precedente de $1 trillón de dólares involucrado es más de tres veces el valor total de todos los valores comercializados en el New York Stock Exchange durante un mes, y dos veces el tamaño del producto doméstico bruto de la nación.

Sin embargo, en los últimos años el tamaño y la complejidad del mercado financiero derivado ha explotado hasta que actualmente más de $21 trillones de dólares están en riesgo en Norteamérica y $42 trillones de dólares corren un riesgo en todo el mundo. Para colocar estas cifras en perspectiva, el valor total de todos los valores comercializados en el New York Exchange sólo suma $6 trillones de dólares. Deberíamos recordar que la caída del mercado de valores en 1987 que dio como resultado la pérdida de $1 trillón de dólares de los fondos de los inversionistas se precipitó por una caída masiva del mercado financiero derivado. En el último año la compañía siderúrgica japonesa más grande, que se encuentra en Alemania, perdió $1.3 billones de dólares en la comercialización derivada mientras que la compañía siderúrgica alemana más grande perdió $1.4 billones de dólares. Luego, Orange County, California, perdió $2 billones de dólares mientras que el Banco Barings de Inglaterra, con 270 años de antigüedad, fue obligado a la bancarrota al perder $1.3 billones de dólares en una semana por una comercialización de derivados, realizada por un empleado de 28 años de edad. Este increíblemente peligroso mercado de derivados bien podría ser el iniciador del futuro colapso financiero que la Biblia indica que ocurrirá en los últimos días que nos llevarán al surgimiento del anticristo y al renacido Imperio Romano.

CAPÍTULO QUINCE

Principios financieros

Los cristianos a menudo tienen una actitud ambivalente hacia el tema del dinero y la planificación financiera. Por un lado, todos gastamos una porción considerable de nuestro tiempo y bastante energía ganándonos nuestros medios de subsistencia; sin embargo, la mayoría de los cristianos sienten la necesidad de minimizar la importancia del dinero en nuestras vidas. El gran humorista norteamericano Mark Twain solía decir: "Donde yo crecí jamás hablábamos de dinero porque jamás había lo suficiente para crear un tema de conversación". Los cristianos con frecuencia se aseguran unos a otros que "el dinero no lo es todo" y que "el dinero no puede comprar la felicidad". Y aunque muchas personas le revelan a un conocido mucha información sobre su vida personal, la mayoría de nosotros jamás consideraríamos decirle a nuestro amigo más cercano cuáles son nuestros ingresos o el saldo que tenemos en el banco. Por otro lado algunos se han centrado exclusivamente en el área de las finanzas que casi han hecho del dinero su única medida para saber si Dios está, o no, bendiciendo su vida. Los cristianos necesitan adquirir una actitud basada y balanceada adecuadamente en la Biblia con respecto a esta área vital de las finanzas. Obviamente, el dinero es importante. Sin embargo, necesitamos reconocer que los recursos financieros son simplemente una herramienta que el Señor ha colocado en nuestras manos como una propiedad que debe ser administrada. Algún día, le daremos al Señor cuentas de nuestra mayordomía de las finanzas que Él nos ha confiado.

Una actitud cristiana hacia el dinero

Muchos cristianos jamás han evaluado su actitud hacia el dinero y hacia la planificación financiera según la Palabra de Dios. Como consecuencia, a menudo poseen actitudes erróneas que dañan su éxito financiero y su paz mental. Varias de estas actitudes erróneas se pueden clasificar de la siguiente manera:

1. Muchos piensan que al Señor no le interesan las cuestiones mundanas tales como nuestros asuntos monetarios y financieros. Nada puede estar más lejos de la verdad. El dinero es un aspecto tan importante en nuestras vidas diarias, que Dios ha provisto de instrucciones amplias en lo que se refiere a las actitudes correctas, que deberíamos manejar con respecto a las finanzas.

2. Algunos cristianos han creado una división artificial entre lo sagrado y lo profano de sus finanzas. Algunos creyentes dicen: "Este diez por ciento de mi dinero le pertenece a Dios, pero el noventa por ciento restante me pertenece a mí para que lo gaste de la manera en que quiera sin importar las leyes de Dios". Piensan que es ser fanático o ir al extremo si se involucra a Dios en el área de las finanzas. Sin embargo, el Señor demanda control sobre cada área de la vida cristiana. Todo lo que poseemos le pertenece a Dios. Todo lo que poseemos ahora o lo que en el futuro vamos a tener, tenemos que entender que ha sido Dios el que nos lo ha confiado.

3. Muchos creen que la prosperidad de alguna manera es sospechosa y que el volverte exitoso en las finanzas "no es espiritual". Algunos enseñan que los pobres son más "espirituales" que aquellos que han tenido éxito financieramente. Para muchos cristianos, los demás hermanos en Cristo que tienen éxito financieramente deben pasarse el día pensando en sus finanzas y si han cumplido bien sus responsabilidades con el dinero para con la obra de Dios". La verdad es casi exactamente lo opuesto. Los que tienen profundos problemas financieros pasan más parte del día preocupándose por el dinero, que aquellos que han alcanzado cierta medida de éxito financiero. Una vez que los cristianos han alcanzado una estabilidad financiera, pueden empezar a concentrar sus pensamientos en cosas mucho más provechosas, la obra de Dios, la familia, vacaciones, que estar atormentado pensando en cómo pagar todas las deudas. El éxito financiero de hecho puede liberar espiritualmente

la vida cristiana capacitándole para centrarse en las metas espirituales verdaderamente importantes de su vida.

4. Otro error es la idea de que deberíamos esperar pasivamente el día que "llegue nuestra oportunidad". Algunos espiritualizan esto para justificar su falta de disciplina financiera y en los ahorros, afirmando que, si Dios quiere que tengan éxito, algún día se despertarán y descubrirán que sobrenaturalmente han adquirido una independencia financiera. Obviamente, la Biblia no apoya esta idea de esperar pasivamente un milagro financiero que le provea de una solución a nuestros problemas financieros. El Señor nos ordena que proveamos para las necesidades de nuestra familia. El área de las finanzas es uno de los temas en el cual las actitudes del hombre y Dios difieren notablemente. Mientras que las actitudes del hombre generalmente son egoístas, el Señor nos llama a que vivamos nuestras vidas basándonos en los valores eternos relativos al cielo. Con las palabras de Mateo (16:26) "Porque ¿qué aprovechará al hombre, si ganare todo el mundo, y perdiere su alma? ¿O qué recompensa dará el hombre por su alma?" Como ejemplo de estas diferencias, mientras el Señor nos dice que "es mejor dar que recibir" (Hechos 20:35) la mayoría de los hombres viven la vida como si creyeran que "es mejor recibir que dar". Dios nos dice que aquel que se sacrifica por Él en esta vida "recibirá cien veces más ahora en este tiempo... y en el siglo venidero la vida eterna" (Marcos 10:30). Pero las personas a menudo creen que si entregan algo, se ha perdido para siempre. El Señor nos enseñó en esta parábola del hombre rico y del mendigo, que aquellos que sólo desean acumular riquezas finalmente perderán todo aquello que valoran. En contraste, nuestra época materialista anima a la gente a medir el valor de las personas basándose únicamente en su habilidad en hacer dinero u obtener posesiones. Durante un viaje a California noté una calcomanía que resumía esta filosofía materialista que prevalece: "Quien muera con más juguetes — ¡Gana!" Sin embargo, la Palabra de Dios nos recuerda que "la vida de uno no consiste en la abundancia de los bienes que posee" (Lucas 12:15).

Finalmente necesitamos evaluar nuestras actitudes hacia nuestras finanzas y posesiones conforme a la Palabra de Dios. ¿Somos en realidad dueños de las propiedades y el dinero que pasa a través de nuestras manos? O, ¿debemos ver nuestras propiedades e ingresos como mayordomos a quienes se les ha confiado valiosas posesiones para que se las administremos al dueño verdadero, Dios, quien algún día nos demandará cuentas? Como cristianos, la respuesta está clara. No debemos aferrarnos a lo que poseemos ni a todo lo que vayamos a tener alguna vez, porque nuestras posesiones realmente no son nuestras. Sólo estamos de paso por esta vida. Nuestro destino eterno es el cielo. El Señor nos manda a que: "No os hagáis tesoros en la tierra, donde la polilla y el orín corrompen, y donde ladrones minan y hurtan; sino haceos tesoros en el cielo, donde ni la polilla ni el orín corrompen, y donde ladrones no minan ni hurtan" (Mateo 6:19-20).

Cuando examinamos las Escrituras, descubrimos muchos principios bíblicos que deberían guiarnos con respecto a nuestras estrategias y planes financieros. Como en cada área de nuestra vida cristiana, necesitamos encontrar una posición bíblica balanceada basada en "todo el consejo de Dios".

Dios suplirá nuestras necesidades

Mi Dios, pues, suplirá todo lo que os falta conforme a sus riquezas en gloria en Cristo Jesús.

Filipenses 4:19

Una de las verdades bíblicas más fundamentales es que Dios está vitalmente interesado en nuestras necesidades económicas prácticas y diarias. Dentro de las páginas de las Escrituras hay un juego completo de principios que deberían rodear nuestras estrategias financieras básicas durante los últimos días, cuando el mundo pase por un gran colapso económico. Mientras esperamos el Rapto en cualquier momento, también debemos darnos cuenta que si el Señor se tarda algunos años, tal vez tengamos que vivir a través de la montaña rusa económica que yace delante de nosotros. Por lo tanto, necesitamos comprender que nuestro último recurso no es nuestro salario ni nuestros ahorros invertidos sino, más bien, nuestro Padre en el cielo. Él nos guiará a través de Su Palabra y a través de su Espíritu Santo para que sepamos lo que tenemos que hacer para protegernos a nosotros mismos, a nuestras familias y a nuestras iglesias en los días difíciles que se aproximan. El rey David describió la inmutable fidelidad de Dios hacia Sus hijos: "Joven fui, y he envejecido, y no he visto justo desamparado, ni su descendencia que mendigue pan" (Salmos 37:25).

Diligencia y arduo trabajo

A través de las Escrituras, Dios nos manda que seamos diligentes al manejar nuestros negocios y finanzas. Es interesante mencionar que no se puede encontrar ni a un solo héroe bíblico que sea débil, indeciso, o perezoso. Aunque es Dios quien prospera nuestro esfuerzos, Él espera que hagamos nuestra parte. En el libro de Proverbios encontramos varios pasajes que describen este principio: "Sé diligente en conocer el estado de tus ovejas, y mira con cuidado por tus rebaños" (Proverbios 27:23). Las Escrituras prometen las bendiciones de Dios si diligente y fielmente trabajamos para terminar nuestro trabajo. "El que labra su tierra se saciará de pan..." (Proverbios 28:19). La Palabra de Dios nos recomienda que nuestros diligentes esfuerzos nos preparen para nuestras necesidades futuras. " Ve a la hormiga, oh perezoso, mira sus caminos, y sé sabio; la cual no teniendo capitán, ni gobernador, ni señor, prepara en el verano su comida, y recoge en el tiempo de la siega su mantenimiento" (Proverbios 6:6).

Aunque Dios ha prometido cuidar de nosotros, en la parábola de los siervos y los talentos; el Señor nos instruyó que invirtamos de forma práctica los recursos que Él ha colocado en nuestras manos para que logremos devolverle lo máximo posible. Los dos siervos fieles que invirtieron sus talentos para lograr devolverle algo positivo fueron honrados por su fidelidad. El siervo que pasivamente escondió su único talento en la tierra fue reprimido severamente por su señor por su flojera y falta de mayordomía. El señor del siervo infiel le dijo: "Siervo malo y negligente... debías haber dado mi dinero a los banqueros, y al venir yo, hubiera recibido lo que es mío con los intereses. Quitadle, pues, el talento, y dadlo al que tiene diez talentos. Porque al que tiene, le será dado, y tendrá más; y al que no tiene, aun lo que tiene le será quitado" (Mateo 25:26-29). Esta enseñanza de nuestro Señor nos ordena claramente que seamos buenos mayordomos de nuestros recursos. Esta parábola también aclara la enseñanza de Cristo, sobre los intereses y el ahorro del dinero en las instituciones financieras. Aunque Dios condena la usura (criminales altas tasas de interés) el señor recompensó a los siervos por invertir su dinero con los banqueros para obtener un buen resultado.

Lo que sembréis, eso segaréis

En la parábola de Cristo sobre el sembrador, enseñó que los resultados económicos que logremos están directamente relacionados con las semillas que sembramos. Algunos cristianos creen que simplemente deberíamos orar con fe y esperar que el Señor supla todas nuestras necesidades, ya sea que hayamos o no actuado como buenos mayordomos a través del trabajo fiel, de la planificación, o de las inversiones. Sin embargo, el Señor espera que cada uno de nosotros como cristianos trabajemos e invirtamos los frutos de nuestra labor. La Biblia nos instruye de la siguiente manera: "Pero esto digo: El que siembra escasamente, también segará escasamente; y el que siembra generosamente, generosamente también segará" (2 Corintios 9:6). Una vez que hayamos cumplido con nuestra parte fiel y diligentemente, podemos pedirle al Señor en oración que bendiga nuestros esfuerzos y que nos dé sabiduría en lo que se refiere a nuestras inversiones.

La ley de dar y recibir

Si nos aferramos a nuestras posesiones demasiado es muy probable que las perdamos. Cada posesión que tenemos es simplemente algo que se nos ha confiado para ser administrado por el Señor. Aquellos que comprenden y aceptan este principio estarán abiertos a ayudar a sus vecinos a través de regalos y ayuda práctica. Después de muchos años de planificación financiera profesional con clientes, la evidencia es muy grande en que aquellos que son generosos en sus donativos al Señor y en ayudar a sus vecinos, recibirán bendiciones abundantes de parte de Dios. Nuestra motivación debería ser de dar, no sólo dar para poder recibir.

Nuestro Señor nos dice, que aquellos que dieron alegremente a los demás recibirán a cambio muchas veces la cantidad que han dado. "Dad, y se os dará; medida buena, apretada, remecida y rebosando darán en vuestro regazo; porque con la misma medida con que medís, os volverán a medir" (Lucas 6:38).

El amor al dinero

Una actitud bíblica balanceada hacia nuestro dinero y hacia nuestras posesiones es algo vital en nuestro andar cristiano. El dinero y las posesiones son herramientas importantes para proveer las necesidades prácticas de nuestra vida y las de nuestra familia. Desafortunadamente, vivimos en la sociedad más materialista de la historia humana. Nuestra moderna cultura occidental mide el valor de una persona en un buen grado por sus riquezas y estilo de vida. La televisión y los anuncios seducen el valor de muchas personas hasta el punto donde creen que su felicidad y valor verdadero depende de haber adquirido el auto último modelo o la ropa de la última moda.

La Palabra de Dios nos confirma: "Porque la raíz de todos los males es el amor al dinero, el cual codiciando algunos, se extraviaron de la fe, y fueron traspasados de muchos dolores" (1 Timoteo 6:10)). Aquellos que están obsesionados con el dinero no andan bajo la voluntad de Dios. Sin embargo, no debemos malinterpretar este mandamiento. No es el dinero mismo la raíz del mal. Es el gran "amor al dinero" lo que es pecaminoso. Muchos pasajes de las Escrituras nos mandan a actuar con prudencia, diligencia, arduo trabajo y a que hagamos sabias inversiones. Dios honró la fidelidad y mayordomía de Abraham, Isaac, Jacob y muchos más. El Señor restauró la gran fortuna de Job bendiciéndole con el doble de lo que tenía antes. "Y bendijo Jehová el postrer estado de Job más que el primero" (Job 42:12).

La pregunta real para cada uno de nosotros en lo que se refiriere a nuestras finanzas es: ¿A quién serviremos? Finalmente, elegiremos servir a Cristo o servirnos a nosotros mismos. "Ninguno puede servir a dos señores; porque o aborrecerá al uno y amará al otro, o estimará al uno y menospreciará al otro. No podéis servir a Dios y a las riquezas" (Mateo 6:24). ¿Serviremos a Jesús a través de nuestra diligencia y fiel mayordomía de los recursos económicos que Él nos permite controlar? O ¿permitiremos que el materialismo y deseo por el dinero nos tome y nos robe del gozo del Señor? Como cristianos necesitamos manejar nuestras posesiones y finanzas fielmente y en oración a la luz del conocimiento de que algún día le rendiremos cuenta al Señor Jesucristo de cómo manejamos nuestra vida financiera, decisiones y prioridades.

El diezmo y dando tus primeros frutos al Señor

El Antiguo Testamento le mandaba a los judíos pagar el diez por ciento (el diezmo) al Templo del Señor. Como cristianos, vivimos en la "época de la gracia" y no estamos sujetos a la antigua ley. Sin embargo, el principio de traer las primicias de nuestros frutos al Señor aún se aplica a los creyentes en la era de la Iglesia. "Honra a Jehová con tus bienes, y con las primicias de todos tus frutos; y serán llenos tus graneros con abundancia y tus lagares rebosarán de mosto" (Proverbios 3:9-10). Cuando damos el diez por ciento de nuestras primicias a Dios simplemente estamos reconociendo que el Señor realmente posee cien por ciento de lo que tenemos. La Biblia nos instruye a que paguemos nuestros diezmos a la iglesia local, "el almacén", donde estamos siendo alimentados y bendecidos espiritualmente. El profeta Malaquías dio este mandamiento de Dios al cerrar su libro del Antiguo Testamento: "Traed todos los diezmos al alfolí y haya alimento en mi casa; y probadme ahora en esto, dice Jehová de los ejércitos, si no os abriré las ventanas de los cielos, y derramaré sobre vosotros bendición hasta que sobreabunde" (Malaquías 3:10). Dios ha prometido que Él nos bendecirá abundantemente si le somos fieles en nuestros diezmos. Después de muchos años de planificación financiera puedo decirles que cada cristiano con éxito financiero que conozco ha aprendido por experiencia propia que no podemos darle más al Señor de lo que Él nos devuelve. Diezmar es una de los principios fundamentales que necesitamos establecer en nuestra planificación financiera y en nuestras prioridades. Es la clave más importante para su prosperidad financiera como cristiano.

Dando donativos

Otro principio clave para nuestra prosperidad financiera es estar dispuestos a darle a otros cuando experimenten una crisis financiera. El apóstol Juan escribió: "Pero el que tiene bienes de este mundo y ve a su hermano tener necesidad, y cierra contra él su corazón, ¿cómo mora el amor de Dios en él? Hijitos míos, no amemos de palabra ni de lengua, sino de hecho y en verdad" (1 Juan 3:17-18). La actitud hacia su dinero es un reflejo de su actitud hacia el Señor. El cristiano que constantemente bendice a aquellos que le rodean se encontrará con que es bendecido por Dios. A menudo pensamos en dar sólo en términos de colocar dinero en la cesta de la ofrenda o donando a un fondo de caridad. Sin embargo, necesitamos ser prácticos en nuestro dar. La próxima vez que vea a un hermano cristiano en dificultades financieras, en oración considere ayudar de una forma práctica dándole $100 dólares mientras que ora por él. No se preocupe por el hecho de que no recibirá un recibo que pueda utilizar en su declaración de ingresos. El Señor lleva unas cuentas mucho mejores que las autoridades que recogen los impuestos. "El alma generosa será prosperada; y el que saciare, él también será saciado" (Proverbios 11:25).

Proveyendo para su familia

Algunos cristianos evitan la planificación de seguros y el preparar un testamento bajo la equivocada noción, de que esto es innecesario debido a que "Dios proveerá". La enseñanza de la Biblia es clara en que somos responsables por proteger a nuestras familias tanto como podamos. Si fuéramos incapaces de protegerlas podríamos confiar en que el Señor cuidará de ellos, sin embargo, el Señor nos hará responsables si no seguimos sus mandamientos bíblicos de proveer protección para nuestra familia. Las pólizas de seguros y los testamentos son simplemente herramientas financieras para proteger a nuestras familias en caso de muerte prematura. Puesto que ninguno de nosotros tenemos la vida comprada, necesitamos proveer ante la posibilidad de que no vivamos el suficiente tiempo para acumular suficientes recursos para que nuestras familias estén financieramente seguras. El apóstol Pablo le mandó a los creyentes que proveyeran financieramente para sus esposas e hijos: "Porque si alguno no provee para los suyos, y mayormente para los de su casa, ha negado la fe, y es peor que un incrédulo". En un capítulo posterior exploraremos cómo podemos proteger mejor a nuestros seres amados al mismo tiempo que ahorramos dinero en nuestros seguros e impuestos. Preparar un testamento es algo absolutamente necesario en la actualidad para un esposo y una esposa. Si fallamos en dar dirección en la distribución de nuestros bienes en nuestro testamento, entonces el gobierno entrará a distribuirlos según su propia fórmula. Todo cristiano responsable necesita hacer un testamento para sí mismo y para su esposa. En Proverbios leemos estas palabras de aprobación a aquellos que fielmente planean el futuro de su familia: "El bueno dejará herederos a los hijos de sus hijos; pero la riqueza del pecador está guardada para el justo" (Proverbios 13:22).

Dios puede colocar una protección alrededor de usted

En medio de los peligros económicos que nos rodean actualmente sería fácil que muchos cristianos perdieran la paz y se desesperaran por el futuro colapso económico. Sin embargo, como creyentes podemos ir al Señor confiadamente para que nos proteja de los peligros inusuales. La Biblia nos dice que Dios hizo "una cerca alrededor" de Job como uno de Sus siervos fieles. Como la naturaleza de Dios no cambia, comprendemos que el Señor sigue cuidando de cada uno de Sus seguidores. Aunque esto no garantiza que jamás sufriremos un devastante accidente, enfermedades, o pérdidas económicas, sabemos que no nos puede suceder nada a los cristianos sin que Dios lo permita dentro de Su voluntad permisiva. Satanás reconoció la protección sobrenatural de Su siervo Job con las siguientes palabras: "¿No le has cercado alrededor a él y a su casa y a todo lo que tiene? Al trabajo de sus manos has dado bendición; por tanto, sus bienes han aumentado sobre la tierra" (Job 1:10). Aunque Dios espera que seamos diligentes y prudentes, a final de cuentas el destino de nuestras finanzas y de nuestra economía está en Sus manos.

Evita las estratagemas de enriquecimiento rápido

En la actualidad, existen muchas personas ofreciendo dudosas estrategias financieras en el mercado así como en la iglesia. Recuerde la máxima: "Si suena demasiado bien para ser verdad, lo es". Si alguien le promete una fabulosa ganancia financiera por su inversión, lo más probable es que pierda hasta la camisa si invierte sin sabiduría. Las Escrituras nos advierten en contra de la estratagema de enriquecerse rápidamente. En Proverbios leemos: El hombre de verdad tendrá muchas bendiciones; mas el que se apresura a enriquecerse no será sin culpa". Si alguien se le acerca en su iglesia con una propuesta financiera, vaya inmediatamente al pastor o a un miembro del consejo para pedirle consejo. Si le aconsejan que sea precavido, ponga atención a su consejo.

Jamás quede de fiador por un préstamo

Otra trampa financiera es la petición de alguien para que garantice su préstamo quedando como fiador ante el banco. ¡Jamás quede de fiador! Virtualmente a todas las personas que conozco y que han quedado como fiadores de un préstamo han vivido para lamentarse de su acción. Si la persona falla en hacer un solo pago, el banco inmediatamente obligará al fiador a pagar todo lo que resta del préstamo. Después tendrá que intentar obtener el pago del préstamo de la otra persona. La Biblia específicamente advierte contra ser fiador de un préstamo: "Hijo mío, si salieres fiador por tu amigo, si has empeñado tu palabra a un extraño, te has enlazado con las palabras de tu boca, y has quedado preso en los dichos de tus labios" (Proverbios 6:1-2).

Nuestra actitud hacia nuestras finanzas

La prosperidad financiera puede ser un gran don de Dios que le liberará para proveer de fondos a las misiones, a su iglesia, y a proyectos vitales de evangelismo. También le puede liberar para dar un tiempo importante y realizar trabajo voluntario en la obra del Señor en vez de pasarse la vida trabajando para ganar un salario. El Señor le prometió a Israel grandes bendiciones económicas si seguían con obediencia Su mandamiento: "Y te hará Jehová sobreabundar en bienes, en el fruto de tu vientre, en el fruto de tu bestia, y en el fruto de tu tierra, en el país que Jehová juró a tus padres que te había de dar. Te abrirá Jehová su buen tesoro, el cielo, para enviar la lluvia a tu tierra en su tiempo, y para bendecir toda obra de tus manos. Y prestarás a muchas naciones, y tú no pedirás prestado" (Deuteronomio 28:11-12).

El principio más importante que podemos seguir en lo que se refiere a nuestra vida financiera es colocar nuestra confianza en nuestro Padre celestial, seguir con prudencia Sus principios bíblicos y pedirle a Dios que dirija nuestro camino. "Fíate de Jehová de todo tu corazón, y no te apoyes en tu propia prudencia. Reconócelo en todos tus caminos, y él enderezará tus veredas" (Proverbios 3:5-6).

CAPÍTULO DIECISÉIS

Estrategias financieras para los últimos días

A partir del momento en que usted inicia su vida laboral hasta el retiro a los sesenta y cinco años ganará una considerable fortuna. Aunque muchas personas jamás han considerado esto, la mayoría de nosotros ganaremos más de un millón de dólares a través de nuestra vida de trabajo. Considere los recursos increíbles que Dios ha confiado en sus manos.

Entre este momento y los sesenta y cinco años ganará las siguientes cantidades:

Tu edad Actual	Tus ingresos mensuales			
	$2000	$3000	$4000	$5000
25	$960.000	$1,440.000	$1,920.000	$2,400.000
30	840.000	1,260.000	1,680.000	2,100.000
35	720.000	1,080.000	1,440.000	1,800.000
40	600.000	900.000	1,200.000	1,500.000
45	480.000	720.000	960.000	1,200.000
50	360.000	540.000	720.000	900.000
55	240.000	360.000	480.000	600.000

Estas cifras revelan los enormes recursos económicos que se le han dado para que los administre durante su vida. Pero la pregunta es: ¿qué cantidad de esta fortuna retendrá para utilizarla durante su retiro? A final de cuentas, no es lo que gana, sino lo que ahorra e invierte es lo que producirá un éxito o un fracaso financiero. Si puede disciplinarse para ahorrar incluso diez por ciento de sus ganancias mensuales, puede invertir estos fondos para alcanzar una verdadera independencia financiera para usted y para su familia.

La meta — independencia financiera

¿Por qué es que muchas personas no ahorran ni invierten? Ahorrar dinero aún es una idea muy buena. ¡Quien sabe si algún día el dinero vuelva a tener valor!

La independencia financiera se puede definir como acumular una cantidad de capital que producirá un flujo garantizado de ingresos para suplir sus necesidades financieras sin tener que trabajar para ganar un salario. La independencia financiera es una meta práctica que se puede alcanzar si aplica unos principios fundamentales de finanzas y si trabaja con consistencia hacia su meta. En un próximo capítulo examinaremos varias estrategias para preservar y protegerle a usted y a su familia en contra de los especiales riesgos financieros en los años 1990 y conforme nos aproximamos rápidamente al futuro gobierno mundial.

La razón para que la mayoría de las personas lleguen al retiro sin alcanzar la independencia financiera, es que fallaron en invertir adecuadamente los tremendos recursos que Dios colocó en sus manos a través de su vida laboral. No es que planearan fracasar, ¡simplemente fracasaron en planear para el éxito financiero! Muchas personas han tenido la experiencia de intentar y fracasar en el desarrollo de un presupuesto manejable y un plan de ahorros. Hacen efectiva su paga, pagan todas sus cuentas y sus gastos para vivir, esperando que algo sobre al final dc todos los pagos, para entonces poder ahorrar algún dinero. Pero la realidad es que, al final nada le quedará.

Para la mayoría de las personas la única solución práctica es cambiar toda su estrategia de ahorro. El principio es sencillo pero fundamental, cuando cobre su cheque de pago, deposite el diez por ciento en su cuenta de ahorros. Después, pague sus principales cuentas y sus gastos de los fondos que le restan. Para aquellos hermanos que viven sin ninguna otra entrada de dinero, nada más del sueldo, este sencillo pero profundo cambio en la estrategia de ahorro, puede marcar el primer paso en su camino hacia el éxito financiero. Tal vez piense que no puede ahorrar diez por ciento de sus ingresos, porque está sumergido en deudas. La realidad es que no debe retrasar el inicio de su plan de ahorro, no importa cuán sumergido esté en las deudas. La mejor forma de terminar con su esclavitud financiera con las deudas, es tomar el control de sus finanzas empezando hoy mismo con el plan de ahorro. Si no puede comprometerse a ahorrar el diez por ciento de sus ingresos, empiece con el cinco por ciento y gradualmente incremente el porcentaje. Sin embargo, la clave es empezar ahora mismo. ¿Habrá otra ocasión en que pueda empezar a tomar el control de su destino financiero? Prométase a usted mismo que empezará ahora a seguir el plan que le llevará a usted y a su familia a la libertad financiera.

Presupuestos

"Cuando tus salidas exceden tus ingresos estás listo para caer".

Aunque muchos cristianos que ya se encuentran en una edad madura han aprendido a controlar sus finanzas, las parejas jóvenes durante sus primeros años de matrimonio tienen muchos problemas para tomar el control de los ingresos y los gastos. El segundo paso para obtener el control de sus finanzas es establecer un presupuesto básico que le permitirá colocar metas y mantener una disciplina financiera. Muchas personas no tienen ni idea de a dónde va a parar su dinero; simplemente parece desaparecer cada mes. Alguien dijo alguna vez: "Vivir bajo un presupuesto es exactamente la misma cosa que vivir más allá de sus medios con la excepción de que tendrá un registro de lo mismo". Un presupuesto es una manera de tomar el control de su dinero y empezar a dirigir los recursos que Dios le ha provisto para lograr sus metas financieras. No estoy sugiriendo que anote cada centavo que gaste. Más bien, planear un presupuesto involucra tomar algunas decisiones básicas sobre asignar sus ingresos y registrar los resultados. Muchos bancos y librerías tienen libros excelentes, disponibles para sus clientes que le ayudarán a planear sus gastos mensuales y anuales. La clave para un presupuesto exitoso es, ser flexible e intentar ser realista sobre la cantidad de dinero que está gastando en diferentes categorías. Calcule sus ingresos de manera conservadora, pero sobreestime sus gastos. Un presupuesto no debe ser como una camisa de fuerza, sino una simple forma de seguir los pasos de adónde va el dinero, para que pueda tomar el control y redirigirlo de una manera más positiva para lograr sus metas.

"Un presupuesto es un plan financiero adoptado, para prevenir que parte del mes corra con lo poco que le queda de dinero".

Debería hacerse varias preguntas básicas y financieras al final de cada año:

A. ¿He tenido éxito en ahorrar una cantidad importante durante el último año?

B. ¿He tenido éxito en pagar una buena proporción de mis deudas?

Si su respuesta a estas dos preguntas es positiva entonces ha empezado a moverse en la dirección correcta en su vida financiera. Sin embargo, si su respuesta a estas preguntas es negativa, entonces necesita realizar algunos cambios en su presupuesto y en su estrategia.

Viviendo de créditos

El crédito es una herramienta financiera muy útil que le puede permitir la compra de un auto o una cosa que jamás podría adquirir de otra manera. Sin embargo, el mal uso del crédito ha llevado a muchas parejas a tal extremo que en muchos años no han podido volver a estabilizar su economía. Los consejeros matrimoniales nos dicen que las peleas por dinero, deudas y cuentas de tarjetas de crédito, son áreas de gran conflicto en los matrimonios que terminan en divorcio. Ya que las finanzas son algo integral de nuestra vida, aprender a controlar el uso de los créditos y crear una estabilidad financiera pueden mejorar enormemente nuestra vida matrimonial, al igual que nuestra vida espiritual. La Biblia nos advierte sobre el peligro de las deudas, debido a la esclavitud financiera que crean. En el libro de Proverbios se nos manda, que paguemos nuestras deudas cuando tengamos que hacerlo. No debemos retrasar nuestro pago si tenemos los medios para pagar. "No te niegues a hacer el bien a quien es debido, cuando tuvieres poder para hacerlo. No digas a tu prójimo: Anda, y vuelve, y mañana te daré, cuando tienes contigo qué darle" (Proverbios 3:27-28). Si no puede pagar una deuda a tiempo, llama a quien le prestó el dinero, luego confirme por escrito que tiene un problema legítimo. Los que prestan dinero a menudo cooperarán con usted si está sufriendo un problema temporal. Sin embargo, se irritan cuando un deudor se retrasa en sus pagos y no explica el problema. Su reputación con respecto a pagar sus cuentas a tiempo, es vital para edificar su independencia financiera. La confiabilidad de pagar sus cuentas también es algo crítico para su testimonio cristiano.

Un plan para obtener el control sobre su crédito

Los siguientes pasos hay que seguirlos para mantener su crédito bajo control:

1. Pregúntese: ¿Realmente necesito comprar este artículo con mi crédito? ¿Puedo comprarlo en efectivo? Si va a comprar un artículo a crédito, primero calcule conservadoramente cuánto de sus ingresos puede consagrar a los pagos del crédito, después de permitir un margen de seguridad del diez por ciento de sus ingresos mensuales para guardar como reserva sobre los gastos normales, diezmo y obligaciones de pago de los demás créditos existentes.

2. Compre cuidadosamente con los créditos debido a que las tasas de interés, gastos del usuario y los términos de créditos varían ampliamente entre bancos y otras instituciones financieras. Revise el costo total de sus tarjetas de crédito contra el costo de las tarjetas ofrecidas por los prestamistas. Elija un crédito con tanto cuidado como compraría un objeto deseado en una tienda. El verdadero costo anual de los intereses de muchas tarjetas de crédito es enorme. Algunas tarjetas de crédito cargan hasta un dieciocho y veinticuatro por ciento de interés y algunas veces, incluso más. Evite utilizar los privilegios que ofrecen muchos bancos de sacar más dinero del que tiene. Las tasas de interés a menudo son extremadamente altas.

3. Evite la trampa de las tarjetas de crédito, que animan a muchos de los consumidores porque pueden comprar todo cuanto quieran, sin tener que pagar hasta dentro de un mes y no todo el volumen de la deuda, pues la mayoría de las tarjetas de crédito pagan intereses demasiado altos por las mensualidades que no se pueden pagar. Los usuarios sabios de las tarjetas de crédito, pagan toda su deuda total cada mes y por lo tanto,

utilizan los fondos del banco librándose de los intereses. Idealmente no debería utilizar más de dos o tres tarjetas de crédito incluyendo una que sea aceptada universalmente tal como VISA o Mastercard o American Express. Si el balance de sus tarjetas de crédito es tan alto que no pueda dejarlos en cero en unos cuantos meses, considere arreglar un préstamo bancario o una línea de crédito personal a una tasa de interés mucho más baja para pagar el balance de sus tarjetas de crédito. Luego, pague el nuevo préstamo bancario a bajos intereses tan pronto como pueda. No permita que el nuevo balance de cero en sus tarjetas de crédito se eleve a un nivel mayor del que pueda pagar la cantidad total cada mes o regresará al lugar donde empezó.

4. Evite utilizar créditos en artículos de consumo que se deprecian rápidamente, o que pueden quedar inservibles por alguna razón, tales como un televisor o artículos eléctricos. Si no puede pagar en efectivo una compra así, tal vez sería más sencillo esperar un poco hasta que pueda comprarla con su propio dinero. Pagar en efectivo tiende a reforzar el costo actual de su compra.

5. Utilice su crédito para la compra de artículos principales, tal como una casa o auto, que de otra manera no podría adquirir.

6. Cuando solicite dinero prestado, asegúrese de hacer arreglos para pagar el préstamo tan pronto como pueda para minimizar el costo de lo obtenido. El propietario de una casa que hace arreglos para pagar por adelantado sus pagos hipotecarios puede ahorrarse una enorme cantidad de dinero en futuros cargos de intereses y pagar su hipoteca años antes. Esto se explica con más detalle más adelante en este mismo capítulo.

Los créditos son muy parecidos a un incendio. Cuando no lo tiene bajo control, puede arruinar su vida financiera. Lo mismo que otras personas, la economía puede afectar su vida de una manera relativamente menor y temporal. Sin embargo, puede mejorar su futuro financiero de una gran manera a través del cambio de sus (1) actitudes, (2) metas, y (3) acciones. Primero su actitud debería incluir un fuerte deseo por tener éxito, una disponibilidad por vencer los obstáculos, y una habilidad para continuar analizando sus planes y sus resultados. Primero, debería empezar a tomar el control de su dinero colocando unas metas financieras definidas. Estas metas deben ser lo suficientemente altas, para motivarle pero también necesitan ser lo suficiente realistas, para que realmente pueda creer que las puede alcanzar. Finalmente, necesita seguirlas con una estrategia financiera balanceada basada en la Palabra de Dios y con un análisis sano de los riesgos especiales y las oportunidades en la economía actual. Pregúntese: "Si logro los mismos resultados financieros en los próximos cinco años, como lo he hecho estos últimos cinco años, estaré satisfecho?" Si su respuesta a esta pregunta es "No", necesita comprometerse a cambiar su estrategia financiera.

Colocar metas es vital para su éxito financiero

Colocar metas financieras es vital si realmente quiere tener éxito en sus finanzas. No puede tener éxito siendo un espectador, necesita estudiar sus opciones financieras, tomar decisiones y luego invertir. El éxito financiero puede ser descrito como la realización progresiva de sus metas financieras predeterminadas. Sin embargo, muchos estudios revelan que, la mayoría de las personas tienen metas financieras vagas o inadecuadas. Un estudio reveló que veintisiete por ciento de los norteamericanos, no tienen metas financieras y que generalmente llegan al retiro con menos de $25,000 dólares en recursos, además de una escasa pensión del gobierno. Sesenta por ciento de las personas únicamente tienen una idea muy vaga de sus metas financieras, apenas sobrevivirán con unos modestos recursos personales de $50,000 dólares, más su pensión del gobierno. Diez por ciento de aquellas personas sondeadas, tenían metas financieras verbales pero jamás las pusieron por escrito. Sin embargo, es fascinante mencionar que aquellos que únicamente tenían metas verbales acumulaban un promedio de $250,000 dólares, más de diez veces los recursos del retiro, que aquellos que no tenían ninguna meta. Finalmente, los estudios muestran que tan sólo tres por ciento de los norteamericanos, tienen metas financieras escritas y bien definidas. Como resultado de su planificación y metas financieras escritas, ¡este grupo selecto acumuló considerablemente más de un millón de dólares, en recursos personales en el momento del retiro! Lo primordial es esto, si no coloca metas financieras para tener éxito, entonces lo que de hecho está haciendo es planear su fracaso financiero. La elección es suya.

Si está casado vale la pena sentarse con su pareja y establecer algunas metas financieras significativas para la vida, por lo menos una vez cada año. Una vez al año debería sentarse, y revisar sus logros comparándolos con sus metas escritas del año anterior. Una de las cosas principales, alrededor del Año Nuevo para mi esposa Kaye y para mí, es celebrar otro año de ministerio en nuestro restaurante favorito. Llevamos con nosotros nuestro libro de Metas y Objetivos, y registramos nuestros logros durante el pasado año. Luego en oración discutimos y bosquejamos nuestras nuevas metas y objetivos para el próximo año. Estas metas cubren tres intervalos y abarcan varias categorías diferentes. Nuestras metas son (1) a plazo corto (menos de un año), (2) intermedias (dos a tres años) y (3) a largo plazo (cinco a diez años). Estas categorías incluyen: (A) Finanzas: incremento en ahorros y recursos, reducción de deudas y objetivos de ingresos; (B) Ministerio: un libro nuevo, nuevos videos, conferencias, viajes misioneros al extranjero, etcétera. (C) Personales: vacaciones, educación físicas, etcétera. (D) Material: mejoras a la casa, automóvil, equipo de computación, etcétera. Colocar metas y registrarlas conjuntamente conforme Dios bendice nuestros esfuerzos, es uno de los momentos que más nos satisfacen durante el año. Es una oportunidad para pedirle al Señor en oración, que dirija nuestras vidas en lo que se refiere a las metas y objetivos futuros. Además, este ejercicio nos recuerda las tremendas bendiciones que Dios nos ha dado. Deberíamos reconocer que gozamos de estas enormes bendiciones económicas, y ventajas en Norteamérica y que son mucho mayores en noventa y ocho por ciento que todos aquellos que han vivido anteriormente en la historia. Deberíamos de darle gracias a Dios todos los días por Sus ricas bendiciones y reconocer nuestra responsabilidad como mayordomos de los recursos financieros que el Señor ha colocado en nuestras manos.

¿Qué tan bien le va con sus finanzas? Debería calcular su valor neto al menos una vez al año, para ver cuánto está progresando para lograr su meta de independencia financiera. Sume todos sus recursos y deduzca la cantidad de sus deudas totales, para llegar a su valor neto. Por ejemplo, si tiene $220.000 dólares en recursos totales incluyendo su casa, auto, muebles, inversiones, etcétera; y debe $120.000 dólares en la hipoteca, auto, tarjetas de crédito, etcétera; entonces tiene un valor neto de $100.000 dólares. Es de mucha motivación notar su progreso año tras año, conforme mejora su valor neto al incrementar sus recursos, reducir sus deudas, e implementar sus metas y planes financieros. El proceso de revisión anual puede motivarle a continuar la necesaria disciplina financiera para alcanzar su independencia financiera.

Las inversiones y el poder de los intereses combinados

El gran poder de los intereses combinados, es fundamental para su estrategia de inversión para lograr la independencia financiera. Significativamente, el Barón Rothschild, uno de los hombres más ricos de la historia, llamó a los intereses combinados la "octava maravilla del mundo". Sin embargo, si le permite meterse en una creciente deuda, los interés combinados actuarán en su contra. Pero pueden ser una herramienta maravillosa que multiplicará los fondos invertidos que aparta cada mes. Por ejemplo, si usted pudiera ahorrar $1.000 dólares cada año (tan sólo 83.33 dólares al mes) de los treinta y cinco años hasta los sesenta y cinco con un promedio del diez por ciento de interés, acumularía $164.494 dólares, una importante adición a su plan de pensión del gobierno. Su cuenta de ahorros debería de ser únicamente, un lugar temporal para almacenar sus fondos mientras se acumulan. Una vez que su cuenta ha acumulado de $2.500 $5.000 dólares, debería explorar otras opciones de inversión, que le paguen unos intereses mayores que su cuenta de ahorros regular.

Bonos de Ahorro del gobierno

Una de las elecciones más seguras y más fáciles para el inversionista conservador, es la inversión en Bonos de Ahorro del gobierno, que ofrecen los gobiernos de los Estados Unidos y del Canadá. Puesto que estos bonos de ahorro, están respaldados por el poder de los impuestos del gobierno federal, y como el gobierno debe de pagar los intereses vencidos si desean pedir fondos adicionales en el futuro, estos bonos de ahorro virtualmente no corren ningún riesgo durante los próximos cinco años (hasta que el gobierno empiece a hiperinflar la moneda). Los bonos de ahorro del gobierno normalmente se pueden comprar, en varias denominaciones de cualquier institución financiera. Algunos Bonos de Ahorro del gobierno pagan intereses regulares cada año, mientras que otros Bonos de Ahorro combinan los intereses por la duración del bono. Generalmente, los Bonos de Ahorro combinados proveen de una tasa más alta al reembolso. En vez de comprar $5.000 dólares de Bonos de Ahorro del gobierno. Considere comprar cinco bonos de $1.000 dólares. Esta estrategia le da la opción de cobrar uno o dos bonos pequeños si necesita dinero de emergencia en vez de canjear los $5.000 dólares.

Bonos Municipales libres de impuestos

En Norteamérica, una inversión de bonos que ofrece mayores ventajas de impuestos, son los Bonos Municipales libres de impuestos que son expedidos por las ciudades, para levantar fondos. Si la ciudad que vende el bono tiene una buena situación financiera, aquí está la forma más excelente de invertir conservadoramente sus fondos, mientras gana intereses libres de impuestos. Puede cerciorarse del riesgo financiero de unos Bonos Municipales libres de impuestos a través de "Standard and Poor's Moody's Bond Rating Service". Pídale a un contador público de su confianza un informe acerca de la disponibilidad de los bonos de la ciudad más favorables para su economía. La mejor y más segura evaluación de bonos que puede obtener es el AAA. Esto es muy importante, evite invertir en bonos que estén por debajo de la clasificación equivalente A. Este tipo de inversión tiene ventajas para el contribuyente en el bloque de impuestos del veintiocho por ciento o superior durante los próximos cinco años o hasta que empiece la hiperinflación.

Proyectos del Tesoro

Proyectos del Tesoro (T-Bills, por sus siglas en inglés), son inversiones respaldadas por el gobierno, que están completamente aseguradas por la autoridad de impuestos del gobierno federal, y son inversiones seguras durante los próximos cinco años, hasta que lleguemos al período de hiperinflación. Los Proyectos del Tesoro son vehículos de inversión, en los cuales un inversionista le presta al gobierno una importante cantidad de fondos durante un período de 91, 182 ó 364 días a tasas de interés competitivas. Los Proyectos del Tesoro tienen el mismo nivel de seguridad, que los Bonos de Ahorro del gobierno pero generalmente están disponibles en denominaciones más altas de $50.000 dólares o más. En vez de pagar una tasa de interés, los Proyectos del Tesoro son vendidos al inversionista con un descuento, y el gobierno le regresa la cantidad completa a su vencimiento. La diferencia representa sus intereses. Por ejemplo, si compra Proyectos del Tesoro a 180 días por $97.000 dólares, seis meses después el gobierno podría pagarle $100.000 dólares dependiendo de las tasas de interés. Esta ganancia de $3,000 dólares (intereses) está exenta de impuestos estatales o locales para los norteamericanos; sin embargo, está sujeto a los impuestos federales por ingresos por estas ganancias. En el pasado sólo los inversionistas ricos podían comprar Proyectos del Tesoro. Sin embargo, recientemente, varios corredores de bolsa han empezado un mercado secundario, que le permite a los pequeños inversionistas, invertir varios miles de dólares en Proyectos del Tesoro. Puede comprar Proyectos del Tesoro de cualquier corredor de inversiones, bancos, o directamente por correo de la Reserva Federal, los Proyectos del Tesoro son especialmente ventajosos para los inversionistas que viven en un estado que impone altos intereses estatales sobre los ingresos.

Bonos de Corporaciónes (corporativos)

Los bonos expedidos por corporaciones funcionan de la misma manera, que aquellos expedidos por los gobiernos con la excepción de que no están respaldados por la garantía de los Bonos de Ahorro del gobierno. Los Bonos Corporativos generalmente están asegurados por los recursos de la corporación que los expide. Sin embargo, es muy difícil que el inversionista promedio, determine con exactitud la verdadera fuerza financiera de la corporación, leyendo simplemente sus informes financieros publicados y los informes anuales. A la luz de los muchos fracasos de los Bonos Corporativos en los últimos años, yo recomendaría que se evitaran los Bonos Corporativos en este momento al menos que sea un inversionista profesional.

Mercados Comunes y Fondos Mutualistas

Más de sesenta y tres millones de norteamericanos ahora están invirtiendo en el Mercado de valores. Aunque muchos poseen acciones directas, la mayoría de los inversionistas han colocado su dinero, en uno de los más de cuatro mil Fondos Mutualistas que han aparecido desde 1980. En vez de poseer directamente las acciones, los inversionistas en Fondos Mutualistas poseen unidades de estos fondos. El Fondo Mutual mismo, de hecho, posee las acciones u otras inversiones. Otros inversionistas eligen comprar directamente valores individuales expedidos por compañías norteamericanas y extranjeras que se encuentran en los diferentes mercados de la Bolsa, con la esperanza de ganar dividendos o algún capital. Basados en los excelentes dividendos promedio de muchos Fondos Mutualistas durante los últimos años, muchos inversionistas inocentes creen que automáticamente lograrán grandes dividendos, y que, correrán poco riesgo si continúan invirtiendo en ellos. Están muy equivocados. La mayoría de los Fondos Mutualistas señalan sus registros del pasado, e implican que esta es una indicación de los resultados que se esperan en el futuro. Sin embargo, después de cinco años de buenos dividendos los mercados se encuentran a una enorme altura especulativa y están listos para caerse.

Actualmente estamos experimentando el nivel especulativo más grande de este siglo, creo que sólo es cuestión de tiempo hasta que venga una gran caída de los precios de las acciones. Como ya se detalló en otros pasajes de este libro, el Mercado de valores actualmente está tan alto, que las acciones promedio se están comercializando a una tasa veintisiete de Precio/Ganancia. Esto significa, que el precio promedio de las acciones es tan alto, que se necesitarán veintisiete años para ganar suficientes dividendos, para obtener el precio que se pagó por las acciones. Una tasa normal de Precio/Ganancias debería estar entre 10 y 15 en un mercado normal. Puesto que los dividendos ganados son tan bajos comparados con el precio de la acción, los inversionistas están comprando estas acciones infladas a precios muy altos con la vana esperanza de que los precios suban aun más. Esta es una receta para el desastre. Además, los Mercados de valores están amenazados por los volátiles derivados financieros con un riesgo de $42 trillones de dólares en este mismo momento.

La gerencia que administra estos Fondos Mutualistas, han abandonado en gran escala las medidas de seguridad fundamentales, que fueron designadas después de la caída de 1929 para proteger a estos fondos del desastre. Durante los últimos cuarenta y cinco años los Fondos Mutualistas han operado, bajo estrictas restricciones de inversión que prohibían que, se involucraran en prácticas riesgosas y especulativas. Sin embargo, bajo la presión competitiva de los últimos años, muchos de estos fondos, desde 1990, han alterado drásticamente estas reglas restrictivas, para permitirse comprar estrategias de inversión con muchos riesgos. Por ejemplo, muchos Fondos Mutualistas están especulando sin sabiduría, al comprar certificado de valores con un corto margen en la venta de acciones. Estos fondos también están comprando acciones por primera vez, de compañías de alto riesgo que tienen menos de tres años de antigüedad. Algunos Fondos Mutualistas están comprando especulativamente acciones de otros Fondos Mutualistas, en vez de realizar inversiones directas en acciones de compañías. Increíblemente, varios fondos recientemente han alterado sus reglas, para permitir que los Fondos Mutualistas compren acciones de compañías, a pesar del hecho que los oficiales y apoderados de los Fondos Mutualistas, ya han adquirido de forma personal significativas porciones de acciones en esa compañía. Esta situación deja a los Fondos Mutualistas abiertos a grandes conflictos de intereses, entre los mejores intereses de los inversionistas en fondos individuales y los que controlan el fondo. Todos estos factores sugieren que, en este momento, los Fondos Mutualistas no están a salvo, no son un lugar seguro para que coloque sus ahorros.

Como lo señalé en el capítulo 14, sobre el futuro colapso económico. Creo que estamos al borde de un gran colapso del Mercado de valores, que podría barrer con los ahorros de toda una vida de millones de inversionistas. Al menos que sea un inversionista profesional, recomendaría fuertemente que considere transferir sus inversiones existentes en acciones o Fondos Mutualistas a inversiones más seguras y conservadoras, hasta que el Mercado de valores experimente una corrección masiva. Después de que caiga el Mercado de valores, existirán tremendas oportunidades para que los inversionistas que han evitado grandes pérdidas compren acciones subvaloradas en el Mercado de valores. Los inversionistas prudentes con dinero en efectivo, entonces podrán comprar acciones en corporaciones sólidas a una fracción del costo de estas acciones antes de la caída del mercado.

Fondos del Mercado Monetario (Money Market Funds)

Estos fondos de inversión son un estilo de Fondos Mutualistas ofrecidos por los corredores de bolsa y otras instituciones financieras. Los Fondos del Mercado Monetario invierten su dinero, en certificados de valores a corto plazo tales como Proyectos del Tesoro, bonos o préstamos comerciales a corto plazo ofrecidos por corporaciones. En vez de poseer directamente un bono o un Proyecto del Tesoro, un inversionista poseerá una unidad del fondo del dinero del Mercado que de hecho posee a su vez un Proyecto del Tesoro o un bono, etcétera. Estos Fondos del Mercado Monetario calculan el interés diario generado por las inversiones del fondo. Estos fondos tienen mucha liquidez, pero están sujetos a severas pérdidas cuando las tasas de interés son tan volátiles como las actuales. A pesar del hecho de que millones de inversionistas han confiado su dinero a estos fondos monetarios, muchos de ellos no se dan cuenta que no están protegidos por el seguro federal del depósito. La inversión mínima promedio será a razón de los $1.000 dólares con el interés ganado que se puede pagar mensualmente o ser reinvertido para comprar más unidades del fondo. Aunque los Fondos del Mercado Monetario son extremadamente fáciles de usar para los inversionistas, son inversiones muy riesgosas en una época de rápidos cambios en las tasas de interés tal y como lo estamos experimentando en la actualidad. Uno de los peligros es que usted como inversionista, sólo posee unidades o acciones en el Fondo del Mercado Monetario, no posee directamente los certificados de valores financieros, tales como los Proyectos del Tesoro del gobierno o Bonos de Ahorro. Si los directores de los Fondos del Mercado Monetario, no tienen un correcto plan que concuerde con la futura dirección de las tasas de intereses, podría perder una porción sustancial de su inversión. Especialmente en una época cuando fondos como estos, están tomando riesgos espectaculares al invertir en mercados financieros derivados, no regulados sin el conocimiento expreso de los inversionistas; podría ser sabio evitar tales fondos en este momento, considere invertir directamente en cualquier inversión que juzgue apropiada para su portafolio en el nivel de riesgo y posible tasa de dividendos.

Depósitos a Plazos Fijos

Los Depósitos a Plazos Fijos son ofrecidos por varias instituciones financieras, incluyendo a los bancos como vehículos para invertir grandes cantidades (más de $5.000 dólares) durante 90, 180 ó 364 días. Los Depósitos a Plazos Fijos tienden a pagar menos dinero que los Certificados de Inversión Garantizada pero, tienen a favor el no quedar "bloqueados". Los Depósitos a Plazos Fijos pueden ser cobrados en efectivo en cualquier momento antes de su vencimiento, aunque perderás gran parte de los intereses que de otra manera hubiera ganado a su vencimiento. Sin embargo, los Depósitos a Plazos Fijos expedidos por fuertes instituciones financieras, ofrecen una gran seguridad. Este es un lugar bueno y seguro para "estacionar" sus fondos de inversión durante 90 días o seis meses, mientras considera en qué camino va el mercado financiero antes de que elija invertir en otros vehículos de inversión a mayor plazo. Los inversionistas canadienses podrían considerar invertir sus fondos, en un Depósito a Plazos en dólares norteamericanos vendidos por los bancos canadienses, si creen que es probable que el dólar canadiense caiga más abajo en su valor en los próximos años debido a la continua crisis constitucional de Quebec.

Certificados de inversión garantizados —
Certificados de depósitos

Los Certificados de Inversión Garantizados (GICs, por sus siglas en inglés o los Certificados de Depósitos (CDs, por sus siglas en inglés) son vendidos por bancos y otras instituciones financieras como inversiones a plazo medio. La ventaja para muchos de los inversionistas es la tasa garantizada de intereses compuestos y la tasa de intereses más alta ofrecida por los GICs a mayor plazo. La desventaja es que sus fondos permanecen "bloqueados" durante el plazo de uno a cinco años. Sin embargo, existe una forma de obtener su dinero si surge una emergencia. Siempre y cuando el GIC sea transferible, muchos corredores de bolsa le ofrecerán comprar su GIC con un descuento si necesita el dinero. Los certificados GIC son vehículos a plazo medio, que deberían ser comprados por los inversionistas que están preparados para invertir estos fondos durante varios años o más. La sección de negocios de los periódicos publican las diferentes tasas de interés ofrecidas por varias instituciones financieras, en lo que se refiere a Certificado de Inversión Garantizada. Estos vehículos de inversión son ideales cuando las tasas de interés son altas, pero probablemente deberían de ser evitados si las tasas de interés son volátiles. Es esencial que se cerciore de la fuerza financiera del banco que le ofrece los GIC (ver la lista de referencias al final del libro).

Su estrategia: inflación-tasa de interés

Cuando la tasa bancaria preferente (la tasa que se carga a los mejores clientes) se ha elevado a más de tres por ciento en pocos meses, es una buena indicación de que estamos entrando en un período de intereses altos y de una inflación alta. Ante tal situación considere colocar su dinero en inversiones a plazo más corto, tal como los Proyectos del Tesoro o Depósitos a Corto Plazo, en un banco fuerte con las tasas de interés más altas que estén disponibles. En cuanto se venzan debería continuar renovándolas conforme las tasas de interés continúen elevándose. Luego, cuando crea que las tasas de interés han llegado al punto más elevado, transfiera sus fondos a una inversión a largo plazo, con las tasas de interés más altas que estén disponibles, tal como en los Certificados de Inversión Garantizada expedidos por bancos fuertes. Esta estrategia "bloqueará" esas altas tasas por varios años.

El riesgo de una futura hiperinflación

Existe un creciente peligro de hiperinflación en Norteamérica a finales de los años 1990, cuando nuestro gobierno finalmente "no pueda más" financieramente, después de pedir dinero de una forma irresponsable. En los Estados Unidos la deuda nacional ahora excede los $7 trillones de dólares y los intereses compuestos de la deuda están creciendo a una gran tasa. En Canadá, la deuda nacional excede los $680 billones y los cargos por los intereses están creciendo tan rápidamente, que todas las ganancias por los impuestos federales muy pronto serán insuficientes para cubrirlos. Algunos economistas han calculado, que los ingresos por impuestos federales tanto en los Estados Unidos como en el Canadá, serán insuficientes para pagar los intereses de nuestra deuda nacional en 1998 ó 1999. En ese momento el gobierno se verá obligado a hiperinflar la moneda, como el único método posible para producir los fondos adicionales necesitados para pagar los servicios sociales, y los cargos por los intereses de la deuda nacional, y el costo diario regular del gobierno. Las señales de advertencia serán aparentes durante algún tiempo, antes de que explote la crisis final inflacionaria. Seremos testigos de una demanda de incremento de salarios, precios elevados rápidamente, grandes subidas y bajadas en los precios, una declinación del valor de nuestra moneda contra la moneda japonesa y alemana, y continuos déficit astronómicos en el gobierno. La furiosa tormenta de la hiperinflación barrerá a muchos inversionistas.

Sin embargo, incluso con la hiperinflación, existen algunas estrategias de supervivencia disponibles para el inversionista prudente. Una vez que decida que nos estamos acercando a ese período de hiperinflación, considere vender tantas de sus inversiones a largo plazo como pueda para que tenga toda la liquidez que sea posible. Tal vez tenga que pagar cargos sustanciales por retirar sus fondos a plazo fijo. Sin embargo, en una época de gran inflación, si se aferra a sus inversiones en bonos, pensiones, anualidades e ingresos de fondos a plazo fijo, es posible que se queden sin ningún valor.

La hiperinflación destruirá las economías de los Estados Unidos y de Canadá, como lo ha hecho con muchas otras economías durante este siglo. Después de la I Guerra Mundial, la República Alemana experimentó la pesadilla financiera de la furiosa inflación de 1918 a 1923, la cual acabó con los ahorros de toda una vida del pueblo alemán. Los precios se elevaron astronómicamente y millones de trabajos se perdieron, preparando así la plataforma para Adolfo Hitler. En 1918 medio kilo de mantequilla costaba un marco alemán. En 1923 el mismo medio kilo de mantequilla costaba cientos de millones de marcos. Las personas fueron literalmente obligadas a utilizar "carretillas" para acarrear las enormes cantidades de billetes que necesitaban para comprar sus alimentos. ¡Las fábricas le pagaban a sus trabajadores cada dos horas, y les permitían que salieran rápidamente del trabajo, para comprar alimentos antes de que sus marcos recién impresos y recién ganados, perdieran valor. En la sección de fotografías muestro un billete de 100 millones de marcos de 1923 ¡que no cubría ni siquiera el costo de un almuerzo! Desde entonces otros países sofisticados incluyendo a Brasil, Argentina, Chile y Rusia también han experimentado la hiperinflación. Como ejemplo de la devastación causada por la hiperinflación, Argentina era uno de las economías más fuertes del mundo durante la primera década de este siglo. Sin embargo, a partir de la I Guerra Mundial, la moneda de estos tres países sudamericanos, incluyendo a Argentina, se han devaluado hasta que actualmente vale menos de la décima parte de uno por ciento del valor que tenía su moneda en 1915.

Durante el período de hiperinflación, el Mercado de valores será muy volátil conforme la inflación sube más. Los Fondos Mutualistas, deberían ser evitados durante la hiperinflación, por todas las personas excepto por aquellas que tengan demasiado valor. En una época que nos lleva hacia la hiperinflación, lo primero que debe hacer es liquidar sus recursos a plazo fijo. Luego considere transferir su dinero en efectivo a metales preciosos, monedas extranjeras estables, y otras inversiones conservadoras en países que no estén experimentando una hiperinflación. En un escenario de hiperinflación, incrementar sus inversiones en metales preciosos de diez por ciento, hasta treinta y cinco por ciento de sus recursos de inversión puede ser lo apropiado. Como ejemplo, el franco suizo, la moneda de Suiza, está respaldada completamente por oro y por lo tanto es una moneda fuerte y estable. Una inversión en un banco suizo, bono o anualidad, aunque le pague unos intereses bajos y conservadores, proveerá al inversionista una seguridad sin paralelo en los peligrosos tiempos financieros que yacen por delante. Mantenga en mente la sabia frase: "Esto también pasará", incluso después de un desastroso período de hiperinflación. La crisis algún día terminará y volverá la estabilidad. Aquellos que hayan evitado las pérdidas y que hayan retenido sus recursos y dinero en efectivo cubriéndose sabiamente de la inflación, estarán en la posición de comprar inversiones de calidad a descuentos fenomenales.

La plata y el oro: Una estrategia financiera conservadora para los años 1990

El oro posee un numero de características muy importantes, para mantener las ganancias de nuestras inversiones financieras en una forma óptima, lo mismo en un corto que largo período de años. Afortunadamente los gobiernos han impreso mucho papel moneda con respaldo del oro. Por consiguiente a través de los siglos, el oro ha retenido su valor casi constantemente. Como resultado, las personas siempre han confiado en el oro como el instrumento para salvaguardar sus recursos. El oro tiene las siguientes características: es indestructible, compacto, escaso y portátil. El director del sistema de la Reserva Federal de los Estados Unidos, Alan Greenspan dijo al Congreso en febrero de 1994: "El oro es una clase diferente de artículo, ya que virtualmente todo el oro que se ha producido sigue existiendo". Continuó: "Por lo tanto los cambios en el nivel de producción tienen muy poco efecto en el precio continuo, lo cual significa que es virtualmente un completo fenómeno monetario. Es una medida del valor almacenado que ha mostrado una consistente guía en las expectativas inflacionarias, y ha sido a través de los años un indicador bastante razonable. Lo hace mejor que los precios de otros artículos o que muchas otras cosas". ¡Esta es una admisión sorprendente sobre el valor del oro, por parte de un banquero internacional! La tremenda expansión inflacionaria de la moneda creada por la Reserva Federal durante los últimos años, virtualmente garantiza que enfrentaremos un incremento masivo de la inflación en los últimos años de la década del 90. Esto sugiere fuertemente que el precio del oro y la plata es probable que suba substancialmente en los próximos años. Invertir en oro y plata debería formar parte de una balanceada estrategia a largo plazo. El oro no es una inversión especulativa que de ganancias rápidas. En 1979 y 1980 el precio del oro y de la plata se elevó a sus niveles más altos en la historia: $875 dólares por una onza de oro y $53 dólares por una onza de plata. Naturalmente, después que millones de inversionistas habían visto la gran elevación de los precios del oro y de la plata durante varios meses, ya muy tarde decidieron comprar a precios muy altos con la esperanza inocente de ¡"comprar alto y vender más alto todavía"! En los meses siguientes los precios de ambos metales preciosos colapsaron a $287 dólares el oro y a $3.51 dólares la plata.

Considere invertir a largo plazo en metales preciosos como parte de su portafolio balanceado. El oro y la plata deberían de formar entre diez y veinticinco por ciento de sus inversiones normales. El razonamiento básico para colocar algunas de sus inversiones en oro y plata es la prudencia y la seguridad. Durante miles de años, el oro y la plata han permanecido estables y como un medio universal de intercambio. En los años 1920 un hombre podía comprar un traje de calidad con una onza de oro. A pesar de los cambios masivos de los últimos setenta años, una onza de oro sigue comprando un buen traje de hombre en la actualidad. A diferencia de la moneda en papel, la cual siempre está sujeta a devaluaciones por la inflación producida por el gobierno, el oro y la plata permanecen en cantidad limitada así que no perderá su verdadero valor. En caso de hiperinflación, una inversión en oro y plata proveerá de una importante protección al inversionista. En caso de un colapso financiero total, el inversionista que sabiamente compró metales preciosos en forma de monedas de oro y plata tendrá un poder de compra cuando otros se quedarán con una moneda que cada vez valga menos. Aparte de una inversión mínima de diez al quince por ciento en metales preciosos, como una estrategia normal de inversiones, debería considerar incrementar sus compras de oro y plata cuando vea indicadores de severos problemas económicos, por delante o si empieza a ver que la inflación crece rápidamente. Las indicaciones de advertencia de que la hiperinflación se acerca son significativos incrementos en los salarios reales, elevación de los precios de los artículos y masivos déficit gubernamentales.

Conforme nos acercamos al final de los años 1990, tanto los Estados Unidos como Canadá verán que su gran deuda nacional, forzará a sus gobiernos a gastar casi todos los impuestos que eleven para pagar los intereses de su deuda nacional. En el momento en que pedir prestado a la comunidad internacional sea algo difícil para el gobierno, el Tesoro en secreto empezará a hiperinflar la moneda como la única política práctica que puede seguir. En este escenario económico la tasa de inflación se disparará más allá de cualquier cosa que se haya experimentado en el pasado de la historia norteamericana. Aquellos inversionistas que sabiamente tengan grandes fondos en oro y plata serán recompensados. Aunque la posesión de lingotes de oro se hizo ilegal para los norteamericanos por el presidente Roosevelt en 1935, aún pueden poseer legalmente monedas de oro seminumismáticas porque fueron monedas legales, y estas monedas tienen valor de colección debido a su relativa rareza. Muchos planeadores financieros creen que los inversionistas prudentes norteamericanos, deberían tener oro en la forma de monedas seminumismáticas en vez de tener lingotes de oro debido a la experiencia histórica de confiscación de lingotes durante la Gran Depresión de los años 1930. El presidente Ford introdujo una ley en 1974 que hizo que la posesión de lingotes de oro fuese legal para todos los norteamericanos. Aquellos que eligen comprar lingotes de oro pueden comprarlos en pequeñas unidades, barras, u hojuelas de varios tamaños con la ventaja de una liquidez instantánea y de negociabilidad universal. Puesto que existen cargos por una barra de oro, es mejor que compre la barra más grande que pueda comprar. Asegúrese de que la barra o lingote esté sellada por un refinador con reputación, tal como Johnson Matthey o Handy & Harman lo cual garantizará su pureza (generalmente .9999). Evite las ofertas en periódicos o por correo que venden oro y plata. Muchos inversionistas han perdido su dinero al enviar el cheque a un anuncio y jamás recibieron el oro. Compre su oro de un comercio grande o banco después de asegurarse cuál es la comisión y los cargos por barra más bajos. Una caja de seguridad es recomendable para almacenar su inversión en metales preciosos. Recuerde que el costo de una caja de seguridad es deducible de impuestos.

Muchos inversionistas prefieren el oro o la plata debido a su portabilidad, liquidez universal y negociabilidad. Por ejemplo, monedas de una onza de oro ya están disponibles en ciertos comercios y bancos. Se recomienda las monedas de una onza de oro siguientes: La moneda canadiense con la hoja de maple, la moneda sudafricana Krugerrand, y la moneda del águila norteamericana. Además del precio del oro, el precio de la moneda incluirá una prima de diez por ciento o más de una décima de onza de una moneda de una onza. Mientras que una moneda de una onza, sólo llevará una prima de tres y medio por ciento. Cuando revenda las monedas recobrará una porción de la prima. Obviamente, es mejor para usted comprar monedas más grandes para evitar cargos excesivos en las primas. Dependiendo de la provincia o del estado en que viva, tal vez también tenga que pagar impuestos de venta por su compra de oro. Compre sus monedas de oro o de plata de un comercio con reputación o de una institución financiera después de corroborar los gastos mínimos. Debería de proteger sus monedas de raspaduras que reducirían su valor para otro comprador. No es aconsejable que deje su oro o su plata en posesión del vendedor a cambio de un certificado. Demande la entrega física de su lingote o monedas. Muchos inversionistas han perdido toda su inversión cuando el comercio que "guarda sus monedas" subsecuentemente se fue a la bancarrota.

El secreto para el éxito financiero en el mercado de los metales preciosos es sencillo: "¡Compra a precios bajos y vende a precios altos!" Todo el mundo conoce la regla pero pocos inversionistas de hecho la siguen. Desafortunadamente la mayoría de las personas "¡compran a precios altos y venden a precios bajos!" Por ejemplo, el público no estaba interesado en comprar oro cuando estaba disponible a $35 dólares la onza. Sin embargo, cuando el oro alcanzó su precio más alto en el mercado de $700 a $800 dólares la onza, todos querían comprarlo. Conforme el precio del oro se eleva substancialmente, el público finalmente se apresura a comprar. Desafortunadamente, en ese momento, ya es muy tarde para comprar oro sabiamente. Su intención es: "Comprar alto —pero vender más alto todavía". Esta práctica generalmente termina en el desastre, conforme tienden a comprar oro al precio más alto del mercado, cuando el precio empieza a bajar. Entonces los pobres inversionistas suben a la montaña rusa hasta llegar al fondo, con la esperanza de que cualquier día los precios vuelvan a subir. No se deje llevar por los medios de información ni por el mercado. Vaya al grupo de inversionistas y evite cometer sus errores. Recuerde, todo cambia. Mientras que la mayoría de los inversionistas actúan como si la recesión o el "bum" continuara por siempre ellos siempre se equivocan. Las recesiones siempre terminan y los éxitos financieros finalmente caen. Debería comprar oro y plata como una inversión a largo plazo y como una forma de una póliza de seguro financiero.

Bienes Raíces: Haciendo de su casa su mejor inversión

Poseer nuestra propia casa es uno de los mejores sueños. Además, ser propietario de una casa es la mejor inversión financiera disponible para el inversionista promedio. Una de las clave para el éxito en los Bienes Raíces es asegurar sus ganancias cuando compra la propiedad. Si compra la propiedad adecuada en el momento adecuado y por el precio correcto, virtualmente está garantizando que ésta será una transacción con ganancias. La investigación es la clave. Busque al mejor agente de Bienes Raíces de su comunidad y cultive una buena relación con ellos. Compre Bienes Raíces de calidad de un vendedor motivado —alguien que tiene un motivo legítimo para vender una propiedad en particular en el mismo momento. Descubra a través de preguntas de prueba amigables la motivación que tiene el vendedor para vender su propiedad. A menudo podemos identificar la motivación real del vendedor si escuchamos con cuidado. Una vez que comprendamos su motivo real, podemos ayudarlos a obtener lo que quieren, mientras nosotros obtenemos lo que queremos. Trate de arreglar una situación en la cual todos ganan y en donde tanto el comprador como el vendedor actúan con integridad y sacan lo que quieren del negocio.

¿Cuánto me puedo gastar en mi casa?

Al decidir cuánto puede gastar en una casa, debería de considerar esta regla: su enganche o dinero de entrada normalmente debería ser de aproximadamente veinticinco por ciento del precio de la casa. Los hipotecarios generalmente calculan su capacidad para dar un pago de hipoteca aplicando una fórmula a la que llaman Servicio de radio de deuda bruta (*Gross Debt Service Ratio*. La regla básica es que usted sólo puede pagar, un máximo del treinta por ciento de sus ingresos brutos mensuales en los pagos combinados de la hipoteca e impuestos de contribución. Una medida adicional para medir su capacidad financiera para manejar cómodamente sus pagos de la hipoteca es a través de esta fórmula la cual le dice que los pagos totales de sus deudas, incluyendo otros préstamos, tarjetas de crédito y pagos de hipoteca más los impuestos de contribución no debe de exceder cuarenta por ciento de sus ingresos brutos mensuales. Estos parámetros que son utilizados por los prestamistas hipotecarios, también son reglas excelentes para usted como prospecto comprador de una casa, para determinar cuánto puede gastar realmente en su nueva casa.

Cómo hacer que su hipoteca funcione para su bien

Ser propietario de una casa es uno de los grandes placeres de la vida. Además, ser propietario de una casa es una de las herramientas poderosas que puede utilizar para crear su final independencia financiera. La mayoría de nosotros jamás podríamos comprar una casa al menos que pidiésemos fondos arreglando préstamos hipotecarios con una institución financiera. Desafortunadamente, el programa de amortización hipotecaria normal establece un patrón de pagos hipotecarios durante los próximos veinticinco años ¡que darán como resultado que el propietario pague por su casa dos o tres veces! En los primeros años después de la compra de la casa, virtualmente todos los pagos hipotecarios irán hacia el pago de los intereses casi sin ninguna reducción del balance hipotecario restante. Por ejemplo, con una hipoteca típica de $100.000 dólares a veinticinco años la hipoteca y la tasa de interés al 8.5 por ciento, el propietario realizará pagos de $805 dólares mensuales durante veinticinco años, dando la sorprendente suma total de $241,568.13 dólares, antes de que posea su casa libre de cualquier otro pago. En otras palabras, ¡pagará su casa dos veces y media! Pídale a su hipotecario que le de un programa completo de amortización mostrando la cantidad real que va al precio en cada pago hipotecario. El programa de amortización le debería motivar a pagar su hipoteca tan pronto como le sea posible para lograr unos ahorros notables.

Pagando su hipoteca con anticipación

Realizar pagos voluntarios de su hipoteca es una de las decisiones más importantes de sus inversiones que puede hacer para mejorar su vida financiera. Sus ahorros en futuros intereses serán simplemente astronómicos. En efecto, está depositando sus pagos anticipados en "su banco privado" al incrementar el valor de su casa. Considere la situación de un propietario típico de nombre Roberto que tiene una hipoteca de $100.000 dólares a veinticinco años al nueve por ciento de interés. Al pagar por anticipado tan sólo $1.200 dólares al año, Roberto se puede ahorrar $50.365 dólares de intereses y pagar su hipoteca siete años antes de tiempo. Puesto que la mayoría de las demás inversiones disponibles generalmente generarán impuestos, suponiendo una tasa de interés de cuarenta por ciento, Roberto tendría que ganar quince por ciento por medio de los impuestos sobre sus $1.200 dólares, para lograr el mismo beneficio económico que pagar $1.200 dólares anuales de su hipoteca al nueve por ciento. Existen muy pocas inversiones que le provean de la misma seguridad y flexibilidad, y que le garanticen unos dividendos tan altos.

Las siguientes reglas son unas estrategias exitosas para mejorar la inversión en su casa.

1. Incremente el pago mensual de su hipoteca al renovarla. Una de las estrategias financieras más eficaces que puede seguir es renegociar su hipoteca para lograr el programa de amortización más corto posible (período de pago) y el pago mensual mayor que pueda pagar cómodamente. Incrementando simplemente los pagos mensuales de $200 dólares hasta $1.005 dólares, un propietario se ahorrará la gran cantidad de $67.840 dólares en futuros cargos por intereses. Además, pagarán su hipoteca diez años antes (en tan sólo 14.5 años).

2. Otra estrategia exitosa es pedirle a su banco que le permita realizar sus pagos de hipoteca cada dos semanas en vez de que sea una sola vez al mes. Aunque virtualmente paga la misma cantidad al año, el hecho de que cada pago hipotecario bisemanal se aplica a la hipoteca restante dos semanas antes da como resultado ahorros substanciales. Además, pagará su hipoteca más rápido debido al equivalente del pago de un mes adicional cada año bajo este sistema.

3. Otra estrategia es realizar un pago anual, de hasta diez por ciento de su hipoteca restante cada fecha del aniversario de su hipoteca. Estos pagos anticipados se aplicarán en cien por ciento a pagar al balance principal lo cual le ahorrará enormemente en los intereses futuros, permitiendo que su casa esté pagada, años antes de lo programado.

El pago anticipado de su hipoteca es simplemente una de las mejores estrategias que puede seguir. Cuanto antes empiece sus pagos anticipados, será mayor el beneficio financiero. Incluso un pago anticipado pequeño en los primeros años le ahorrará una enorme cantidad en el pago de futuros intereses. El día que finalmente pague toda su hipoteca será uno de los puntos principales de su vida financiera. Cuando haga su último pago asegúrese de que su abogado reciba una declaración escrita de quién le dio la hipoteca diciendo que la misma fue pagada por completo. Además, su abogado deberá quitar la hipoteca registrada en contra de su propiedad en la oficina local del registro de la propiedad.

Renovar su hipoteca es otra oportunidad clave para ahorrarse algún dinero. Busque alrededor por mejores tasas de interés disponibles cada varios meses antes de su fecha de renovación porque puede tomarle varias semanas el transferir la hipoteca a otra institución. Si cree que las tasas de interés están bajando, elija una hipoteca a largo plazo (seis meses o un año es lo apropiado). Más tarde, cuando crea que ha alcanzado su punto más bajo, debe "bloquear" estas tasas tan bajas renovando su hipoteca al plazo más largo que esté disponible.

Cómo pueden los canadienses hacer que su hipoteca sea deducible de impuestos

Los norteamericanos que son propietarios de una casa se benefician grandemente, por poder deducir de los impuestos los intereses de los pagos de una hipoteca, ya que la ley de impuesto de los Estados Unidos, ha permitido estos beneficios durante muchos años. Desafortunadamente, en Canadá, el gobierno no le permite a los propietarios de casas deducir los intereses de la hipoteca. Sin embargo, para los inversionistas astutos, existe una técnica poco conocida que puede, de hecho, hacer que sus pagos de la hipoteca sean deducibles de impuestos. El Acta de Impuestos Sobre Ingresos de Canadá permite una deducción de los impuestos de ingresos por cualquier pago que haga a préstamos de inversión que se arreglan con el propósito de obtener ingresos que causen impuestos. Supongamos que un canadiense tiene una hipoteca de su casa por $100.000 dólares y que también ha acumulado $100.000 dólares o más en bonos, valores y otras inversiones. Debería de liquidar sus $100.000 dólares de fondos invertidos vendiendo sus inversiones y utilizar este dinero para pagar su hipoteca. La casa entonces estará libre de hipotecas. Luego, irá a su banco y pedirá un préstamos de $100.000 dólares en un nuevo préstamo para inversión con el propósito de realizar nuevas inversiones. El inversionista utilizará sus valores recientemente incrementados en su casa como una seguridad colateral para el nuevo préstamo bancario para inversión.

Puesto que este préstamo de $100,000 dólares fue obtenido con el propósito de comprar nuevas inversiones en proyectos del tesoro, certificados de inversión garantizados, valores, etcétera, los canadienses pueden deducir legalmente la porción de los intereses de sus nuevos pagos del préstamo según el Acta de Impuestos Sobre Ingresos de Canadá. En cierta forma, el inversionista "de hecho" ha logrado que los pagos de su hipoteca sean deducibles de sus impuestos. Los tribunales canadienses han confirmado que esto es aceptable.

Otra opción para los propietarios canadienses de un Plan Registrado de Ahorros Para el Retiro (RRSP, por sus siglas en inglés) es invertir sus fondos acumulados en el RRSP en su propia hipoteca, si la tasa de interés de su hipoteca es más alta que lo que pudiera obtener invirtiendo los fondos en inversiones externas alternativas, esta podría ser una estrategia de inversión y de impuestos que valiera la pena para los canadienses. Sin embargo, las reglas de los impuestos para este procedimiento son muy estrictas, así que definitivamente debería consultar a su contador para asegurarse de que vale la pena en su caso. Su contador se puede asegurar de que el papeleo detallado y el seguro especial de hipoteca se llene correctamente.

CAPÍTULO DIECISIETE

Preservando sus bienes en los tiempos peligrosos

La planificación de las posesiones se puede definir, cómo arreglar con orden sus asuntos financieros y legales, para asegurarse de que sus posesiones sean correctamente distribuidas a sus beneficiarios con un mínimo de problemas legales e innecesarios impuestos sobre la propiedad. Su propósito debería ser crear un plan hoy para que sus propiedades puedan ser transferidas a sus herederos por medio de donaciones, custodia o por medio de un testamento y proveer de los fondos requeridos para pagar todas sus deudas. Además, su plan debería proveer unos ingresos adecuados para garantizar que sus beneficiarios puedan mantener un estilo de vida normal después que usted se haya ido. Algunas personas temen que la planificación de las posesiones sea cara y que es algo apropiado únicamente para aquellos que son ricos. Sin embargo, en nuestra actual situación legal, económica y de impuestos, todos necesitamos planificar nuestras posesiones como mayordomos responsables de los recursos que Dios nos ha confiado. La compra de una póliza de seguro de vida adecuada, ayudará a asegurarle a sus seres queridos que podrán permanecer en su casa y continuar con el estilo de vida que gozan ahora. La planificación de las posesiones no se ocupa únicamente de la cuestión de la muerte, y la provisión adecuada de ingresos para sus beneficiarios. También deberíamos planear la posesión eficiente de todas las propiedades de la familia durante nuestra vida. Como cristianos las leyes de Dios requieren que paguemos nuestros impuestos legales. Sin embargo, como ciudadanos, también tenemos el derecho legal y moral según la ley, de arreglar nuestros asuntos financieros de una manera que reduzcan nuestros impuestos. La Corte Suprema de los Estados Unidos dictaminó en el caso de Gregory vs Helvering (293 U.S. 465) que "el derecho legal de los contribuyentes en reducir la cantidad de aquello que de otra forma serían impuestos, o evitar todos ellos, por medios que las leyes permitan, y que no se pueda dudar de los mismos". La planificación de las propiedades para la mayoría de los inversionistas, debería incluir un asesoramiento individual sobre impuestos por parte de su contador y una devolución de impuestos preparada profesionalmente.

Planificación de propiedades

Si sus propiedades le costaron crearlas a través de toda la vida, entonces ciertamente vale la pena pasar unas horas cada año con un planificador de seguros y financiero para proteger esos recursos para usted y para su familia. Al preparar el plan de sus propiedades, es importante que considere sus metas. Durante dieciocho años trabajé como planeador financiero antes de ser llamado a servir a tiempo completo en el ministerio. Durante aquellos años hacía las siguientes preguntas a un cliente para aclarar sus estrategias financieras, sus metas y sus preocupaciones:

¿Cómo se siente con respecto a:
1. Sus obligaciones para con su familia?
2. La habilidad de su pareja para manejar sus propiedades después de que ya usted no esté?
3. Su pareja tomando decisiones familiares importantes en su ausencia?
4. Su familia recibiendo unos ingresos anuales garantizados por sus inversiones después de que usted haya muerto?
5. Lo adecuado de sus planes actuales para la jubilación, con el fin de alcanzar su meta de tener una jubilación cómoda?

6. Lo adecuada que es su actual póliza de seguros, junto con su seguro de vida personal e incapacidad, para que proteja completamente a sus seres queridos si quedara incapacitado o sufriera de muerte prematura?

Planificación del testamento

El testamento de un hombre empezó: "Teniendo una mente clara, me lo gasté todo". Sin embargo, un testamento actualizado es una parte vital de su mayordomía cristiana. Muchos cristianos no tienen testamentos actualizados que reflejen su situación real en la vida y sus responsabilidades. Desafortunadamente, si no prepara su propio testamento y fallece "intestado", sin un testamento adecuadamente firmado, entonces los tribunales distribuirán sus posesiones entre su familia según su fórmula rígida que no toma en consideración las necesidades especiales de miembros individuales de la familia. Además, el costo de distribuir sus posesiones será mucho más alto que si hubiese tenido un testamento apropiado. Si no tiene familia inmediata y muere sin un testamento, el gobierno se hará cargo de sus propiedades por medio de un procedimiento llamado "reversión". Un testamento correctamente delineado protege a sus herederos, minimiza los impuestos, y provee para la correcta distribución de sus posesiones a sus beneficiarios.

Si usted es la fuente primaria de ingresos de la familia, uno de los requisitos principales de una planificación de propiedades, es proveer unos ingresos continuos para su familia que reemplace el salario que antes ganaba. Muy pocas personas acumularán suficientes fondos invertidos en sus propiedades antes de morir, tanto como para pagar cualquier impuesto de la propiedad y proveer unos ingresos garantizados para su familia durante varios años. La muerte prematura puede intervenir antes de que tenga tiempo de acumular suficientes propiedades, dejando a su familia sin las propiedades necesarias o unos ingresos garantizados. La solución a este problema es planear sus propiedades, utilizando las herramientas de un testamento bien escrito y cantidades adecuadas en un seguro de vida, que producirá un ingreso mensual garantizado durante todos los años que su familia necesite este sostenimiento.

¿Quién necesita un testamento? Virtualmente todas las personas casadas, solteras, divorciadas, o viudas necesitan un testamento. En la situación legal actual ambas personas dentro del matrimonio necesitan tener un testamento cuidadosamente delineado, que provea la correcta distribución de sus propiedades después de la muerte de alguno de los miembros del matrimonio. Tanto el esposo como la esposa deberían estar familiarizados con todas sus pólizas de seguros, el lugar de todas las cuentas bancarias, y del contenido de las cajas de seguridad. Nada es más triste que una viuda viviendo en la pobreza mientras el dinero en efectivo, valores, y bonos de su marido fallecido yacen escondidos en un banco desconocido o en una caja de seguridad.

Sugiero fuertemente que utilice un abogado en vez de utilizar una forma de testamento que pueda comprar en una papelería. El siguiente cuestionario guiará los planes preliminares de su testamento, antes de que vaya a visitar a su abogado. A él le será más fácil aconsejarle porque ya usted ha considerado cuidadosamente la mayoría de las cuestiones clave en lo que se refiere a sus propiedades. El cuestionario no abarca toda eventualidad, pero atrae la atención a la mayoría de los puntos que debería de considerar. Un testamento bien delineado es tan vital para el futuro de su familia, que es insensato correr el riesgo de cometer un error que tenga que pagar su familia.

Información para su testamento:
1. Nombre completo _____
   Nombre del esposo(a)_____
   Nombres completos de los hijos _____

2. ¿Es probable que nazcan otros hijos antes de que enmiende su testamento?

3. ¿A quién desea señalar como su ejecutor o albacea?

4. ¿Cómo desea disponer de su casa? Para su esposo(a) por completo; para su esposo(a) durante toda la vida con o sin el poder legal para venderla o cambiarla; a su hijo o hijos de manera equitativa; o debe de ser vendida la casa y el dinero añadido a lo que resta de las propiedades?

5. ¿Cómo desea disponer de las cosas de su casa, efectos personales y automóvil, etcétera? ¿A beneficiarios específicos? ¿O estas posesiones deben de ser vendidas y luego añadir el dinero al resto de las propiedades?

6. ¿Desea dejar legados especiales a individuos en particular, organizaciones de caridad, iglesias o misiones?

7. Desea hacer una provisión especial en caso de que su esposo(a) no le sobreviva durante más de treinta días?

8. Tiene algunas instrucciones en particular en lo que se refiere a su entierro? (Discuta esto con su esposo(a) para que sepa sus deseos).

9. ¿Posee bienes raíces que se localicen fuera del país?

10. ¿Cómo desea disponer del resto de sus propiedades después que se hayan pagado todas las deudas, impuestos, y legados especiales?

    Método A. Una donación inmediata o legado a una o más personas? (Por ejemplo, a su esposa y/o hijos).

    Método B. Proveyendo de unos ingresos de por vida de sus propiedades a uno o más beneficiarios y después distribuir el capital o restantes de una manera en particular? (Por ejemplo, para su esposa durante toda la vida y posteriormente a sus hijos mayores).

11. ¿A quién desea nombrar como tutor de sus hijos pequeños si usted y su esposa mueren cuando sus hijos son menores de edad? Esto es algo vital. Busque a otra pareja que piense como usted y que comparta sus valores y que mutuamente estén de acuerdo en que usted y su esposa actúen como tutores de sus hijos si ellos murieran prematuramente.

12. ¿Desea proveer en su testamento para los gastos que tendrán los tutores por cuidar y educar a sus hijos?

13. Haga una lista detallada de cualquier otro deseo, legados o provisiones:

Si usted y su esposa llenan con cuidado este cuestionario (uno cada uno) y lo discuten con un abogado calificado, éste podrá preparar un testamento que proteja adecuadamente a su familia y que provea de una distribución sabia de sus posesiones según sus deseos. Además, su abogado le puede aconsejar cómo minimizar los impuestos que de otra forma reduciría sus propiedades.

Debería actualizar su testamento después de cada cambio grande en su vida que altere la forma en que sus propiedades deben de ser distribuidas cuando muera. Por ejemplo, si el beneficiario o ejecutor muere o sale del país, debería actualizar su testamento. Además, si adquiere o vende un negocio, su testamento necesitará ser actualizado. Si no hay cambios grandes en su situación, incluso si su testamento tiene decenas de años, seguirá siendo válido. Sin embargo, en esta época de cambios continuos con los impuestos y las leyes, es prudente revisar su testamento con un abogado competente cada cinco o diez años.

Propiedades mancomunadas

La propiedad mancomunada es probablemente el método más común que las personas utilizan para transferir las propiedades a su fallecimiento, en parte porque no tienen ningún costo inicial a este método. Muchos individuos planean transferir sus propiedades a sus beneficiarios, añadiendo el nombre del beneficiario a las escrituras de propiedad como propietarios conjuntos. Sin embargo, aunque esta es una opción popular, existen muchos peligros con este método de planificación de la propiedad. Advierto fuertemente contra las propiedades mancomunadas, excepto en la propiedad mancomunada de una casa por parte del esposo y la esposa. Las propiedades mancomunadas son la fuente más grande de problemas en la propiedad, de posesiones cuando las personas utilizan este método para transferir una propiedad a otra persona que no sea su esposo(a). Aunque es fácil añadir el nombre de alguien a una escritura de propiedad, si cambia de parecer, no puede quitar su nombre sin su permiso por escrito o por medio de la orden de un tribunal. Si añade el nombre de su hijo o hija a la escritura de propiedad de su casa, anticipando la transferencia de la casa cuando muera, puede que enfrente el desastre financiero si caen en una profunda deuda o se divorcian de su esposo(a). Los acreedores de sus hijos podrían obligarle a la venta de su casa o la pareja que se divorció pedir su parte de su casa por ser una "propiedad matrimonial mancomunada". El copropietario podría transferir su mitad de la escritura a otra persona sin su aprobación o conocimiento. Si desea añadir a un hijo menor de edad como copropietario, no podrá vender ni refinanciar la propiedad sin que un tribunal le otorgue su aprobación, ya que un menor de edad no puede firmar por sí mismo. A la luz de las numerosas historias de horror, en la que los padres han perdido sus propiedades a través del uso insensato de las propiedades mancomunadas, aconsejo fuertemente que considere esperar hasta su muerte, para la transferencia de su propiedad a sus beneficiarios por medio de un testamento o utilice un recurso de vida para protegerle. Mantenga sus propiedades hasta que muera. Muchos padres le han transferido sus propiedades a sus hijos aún con vida para evitar impuestos, y han vivido para lamentarse. Las situaciones cambian, y puede que descubra que necesita esa propiedad. Sea prudente.

Testamento en vida (*A Living Trust*)

Un testamento viviente (Living Trusts) de hecho es "intervivos revocable trusts" que le permite a una persona distribuir sus propiedades al morir sin los costos legales ni financieros de hacer válido un testamento. Un tribunal puede llevar hasta dos años en legalizar su testamento a través de un ejecutor. Además, legalizar un testamento puede producir unos costos del ejecutor y legalización de diez por ciento de sus propiedades. La legalización expone sus asuntos al conocimiento de otras personas ya que son "documentos públicos". "Intervivos" significa que su deseo toma efecto mientras vive a diferencia de una declaración testamentaria, tal como lo es el testamento, el cual sólo se efectúa a su muerte. La palabra "revocable" simplemente significa que mientras usted viva, retiene el control total para cambiar o cancelar el Testamento en vida.

Especialmente en los Estados Unidos, muchas personas le están pidiendo a sus abogados que les preparen un "Testamento en vida" (*Living Trust*) que les permita controlar sus propiedades mientras vivan, mantener una total privacidad, y evitar los costos de legalización y el retraso después de su muerte. La ventaja de un Testamento en vida revocable es que puede evitar la legalización a su muerte mientras que sigue en control de lo que sucede si queda incapacitado antes de morir. Cuando transfiere sus posesiones a un Testamento en vida (*Living Trust*) revocable mantiene sus propiedades fuera de un Tribunal de Legalización porque, de hecho, ya no es usted propietario de sus cosas. Su abogado le hará un inventario de sus posesiones y le aconsejará cuál es la manera de proteger sus propiedades de impuestos, y alcanzar sus metas de proteger sus intereses mientras esté con vida, incluso si queda incapacitado. Además, incluirá las cláusulas adecuadas que permitan la transferencia de sus propiedades a sus beneficiarios después de su muerte. Su Testamento en vida (*Living Trust*) se convierte en el dueño de sus posesiones que transfiere al fideicomiso y continúa con vigencia legal después de su muerte. Estos testamentos no son nuevos, ni son una nueva forma para evitar impuestos. Han sido utilizados con éxito durante cientos de años para proteger las propiedades.

Cuando usted y su abogado hagan un Testamento en vida, se convertirá en el otorgante o fideicomitente y permanece siendo el único que puede hacer cambios a su fideicomiso. Puede elegir ser el apoderado de su fideicomiso o puede hacer que su esposo(a) sea su coapoderado(a). Si muere o queda incapacitado, su apoderado continúa controlando sus propiedades sin la necesidad de que se involucre un Tribunal de Legalización. Algunos individuos eligen a una compañía de fideicomisos profesional. Sin importar quien sea nombrado como apoderado, mientras sea médicamente competente, puede cambiar al apoderado en cualquier momento. En su documento de fideicomiso, nombrará a un individuo de confianza que actúe como el apoderado sucesor en caso de que quede incapacitado. Cuando muera, este apoderado sucesor actuará de la misma forma que el ejecutor de un testamento excepto que se escapará de los costos, publicidad y la tardanza legal de informar a un Tribunal de Legalización. Puede nombrar a individuos u organizaciones como los beneficiarios de su Testamento en vida (*Living Trust*) para que reciban el total de sus propiedades cuando muera. Si quedara incapacitado por una enfermedad o accidente su apoderado sucesor administrará sus propiedades para su beneficio mientras sea necesario. Sin embargo, al tener un Testamento en vida, no habrá ningun tribunal que sea señalado como administrador. Como apoderado sucesor, esta persona tiene una responsabilidad fiduciaria legal de actuar responsablemente en su mejor interés financiero.

Un poder legal duradero

Muchas personas están en peligro de perder el control de sus propiedades y negocios, en caso de una herida o enfermedad que les incapacite. En muchos estados y provincias el gobierno se apoderará y tomará el control de sus posesiones y negocios, en caso de que sean notificados por un doctor u hospital que está temporalmente incapacitado debido a un accidente, operación o enfermedad. En caso de accidente o enfermedad, al hospital o médico la ley le pide que notifique al gobierno que usted está incapacitado. Inmediatamente se apoderará y tomará el control de su negocio y de sus propiedades. Su negocio puede ser destruido en unos cuantos meses si su esposo(a) no puede pagar las cuentas de la compañía conforme se venzan. Sin embargo, las estadísticas indican que el riesgo de incapacidad en algún momento de la vida es importante. La única manera de evitar que apoderados señalados por el gobierno, intervengan en sus asuntos, es firmar un Poder Legal Duradero que señalé a su esposo(a) o a otro individuo de confianza para que actúe legalmente en su favor, para que continúe operando su negocio o propiedad y que pague sus cuentas. Vaya a su abogado para arreglar la firma mutua de un Poder Legal con su esposo(a) que prevenga esta situación trágica y costosa.

Un "Testamento en vida" o un poder legal para el cuidado personal

Una de las crecientes preocupaciones en esta época de milagros médicos, es que un hospital utilice sus sofisticadas tecnologías médicas para mantenerle vivo en coma durante mucho tiempo, después que han desaparecido las esperanzas de tener una vida significativa. Sugiero fuertemente que discuta con su esposo(a) y familia sus deseos con respecto a si quiere o no involucrarse en tecnologías médicas "heroicas" para mantenerle vivo médicamente después de que todas las esperanzas para que tenga una vida independiente se hayan perdido. Además, puede nombrar a su esposo(a) o a una amistad de confianza, en un Poder Legal para Cuidado Personal, para que tome decisiones en lo que se refiere a su cuidado médico para "dar o rehusar el consentimiento a un determinado tratamiento" para mantenerle con vida. Al crear este Testamento en vida con su abogado, puede estar seguro de que sus deseos serán llevados a acabo cuando esté incapacitado y no pueda comunicarlos.

Seguro de vida

La mayoría de nosotros nos damos cuenta de la importancia de asegurar nuestras casas y automóviles en contra de incendios, accidentes, y otros riesgos. Sin embargo, muchas personas fallan en asegurar adecuadamente sus ingresos que sostienen todo lo demás que hay en su vida. Debería buscar a un corredor de seguros profesional, o un agente, que pueda analizar sus necesidades de seguros, y proveerle con un seguro de vida apropiado y un seguro por incapacidad que esté dentro de su presupuesto. Nuestra habilidad para ganar un salario es el recurso financiero más grande que poseemos. El problema económico que todos enfrentamos es que nuestros ingresos algún día terminan debido a la jubilación, incapacidad o muerte prematura. Aunque un sabio programa de inversiones puede acumular suficiente capital para proveer de unos ingresos garantizados durante la jubilación, cuando dejamos de trabajar a los sesenta y cinco años, el verdadero problema ocurre si la muerte prematura evita que vivamos lo suficiente como para acumular una cantidad importante de recursos. Los testamentos y los seguros de vida son herramientas financieras que una persona prudente puede utilizar para proveer de independencia financiera a su familia incluso en el caso de una muerte prematura.

Lo hombres que dejan a sus viudas y huérfanos sin unos ingresos adecuados garantizados, muy rara vez intentaron ese resultado. Jamás intentaron proveer la protección que se necesitaba. Aunque algunos gastos se reducirán cuando muera un esposo, la mayoría de los gastos de la casa y los costos de la vida de la familia no disminuirán. ¿Qué clase de ingresos necesitará su familia para mantener su nivel de vida?

Ingreso anual bruto	Porcentaje de ingresos brutos que se necesitan para mantener el nivel de vida
Hasta $24.000 dólares	65%
$24.001 a $32.000	60%
Más de $32.000	50%

Además de proveer unos ingresos garantizados, su póliza de seguro de vida debería de ser lo suficiente cuantiosa para pagar sus deudas e hipotecas. Una deuda no debería de durar más que la persona que la creó. El pago de la hipoteca de su casa y cualquier deuda por préstamos de negocios al morir, es uno de los beneficios más obvios de un seguro de vida. Una casa libre de hipotecas es uno de los regalos más grandes que un marido le puede hacer a su familia cuando ya no esté presente para traer a casa su paga mensual.

Un seguro de vida es una herramienta financiera maravillosa que le proveerá de unos ingresos garantizados a la viuda e hijos que quedan atrás cuando sus necesidades son más grandes. Algunos esposos sienten que hay poca necesidad de un seguro de vida ya que sus esposas son jóvenes y se pueden volver a casar. Sin embargo, las estadísticas revelan que el nuevo matrimonio, de hecho, es muy poco probable. Entre la edad de veintiuno y treinta años menos del veinticinco por ciento de las viudas se vuelven a casar. Menos del diez por ciento de las viudas entre treinta y cuarenta años se casarán después de que mueran sus maridos (estudio por L.I.A.M.A., 1971). Si una viuda tiene hijos, las probabilidades de volver a casarse son menores. Por lo tanto, las familias necesitan un seguro adecuado para garantizar que la viuda y los huérfanos continuarán gozando de una casa y de las necesidades de la vida cubiertas.

¿Cómo puede usted determinar la cantidad adecuada que se necesita en un seguro de vida para proteger a su familia en caso de que muera? Aunque hay muchas fórmulas sofisticadas que pueden ser utilizadas, existe un cálculo directo para determinar la cantidad de seguro que necesita la persona que mantiene una familia para proteger a la misma.

¿Cuánto dinero necesita mi familia para pagar mis deudas etc? _____ A

¿Cuáles son mis ingresos anuales actualmente? _____ B

¿Cuál es el tanto por ciento de mis ingresos que quiero que mi familia reciba? _____ %

¿Cuántos ingresos se necesitan para cubrir el _____ % de mis ingresos? _____ C

Suponiendo que mi familia puede ganar el 5% después de pagar los impuestos de los procedimientos de mis pólizas de seguros; ¿Cuánto necesito del seguro para proveer el ingreso anual requerido?

_____ C

Cálculos: (Supongamos que su viuda invertirá el seguro al 5% neto)

Al 5% de ganancia: multiplique los ingresos necesarios C x 20 =

_____ D

Añada la cantidad que se requiere para pagar las deudas A a la cantidad que se necesita para proveer de unos ingresos garantizados para calcular la cantidad total necesaria del seguro =

_____ E

¿Cuánto tengo ahora mismo de seguro personal o de grupo?

_____ F

Reste la cantidad de su seguro existente _____ F del seguro total necesario _____ E para determinar la cantidad de seguro nuevo que necesita para calcular sus necesidades familiares.

Nuevo seguro necesitado $ _____

Otra área la cual muchas personas ignoran, es asegurar a su esposa. Cuando una esposa muere antes que el marido, crea una dificultad financiera que podría destruir los planes que compartían para educar a sus hijos o para una jubilación cómoda. Si su esposa trabaja fuera de casa, sus ingresos deberían estar completamente asegurados de la misma manera que los del marido. Generalmente el estilo de vida de una pareja incluyendo su hipoteca y planes para la jubilación, dependen de los ingresos de la esposa tanto como de los del esposo. La pérdida de los ingresos de ella podrían ser el desastre financiero. Una solución para garantizar sus ingresos es una póliza de seguro de vida mancomunada que pague de acuerdo a quien muera primero. Una póliza de seguros mancomunada puede proveer de ahorros substanciales en sus primas de seguro, que si compras dos pólizas por separado.

El seguro de vida también es una útil herramienta financiera, para los individuos ricos que saben que las demandas de nuestro gobierno, por los impuestos de los que mueren agotan toda la liquidez de dinero, dejando a sus herederos "sin dinero en efectivo". De hecho, el Tío Sam tiene "hipotecado" todo lo que usted posee. Muy a menudo grandes propiedades necesitan ser vendidas de prisa, para tener dinero para pagar los impuestos que vienen al morir la persona. Sin embargo, si un individuo compra un seguro de vida adecuado para pagar los impuestos que se vencen a su muerte, sus propiedades serán preservadas para sus herederos como él lo desea, sin que su familia tenga que vender el negocio y las propiedades. Si no provee para los impuestos de la propiedad a través de un seguro adecuado, los impuestos pueden barrer parte de las propiedades que creó a través de las décadas para proveerle a su familia.

Aunque la mayoría de los cristianos obviamente pedirán por las tasas de seguros más bajas disponibles, para los no fumadores y no bebedores, muy pocos se dan cuenta de que le pueden pedir a las compañías de seguros que les den el descuento de no fumadores en sus antiguas pólizas de seguros que compraron años atrás. Estos descuentos especiales a menudo son aplicables a pólizas de incendio y seguros de automóviles. Además, siempre busque las mejores tasas de seguros disponibles. Puede encontrar grandes diferencias en las diferentes primas de seguros que le ofrezcan varias compañías.

Seguros temporales o permanentes

Existen dos clases principales de seguros de vida, temporales y permanentes. Seguros permanentes, incluyendo pólizas para toda la vida y universales, combinan la protección de los seguros temporales con un elemento de ahorro. Debido a la baja tasa de interés que se gana en las pólizas de seguros permanentes, la mayoría de los planeadores financieros sugieren que compre un seguro temporal directo de la compañía de seguros, y que coloque sus dólares de inversión en inversiones separadas. Las tasas de seguros temporales son muy baratas y competitivas entre las aseguradoras, así que debería pedirle a su agente de seguros que le busque las mejores tasas posibles. Muchas compañías expedirán una póliza de seguros con una protección de $100.000 dólares a un hombre de treinta y cinco años no fumador por una prima anual de $180 dólares, o $15 dólares mensuales. Estas tasas tan bajas hacen posible que cualquiera provea un seguro de protección adecuado para su familia. Las pólizas de seguro temporales y renovables están disponibles en uno, cinco, diez o veinte años. Además puede comprar un seguro de vida hasta los sesenta y cinco años o incluso hasta una edad más avanzada. Alguien que tenga sesenta o más años puede ser obligado a comprar una póliza de seguro permanente para adquirir una protección que vaya más allá de los setenta años. Los individuos ricos puede que aún necesiten un seguro después de los setenta años para proveer de fondos para los impuestos sobre la propiedad y preservar intactas sus propiedades para sus familias.

Aumente su seguro de grupo

Si su contratante ofrece un seguro de grupo, pregúntele si puede aumentar su cobertura a una cantidad más alta de uno dos veces su sueldo anual. Cuando empiece un trabajo, o durante la renovación anual, tal vez pueda ejercer una opción de aumentar su cobertura de seguro de grupo. Vale la pena obtener el máximo seguro de grupo ofrecido debido a las bajas tasas disponibles. Asegúrese que el beneficiario nombrado esté escrito correctamente en su seguro de grupo y en su tarjeta de pensión de la compañía.

Seguro por incapacidad

Otra área que muchos individuos ignoran es el serio riesgo de que se interrumpan sus ingresos por una incapacidad a largo plazo. Alguien con treinta y cinco años tiene seis veces más probabilidades de sufrir una incapacidad a largo plazo que morir prematuramente antes de los sesenta y cinco años. Una persona entre los treinta y cinco y sesenta y cinco años de edad tiene una oportunidad entre tres de sufrir una incapacidad mayor a los noventa días (*Journal of AMN Society of C.L.U.* Vol. 8, No. 1). El tiempo promedio de incapacidad es al menos de cinco años. Para muchos individuos, una incapacidad tan larga rápidamente acabará con su cuenta de ahorros y su habilidad para pedir dinero prestado. Varios estudios revelan que la familia promedio estaría en bancarrota si no recibieran cinco salarios mensuales. Si ahorrara diez por ciento de sus ingresos durante diez años una incapacidad de un año podría acabar con todos sus ahorros. La solución a este problema es adquirir una póliza de seguro por incapacidad a largo plazo, ya sea a través de su seguro de grupo del trabajo o comprando un seguro de incapacidad de su aseguradora. Estas pólizas pueden proveer una tremenda seguridad en contra del desastre financiero.

Planificación para la jubilación

Aunque la mayoría de nosotros estamos centrados en el trabajo diario para ganarnos nuestro sustento, a menudo nos olvidamos de que los años van pasando y que algún día llegaremos al fin de nuestra vida laboral. Los estudios de mortandad indican que setenta por ciento de las personas entre los veinticinco y cuarenta y cinco vivirán hasta tener sesenta y cinco años o más. Además, los estudios revelan que treinta y ocho por ciento de aquellos que llegan a los sesenta y cinco años vivirán hasta los ochenta o más años. Cuando termine su habilidad para ganarse un sueldo, ¿cómo se proveerá de unos ingresos mensuales adecuados para que pueda seguir con un estilo de vida similar al que tiene ahora? La mayoría de las personas pasan menos de una hora al año planeando su jubilación. Sin embargo, si el Señor se retrasa, el cristiano promedio vivirá hasta diez o quince años después de recibir su último cheque de pago. Obviamente, los planes de pensión del gobierno son menos que adecuados, para proveerle del nivel de ingresos que requiere para permitirle seguir viviendo con el mismo nivel de vida que tiene en este momento. Además, hay grandes probabilidades que el plan de pensiones del gobierno falle en los próximos veinte años debido a las grandes obligaciones que existen en el fondo de pensiones del gobierno. Todo el dinero con el cual hemos contribuido a estos planes del gobierno se lo han gastado los políticos. Estos fondos de pensión del gobierno están prácticamente en la bancarrota. La única manera en que puede asegurarse de que usted y su esposa gozarán de la recompensa financiera de una jubilación bien ganada, es empezando a planificar hoy para el momento en que se terminen sus cheques de sueldo regular. Necesitamos apartar un poco del dinero que ganamos mensualmente e invertirlo en un plan de jubilación cuidadosamente planeado para que lo tengamos disponible cuando nos retiremos.

¿Cuánto se necesita para tener un ingreso cómodo durante la jubilación?

Ingresos mensuales Necesarios	Supuesta tasa de interés neta después de pagar los impuestos de su fondo para la jubilación			
	al 5%	al 6%	al 7%	al 8%
$1.000	$240.000	$200.000	$171.428	$150.000
$2.000	$480.000	$400.000	$342.856	$300.000
$3.000	$720.000	$600.000	$514.284	$450.000
$4.000	$960.000	$800.000	$685.712	$600.000
$5.000	$1.200.000	$1.000.000	$857.140	$750.000

Para evaluar su plan de jubilación, responda las siguientes preguntas:

¿Tiene un programa de jubilación?

¿Cuándo se quiere retirar?

¿Cuánto dinero quiere recibir al retirarse?

¿Cuántos ingresos mensuales provee la pensión del seguro social del gobierno?

¿Cuál es la diferencia entre la meta que tiene de ingresos mensuales y lo que el gobierno le proveerá?

Una de las mejores formas disponibles para luchar contra los impuestos para el contribuyente promedio, es la deducibilidad de impuestos de las contribuciones que hacemos a los planes de pensión para jubilación aprobados por el gobierno (En estados Unidos: Cuentas individuales de pensiones para jubilación, IRA; y en Canadá: Plan de ahorros registrados para jubilación, RRSP, por sus siglas en inglés). Apartar una cantidad importante cada año hacia su futura jubilación, es uno de los pasos fundamentales que debería tomar para alcanzar su independencia financiera. Estos fondos libres de impuestos se acumularán rápidamente utilizando los intereses compuestos, para producir un ingreso garantizado como suplemento a los planes de pensión del gobierno. Obtienen una gran ventaja aquellos inversionistas que realizan sus inversiones anuales, al principio de cada año en vez de esperar hasta el último día del año. En tan sólo treinta años el inversionista que diligentemente hace este depósito anual en enero, en vez de esperar doce meses hasta que llegue el último día del año, acumulará casi diez por ciento más de dinero para la jubilación. Jamás es demasiado pronto y ciertamente jamás es demasiado tarde para que empiece a invertir en su meta, hacia la futura independencia financiera.

Plan de ahorro libre de impuestos para jubilación

La mayoría de los inversionistas pagan casi cincuenta por ciento de su dinero en impuestos. Por ejemplo, comparemos el caso de dos hermanos: Guillermo invirtió $5.500 dólares cada año en inversiones libres de impuestos al diez por ciento de interés, mientras que su hermano Miguel con los mismos recursos financieros, no utilizó la opción para librarse de los impuestos. Después de pagar cincuenta por ciento en impuestos por los $5.500 dólares que tenía para invertir, Miguel invirtió los $2.750 dólares que le quedaban a una tasa de diez por ciento durante los próximos treinta y cinco años, pero sin el beneficio de estar exento de impuestos. Al final de los treinta y cinco años, Guillermo acumuló un total de $1,690.000 dólares en su fondo para jubilación, exento de impuestos comparado con $258.000 dólares que ahorró su hermano Mike. ¡Considera la increíble diferencia en los resultados de la inversión! Aunque ambos hermanos tenían la misma cantidad para invertir cada año durante treinta y cinco años, ya a una tasa de diez por ciento de interés, el hermano que sacó ventaja de estar exento de impuestos acumuló $1,432.000 dólares más para el fondo del jubilación ¡simplemente porque protegió sus inversiones de los impuestos! Si puede ganar diez por ciento de los fondos invertidos después de los sesenta y cinco años, este $1,432.000 en ganancias extras de inversiones le generarán $11.933 dólares de ingresos adicionales cada mes de su vida. Esto suma un total de $143.196 dólares de ingresos extras para su pensión cada año, a través de todo el retiro de Guillermo. Aunque los fondos de la pensión de Guillermo de $1,690.000 generarán $16.900 dólares de ingresos mensuales y tuviera que pagar impuestos probablemente al cincuenta por ciento, seguiría teniendo $8.450 dólares, después de pagar sus impuestos mensuales, para seguir viviendo hasta que muera. Por el otro lado, su hermano Miguel quien decidió invertir los $5.500 dólares sin protección de impuestos, habrá acumulado un fondo de $258.000 que le producirá una pensión de jubilación de tan sólo $2.150 dólares al mes. El hermano que utilizó estar exento de impuestos para acumular sus fondos para jubilación, tendrá casi cuatro veces los ingresos mensuales ¡a través de todo su retiro!

Obviamente, proteger sus inversiones para la pensión de los impuestos es una de las mejores clave para tener éxito en la planificación del retiro. Considere colocar el depósito para la pensión de cada año en un vehículo de inversión separado para aumentar su flexibilidad en el futuro. Por ejemplo, si necesita fondos de emergencia en el futuro, podría retirar tan sólo un depósito de la pensión de $10.000 dólares en vez de retirar todos sus fondos, pagando tan sólo los impuestos de los $10.000 dólares que retiró. Otra ventaja en depositar su pensión en vehículos de inversión por separado, es que si decide tomarse un año sabático, podría retirar parte de su fondo de pensión libre de impuestos para que tenga ingresos mientras estudia o se ofrece como voluntario para un viaje misionero largo. Aunque estos fondos retirados tendrán que pagar impuestos, si no tiene otros ingresos ese año, los impuestos serán menores.

Cuando se jubile retirará su fondo de pensiones y pagará los impuestos del fondo total. Por supuesto, una persona retirada no sabe cuanto tiempo va a vivir. Si siente que su pensión no le va a durar a través de todos sus años de jubilación, debe vivir conservadoramente utilizando sólo los intereses generados por sus inversiones. El problema es que probablemente no tenga suficiente dinero para gozar de su retiro. Sin embargo, si utiliza el dinero de los intereses y también toma del dinero principal durante muchos años para tener unos ingresos mensuales mayores, puede que acabe con su fondo antes de que muera. Ahora que las personas viven cada vez más, este es un gran dilema para la mayoría de los que se jubilan. La mejor solución es comprar una anualidad garantizada de por vida, de una compañía de seguros de vida que le garantice unos ingresos mensuales hasta que muera. El cheque mensual que le pagará la compañía de seguros es una mezcla del dinero principal y de los intereses y le garantiza un ingreso mensual máximo a través de toda su vida. Esta es la mejor forma para aumentar sus ingresos mensuales de pensión, mientras garantiza al mismo tiempo que los cheques mensuales continuarán mientras viva. Si ambas personas del matrimonio viven, una anualidad de por vida conjunta le proveerá de unos ingresos garantizados mientras viva uno de los dos esposos.

Estrategias para el ahorro de impuestos

"Casi se ha llegado al punto en que si deja de trabajar un día, corre peligro de retrasarse en los pagos de sus impuestos".

Las tasas de impuestos sobre la renta han aumentado a un nivel exagerado. En el Canadá, el gobierno, a todos los niveles, se lleva un promedio de más de cincuenta por ciento de todas las rentas obtenidas por el canadiense promedio. La original Acta Canadiense de Impuestos Sobre la Renta fue introducida en 1917 como una medida "temporal" para pagar las deudas de la Primera Guerra Mundial. La tasa de impuestos originalmente fue de 1.6% con los primeros $3.000 dólares exentos de cualquier impuesto. Puesto que el salario promedio de los canadienses en 1917 era de $760 dólares, la mayoría de los ciudadanos no pagaban ningún impuesto. Un ciudadano con $5.000 dólares de ingresos ¡sólo pagaba $80 dólares de impuestos anuales! En los Estados Unidos, los impuestos gubernamentales a todos los niveles generalmente se llevan cuarenta por ciento del dinero que ganan sus ciudadanos. En ambos países, ¡los contribuyentes promedio trabajan hasta mayo antes de empezar a ganar un solo dolar para ellos y para sus familias! Muchos estudios revelan que el contribuyente promedio paga de más en lo que se refiere a los impuestos sobre la renta. Si planea con cuidado su situación financiera y obtiene el mejor consejo puede ahorrarse miles de dólares de impuestos innecesarios. Actualmente los códigos de los impuestos son tan complicados, que muy pocos ciudadanos pueden utilizar las diferentes exenciones y deducciones que están disponibles legalmente sin un consejo profesional. Cualquier planificador de impuestos competente o contador se gana su cuota varias veces al lograr ahorros importantes en impuestos para su cliente.

Existen rumores de que el Departamento de impuestos ha desarrollado una nueva forma de impuestos simplificada para reemplazar las actuales. Las nuevas formas propuestas sólo tendrán tres líneas:

   A. ¿Cuánto ganó el año pasado?
   B. ¿Cuánto gastó?
   C. Envíe al gobierno la parte B.

A continuación algunas estrategias básicas de impuestos que puede discutir con su planificador de impuestos o contador:

AVISO FINAL

1. Guarde todos los recibos relacionados con los gastos de reparación de su casa. Podría vender su casa más tarde como inversión en propiedad y cualquier recibo, hará valederos los gastos que ajustarían sus bases de costo ajustadas en su favor y minimizar los impuestos sobre la ganancia de capital.

2. Renta contra compra de auto. Si quiere tener un auto durante más de dos años, la renta a menudo es mejor desde un punto de vista de impuestos. Si cambia su auto cada año y medio, ser propietario es lo mejor en cuestión de impuestos.

3. Considere poner una oficina en su casa si tiene un negocio. Puede deducir parte de la renta, o parte de los intereses de la hipoteca además de los servicios y equipo. Debe guardar los recibos y documentar todos sus gastos de negocios.

4. Pague al contado todos los artículos no deducibles y con un préstamo todos los artículos deducibles. Por ejemplo, utilice el dinero que ha ahorrado en su fondo de inversión para pagar por adelantada su hipoteca u otros préstamos no deducibles. Luego pida prestados los fondos necesarios de su banco, para invertir en sus nuevos vehículos de inversión. Los intereses sobre este nuevo préstamo serán deducibles de impuestos, debido a que el préstamo tiene un propósito de inversión.

5. Jamás pagues por adelantado la cantidad requerida por los impuestos sobre la renta de la nómina. No recibe intereses por parte del gobierno al pagar por adelantado y no tiene beneficios en los impuestos. Siempre aguante su dinero tanto como pueda. Si normalmente recibe una cantidad importante de devolución de los impuestos sobre la renta, le está prestando gratuitamente su dinero al gobierno.

6. Realice el depósito más grande que pueda en el plan de ahorro para jubilación del gobierno para usted y para su esposa como una parte esencial de un plan financiero balanceado.

7. Pida todas las deducciones posibles con propósitos de inversión, incluyendo cuotas de corredores, costos de cajas de seguridad, etcétera.

8. Divida los ingresos principales del jefe de familia entre la esposa e hijos. La "división de los ingresos" harán que la renta

cause impuestos más bajos en manos de miembros de la familia que tienen ingresos menores.

Estas estrategias básicas y muchas otras deberían de ser discutidas, y seguidas después de considerarlas con cuidado con su consejero sobre impuestos, contador o planificador financiero.

Estrategias financieras para los últimos días

Las siguientes estrategias para los cristianos que viven en los últimos días les ayudará a probar Proverbios 27:12: "El avisado ve el mal y se esconde; mas los simples pasan y llevan el daño".

1. Reduzca sus deudas y aumente su dinero en efectivo tan rápido como pueda.

2. Evite instituciones financieras débiles, incluyendo a los bancos débiles de Ahorros y Préstamos, a las compañías de seguros y a los fideicomisos. Investigue la fortaleza de su banco ordenando un informe Weiss o Veribanc (generalmente cuesta de $15 a $25 dólares por informe. Estos recursos se mencionan al final del libro).

3. Evite los fondos mutualistas y los valores en esta época debido al peligro de colapso del mercado de valores en los próximos años.

4. Evite la inversión en compañías y en la renta de bienes raíces en este tiempo debido al mercado depreciado durante los años 1990.

5. Su propia casa es una excelente inversión a largo plazo. Pagar por adelantado la hipoteca de su casa es una de las mejores estrategias financieras que puede seguir.

6. Evite los bonos de corporación, artículos en venta, y otras inversiones complejas que sean difíciles de evaluar por el inversionista promedio.

7. Bonos del gobierno, Proyectos del Tesoro, Certificados de Inversión Garantizados, y Depósitos a Plazo Fijo expedidos por bancos fuertes son excelentes opciones de inversión durante los próximos cinco años.

8. Siga un plan básico de presupuesto; planee ahorrar diez por ciento de sus ingresos mensuales.

9. Empiece a diezmar sus ingresos mensuales en obediencia al plan de Dios.

10. Considere invertir veinte por ciento de sus fondos de inversión, en monedas de oro o plata como una póliza de seguro financiero.

11. Haga un testamento para usted y para su esposa. Adquiera los seguros adecuados de vida e incapacidad.

Aquellos que están conscientes del peligro de un colapso económico podrán evitar los peores peligros en los próximos años. Además, podrán proteger su casa, su negocio y los recursos financieros de su familia siguiendo un curso de acción prudente y conservador, durante los tiempos caóticos del futuro. Después de un colapso económico, un inversionista con suficiente dinero en efectivo podrá comprar excelentes propiedades y acciones en compañías sólidas, a una fracción de los precios anteriores a la caída.

No se preocupe por sus finanzas

Finalmente, después de que prudentemente haya hecho todo lo que puede para proteger sus recursos financieros, necesita entregarlo en las manos de Dios y confiar en Él. "No os afanéis, pues, diciendo: ¿Qué comeremos, o qué beberemos, o qué vestiremos? Porque los gentiles buscan todas estas cosas; pero vuestro Padre celestial sabe que tenéis necesidad de todas estas cosas. Mas buscad primeramente el reino de Dios y su justicia, y todas estas cosas os serán añadidas" (Mateo 6:31-33).

Una nota importante: Mantenga una perspectiva adecuada de estas cuestiones financieras dándose cuenta que todas estas preocupaciones sólo son temporales. Aunque estas cuestiones económicas son importantes actualmente y Dios nos manda que actuemos con diligencia, algún día dejarán de ser. Nuestro destino final como cristianos es la ciudad celestial de Dios, la Nueva Jerusalén. La única llave al cielo es nuestra fe y confianza en la salvación que Cristo obtuvo para nosotros hace casi dos mil años. Mientras que nuestra salvación está basada únicamente en la sangre de Cristo que fue derramada por nosotros, todos los cristianos serán juzgados en el día del juicio por su fidelidad a Sus mandamientos. Aquellos que han sido fieles recibirán coronas y mansiones que durarán para siempre.

¿Dónde está su tesoro?

Cuando se lleven a cabo las cuentas finales de su vida delante del Trono de Dios, nuestras finanzas y nuestras posesiones materiales no contarán para nada. En ese último día de juicio, las únicas cosas que importarán son las almas que hemos ganado para el Señor. El servicio fiel y obediente que le hemos dado a Cristo, y las cosas que hemos hecho por nuestros hermanos y hermanas. Estos hechos de justicia que hacemos por amor a Jesucristo, serán los tesoros que cuenten para la eternidad. Cristo nos mandó: "sino haceos tesoros en el cielo, donde ni la polilla ni el orín corrompen, y donde ladrones no minan ni hurtan. Porque donde esté vuestro tesoro, allí estará también vuestro corazón" (Mateo 6:20-21).

CAPÍTULO DIECIOCHO

El Rapto y el comienzo del reino de Dios

En los últimos treinta años he estado fascinado con la profecía de la Biblia, porque autentifica a las Escrituras como la Palabra de Dios inspirada y señala el inminente regreso de Jesucristo para conducirnos al Reino Mesiánico. Siempre me deleito cuando Dios me dirige a una nueva información que confirma Su Palabra. En mis investigaciones continuas en recientes descubrimientos arqueológicos y escritos de los líderes de la iglesia primitiva he realizado varios y nuevos descubrimientos emocionantes que quiero compartir con mis lectores. En este capítulo exploraremos varios descubrimientos interesantes sobre los siguientes temas: los hallazgos sobre una enseñanza del Rapto antes de la tribulación que data de los primeros siglos de la iglesia primitiva; los descubrimientos arqueológicos de la tumba de María, Marta y Lázaro que prueban la exactitud histórica de los evangelios; y la prueba que las sanidades milagrosas, resurrección de los muertos y los dones carismáticos eran comunes entre los creyentes de los primeros tres siglos después de la resurrección de Cristo.

El Rapto antes de la Tribulación fue enseñado por la Iglesia primitiva

Obviamente, la verdad sobre el momento del Rapto finalmente sólo se encontrará en las Escrituras. La Reforma Protestante se basó esencialmente en el regreso a la autoridad de la Biblia. La frase en latín *Sola Scriptura*, que significa "Sólo la Escritura" se convirtió en el clamor de los reformadores que ignoraron siglos de tradición y concilios de la iglesia en su insistencia de que la verdad sólo se podía descubrir a través de la Palabra de Dios. Aunque esta última resolución de esta discusión debe estar basada en nuestra interpretación de las Escrituras, es importante responder los errores de nuestros oponentes que hablaron mal contra nuestra "bendita esperanza" del Rapto, dando una mala información con respecto al redescubrimiento moderno de la verdad sobre el Rapto antes de la Tribulación.

Muchos escritores de la pretribulación han atacado la doctrina del Rapto antes de la Tribulación afirmando que no puede ser cierta, porque ningún escritor de la Iglesia o de la Reforma enseñó esta doctrina sino hasta hace aproximadamente 170 años. Mientras que la pregunta real de los estudiantes sinceros de las Escrituras debe ser si las Escrituras enseñan o no realmente esta doctrina, el argumento de que nadie vio jamás esta "verdad" a través de los dieciocho siglos de historia de la Iglesia, ha sido muy eficaz, haciendo que muchos cristianos abandonen su creencia en el Rapto antes de la tribulación. El único problema con su argumento es que están completamente equivocados.

Muchos escritores contemporáneos afirman que la teoría del Rapto antes de la tribulación se originó primeramente en el año 1820. Le otorgan la creación inicial de esta teoría a Emmanuel Lacunza (Ben Ezrea, 1812), a Edward Irving (1816), o a Margaret MacDonald (1830), y finalmente a John Darby (1820). Por ejemplo, Dave MacPherson en *The Incredible Cover-Up* [El Increíble Encubrimiento] (1975 comenzó): "Margaret MacDonald fue la primera persona en enseñar que la venida de Cristo precedería los días del anticristo... Antes de 1830, los cristianos siempre habían creído en una sola venida futura, la cual según se capta en 1 Tesalonicenses 4 tendría lugar después de la Gran Tribulación de Mateo 24 en la gloriosa venida del Hijo del Hombre cuando envíe a Sus ángeles a reunir a todos Sus elegidos". El reverendo John Bray, en *The Origin of The Pre-Tribulation Rapture Teaching* [El origen de la enseñanza del Rapto antes de la tribulación] (1980) declaró: "Las personas que enseñan actualmente sobre el Rapto antes de la tribulación enseñan algo que jamás se enseñó sino hasta 1812... Ninguno de los padres antiguos de la iglesia enseñó el Rapto antes de la Tribulación... Le ofrezco quinientos dólares a quien encuentre cualquier declaración, sermón, o artículo en un comentario, o en cualquier cosa, donde se establezca que antes de 1812 se enseñó la venida de Cristo en dos fases separadas por un período establecido de tiempo, tal y como lo enseñan los que hablan del Rapto antes de la Tribulación.". Estos escritores, entre otros, que no gustan de la enseñanza del rapto antes de la tribulación, defienden dogmáticamente que se enseñó por primera vez en 1820 por John Darby y los Hermanos de Plymouth u otro de los individuos mencionados anteriormente.

Muchos de estos escritores tendrán que revisar drásticamente la próxima edición de sus libros, basándose en dos notables descubrimientos textuales que concluyentemente prueban que varios maestros cristianos, siglos antes que John Darby redescubrieron esta enseñanza bíblica, enseñaron claramente que el rapto ocurriría antes del período de tribulación. Durante el verano de 1994, después de más de una década de búsqueda, descubrí varios manuscritos fascinantes que contienen una evidencia clara de la enseñanza del Rapto antes de la tribulación en la Iglesia primitiva.

Enseñanzas de Efraín sobre el Rapto antes de la Tribulación

"Porque todos los santos y elegidos de Dios están reunidos, antes de la Tribulación que ha de venir, y son llevados al Señor antes de que vean la confusión que llenará al mundo debido a nuestros pecados" (*On the Last Times, The Antichrist, and the End of the World*, por Efraín el Sirio, 373 d.C.).

El cristiano escritor y poeta de la iglesia primitiva, Efraín el Sirio, (que vivió del 306 al 373 d.C.) fue uno de los principales teólogos de la primitiva Iglesia Oriental Bizantina. Nació cerca de Nisbis, en la provincia romana de Siria, cerca de la actual Edesa, Turquía. Efraín mostró un profundo amor por las Escrituras en sus escritos como lo ilustran varios de sus comentarios escritos citados en *Works of Nathaniel Lardner*, Vol. 4, 1788). "No estimo a ningún otro hombre más feliz que él, quien diligentemente lee las Escrituras que nos han sido entregadas por el Espíritu de Dios, y piensa como puede ordenar su conversación por el precepto de las mismas". Aún a la fecha, sus himnos y sermones se utilizan en la liturgia de la Iglesia Griega Ortodoxa y en la Iglesia Oriental

Nestoriana. Aunque la Enciclopedia Post-Nicena de dieciséis volúmenes incluye varios de los sermones y salmos de Efraín el Sirio, los editores mencionan que también escribió muchos comentarios que jamás han sido traducidos a otro idioma.

Las fascinantes enseñanzas de Efraín sobre el anticristo jamás han sido publicadas en inglés hasta ahora. Este manuscrito profético, críticamente importante, del cuarto siglo de la Iglesia revela un método literal de interpretación y una enseñanza del regreso premilenial de Cristo. Aún más importante, los textos de Efraín revelaron una declaración muy clara sobre el regreso de Cristo antes de la tribulación para llevarse a Sus santos elegidos a su hogar en el cielo para escapar de la futura Tribulación. Además, Efraín declara que su creencia en un anticristo judío personal que gobernará el Imperio Romano durante los últimos días, en un Templo reconstruido, en los dos testigos y una Gran Tribulación literal que dura 1.260 días. También es fascinante mencionar que enseñó que la Guerra de Gog y Magog precedería al período de Tribulación. Descubrí otro texto por Efraín, llamado *The Book of the Cave of Treasure* [El Libro de la Cueva del Tesoro], que revelaba que él enseñó que la semana setenta de Daniel se cumpliría en los siete años finales al terminar esta era que concluiría con el regreso de Cristo en la batalla del Armagedón para establecer Su reino.

La siguiente sección incluye pasajes clave del texto importante de Efraín, escrito alrededor del año 373 d.C., y que fue traducido por el profesor Cameron Rhoades del Seminario Teológico de Tyndale, ante mi petición.

Sobre los últimos tiempos, el anticristo, y el final del mundo

"1. Entrañables hermanos, creed en el Espíritu Santo que nos habla como hemos hablado antes, porque el fin del mundo está cerca, y resta la consumación. ¿No se ha acabado la fe de muchos?...

"2. *Por lo tanto debemos de comprender por completo, mis hermanos, lo que es inminente o* sobresale. Ya han habido hambres y plagas, violentos movimientos de naciones y señales, las cuales habían sido predichas por nuestro Señor, ya se han cumplido. Y no hay nada más que quede atrás, excepto el advenimiento del maligno en el cumplimiento del reino romano. ¿Entonces por qué estamos ocupados en cuestiones mundanas, y por qué continúa nuestra mente fija en los deseos del mundo y las ansiedades de las edades? ¿Por qué no rechazamos cualquier preocupación por las acciones terrenales y nos preparamos para el encuentro del Señor Cristo, *para que Él nos saque de la confusión, que sobrecoge a este mundo*? Creed en mí, queridos hermanos, porque la venida del Señor está cerca, creed en mí, porque el fin del mundo está por llegar, creed en mí, porque esta es la última vez.... *Porque todos los santos y los elegidos del Señor serán reunidos antes de la tribulación que está por venir y son llevados al Señor, para que no vean en ningún momento la confusión que sobrecoge al mundo debido a nuestros pecados* (Itálicas añadidas por el autor). Y así, hermanos, muy entrañables para mí, es la hora undécima, y el fin de este mundo vienen a la cosecha, y los ángeles, armados y preparados, tienen espadas en sus manos, esperando el imperio del Señor....

"3. Por lo tanto cuando llegue el fin del mundo, surgirán diversas guerras, conmoción por todas partes, horribles terremotos, perturbación de las naciones, tempestades a través de las tierras, plagas, hambres, sequías a través de los caminos transitados, grandes peligros a través del mar y de la tierra seca, constantes persecuciones, asesinatos y masacres por todos lados....

"4. Por lo tanto cuando venga el fin del mundo, el abominable, mentiroso y asesino nacerá de la tribu de Dan. Es concebido de la simiente de un hombre y de la virgen más vil, mezclada con un espíritu maligno o sin valor...

"5. Pero cuando el momento de la abominación de su desolación se empiece a acercar, habiendo sido legalizado, él toma el imperio... Por lo tanto, cuando recibe el reino, ordena que el Templo de Dios sea reconstruido para sí mismo, el cual está en Jerusalén; quien, después de venir a él, se sentará como Dios y ordenará ser adorado por todas las naciones... entonces los pueblos de todos lados le seguirán hasta la ciudad de Jerusalén, y la ciudad santa será pisoteada por las naciones durante cuarenta y dos meses tal y como lo dice el santo Apóstol en el Apocalipsis, los cuales se convierten en tres años y medio, 1260 días.

"6. En estos tres años y medio los cielos suspenderán su rocío; porque no lloverá sobre la tierra... y habrá una gran tribulación, como no la ha habido, desde que empezó a haber gente sobre la tierra... y nadie puede vender o comprar de los granos de la cosecha de otoño, al menos que sea uno quien tiene la señal de la serpiente en la frente o en la mano..."

"7. Y cuando se hayan completado los tres años y medio, el tiempo del anticristo, a través del cual habrá seducido al mundo, después de la resurrección de los dos profetas, en una hora que el mundo no sabe, y en el día que el hijo de perdición no sabe, vendrá la señal del Hijo del Hombre, y viniendo el Señor aparecerá con gran poder y mucha majestad, con la señal de la palabra de salvación yendo delante de él, e incluso también con todos los poderes de los cielos y con todo el coro de los santos... Entonces Cristo vendrá y el enemigo será lanzado en confusión, y el Señor lo destruirá por el Espíritu de su boca. Y será atado y echado vivo al abismo de fuego eterno junto con su padre Satanás; y todos los pueblos, que él desee, perecerán con él para siempre; pero los justos heredarán vida eterna con el Señor por siempre".

Para resumir los puntos clave del texto de Efraín sobre los últimos días:

1. Los manuscritos de Efraín colocan los eventos de los últimos días en una secuencia cronológica. Significativamente empezó con el Rapto utilizando la palabra "inminente", luego, describió la Gran Tribulación con una duración de tres años y medio bajo la tiranía del anticristo, seguido de la segunda venida de Cristo a la tierra con sus santos para derrotar al anticristo.

2. Significativamente, al principio de su tratado de la Sección 2, Efraín utilizó la palabra "inminente" para describir el Rapto que ocurre antes de la Tribulación y de la venida del anticristo. "Por lo tanto debemos de comprender por completo, mis hermanos, lo que es inminente o sobresale"..

3. Claramente describe el Rapto antes de la Tribulación: "Porque todos los santos y los elegidos del Señor serán reunidos antes de la tribulación que está por venir y son llevados al Señor, para que no vean en ningún momento la confusión que sobrecoge al mundo debido a nuestros pecados".

4. Luego da el propósito por el cual Dios rapta a la Iglesia "antes de la tribulación" para "que no vean en ningún momento la confusión que sobrecoge al mundo debido a nuestros pecados". Efraín utilizó la palabra "confusión" como sinónimo del período de tribulación.

5. Efraín descubrió la duración de la "gran tribulación" (la última mitad de los siete años del período de tribulación) en las secciones 7, 8 y 10 de la siguiente manera "cuarenta y dos meses" y "tres años y medio" y "1260 días".

6. Él resumió: "Y habrá una gran tribulación, como no la ha habido, desde que empezó a haber gente sobre la tierra" y describió la Marca del sistema de la Bestia.

7. Él declaró que Cristo vendría a la tierra después de los "tres años y medio" del período de tribulación en la Sección 10: "Y cuando se hayan completado los tres años y medio, el tiempo del anticristo, a través del cual habrá seducido al mundo, después de la resurrección de los dos profetas... vendrá la señal del Hijo del Hombre, y viniendo el Señor aparecerá con gran poder y mucha majestad".

El doctor Paul Alexander, quizás el erudito con más autoridad en escritos de la primitiva Iglesia Bizantina, llegó a la conclusión que el texto de Efraín sobre *El anticristo* enseñaba que el Señor sobrenaturalmente removería de la tierra a los santos de la Iglesia "antes de las tribulaciones futuras". Efraín escribió que los santos serán "llevados al Señor, para que no vean en ningún momento la confusión que sobrecoge al mundo debido a nuestros pecados". El doctor Alexander cree que este texto fue escrito por un escritor desconocido en el siglo sexto pero llegó a la conclusión de que se derivaba de un manuscrito original de Efraín (373 d.C.). Otros eruditos, incluyendo al editor alemán profesor Caspari quien escribió un comentario alemán sobre este manuscrito en latín en 1890, creían que el manuscrito de Efraín fue escrito por el Efraín genuino en el año 373 d.C. El profesor Cameron Rhoades, profesor de latín en el Seminario Teológico de Tyndale, tradujo el texto latín de Efraín al inglés por petición mía y de mi amigo el doctor Tommy Ice.

Efraín y la semana setenta de Daniel: El período de Tribulación

Surge naturalmente una interrogante en la mente de los estudiantes de la Biblia sobre la cantidad de tiempo que Efraín creía que iba a durar la Tribulación. Mientras que Efraín describe correctamente la "gran tribulación" como tres años y medio, sus otros escritos revelan su creencia que, todo el período de la tribulación, "la severa aflicción" duraría "Una semana" o siete años. El libro de Efraín, *The Book Of The Cave of Treasure* [El Libro de la Cueva del Tesoro], escrito alrededor del año 373 d.C., enseñaba sobre la genealogía de Cristo. Escribió que la semana sesenta y nueve de Daniel 9:24-27 terminó con el rechazo y crucifixión de Jesús el Mesías. Él declaró: "Los judíos ya no tienen entre ellos un rey, o un sacerdote, o un profeta, o una Pascua, incluso como Daniel lo profetizó sobre ellos, diciendo: '*Y después de las sesenta y dos semanas se quitará la vida al Mesías...*, mas no por sí; y el pueblo de un príncipe que ha de venir destruirá la ciudad y el santuario; y su fin será con inundación, y hasta el fin de la guerra durarán las devastaciones' (Daniel 9:26). Es decir, por siempre" (itálicas añadidas por el autor, página 325, *The Cave of Treasures*). En la profecía de Daniel, él predijo que Jerusalén sería reconstruida "incluso en tiempos de tribulación" durante el período inicial de las "siete semanas" de años (cuarenta y nueve años). La profecía de Daniel declara que este período inicial se siete "semanas" de años, será inmediatamente seguido por otro período de sesenta y dos "semanas" de años que terminarían con la muerte del mesías (483 años). El total combinado de las sesenta y nueve semanas de años (siete semanas más sesenta y dos semanas) iban a terminar con el rechazo de Cristo. Como se mencionó antes, Efraín enseñó que Jesucristo murió al final de las sesenta y nueve semanas combinadas de años.

Sin embargo, en la sección de su libro que trata con la futura guerra de Gog y Magog, Efraín escribió sobre la final semana (setenta) de Daniel de la siguiente manera: "Al final del mundo y al final de la consumación... de pronto las puertas del norte serán abiertas... Destruirán la tierra, y no habrá nada que se les interponga. *Después de una semana de esa severa aflicción [Tribulación], todos serán destruidos en la planicie de Jope...* Entonces aparecerá el hijo de perdición de la simiente de la tribu de Dan... irá a Jerusalén y se sentará en el trono del Templo diciendo: 'Soy el Cristo', y será elevado por legiones de demonios como un rey y gobernante, llamándose Dios a sí mismo... *El tiempo del error del anticristo durará* dos años y medio, pero otros dicen *tres años y seis meses"* (itálicas añadidas por el autor). Aunque existen algunos elementos curiosos en su descripción de los acontecimientos proféticos, está claro que Efraín creía que la semana setenta (la última), de la profecía de Daniel sobre las setenta semanas finalmente sería cumplida durante los últimos siete años de esta era cuando el anticristo aparezca. Esta evidencia de la creencia en una "separación" o "paréntesis" entre la semana sesenta y nueve y setenta de Daniel 9:24-27 del siglo cuatro de la era cristiana es importante. Vale la pena mencionar que esta enseñanza que habrá una "separación" o paréntesis entre la semana 69 y la semana 70 de Daniel también fue enseñada por otras personas de la iglesia primitiva incluyendo la epístola de Barnabás (110 d.C.) y los escritos de Hipólito (220 d.C.).

El doctor John Gill enseñó el Rapto antes de la Tribulación en 1748

El doctor John Gill, un famoso teólogo bautista del siglo dieciocho, publicó su comentario del Nuevo Testamento en 1748. Es considerado un serio erudito calvinista que escribió varios volúmenes sobre teología. En su comentario de 1 Tesalonicenses 4:15-17, el doctor Gill señala que Pablo está enseñando una doctrina que es "algo nuevo y extraordinario". Gill llama al inminente traslado de los santos "el Rapto" y pide que esté uno en vigilia porque "será repentino, y no se sabrá de antemano, y cuando menos se espere". Esa es una enseñanza clara y detallada de 1748 sobre el inminente Rapto antes de la Tribulación (ochenta años antes de John Derby en 1820).

"Por lo cual os decimos esto en palabra del Señor: que nosotros que vivimos, que habremos quedado hasta la venida del Señor, no precederemos a los que durmieron" (1 Tesalonicenses 4:15). El comentario de Gill sobre este pasaje es: "El Apóstol teniendo algo nuevo y extraordinario que entregar, en lo que concierne a la venida de Cristo, la primera resurrección, o la resurrección de los santos, el cambio de los santos que viven, y *el rapto tanto de los resucitados, como de los vivos a las nubes* para reunirse con Cristo en el aire, se expresa de esta manera" (itálicas añadidas por el autor).

"Luego nosotros los que vivimos, los que hayamos quedado, seremos arrebatados juntamente con ellos en las nubes para recibir al Señor en el aire, y así estaremos siempre con el Señor" (1 Tesalonicenses 4:17). Al comentar este verso Gill revela que él comprendió que habría un tiempo de intervalo entre el Rapto y el regreso de los santos con Cristo en el Armagedón. "De pronto, en un momento, en un pestañear, y con fuerza y poder; por el poder de Cristo, y por medio de y el ministerio de los santos ángeles; a los cuales se le atribuye la ligereza del *rapto* cuyo cuerpo tendrán tanto los santos resurrectos como los cambiados; y *este rapto de los santos con vida* será junto con ellos; con los muertos en Cristo, en ese momento serán resucitados; para que nadie preceda a otro; o que otros estén más pronto con Cristo que los demás; sino que uno será resucitado y el otro transformado, se unirán en una sola compañía y asamblea general, y *serán raptados todos juntos: en las nubes*; las mismas nubes en las que Cristo venga quizás serán bajadas para subirlos a ellos; estos serán los carruajes, en los cuales serán llevados a Él; y así, como en la ascensión de nuestro Señor una nube le recibió, y en ella fue alejado de la vista de los hombres, *así en esta ocasión todos los santos irán en las nubes del Cielo: para reunirse con el Señor en el aire; en la que Él descenderá... aquí Cristo se detendrá* y será visible a todos, y fácilmente discernido por todos, buenos y malos, como el cuerpo del sol al mediodía; *más sin embargo no descenderá a la tierra, porque no está lista para recibirle; pero cuando ella y sus obras sean quemadas, y sea purgada y purificada por el fuego, y se convierta en una nueva tierra. Él descenderá sobre ella, y habitará con sus santos en ella:* y esto sugiere otra razón por la cual *Él permanecerá en el aire y sus santos le verán allí, y Él los llevará hasta el tercer cielo, hasta que la conflagración y ardor del mundo haya terminado, y para preservarlos de esto:* y entonces todos los elegidos de Dios descenderán del cielo como una novia ataviada para su marido, y Él con ellos... *y entonces estarán con Él, dondequiera que Él esté; primero en el aire, en donde se reunirán con Él; luego en el tercer cielo; a donde ascenderán con Él: luego en la tierra, donde descenderán y reinarán con Él durante mil años;* y luego en la gloria final durante toda la eternidad".

Para reunir las enseñanzas de 1748 del doctor Gill sobre el Rapto antes de la tribulación y la secuencia de los acontecimientos proféticos es vital mencionar que él declaró:

1. El Señor descenderá en el aire.

2. Los santos serán arrebatados en el aire para reunirse con Él.

3. Aquí Cristo se detendrá en el aire y será visible para todos.

4. Sin embargo aún no descenderá a la tierra, porque no está lista para recibirle.

5. Se llevará arriba (a los santos) con Él al tercer cielo, hasta que acabe la conflagración y ardor del mundo.

6. Y para preservarlos de esto.

7. Y luego todos los elegidos de Dios descenderán del cielo a la tierra con Cristo.

Luego Gill resume la secuencia:

A. Estarán con Él, dondequiera que Él esté; primero en el aire, donde se reunirán con Él; luego

B. En el tercer cielo, a donde ascenderán con Él; luego

C. En la tierra, donde descenderán y reinarán junto con Él por mil años.

Por lo tanto, además de las enseñanzas de Efraín en el cuarto siglo sobre el Rapto antes de la Tribulación, tenemos otras declaraciones claras de esta doctrina del doctor John Gill más de ochenta años antes de John Darby en 1820. Aquellos que han declarado que el Rapto antes de la Tribulación jamás se enseñó a través de toda la historia de la Iglesia sino hasta 1820 simplemente son ignorantes de estos importantes textos cristianos. El escritor francés Joubert una vez escribió: "Nada hace a los hombres tan imprudentes y engañados como la ignorancia del pasado y la burla de los libros antiguos".

¿Por qué es importante enseñar la doctrina del Rapto antes de la Tribulación? El apóstol Pedro advirtió que muchas personas desafiarían la promesa del Señor de su Segunda Venida en los últimos días, "sabiendo primero esto, que en los postreros días vendrán burladores, andando según sus propias concupiscencias, y diciendo: ¿Dónde está la promesa de su advenimiento? Porque desde el día en que los padres durmieron, todas las cosas permanecen así como desde el principio de la creación" (2 Pedro 3:3-4). ¿Cuál nos enseña la Biblia que es la actitud correcta de un cristiano con respecto al tema del regreso de Cristo? En 1 Corintios 1:7, Pablo nos dice: "de tal manera que nada os falta en ningún don, esperando la manifestación de nuestro Señor Jesucristo". Una de las características distintivas de un verdadero seguidor de Jesús es la de un siervo fiel, esperando y en vigilia. El doctor Klink, uno de los grandes estudiantes de la fe de la iglesia primitiva, escribió: la constante expectativa de la segunda venida de nuestro Señor es una de las características del cristianismo primitivo". Pablo también manda una constante expectativa del Rapto en Filipenses 3:20 en donde él dijo: "Mas nuestra ciudadanía está en los cielos, de donde también esperamos al Salvador, al Señor Jesucristo".

El gran reformador, Juan Calvino, escribió sobre la vital importancia de la esperanza de la Segunda Venida: "Debería de ser la preocupación principal de los creyentes, centrar sus mentes completamente en Su segundo advenimiento". Martín Lutero, en su *Sermón de Consolación* declaró que la esperanza del regreso de Cristo es una necesidad absoluta para el cristiano: "Si no estás lleno de deseo por la llegada de ese día, jamás puedes orar el Padre Nuestro, ni tampoco puedes repetir de corazón el credo de fe. Porque ¿con qué consciencia puedes decir: 'Creo en la resurrección del cuerpo y en la vida eterna', si en tu corazón no hay el mismo deseo? Si lo crees, debes, por necesidad, desearlo con todo tu corazón, y querer que llegue ese día; el cual, si tú no lo deseas, aún no eres cristiano, ni puedes vanagloriarte de tu fe". A través del Nuevo Testamento leemos continuas exhortaciones de mantener la esperanza del pronto regreso de nuestro Señor como el centro de nuestra vida espiritual. Lejos de ser una cuestión sin importancia, que sólo interese a los estudiantes de la profecía, "la "esperanza bendita" del Rapto debería de ser la piedra angular de la vida espiritual de cada cristiano.

El mensaje y esperanza de la inminente segunda venida de Cristo para arrebatar a los santos tiene los siguientes propósitos:

El Rapto y el comienzo del reino de Dios

1. Nos llama a estar vigilantes constantemente por Su regreso (1 Tesalonicenses 5:4-6).

2. Motiva a los cristianos a testificar a los incrédulos a la luz de Su inminente venida (Juan 9:4).

3. Nos recuerda que caminemos en santidad en un mundo inmoral mientras esperamos Su regreso (1 Juan 3:3).

4. Conforta a los santos recordándoles de su destino eterno con Cristo (Juan 14:1-3).

5. Advierte sobre el juicio futuro de aquellos que rechazan Su salvación (2 Tesalonicenses 1:8-9).

6. Nos inspira a perseverar en contra de la oposición a la luz de Su recompensa (2 Timoteo 4:1-8).

7. Anima a los pecadores a arrepentirse y a aceptar al Señor mientras aún hay tiempo (Hechos 3:19-21).

La promesa en las Escrituras sobre la inminente Segunda Venida del Mesías, Jesucristo, es la última y mejor esperanza de la humanidad. Es la promesa de la última vindicación del plan de Dios para redimir a la humanidad y a la tierra de la maldición del pecado y de la muerte. La última concientización de que la afirmación de Jesucristo de que Él es el Mesías prometido, y el cumplimiento de las profecías con respecto a la venida del Reino de Dios terminará cuando los cielos se abran para revelar a Cristo viniendo en toda Su gloria en la batalla del Armagedón. Sin embargo, las Escrituras enseñan que otro evento ocurrirá antes de que Cristo venga a derrotar al anticristo y a los ejércitos del mundo en Armagedón al final del período de los siete años de tribulación. Este evento anterior y por separado a menudo es llamado el Rapto. A través de la Biblia los pasajes que detallan la revelación de Cristo, al final del período de tribulación, describen un acontecimiento completamente diferente de aquellos pasajes que describen, la venida de Cristo en el aire para llevarse a los santos al cielo.

El deseo de que llegue el Rapto y el regreso de Cristo, ha motivado a generaciones de estudiantes de la Biblia, a examinar las Escrituras en búsqueda de porciones que nos dé una idea del momento exacto de Su gloriosa aparición. Desafortunadamente, a pesar de las advertencias claras de las Escrituras en contra de dar una fecha exacta con respecto al momento de Su regreso, muchos han caído en una especulación inútil sobre el momento del Rapto. El libro de Harol Campingh, *1994*, por ejemplo, afirmaba que Cristo regresaría el 17 de septiembre de 1994. Millones de seguidores de estos escritos han sido profundamente desilusionados cuando sus tontas predicciones probaron ser falsas. Sin embargo, a pesar de esta desilusión, no debemos abandonar nuestra esperanza de un Rapto inminente. Simplemente debemos ser obedientes al mandamiento de Cristo: "Cuando estas cosas comiencen a suceder, erguíos y levantad vuestra cabeza, porque vuestra redención está cerca" (Lucas 21:28). Juan Wesley de Fletcher expresó la actitud adecuada que deberíamos tener por el regreso de Cristo: "Sé que muchos se han equivocado grandemente en lo que se refiere al año de Su venida, pero, por haber sido impulsivos, ¿seremos estúpidos? Porque ellos dicen "¡Hoy!", ¿diremos nosotros '¡Jamás'! Y gritar 'Paz, Paz', cuando deberíamos mirar hacia arriba con ojos llenos de expectación?"

La Biblia nos advierte que vivamos en santidad porque Cristo podría regresar en cualquier momento, sin advertírnoslo. Jesús, en Lucas 12:37 y 40, amonestó: " Bienaventurados aquellos siervos a los cuales su señor, cuando venga, halle velando... Vosotros, pues, también, estad preparados, porque a la hora que no penséis, el Hijo del Hombre vendrá". Pedro en su segunda epístola dijo: "Así que vosotros, oh amados, sabiéndolo de antemano, guardaos, no sea que arrastrados por el error de los inicuos, caigáis de vuestra firmeza" (2 Pedro 3:17). Debemos vivir en un balance espiritual dinámico. Mientras que se nos manda vivir en santidad, y testificar urgentemente como si Él fuese a regresar antes del amanecer, se nos llama a planear y trabajar para cumplir la Gran Comisión como si Él pospusiera su venida por otros cien años. Debemos "negociar ["ocuparnos", dice la versión autorizada en inglés] entre tanto que vengo", cumpliendo la Gran Comisión de "Por tanto, id, y haced discípulos a todas las naciones, bautizándolos en el nombre del Padre, y del Hijo, y del Espíritu Santo; enseñándoles que guarden todas las cosas que os he mandado..." (Mateo 28:19-20).

Este descubrimiento de textos escritos antes de 1820 nos lleva a la conclusión que un remanente de los fieles, desde el principio de la iglesia primitiva hasta ahora, han sostenido la gran y preciosa verdad bíblica del Rapto antes de laTtribulación. El manuscrito de Efraín el Sirio del año 373 d.C. *Sobre los Últimos Tiempos, el anticristo, y el Fin del Mundo,* junto con el *Comentario del Nuevo Testamento* de 1748 del doctor John Gill, refutan las declaraciones dogmáticas de un Rapto después de la Tribulación diciendo que ningún erudito, antes de 1820, enseñó el Rapto antes de la Tribulación. En mi libro anterior, APOCALIPSIS, cité de los primitivos escritos cristianos llamados el Pastor de Hermas (110 d.C.) probando que enseñaba que el Rapto antes de la Tribulación era la esperanza de la Iglesia.

El descubrimiento de las tumbas de María, Marta y Lázaro

Algunos escritores han afirmado que virtualmente no existe ninguna evidencia arqueológica para respaldar las afirmaciones de los evangelios. ¡La verdad es que se ha descubierto una tremenda evidencia arqueológica en Israel que prueba la exactitud del Nuevo Testamento!

Hace ciento veinticinco años un arqueólogo cristiano francés, Charles Claremont-Gannueau, escribió un informe poco conocido con fecha del 13 de noviembre de 1873, de Jerusalén al Fondo de Exploración de Palestina. En este informe hablaba de su monumental descubrimiento, en una cueva sepulcral cerca de Betania, de un grupo de osarios judíos (ataúdes de piedra) del primer siglo de la era cristiana. Para su sorpresa Claremont-Gannueau descubrió que estos antiguos ataúdes de piedra judíos, contenían los nombres de muchos individuos mencionados en el Nuevo Testamento como miembros de la iglesia de Jerusalén. A pesar de su importancia, este informe no fue publicado en los periódicos de la época. Como resultado, virtualmente fue una historia perdida. Hace varios años compré, de un comerciante de libros raros, en Londres, un libro que contenía este oscuro informe de Charles Claremont-Gannueau. El informe de 1874, publicado por el Fondo de Exploración de Palestina, incluía su traducción de varias de estas inscripciones que indicaban que había descubierto las tumbas de María, Marta y Lázaro al igual que de muchos otros cristianos de la iglesia del primer siglo. Un periódico cristiano de Israel, el *Jerusalem Christian Review,* ha publicado varios artículos fascinantes en los últimos años sobre los maravillosos descubrimientos arqueológicos que confirman la exactitud del relato de los Evangelios.

En la primavera de 1973, Effendi Abu Saud, mientras construía su casa en la cuesta oriental del Monte de los Olivos cerca del antiguo camino a Betania, accidentalmente descubrió una cueva que probaba ser una antigua catacumba. Dentro, encontró treinta ataudes antiguos de piedra. El profesor Charles Claremont-Gannueau examinó estos osarios en esta antigua cueva sepulcral familiar tallada en una roca de piedra caliza. Los judíos del primer siglo enterraban a sus muertos en la tierra o en una tumba. Varios años más tarde limpiaban los huesos del esqueleto y volvían a enterrar estos huesos en un pequeño osario de piedra caliza, a menudo de 114.3 centímetros de largo, 48 centímetros de ancho y 63.5 centímetros de alto. Las tapas de estos osarios son triangulares, semicirculares, o rectangulares. Las inscripciones que contienen son, el nombre y la identificación del fallecido pintada o grabada a los lados o sobre la tapa de los osarios en hebreo o en griego. Claremont-Gannueau se emocionó al notar que varios osarios estaban inscritos con cruces o el nombre "Jesús", probando que estas personas judías fueron cristianos. Aunque no pudo tomar fotografías, tomó impresiones con una tela especial de la superficie ornamental al igual que de las inscripciones.

Grabado a los lados de tres de estos osarios de esta cueva estaban los nombres de "Eleazar" (la forma hebrea del nombre griego "Lázaro"), Marta y María. Estos nombres estaban seguidos de la señal de la cruz, probando que eran cristianos. En el evangelio de Juan leemos la conmovedora historia de Cristo resucitando a Su amigo Lázaro de los muertos: "Estaba entonces enfermo uno llamado Lázaro, de Betania, la aldea de María y de Marta su hermana" (Juan 11:1) Claremont-Gannueau notó que este era uno de los descubrimientos arqueológicos más importantes que se había hecho sobre los orígenes de la iglesia primitiva del Nuevo Testamento. Él escribió: "Esta catacumba en el Monte de los Olivos aparentemente perteneció a una de las primeras familias que se unieron a la nueva religión fundada por Jesús: el cristianismo. En este grupo de sarcófagos, algunos de los cuales tienen el símbolo cristiano y otros no lo tienen, estamos, por hablar de alguna manera, [siendo testigos] de la revelación del cristianismo. Personalmente, creo que muchas de las personas de lengua hebrea cuyos restos están contenidos en estos osarios estuvieron entre los primeros seguidores de Cristo... la aparición del cristianismo en las mismas puertas de Jerusalén es, en mi opinión, extraordinaria y sin precedentes. De alguna manera la nueva doctrina [cristiana] debió haber logrado entrar al sistema judío... La asociación de la señal de la cruz con (el nombre de Jesús) escrito en hebreo únicamente constituye un hecho valioso".

El informe de 1874 contenía las siguientes inscripciones adicionales encontradas en los osarios:

"Inscripciones hebreas:

1. *Salomé, esposa de Judah* grabada con letra muy pequeña ...una señal en forma de cruz.

2. *Judah, con la cruz* +. Tal vez el esposo de Salomé.

3. *Judah el Escriba*. En otra cara del sarcófago, *Judah, hijo de Eleazar el Escriba.*

4. *Simeón el Sacerdote* (Cohen).

5. *Marta, hija de Pasach.* Tal vez el nombre es tanto judío como cristiano.

6. *Eleazar, hijo de Nathalu.* La forma de Nathai por Natán no es poco común.

7. *Salamtsion, hija de Simeón el Sacerdote.* El nombre de la mujer Salam Sion, es de gran interés. Es el nombre Salampsion de Josefo (hija de Herodes).

Inscripciones Griegas:

1. *Jesús.* —se repite dos veces, con la cruz [+].

2. *Natanael*, acompañado por una cruz.

Es interesante mencionar que Claremont-Gannueau también encontró en uno de los osarios "tres o cuatro instrumentos pequeños en cobre o bronce, muy oxidado, que consistía de una pequeña campana, rodeada por un anillo. Los árabes pensaban que era una especie de castañuelas. ¿Podríamos seguir hasta aquí el equivalente de las campanas que colgaban de la túnica del sumo sacerdote? Y ¿acaso provienen estos ornamentos del sarcófago de nuestro Simeón?"

El arqueólogo francés se dio cuenta de que existe un gran grado de probabilidad que estas tumbas hayan pertenecido a la familia de María, Marta y Lázaro, los amigos más cercanos de Jesús. Claremont-Gannueau escribió: "Lo que le da un valor adicional a estas breves inscripciones, es que dan una serie completa de nombres que se encuentran en los evangelios, en sus populares formas sirio-caldeas. La presencia de los nombres de Jesús y Marta, de los cuales sólo sabíamos históricamente que era la forma femenina del arameo, sería suficiente para que sea importante desde un punto de vista exegético". Por una singular coincidencia, la cual me sorprendió desde el principio, estas inscripciones, encontradas cerca del camino a Betania, y muy cerca del sitio de la aldea, contienen casi todos los nombres de los personajes de las escenas del Evangelio que pertenecían al lugar: Eleazar (Lázaro), Simón, Marta... muchas otras coincidencias ocurren a la vista de todos estos nombres tan evangélicos".

Además, el erudito italiano P. Bagatti descubrió otra catacumba que tenía cien osarios en el lado occidental del Monte de los Olivos, al lado opuesto del Monte del Templo, cerca de la capilla católica llamada Dominus Flevit. Monedas acuñadas por el gobernador Varius Gratus (16 d.C.) probaron que estas tumbas fueron utilizadas para el entierro de cristianos antes de la caída de Jerusalén en el año 70 d.C. Varios de los ataúdes de la cueva pertenecían a la familia de sacerdotes enterrados en el primer siglo. Basándose en las cruces inscritas y en el nombre de "Jesús", Bagatti llegó a la conclusión de que varios de estos sacerdotes fueron seguidores de Jesucristo. Bagatti encontró muchos osarios que contenían los siguientes nombres escritos a los lados junto con el signo de la cruz o el nombre de Jesús: Jonatán, José, Jairo, Judá, Matías, Manahem, Salomé, Simón y Zacarías. Muchos de estos nombres aparecen en los registros del Nuevo Testamento de la iglesia primitiva en Jerusalén. Un osario contenía la inscripción griega "Iota, Chi y Beta", la cual significaba: "Jesucristo, el Redentor".

Sin lugar a dudas el osario más fascinante fue el que estaba inscrito con cruces y el nombre de "Safira". Este es un nombre singular que no se ha encontrado en la literatura judía contemporánea fuera del pasaje del Nuevo Testamento de Hechos 5:1. Lucas registró la muerte de esta mujer y de su esposo cuando mintieron a

Dios y a la iglesia (Hechos 5:1, 5-10): "Pero cierto hombre llamado Ananías, con Safira su mujer, vendió una heredad..."

Durante el otoño de 1945, el doctor Eleazar Sukenik de la Universidad Hebrea investigó otra catacumba judía del primer siglo en la parte sur del Valle de Kidron en el camino hacia Belén. Encontró varios osarios con la señal de la cruz, inscripciones griegas, una moneda acuñada en el año 41 d.C. por el rey Herodes Agripa I probando que la tumba fue sellada en el año 42 d.C. El profesor Sukenik llegó a la conclusión de que estos osarios "contienen casi todo el diccionario de nombres del Nuevo Testamento". Un ataúd tenía una sorprendente dedicación en griego a "Jesús" seguida por la exclamación "y'ho" que significa "Jehová" o "el Señor". La inscripción dice: "[A] Jesús, el Señor". A la luz de la fecha del año 42 d.C. como la fecha en que se selló la tumba, la presencia de esta dedicación a "Jesús, el Señor" certifica la aceptación de Jesucristo como Dios por parte de los cristianos dentro de los primeros diez años de la muerte y resurrección de Jesús. El teólogo cristiano, el profesor Alexander Hopkins comentó sobre esta importante inscripción de la siguiente manera: "La inscripción que estuvo escondida durante casi 2000 años inscrita al menos dos décadas antes de que cualquier parte del Nuevo Testamento fuera escrito... da un testimonio personal de fe... un mensaje del pasado con un significado muy moderno para el presente". Hace varios años encontraron otro osario judío cristiano en Jerusalén que contenía la inscripción, "Alejandro, hijo de Simón de Cirene". El evangelio de Marcos se refiere a esta persona de la siguiente manera: "Y obligaron a uno que pasaba, Simón de Cirene, padre de Alejandro y de Rufo, que venía del campo, a que le llevase la cruz" (Marcos 15:21).

Milagros, sanidades y los dones del Espíritu Santo continuaron por siglos

A muchos cristianos se les ha dicho que los milagros, sanidades y dones carismáticos del Espíritu Santo, que se nombran en 1 Corintios 12, se le dieron únicamente a los primeros cristianos únicamente para iniciar la iglesia, y que estas señales sobrenaturales dejaron de existir cuando los apóstoles murieron. Varios escritores han declarado que una búsqueda en los escritos de la iglesia primitiva confirma que, no existen referencias a que estos "dones" continúen operando más allá del año 100 d.C.. Este último año adquirí un CD-ROM que contiene los escritos de la iglesia primitiva de los tiempos de Cristo hasta el concilio de Nicea en el año 325 d.C., conocido como los Padres Ante, Nicea. Después de una extensa búsqueda en estos escritos antiguos de la iglesia primitiva puedo confirmar que Dios continuó manifestando Su poder sobrenatural desplegando sanidades milagrosas, resucitando los muertos, y otras formas de dones carismáticos del Espíritu Santo durante los tres siglos siguientes a la resurrección de Cristo.

Existen breves referencias de que continúan estos dones en el manual de la iglesia primitiva conocido como *Testimony of the Apostles- The Didache* (11:10-13 y 11:20) compuesto en el año 110 d.C. Referencias adicionales se encuentran en *Letter to the Corinthians* (2:1-5) por Clemente, obispo de Roma escrito en el año 100 d.C. y en el *Pastor de Hermas* (43:9; 24-33; 52-54) escrito en el año 110 d.C. Sin embargo, además de los anteriores, existe un gran número de referencias importantes a estos dones sobrenaturales que continúan en la Iglesia durante siglos después de la resurrección de Cristo.

Irineo — refutación y derrota del falsamente llamado conocimiento

El maestro cristiano Irineo escribió un tratado llamado *Refutación y derrota del falsamente llamado conocimiento* en el año 185 d.C., el cual mencionaba la continua operación de los poderes milagrosos que eran ejercitados por los creyentes en su época. Demostró claramente que hasta su época las manifestaciones del poder divino y sobrenatural se podían ver en algunas iglesias. "Algunos real y verdaderamente echaban fuera demonios, así que a menudo aquellos que eran limpiados de los espíritus malignos creían y se convertían en miembros de la iglesia; algunos tienen un conocimiento previo del futuro, visiones y declaraciones proféticas; otros, por medio de la imposición de manos, sanan a los enfermos y restauran su salud; y antes que ahora, como ya lo he dicho, hombres muertos de hecho han sido resucitados y han permanecido con nosotros durante muchos años. De hecho, es imposible enumerar los dones que, a través del mundo, la iglesia ha recibido de parte de Dios y en el nombre de Jesucristo crucificado bajo Poncio Pilato, y cada día sirve para el beneficio de los paganos, sin engañar a nadie y sin sacar ventaja de nadie". Además, Irineo escribió: "Similarmente, escuchamos muchos miembros de la iglesia que tienen dones de profecía y por el Espíritu hablan en toda clase de lenguas, y traen a la luz los pensamientos secretos para su propio bien, y exponen los misterios de Dios".

Justino mártir —*diálogo con Trypho*

Justino Mártir escribió su *Diálogo con Trypho* en el año 165 d.C. y hacía referencia claramente a los muchos dones del Espíritu Santo que aparecían en la vida diaria de la iglesia del segundo siglo (Capítulo XI), en *Diálogo con Trypho* (Capítulo XXXIX) Justino Mártir escribió: "Diariamente algunos de vosotros os estáis convirtiendo discípulos en el nombre de Cristo, y estáis dejando el camino del error; y también estáis recibiendo dones, cada uno como lo merece, iluminado a través del nombre de Cristo. Porque uno recibe el espíritu de discernimiento, otro el de consejería, otro el de fortaleza, otro el de sanidad, otro el de conocimiento previo, otro el de enseñanza, y otro el del temor de Dios".

Tertuliano — *La pasión de Perpetua y Felicitas*

Tertuliano fue un gran teólogo y escritor cristiano de Cártago, África del Norte, en el año 215 d.C., él describió estas visiones sobrenaturales y dones proféticos del Espíritu Santo como algo que operaba normalmente en la iglesia del tercer siglo. "Y así como quienes conocemos y reverenciamos, incluso como a las profecías, las visiones modernas como algo igualmente prometido a nosotros, y consideráramos los otros poderes del Espíritu Santo como una agencia de la Iglesia por la cual también Él fue enviado, administrando todos los dones en todos, conforme el Señor se los distribuye a todos".

Origen —*en contra de Celso*

Origen fue un cristiano teólogo que vivió y enseñó en Alejandría, Egipto del año 185 al 254 d.C. En su libro *En Contra de Celso*, escrito en el año 250 d.C., Origen describió los dones del Espíritu Santo como que aún aparecían pero mencionó que estas señales milagrosas estaban empezando a disminuir. "Rastros del Espíritu Santo que apareció con la forma de una paloma siguen siendo preservados entre los cristianos. Echan fuera demonios y realizan muchas curas y perciben ciertas cosas sobre el futuro de acuerdo a la voluntad del Logos" (libro I, cap. XLVI, 2,8).

En el libro VII, capítulo VIII de su libro, *En Contra de Celso*, Origen mencionó que estos dones carismáticos estaban disminuyendo, aunque algunos "rastros de Su presencia" seguían siendo evidentes. "Aun más, el Espíritu Santo dio señales de Su Presencia al principio del ministerio de Cristo, y después de Su ascensión, dio aun más señales; pero desde aquella ocasión estas señales han disminuido, aunque aún existen rastros de Su presencia en algunos cuantos que tienen sus almas purificadas por el Evangelio y sus acciones reguladas por su influencia".

Novatian —*Tratado concerniente a la Trinidad*

En el año 270 d.C., Novatian de Roma escribió una fuerte defensa de la doctrina de la Trinidad y murió como mártir durante la segunda oleada de persecuciones de los emperadores romanos paganos. Novatian escribió hacia el final del tercer siglo de la era de la iglesia sobre el papel clave del Espíritu Santo en darle poder a la Iglesia: "A partir de entonces, estaban armados y fortalecidos por el mismo Espíritu, teniendo en sí mismos los dones que este mismo Espíritu distribuye, y apropia para la iglesia, la esposa de Cristo como su ornamento. Es Él quien coloca profetas en la iglesia, instruye a maestros, dirige las lenguas, da poder de sanidad, hace obras maravillosas, ofrece discriminación de espíritus, da poder de gobierno, sugiere consejo, y ordena y arregla cualquier otros dones que hayan en la carismata; y de esa manera hace a la iglesia de todos los lugares, y en todos, perfecta y completa".

Estos documentos de los primeros tres siglos de la era de la iglesia nos dicen que Dios, continuó dando a los santos dones sobrenaturales y milagros de sanidad que demostraban que el poder del Espíritu Santo no había disminuido.

Cómo puede estar seguro de la vida eterna en el cielo

Algún día cada uno de nosotros verá al Señor Jesucristo cara a cara: "Y de la manera que está establecido para los hombres que mueran una sola vez, y después de esto el juicio" (Hebreos 9:27): Dios declara que "por cuanto todos pecaron, y están destituidos de la gloria de Dios" (Romanos 3:23. Es imposible que un Dios santo permita a un pecador no arrepentido entrar a un cielo con todos sus pecados. A la luz de las muchas señales que nos indican que Su regreso está cerca, cada uno de nosotros debe tomar su última elección. Cada día su rebelión pecaminosa lleva inexorablemente a hombres mujeres hacia el infierno y a una eternidad sin Dios. "Porque la paga del pecado es muerte, mas la dádiva de Dios es vida eterna en Cristo Jesús Señor nuestro" (Romanos 6:23). Sin embargo, Dios nos ama tanto que envió a Su Hijo Jesús, el Mesías, para que sufriera el castigo de nuestros pecados de cada uno que confiesa sus pecados y pide perdón. En el evangelio de Juan, el profeta declaró: " Mas a todos los que le recibieron, a los que creen en su nombre, les dio potestad de ser hechos hijos de Dios" (Juan 1:12).

Advertencia final—elecciones finales

Las Santas Escrituras declaran que la elección en lo que se refiere a la salvación eterna es muy clara. ¿Quién va a ser el dios de tu vida? ¿Jesucristo o tú? O admites que eres pecador y que necesitas el perdón y aceptas que Jesús se convierta en el Señor, o insistirás en permanecer siendo el dios de tu vida, aun cuando esta decisión te lleve al infierno. Si insistes en ser tu propio dios, tendrás éxito, pero con el horrible precio de pasar una eternidad en el infierno. El orgullo es el primer pecado y el más grande. El orgullo pecaminoso se muestra en la actitud terca de muchas personas que insisten en hacer las cosas a su manera, incluso si les cuesta el pasar una eternidad sin Dios. Milton declaró en su poema épico *Paraíso Perdido*, que al final, o le decimos a Dios "Hágase Tu voluntad" o, al final, Dios nos dirá a nosotros "hágase tu voluntad". Finalmente, es tu elección. Al final tendrás que escoger el cielo o el infierno como tu destino eterno. Si deseas encomendarle tu vida a Jesucristo, se te dará la seguridad que te reunirás con Él en el Rapto como tu Salvador. Si rechazas Sus afirmaciones de ser el Señor de tu vida, habrás elegido escogerlo como el juez final al término de tu vida. El apóstol Pablo citó a Isaías cuando dijo: "se doblará toda rodilla, y toda lengua confesará a Dios" (Romanos 14:11; Isaías 45:23).

El Nuevo Testamento registró la crisis que movió al carcelero de la prisión de Filipo, en donde se encontraban prisioneros Pablo y Silas, a tomar su elección final. Dios utilizó un terremoto para romper las cadenas que ataban a los dos predicadores y para abrir las puertas de la prisión. Cuando el carcelero se despertó temía que los prisioneros hubiesen escapado. En ese momento sacó su espada para suicidarse pero el apóstol Pablo le anunció que los prisioneros seguían allí. El asustado carcelero reconoció el poder de Jesucristo para salvar a Sus siervos. Él clamó: "Señores, ¿qué debo hacer para ser salvo? Ellos dijeron: Cree en el Señor Jesucristo, y serás salvo, tú y tu casa" (Hechos 16:30-31). La Biblia confirma que este hombre y su familia encontraron la fe en Cristo. "...se regocijó con toda su casa de haber creído a Dios" (v.34). La invitación de Jesucristo a la salvación permanece abierta para cualquiera que esté dispuesto a arrepentirse de sus pecados. Aún hay tiempo para aceptar a Jesús como tu Salvador personal. "He aquí, yo estoy a la puerta y llamo; si alguno oye mi voz y abre la puerta, entraré a él, y cenaré con él, y él conmigo. Al que venciere, le daré que se siente conmigo en mi trono, así como yo he vencido, y me he sentado con mi Padre en su trono. El que tiene oído, oiga lo que el Espíritu dice a las iglesias" (Apocalipsis 3:20-22).

Para aquellos que ya han elegido seguir al Señor, les animo a obedecer la Gran Comisión de nuestro Señor y Salvador. En Mateo 28:19-20 Jesús ordena: "Por tanto, id, y haced discípulos a todas las naciones, bautizándolos en el nombre del Padre, y del Hijo, y del Espíritu Santo; enseñándoles que guarden todas las cosas que os he mandado; y he aquí yo estoy con vosotros todos los días, hasta el fin del mundo. Amén". Nuestro conocimiento con respecto a lo cerca que está el regreso de Jesucristo debería despertar y renovar nuestro amor por Cristo y una pasión por testificar a aquellos que nos rodean mientras aún hay tiempo. He escrito este libro junto con mis libros anteriores para presentar a los no creyentes la fe en Cristo y para animar a los cristianos en su fe. Además, mi meta es proveer a los creyentes con libros sobre profecía y casetes que ellos puedan darle a sus vecinos que aún no tienen una fe personal en Cristo. Los increíbles eventos de la última década están haciendo que muchos pregunten, qué le espera en el futuro a la tierra. Diariamente recibimos cartas de lectores cuyos seres queridos han venido a conocer a Jesús como su Mesías a través de la lectura de este material. Hay una fascinación creciente en América del Norte por las profecías de la Biblia en lo que se refiere a los últimos días. Este tremendo interés nos provee de la gran oportunidad de testificar en nuestra época. Confío en que mis casetes y libros probarán valer la pena para tu estudio personal y que te ayuden a testificar eficazmente a tus seres queridos.

El Señor no nos ha dejado a oscuras en lo que se refiere al tiempo en general del regreso de Cristo. Aunque no podemos saber "el día ni la hora en que el Hijo del Hombre vendrá" (Mateo 25:13), el cumplimiento de tres docenas de profecías en nuestra generación indican que Él volverá a la tierra en nuestra generación (ver mi libro anterior, *PRÍNCIPE DE LAS TINIEBLAS*. Algún día muy cercano los cielos se abrirán "...con voz de mando, con voz de arcángel, y con trompeta de Dios..." (1 Tesalonicenses 4:16) anunciándole a la iglesia las sorprendentes noticias de que nuestro tiempo de espera se ha terminado. En ese momento Jesucristo aparecerá en las nubes para recibir a Su Esposa, Su hermosa Iglesia, elevándose sobrenaturalmente en el aire para reunirse con el Señor y Rey. A pesar de los peligros que yacen en el futuro para la humanidad, aquellos que aman a Jesucristo como su Salvador pueden descansar en el conocimiento de que estos eventos están en las manos del Señor. El apóstol Juan concluye su profecía con la gran promesa de Cristo. "El que da testimonio de estas cosas dice: Ciertamente vengo en breve. Amén; sí, ven, Señor Jesús" (Apocalipsis 22:20)

Nota de la editorial con respecto a AVISO FINAL

AVISO FINAL ofrece únicamente observaciones generales de inversión basándose en la experiencia del autor, y no hace ninguna recomendación específica.

Nuestra intención en este libro es proveer de las opiniones de Grant Jeffrey, en lo que se refiere a las tendencias económicas a la luz de las profecías bíblicas. Muchas de estas opiniones y situaciones respecto a planes financieros y programas, se aplican solamente a Estados Unidos y Canadá. El lector debe remitirse a los programas y finanzas que existen en su propio país. Esta editorial ni la editorial que publica la edición de este libro en inglés, ni Grant Jeffrey pueden proveer consejos individuales sobre inversiones. Las editoriales Unilit y Frontier Research y el autor no están involucrados en otorgar consejos profesionales legales, de contabilidad o de ninguna otra índole profesional. El lector deberá buscar los servicios de un contador, abogado o planificador financiero profesional para obtener tal consejo individual.

El autor y la casa publicadora no pueden ser tomados como responsables, de cualquier pérdida incurrida como resultado de la aplicación de cualquier información de este libro. Nos hemos esforzado por asegurar una exactitud en las estadísticas que aparecen a través de este libro. Por favor recuerde que AVISO FINAL es una guía, no una fuente definitiva de información financiera. Cuando tenga preguntas específicas sobre su situación personal, pregunte a su contador, corredor, banquero o consultor financiero.

Recursos de información financiera

Financial Rating Service for your Bank or Insurance Company
Para obtener un informe objetivo sobre la fuerza financiera de su banco
Caja de Ahorro y Préstamos o compañía de seguros, llame a:
Weiss Group Inc.
4716 Burns Road, Palm Beach Gardens, Florida 33410
Teléfono (800) 289-9222 o ((407) 627-3300
Costo: $15 dólares por un informe verbal sobre su banco.
$25 dólares por un Resumen Personal de Seguridad sobre su banco.

Recomiendo altamente a *The McAlvany Intelligence Advisor* como una excelente fuente de tendencias financieras, sociales y políticas actualizadas. Este informe mensual es editado por mi amigo Don McAlvany y provee de una perspectiva financiera balanceada desde un punto de vista cristiano.

The McAlvany Intelligence Advisor
166 Turner Drive, Durango, Colorado 81301
Teléfono (800) 525-9556 o (970) 259-4100
Costo $115 dólares la suscripción anual.

BIBLIOGRAFÍA

Anderson, Robert. *The Coming Prince*. London: Hodder & Stroughton, 1894.

Auerbach, Leo. *The Babylonian Talmud*. New York: Philosophical Library, 1944.

Bullinger, E. W. *The Apocalypse*. London: Eyre & Spottiswoode, 1909.

Burkett, Larry. *The Coming Economic Earthquake*. Chicago: Moody Press, 1991.

Dean, 1. R. *The Coming Kingdon - The Goal Of Prophecy*. Philadelphia: Philadelphia School Of the Bible, 1928.

Dunnan, Nancy. *Guide to Your Investments 1995*. New York: Harper Collins, 1995.

Elliott, E. E. *Horae Apocalvptic*. London: Seeley, Burnside, & Seeley, 1846.

Eisemann, Rabbi Moshe. *The Book of Ezekiel*. New York: Mesorah Publications, Ltd., 1988.

Feinberg, Charles. *PreMillennialism Or Amillennialism?* Grand Rapids: Zondervan Publishing House, 1936.

Gill, Stephen. *American Hegemony and the Trilateral Commissions*. Cambridge: 1990.

Hindson, Ed. *The New World Order*. Wheaton: Victor Books, 1991.

Kah, Gary H. *Rumbo a la ocupación mundial* Miami, Fl. Editorial Unilit, 1996.

Kurtzman, Joel. *The Death of Money*. New York: Little, Brown & Co., 1993.

LaHaye, Tim. No temas a la tormenta. Miami, Fl. Editorial Unilit, 1996.

Larkin, Clarence. *The Book of Daniel*. Philadelphia: Clarence Larkin, 1929.

Leonard, Bernard. *The Book of Destiny.* Belleville: Buechler Publishing Co., 1955.

Lowth, William. *A Commentary Upon the Prophet Ezekiel.* London: W. Mears, 1773.

McAlvany, Donald, S. *Toward A New World Order.* Oklahoma City: Hearthstone Publishing, 1990.

Malachi, Martin. *The Keys of This Blood.* New York: Simon and Schuster, 1990.

Medved, Michael. *Hollywood Vs. America.* New York: Harper Collins, 1992.

Mesorah Publications. *Daniel.* Brooklyn: Mesorah Publications, Ltd., 1980.

Pentecost, Dwight. Things to Come. Grand Rapids: Dunham, 1958. (Eventos del Porvenir).

Peters, George. *The Theocratic Kingdom.* Grand Rapids: Kregel Publications, 1957.

Pusey, Rev. E. B. *Daniel.* New York: Funk & Wagnalls, 1887.

Sklar, Holly. *Trilateralism.* Montreal: Black Rose Books, 1980.

The Ante-Nicene Fathers. 10 Volumes. Grand Rapids: Eerdmans Publishing Co., 1986.

Tinbergen, Jan. *Reshaping The International Order - A Report To the Club Of Rome.* Scarborough: The New American Library Of Canada, 1976.